Wolf Schneider
Am Puls des Planeten

Expeditionen, Zeitreisen, Kulturgeschichten

Ein GEO-Buch

Piper München Zürich

Herausgegeben von Peter-Matthias Gaede

Von Wolf Schneider liegen in der Serie Piper außerdem vor:
Wörter machen Leute (479)
Deutsch für Kenner (2216)
Die Sieger (2217)

Als GEO-Bücher liegen in der Serie Piper außerdem vor:
S.O.S. im Nordmeer (2770)
Frühstück in Timbuktu (2773)
Die Seele des weißen Bären (2898)

Ungekürzte Taschenbuchausgabe
Piper Verlag GmbH, München
Juni 2001

Karthographie: Rainer Droste, Günther Edelmann
Umschlag: Büro Hamburg
Stefanie Oberbeck, Isabel Bünermann
Foto Umschlagvorderseite: Gebhard Krewitt / VISUM
Satz: GEO QuarkXPress 3.31
Druck und Bindung: Clausen & Bosse, Leck
Printed in Germany   ISBN 3-492-23161-6

Inhalt

Vorwort

Präzision ist sein Ziel, nicht die Poesie. Information ist ihm wichtiger als Emotion. Wenn Wolf Schneider schreibt, will er eindeutig sein; ohne Nebel und Wolken auskommen, ohne Girlanden und Pirouetten. Er zieht den geraden Weg der Kürschleife vor.

Und so schreibt Wolf Schneider Reportagen, an denen man sich nur schwerlich betrinken kann. Klar wie Wasser sind sie – und hinterlassen einen aufgeräumten Kopf. Es sind Reportagen, in denen man sich keinen Moment verlieren kann. Sie stehen für disparate Assoziationen nicht offen; mit einer spezifischen Strenge haben sie ihren Auftrag zu erfüllen.

Der Auftrag, dem sich der Autor Wolf Schneider freiwillig, ja mit verbissener Freude beugt, heißt: Journalismus hat makellose Recherche zu sein, verständliche Darstellung, redlicher und lebendiger Transfer des Recherchierten zum Leser. Das klingt erstens enttäuschend selbstverständlich. Und für einen der erfolgreichsten Journalisten und Sachbuchautoren Deutschlands zweitens zu bescheiden; und ist es doch beides nicht.

Im Gegenteil. Rar, sagt Schneider, sei die Tugend seriöser Recherche, so rar wie deren schnörkellose Übertragung in wortgewaltige Texte. In der Bleiwüste des real existierenden deutschen Journalismus gibt es wohl keinen Rechtschreiber, der konsequenter als Schneider gegen die Kalkablagerungen und die Fluten verbalen Treibsands anginge. Effekthascherei, Übertreibung, monotones Recycling, gedankenloses Geplapper, kurz: die Munddiarrhöe der sogenannten Infogesellschaft und ihrer schwadronierenden Moderatoren sind ihm ein Greuel. Schneider bleibt überlegt, geordnet, was er auch immer zum Thema hat: die Psychologie des Wettrennens am Mount Everest oder die Ursachen der menschlichen Schadenfreude, die fatale Genese des Massakers von Srebrenica oder die geheimnisumrauschten Riten der Papstwahl.

Schneider gönnt sich nicht das Betroffensein, attackiert nicht mit Nähe. Er wahrt jene professionelle Halbdistanz, die genauestes Hinsehen ermöglicht. Er ertrinkt nicht in seinem Stoff, wird nicht fortgerissen von ihm. Er sammelt und seziert. Er diszipliniert das Material, das er findet. Und dann erst spitzt er es zu.

Mit anderen Worten: Für Hitze und Reibung in Schneiders Reportagen müssen allein – und sollen ausdrücklich – die von ihm geborgenen Fakten und Sachverhalte sorgen; auf seinem Schreibtisch stehen keine Heißluftdüsen. „Man brauche gewöhnliche Worte und sage ungewöhnliche Dinge." Das könnte von Schneider sein, auch wenn es Schopenhauer war.

Ungewöhnliche Dinge kann heißen: Provokation. Schneiders Texte sind selten Kuschelecken, sind ungemütlich. Ob in seinen Büchern über das Glück, die Krieger oder die Genies, ob in seinen Reportagen über die Zerstörung der Alpen, das armselige Europa des Jahres 1000 oder die Vergeudung menschlichen Wissens und Könnens: Er konfrontiert mit virtuos ausgewählten Fakten. Er implantiert keine Herzschrittmacher, auf daß sich ein Wohlgefühl beim Leser einstelle; sondern sorgt dafür, daß es in dessen Hirn ein paar neue Kontakte zwischen den Synapsen gibt: Aha-Erlebnisse, gnadenlos genaue Blicke auf die Wirklichkeit, überraschende Erkenntnisse von Zusammenhängen, wenigstens Fragen.

Auf den journalistischen Platt-Formen der Gegenwart macht es sich dieser Autor jedenfalls nicht bequem. Er verteidigt, selten genug zu finden, das gute Handwerk gegen die Beliebigkeit, die Substanz gegen das Silicon. Fern von jedem Verdacht, Boulevard-Journalismus im Sinn zu haben, antwortet Schneider auf die Frage, weshalb er sich für Menschen interessiere: Er interessiere sich für Katastrophen.

Das ließe sich wohl freundlicher sagen, ehrlicher kaum. In diesem Buch: 18 merkwürdige GEO-Reportagen des denkwürdigen Autors Wolf Schneider; entstanden im Zeitraum zwischen 1980 und 1999. Fortsetzung, so hoffen wir, folgt.

Peter-Matthias Gaede
Chefredakteur GEO

PATAGONIEN

Am Zeh der Erde

Der Südzipfel von Amerika und der Südrand der bewohnten Welt: Das ist Patagonien. Im Westen zerklüftete Fjorde, schroffe Gipfel, gewaltige Gletscher, im Osten die Trockensteppe mit der großen Einsamkeit – und über beiden faucht ewig der Sturm. Von diesem Land träumte ein Fünfzehnjähriger, der in Deutschland eingeschlossen war, und vierzig Jahre später flog er hin und schaute nach. Er traf noch die letzte Feuerland-Indianerin. 1983 ist auch sie gestorben.

Wenn er zur Attacke bläst, wirft er Männer aus dem Stand. Er versengt die Erde und bringt die Schafe um. Wer mit Tempo 80 auf einer Schotterstraße ostwärts rollt, den überholen die Schatten der Wolken wie die Wilde Jagd. Wenn der Sturm von der Seite unter die Strauße fährt, während sie durch die Steppe rennen, legen sie sich schräg auf ihn, allesamt im selben Winkel, atemraubend schief wie Motorradrennfahrer in der Kurve.

So ist er, der patagonische Orkan. Wer ihn nicht erträgt, sollte mindestens nicht über den Lago Argentino fahren. Die achtzig Pauschalreisenden aus Buenos Aires sagten sich das auch, jedoch erst hinterher. Nun muß man wissen, daß der Lago Argentino eine Art Weltwunder ist: Auf der gleichen geographischen Breite wie auf der nördlichen Erdhalbkugel Frankfurt am Main und nur 197 Meter über dem Meer bricht hier ein Inferno von Eis auf einen See hernieder, der doppelt oder dreimal so groß ist wie der Bodensee, je nachdem, ob man den unter Gletschern begrabenen Teil mitrechnet oder nicht. Im Sommer fährt bei genügender Nachfrage ein Motorboot 50 Kilometer weit in den Upsala-Fjord, in den ein mächtiger Gletscher mündet.

Die Windgeschwindigkeit – „schwerer Sturm", Windstärke 10 – erscheint dem Kapitän noch als akzeptabel. Es pustet ja gehörig auf dem Landungssteg, doch keiner von uns weiß, auf was er sich eingelassen hat. Schon fünf Minuten hinter dem Hafen aber trifft uns der Weststurm voll, aus dem „Fjord der Eisberge" braust er heran, zwei Meter hohe Wellen mit Schaumkronen treibt er vor sich her, Gischt überschüttet das Boot. Alle Passagiere flüchten unter Deck, ein Bootsmann verrammelt die Luke. Die Kinder in der Reisegesellschaft verstecken sich unter Mutters Mantel. Viele der argentinischen Touristen staunen, was in ihrem eigenen Land so alles möglich ist. Brecher schlagen übers ganze Schiff, und wenn die Gischt die Sicht freigibt, dann lächelt rechts und links je ein Eisberg, groß wie ein Mietshaus, bläulich zum Fenster herein.

Im Windschatten einer Halbinsel trauen sich einige wieder aufs Deck. Es ist zwar luftig dort und barbarisch kalt, doch der Wellengang hat nachgelassen – bis wir in die Boca del Diablo biegen, den Schlund des Teufels: eine Engstelle vor dem Nordfjord des Lago Argentino, in die der Weststurm sich fauchend hineinpreßt. Den Atem drückt er uns in den Mund zurück. Das Boot kracht zwischen die Wellenberge, wir werden von Gischt übergossen.

Dem rasenden Sturm bin ich noch gewachsen, wenn ich mich anklammere, aber nach dem fünften Guß klettere ich zu den anderen in den zitternden Leib des Schiffs hinab und wringe mich aus. Da steht ohnehin eine Pfütze, die beiden Bootsleute sind nicht einmal böse darüber: Sie erleichtert ihnen die Arbeit, das Erbrochene aufzuwischen. Kinder wimmern, viele Passagiere sitzen schreckensstarr. Wer aus den Fenstern blickt, glaubt U-Boot zu fahren. Ein Familienvater stimmt plötzlich ein Lied an, etliche Eltern fallen ein, und es wäre ein schönes, tapferes, brech- und brecherübertönendes Lied geworden, wenn nicht auch der Kapitän sich zur moralischen Aufrüstung entschlossen hätte: Er läßt die Lautsprecher Disco-Schlager plärren. Über den Höllenlärm von Wasser, Sturm, Gesang und Elektronik sieht er grinsend auf seine Passagiere hinab, schlürft Mate und scheint, was die Eisberge angeht, den Göttern zu vertrauen.

Die Gletscher, die in den Lago Argentino münden, fließen vom patagonischen Inlandeis herab, einem Kuriosum der Natur. Und das kommt so zustande: Als einziges Stück Land ragt Patagonien in den subarktischen Westwindgürtel, auch genannt die Roaring Forties, die „Brüllenden Vierziger", was zwar anschaulich, aber nicht exakt ist, denn dieser nahezu ganzjährige Weststurm brüllt zwischen 45 und 55 Grad südlicher Breite. Er kann anschwellen bis zu jener Stärke, die Antoine de Saint-Exupéry 1930 als Postflieger in argentinischen Diensten erlebte: Mit Vollgas flog er gegen den Orkan, um nicht von der patagonischen Küste auf den Atlantik hinausgetrieben zu werden, jedoch: „Die Landschaft zu meinen Füßen stand still. Sie schwankte und tanzte, aber alles geschah auf der Stelle." In zwanzig Minuten kam er schließlich hundert Meter voran.

Dieser Sturm saugt sich über dem Großen Ozean voll mit Feuchtigkeit und lädt sie im südlichsten Chile an den Kordilleren ab: bis zu fünf Meter Regen pro Jahr, das Neunfache von Frankfurt, übertroffen nur noch an einigen Punkten der Tropen. In den Bergen fallen die Niederschläge als Schnee und machen Südchile zur schneereichsten Region der Erde. Die Schneemassen haben sich zwischen Küste und Kordillere in 1300 bis 1500 Meter Höhe zu einer Eisfläche verdichtet, die so groß ist wie Hessen, fast doppelt so groß wie das isländische Inlandeis, sechsmal so groß wie alle Gletscher der Alpen zusammen – kurz: die größte Eismasse der Erde außerhalb der Polarzonen.

Anders als das isländische schwappt das patagonische Inlandeis in gewaltigen Gletschern über, die nach Westen ins Meer, nach Osten in die argentinischen Seen stürzen. Den größten davon hatten wir per Schiff besucht, aber den eindrucksvollsten – den Moreno-Gletscher – kann man erstaunlicherweise von einem bewaldeten Hang aus beobachten, der vom Ende der Schotterstraße aus in einer Viertelstunde zu Fuß erreichbar ist. Vier Kilometer breit schiebt sich der Gletscher diesem Hang entgegen, erst zweihundert Meter vor ihm bricht er ab in den Fjord.

Das ist dann auch Patagoniens größte Attraktion. Sie wird sogar als Wochenendausflug ab Buenos Aires angeboten: mit dem Flugzeug 2500 Kilometer nach Río Gallegos im südlichsten Argentinien, mit dem Omnibus über 400 Kilometer Schotterstraßen zum Lago Argentino. Heute parken hier fünf Omnibusse, zweihundert Menschen haben sie ausgespuckt, fast nur Argentinier mit eingestreuten Nordamerikanern, Schweizern und Deutschen.

Wollten wir nicht über grenzenlose Einsamkeit berichten, Georg Fischer mit der Kamera und ich? Herr Schwingenschlögl aus München 71 ist ja gewiß ein netter Mensch, aber noch lieber wären wir hier überhaupt niemandem begegnet. Zu spät! Warum hat es auch vierzig Jahre gedauert, bis ich in meinem Traumland angekommen bin?

Da las also ein Fünfzehnjähriger mit heißen Ohren den Bestseller „Silberkondor über Feuerland" von Günther Plüschow. Als „Flieger von Tsingtau" war Plüschow 1914 populär geworden. Dann überflog er als erster Mensch die Feuerland-Kordillere und das Inlandeis, und 1931, bei seiner dritten Expedition, stürzte er mit seiner Silberkondor in den Lago Argentino. Sein glühender Bericht, 1940 gelesen, stieß ein Fenster auf – aus dem eingemauerten Deutschland in eine ferne, gleißende Welt. Ich raffte alle Bücher über Patagonien zusammen, die noch erreichbar waren. Wer nicht reisen kann, will wenigstens lesen. Und nun stehe ich an jenem Punkt dieses wüsten Landes, der die Touristen lockt.

Zu Recht, natürlich. Senkrecht bricht der Moreno-Gletscher ab, siebzig Meter hoch vom Wasser bis zu den höchsten Spitzen; und nicht eine Mauer ragt vor uns auf, sondern ein lebendes Chaos, ein Gedränge von Türmen, Pfeilern, Zinnen und Orgelpfeifen, gerade, zur Seite geneigt oder nach vorn überhängend, tropfende Kerzen und Eisplastiken von sechzig Meter Höhe, die Königin schluchzend an ihren noch zehn Meter größeren König gelehnt. Und all dies füllt den Horizont, drei Kilometer von hier kriecht es den Berg hinauf und walzt die Bäume nieder. Wer einen Science-fiction-Film über die neue Eiszeit drehen wollte, der fände hier die perfekte Szenerie.

Gut, daß es ein Tonfilm wäre. All die bläulichweißen Säulen und Nadeln arbeiten ja mit- und gegeneinander, pausenlos verändert sich die Statik der Millionen Tonnen von geschobenem Eis: Da knallen Peitschen, knattern Gewehre, Böller hört man und Paukenwirbel und manchmal ein Gepolter wie auf einem Rangierbahnhof. Dies meist unsichtbar im Innern, von einem hohlen, nassen Nachhall begleitet. Fast in jeder Minute stürzt an der Front ein Eisbrocken in die Tiefe, klein wie eine Hundehütte, groß wie ein Dorfkirchturm. Dann schießen Fontänen hoch, der neue Eisberg dreht sich dreimal, bläst Wasser in die Höhe und schickt eine rauschende Brandung an unser Ufer.

Dieses Hörspiel wollen wir auch bei Nacht erleben, dieses Schauspiel in der letzten Sonne des Tages sehen und bei Sternenlicht. Die Touristen werden zwischen 17 und 18 Uhr zu den Omnibussen gerufen. Wir schaffen unsere Schlafsäcke heran und übernachten zwischen immergrünen Bäumen unter freiem Himmel – obwohl das wahrscheinlich verboten ist, da wir uns in einem Nationalpark befinden. Wir fragen nicht lange, und wir bereuen es nicht. Eiszeit: erst elegisch eingefärbt von der Abenddämmerung, dann bedrohlich entrückt im Funkeln der Sterne. Der Wind jault dazu. Später regnet es ein bißchen, so daß man sich beim Donnergrollen fragt, ob es vom Himmel kommt oder aus dem Eis da drüben, zusammen mit den Pistolenschüssen, dem Lawinenrauschen, dem Ins-Wasser-Platschen, der Brandung kurz danach.

Noch nie hat eine so laute Nacht uns so beflügelt. Zusammen mit der Morgensonne stellt sich auch noch ein Regenbogen über das weiße Getümmel. Es ist wie Peterchens Mondfahrt und Großmütterchens Kitschpostkarte und dabei kalt, fremd und zyklopisch – zum Jubeln und ein bißchen zum Frieren. Hinten im Inlandeis, von dem der Gletscher herkommt, steht eine Regenwand – wie fast immer.

Mit der Hauptkette der Kordilleren reißen Regen und Schnee jäh ab. Der Sturm bläst weiter zum Atlantik, aber alle Feuchtigkeit hat er im Gebirge abgeladen. Ein paar Kilometer nach Osten gibt es noch schütteren Wald und grünes Gras, von dem Rinder leben können; dann bricht die estepa an, die patagonische Trockensteppe, botanisch als „Halbwüste“ eingestuft. Aus dem Flugzeug sieht sie aus wie getrockneter Schlamm. In der Nähe zeigt sie sich irgendwo zwischen Gelb und Grau: Sand und Kies, durchsetzt mit einer feindseligen Vegetation von Dornsträuchern, Dornenkissen, Disteln und hartem Büschelgras. Hie und da trifft man rostrote Halme oder dunkelgrüne Büsche. All das wirkt wie das Ergebnis einer Dürrekatastrophe, aber für die östlichen zwei Drittel Patagoniens ist es der Normalzustand. „Auf diesem Land liegt der Fluch der Unfruchtbarkeit“, schrieb Charles Darwin im Jahre 1834.

Da hatte er freilich seine schottischen Landsleute unterschätzt. Kaum nämlich hatte Großbritannien 1833 die Falkland-Inseln vor der Ostküste Patagoniens annektiert, trafen auch schon die ersten Schafe aus Schottland auf den kahlen, stürmischen Inseln ein. Daß sie gut gediehen, sprach sich bis nach Punta Arenas am Südzipfel Chiles herum: 1878 kaufte der dort ansässige Franzose Marius Andrieu 700 Falkland-Schafe und gründete nordöstlich von Punta Arenas die Estancia San Gregorio, die noch heute existiert.

Mit ihrer Schafsgeduld sind die Tiere in der Tat imstande, zwischen den Dornen die freßbaren Halme und Blätter herauszufinden und sich davon zu ernähren. Zwar muß man jedem Schaf, je nach Grad der Dürre, zwei bis fünf Hektar gönnen – doch Land ist ja reichlich da. Vom südlichsten Chile aus breitete sich die Schafhaltung südwärts nach Feuerland und nordwärts nach Argentinien aus, nun kräftig durch Einwanderer von den Falkland-Inseln gefördert; und etwa seit 1950 läßt sich sagen: Alles Land, das sich irgend für Schafe eignet, wird von Schafen genutzt. Estanciero werden kann man nur noch durch den Kauf einer vorhandenen Estancia. Patagonien ist eingezäunt. Auch anders als zu Plüschows Zeiten.

Indessen: Mit den Zäunen läßt sich leben. Fährt man zwischen zwei Zaunreihen entlang, so vergißt man sie rasch vor dem unermeßlichen Horizont. Oft durchschneidet die Straße das Areal einer Estancia, und das bedeutet: Quer durch den Schotter läuft ein Eisenrost, der die Schafe abschreckt und das Auto schüttelt; und dann rollt man zaunlos fünf oder fünfzig Kilometer weit, bis der nächste Rost die Grenze der Estancia markiert.

Innerhalb der Zäune leben, zusammen mit den Schafen, immer noch Nandus, die kleinen patagonischen Strauße, und Guanacos, die gefleckten hübscheren Brüder der Lamas. Auf der Küstenstraße nach Buenos Aires – fünfzig Stunden Omnibus – und auf der Touristenroute zum Lago Argentino kommt einem alle zehn Minuten ein Auto entgegen, auf allen anderen Straßen aber höchstens alle Stunde einmal; dabei stört es dann die Geier auf, die sich mit trägem Flügelschlag von dem Hasen erheben, den das vorige Auto überfahren hat. Und riesig sind die Zonen, die von keiner Straße erschlossen werden. Auf der vierfachen Fläche Westdeutschlands wohnen nur so viele Menschen wie in Köln. Wenn man sich hundert Meter abseits in die Disteln schlägt, kann man meinen, unter den jagenden Wolken in der gelbgrauen Öde wirklich von allem Leben verlassen zu sein, in einer Einsamkeit, die ideal wäre für die Landung Unbekannter Flugobjekte.

Die Estancia Moy Aike Chico zum Beispiel ist mit 33 000 Hektar größer als München, aber auf dieser ganzen Fläche wohnen sechs Arbeiter und die Familie Jamieson. Henry George Jamieson ist argentinischer Bürger schottischer Abkunft, was ihm gestattet, Mitglied des 1911 gegründeten British Club von Río Gallegos – und zur Zeit dessen Präsident – zu sein. Sein Großvater kam 1889 von den Falkland-Inseln herüber und kaufte sich hier an. Auch die vierte Generation wird die Schaffarm weiterführen: Der 16jährige Enrique, der, wie einst sein Vater, die British School in Buenos Aires besucht, findet die Weltstadt weniger verlockend als das Leben mit den 15 000 Schafen hier.

Allerdings liegt Moy Aike Chico ungewöhnlich günstig: Río Gallegos mit seinen 45 000 Einwohnern ist nur eine Autostunde entfernt. Da kann man schon dreimal in der Woche hinfahren, um die Post aus dem Schließfach zu holen und im British Club ein bißchen Konversation zu machen – auf spanisch natürlich, nur die Abkunft muß ja britisch sein. Hin und wieder gibt es da auch einen Ball, auf dem mancher seine Künftige kennenlernt, wie schon Henry George seine Sylvia.

Diese Mrs. Jamieson ist eine elegante Frau. Fühlt sie sich wohl in solcher Einsamkeit? Sie lächelt und schweigt. Gewiß, das Häuschen ist hübsch eingerichtet und fast idyllisch gelegen, im Windschatten eines Hügels, mit Bäumen und einer fetten Wiese wie die meisten Estancias; man braucht nur den Boden zu bewässern und den Wind auszusperren, schon wächst in Patagonien ziemlich das gleiche wie etwa in Schweden, zum Beispiel Kartoffeln, Gemüse und sogar Blumen, wenn sie im Gewächshaus vorgezogen worden sind.

Das Wasser kommt aus einem dreißig Kilometer langen Kanal, den die Jamiesons gemeinsam mit den benachbarten Estancieros vom nächsten Fluß hergeleitet haben, und es füllt sogar einen stattlichen See. Die Tränken für die Schafe werden mit Windrädern betrieben, die das Grundwasser aus bis zu sechzig Meter Tiefe holen müssen. Ein Dieselmotor sorgt für Strom von 220 Volt, also für Radio, Fernsehen und gutes Licht, es fehlt an nichts. Auch schöne Reitpferde haben die Jamiesons, „ungefähr siebzig“, so spricht man in Patagonien.

Doch die Menschen fehlen. „Nein, isoliert fühlen wir uns nicht“, sagt Henry George. „Es ist nur so, daß Patagonien ein paar mehr Leute brauchen könnte. Und wenn man uns im Urlaub auf einen leeren Strand hinweist, dann sagen wir: Um Gottes willen, wir suchen einen vollen!“ Alles in allem aber sei dies eine königliche Freiheit hier, er würde sie gegen nichts auf Erden tauschen. Und wenn Enrique eines Tages die Estancia übernimmt? „Dann werden wir im Sommer weiter hier sein. Im Winter freilich lieber unter Palmen.“

Urlaub nehmen die meisten Estancieros reichlich. Alle Arbeit drängt sich im Sommer zusammen: die Schafe zusammentreiben, sie scheren oder ans Schlachthaus verkaufen, sie desinfizieren, sortieren, kastrieren, markieren, die Wolle losschlagen. Im Winter bleibt nichts zu tun als die Zäune instand zu halten und den toten Schafen das Fell abzuziehen: Ein bis zehn Prozent der Schafe erfrieren, je nachdem wie hart der Winter ist. Da wird nicht gedüngt und nicht gemäht, nicht gefüttert und nicht gemolken; Ställe gibt es nur für die Reitpferde und für die Zuchtwidder, von denen Jamieson drei besitzt, jeder soll ihm 15 000 Dollar bringen. Bücher über Schafzucht zu lesen, ist seine Feierabendbeschäftigung.

Mrs. Jamieson ist eine Dame und beklagt sich nicht, doch vom Enthusiasmus ihres Mannes ist bei ihr nichts zu spüren. Sie besitzt in Río Gallegos eine Boutique und lächelt fein dazu. Aber dazu muß man wissen, was Río Gallegos ist: die Hauptstadt von Santa Cruz, der südlichsten Provinz Argentiniens, die Bürostadt zu den Öltürmen im nahen Feuerland und eine der häßlichsten Städte der Erde.

Da mischen sich hypermoderne Bankgebäude und ein Dutzend bunter Einfamilienhäuser mit Tausenden von Betonwürfeln, Wellblechhütten, Baracken und Schuttflächen, keimender Luxus mit

Talmi und dem letzten Dreck, an einem Raster von unsinnig breiten Einbahnstraßen aufgefädelt, durch die der Wind Zeitungen, Kartons und leere Dosen fegt; ihr Scheppern wird noch übertönt von den Lautsprecherboxen vor vielen Geschäften, aus denen 14 Stunden täglich Schmalztangos und Discomusik durch die Straßen schrillen.

Warum lassen sich die Leute das gefallen? Warum haben sie unter der Fülle der Möglichkeiten, sich das Leben einzurichten, ausgerechnet die Form „Río Gallegos" gewählt? Sie sehen doch aus wie wir; höchstens, daß einige klein und schwarzhaarig sind, manche mit indianischen Zügen. Sie tragen auch die gleichen Jeans wie die Deutschen und, soweit sie die Büros bevölkern, jene etwas triste, aber korrekte Garderobe, wie sie bei uns in den Adenauer-Jahren üblich war.

So auch in Punta Arenas – doch welch eine Stadt ist das! Nur 270 Kilometer weiter liegt sie in Chile an der Magellanstraße, hingegossen an einen Hang mit Blick auf schaumgekröntes Meer, voll von englischen Bauten der Jahrhundertwende; denn bis 1914 der Panamakanal eröffnet wurde, führte der kürzeste Schiffahrtsweg von New York nach San Francisco hier vorbei. Die Blechdächer sind in fröhlichen Farben gestrichen – und die leuchten unter blauschwarzen Sturmwolken wie Freudenfeuer. Manche Häuser haben weiße Wände mit königsblauen Ornamenten, viele Straßen werden von den gewaltigen Zypressen der patagonischen Art Fitzroya überragt.

Läßt sich hier leben? Viele Leute sagen, sie kämen sich *aislado* vor, auf eine Insel versetzt, oder gar „eingesperrt" wie Gerd Funk, der Leiter der Deutschen Schule – auch wenn es hier Pralinen aus Zürich ebenso selbstverständlich zu kaufen gibt wie Sportschuhe aus Herzogenaurach. Doch keine Straße und keine Eisenbahn verbindet die Stadt mit den Zentren von Chile, nur per Flugzeug ist Santiago zu erreichen, und das ist 2100 Kilometer weit und kostet den Monatslohn eines Arbeiters.

Freyggangs dagegen gefällt es hier. Er, Jorge, 33 Jahre alt, ist deutscher Abkunft, aber spricht so wenig ein deutsches Wort wie seine Frau Susana, die sich jeder Gruppe von Pariserinnen unauffällig einfügen würde. Gemeinsam besitzen sie eine der drei Fluggesellschaften von Punta Arenas, die sich den Liniendienst nach Puerto Williams teilen, dem südlichsten Städtchen der Erde. Er ist Pilot, sie führt die Geschäfte. Sie haben drei Kinder und ein hübsches Haus. Sie besitzen drei Flugzeuge, fünf Bücher und eine Kuckucksuhr. Sie sind schnell, freundlich und präzise in Wort und Tat. Dem schlichten Ja, das in

Spanien *sí* und hierzulande meistens *claro* heißt, ziehen sie das Wort *perfecto* vor. Für sie ist Punta Arenas eine nahezu perfekte Stadt.

Sehenswert ist der Friedhof: mit Zypressen im englischen Heckenschnitt, protzigen Mausoleen, den Mauernischen für die Särge der Armen, dem Grabmal des deutschen Vizeadmirals Graf Spee, der 1914 mit seinem Geschwader bei den Falkland-Inseln unterging – und einer Bronzestatue von unglaublicher Popularität: einem etwa 14jährigen Indianerknaben mit Lendenschurz und mildem Gesicht. Das Rote Kreuz der Provinz Magallanes hat ihn 1969 aufgestellt und mit der Inschrift versehen: „Der unbekannte Indianer, der aus den Nebeln des historischen und geographischen Zweifels kam, ruht hier, auf ewig eingebettet in die väterliche Liebe des Chilenentums."

Natürlich kamen die Indianer nicht aus dem Nebel des Zweifels, sondern über die Beringstraße und Alaska in einer mehr als 15 000jährigen Völkerwanderung bis nach Feuerland, von dem sie vor etwa 8000 Jahren Besitz ergriffen – dem letzten Winkel der Erde, den der Mensch sich eroberte. Falls sie heute wirklich eingebettet sind in die Liebe des Chilenentums, so haben doch vorher die Chilenen, wie die meisten Weißen in Amerika, das ihnen Mögliche getan, um die Indianer auszurotten. Also hätte dieses Denkmal die Gelegenheit geboten, eine Schuld zu bekennen oder wenigstens eine Tragödie anzudeuten.

Doch vielleicht hätte das nicht so viele Portemonnaies geöffnet. Mateo Martinic, Rechtsanwalt in Punta Arenas, Autor zahlreicher Bücher über Patagonien und anerkannt bester Kenner seiner Geschichte, sagt es messerscharf: „Es handelt sich um den Versuch, die kleinen Leute auszubeuten – offensichtlich mit Erfolg und vielleicht zu einem guten Zweck." Denn hart neben dem Bronzejüngling steht ein Kasten für Spenden an das Rote Kreuz, in den ziemlich jeder etwas wirft, der dem Indianer den großen Zeh des linken Fußes geküßt oder gestreichelt hat, und das sind Hunderte am Tag – Männer und Frauen, Alte und Junge, einfach und anspruchsvoll Gekleidete, vor allem aber Mütter, die ihre Kinder anherrschen: „Nun küß den kleinen Indianer! Los, faß ihn an!"

Das soll nämlich Glück bringen – nicht den Indianern, die sind bis auf eine steinalte Frau, die wir besuchen wollen, lange tot. *Indiecito*, sagen die Leute, Indianerlein, und das klingt auf deutsch noch nicht einmal herzlich genug. „Dank, Indiecito, für die Wunder, die du mir erwiesen hast", steht auf mehr als zweihundert Votivtafeln aus Marmor oder Holz, die ringsum an den Zäunen hängen. „Dank für die Heilung, kleiner Indianer! Bewahre mich vor Krankheit! Du hast unser Kind gerettet!“ Ein patagonisches Altötting. Über und über ist das Indianerlein mit Rosenkränzen behängt, andere baumeln an den Zypressen ringsherum.

„Habe ich richtig gelesen“, frage ich Mateo Martinic: „Ist der Text auf dem Sockel nicht ziemlich nebelhaft?“ „So ist es.“ „Sie haben in Ihren Büchern in Bezug auf die patagonischen Indianer von Völkermord und Holocaust gesprochen.“ „So ist es.“ „Und wahrscheinlich hätten Sie es nicht falsch gefunden, wenn die Inschrift dies wenigstens angedeutet hätte.“ „So ist es.“ Womit der kahlköpfige Rechtsanwalt nach hartem Händedruck in seine Kanzlei enteilt.

Der Völkermord an den patagonischen Indianern vollzog sich in vielen Etappen, und Mord in strengem Sinn lag nicht immer vor. Magellan tat den Eingeborenen nichts zuleide, bis ins 18. Jahrhundert blieben sie ungeschoren. Dann setzten sich Robbenjäger an den Küsten fest, jagten die Robben und wohl auch einmal einen Indianer, der ihnen dabei in die Quere kam. Und vor allem rotteten sie in vielen Gewässern die Robben aus, womit sie den Feuerländern die Lebensgrundlage raubten. Richtig schlimm aber wurde es erst mit dem doppelten Schock von 1878: Gold gefunden und Schafe importiert.

Von 1879 bis 1883 führte die Regierung Argentiniens den sogenannten „Wüstenfeldzug“, um die Indianer des patagonischen Festlands endgültig zu unterwerfen; die meisten wurden getötet, die Überlebenden für immer auseinandergesprengt. Eine Goldminengesellschaft auf Feuerland beschäftigte 1894 sechs Revolvermänner zur Indianerbekämpfung. Auch mancher Schaffarmer ging auf Menschenjagd: Es war ja klar, daß die Steppen-Indianer ihre Nahrungsgrundlage, die Guanakos, durch Schafe und Zäune bedroht sahen; also standen sie den Schafhaltern mißtrauisch bis feindselig gegenüber und hielten sich an den Schafen schadlos; also waren die Indianer Viehdiebe und mithin zu töten.

Von den Kanu-Indianern auf den Inseln südlich von Feuerland lebten 1884 noch tausend, 1913 noch hundert, 1972 noch acht. Die sie umbrachten, waren neben den Robbenjägern und den Goldsuchern tragischerweise nicht zuletzt die Missionare, anglikanische und katholische. Voll der großartigsten Motive in die verlassensten Winkel des Erdballs gereist, mußten sie erleben, daß ihr Einfluß nicht hinreichte, die Indios zu zivilisieren (was fragwürdig genug gewesen wäre), sondern nur, sie von den materiellen und kulturellen Grundlagen ihres Lebens abzuschneiden. Am selben Ort wurden sie in eine andere, falsche Welt versetzt. Und vor allem brachten die Missionare, wie alle Europäer, die Bazillen und die Viren von Masern und

Pocken, Grippe und Tuberkulose mit, an denen die Indios hilflos starben.

So halfen die Missionare diejenigen zu dezimieren, die sie bekehren wollten. 1963 traf ein dänischer Weltreisender auf der Insel Navarino den Missionar Kenneth Williams, „der dem Meer, den Bergen und dem Flusse predigte, denn seine gesamte Gemeinde lag unter kleinen, schäbigen Kreuzen begraben", und das seit neunzehn Jahren.

Heute gibt es an der Südspitze Amerikas nur noch eine Indianerin, die mit annähernder Sicherheit reinrassig ist: Abuela Rossa Milicic. „Abuela" heißt Großmutter und ist eine freundliche Anrede wie das russische „Mütterchen", Rossa war ihr Taufname auf der Missionsstation, und Milicic hieß der dalmatinische Fischer, den sie dortselbst heiratete, und der schon lange nicht mehr lebt.

Nach Puerto Williams, wo die Abuela wohnt, kann man fliegen oder mit dem Schiff fahren, zwei Tage lang, jedoch für ein Drittel des Preises. Das Schiff mogelt sich mit gedrosselten Maschinen zwischen Hunderten von Inseln durch, Inseln wie Schildkrötenpanzer oder halbgetauchte Krokodile, traurig unter dem wilden Himmel ausgestreut. Pfadfinder spielen müßte man auf ihnen: sie erklettern und durchstreifen, sicher hier und da als erster Mensch, und dabei wahrscheinlich pfeifen oder singen, zum Schutz vor der schrecklichen Stille. Am dritten Schöpfungstag, so gegen 13 Uhr, könnte die Erde ähnlich ausgesehen haben: Tag und Nacht, Himmel und Erde, Wasser und Land waren schon geschieden, und bei den Pflanzen war Gott zu Moos und Disteln gekommen; noch nicht erschaffen aber hatte er die Blumen.

Die Indianer tauchten hier einst nach Krebsen und Muscheln. Tauchen! Es ist Sommer, doch die Passagiere ziehen sich dicke Pullover oder Daunenjacken an, wenn sie das Deck betreten. An Bord sind einige Touristen, die in den chilenischen Sektor der Antarktis weiterreisen, vor allem aber Familien, die in Puerto Williams wohnen, auf der Insel Navarino südlich von Feuerland. Hier sieht es aus wie am Ende der Welt, und noch jenseits davon sollen die vielen kleinen Kinder schlafen und spielen?

Einst hieß das Städtchen Puerto Luisa, nach der Schwester des letzten Missionars, der schon lange tot ist. Dieses Dorf der letzten Indios wurde 1953 zu einem Stützpunkt der chilenischen Flotte ausgebaut, zur Stadt erhoben und, nach einem der überraschend zahlreichen Helden der chilenischen Marine, in Puerto Williams umgetauft.

Jeder kennt dort die Abuela Rossa Milicic, und manche weisen uns ausdrücklich auf sie hin: die Programmdirektorin des südlichsten Radiosenders der Erde, Radio Cabo de Hornos, der Pächter des südlichsten Hotels der Erde, der Leiter der südlichsten Bibliothek und der Direktor der südlichsten Schule. Die beiden letzten frage ich, ob sie denn wirklich noch eine echte Yaghan sei, die Abuela, denn immer wieder hat man ja gelesen, reinrassige Indianer gebe es in ganz Patagonien nicht mehr. „Ja“, meint der Bibliotheksdirektor, „genau weiß das keiner. Aber wenn es noch eine echte gibt, dann ist es sie.“ Der Schuldirektor sagt: „Ich glaube schon. Und jedenfalls verdient sie Geld damit, daß die Leute glauben, sie sei es.“

So suchen wir ein bißchen verwirrt nach ihrem Häuschen in der Siedlung Ukika am Rand des Städtchens: Baracken in grellem Blau und Gelb, die kurz nach der Gründung von Puerto Williams vom Staat für das damalige Dutzend der letzten Yaghans errichtet wurden; Mischlingsfamilien sind inzwischen nachgerückt. Und wie es so geht: Wenn die Abuela ihr Konterfei für Geld verkauft, so wird man jetzt, vorher, ein paar Witze über sie machen dürfen.

Doch das Lachen bleibt uns in der Kehle stecken, als wir ihre Hütte betreten. Da watschelt uns eine breitknochige, zusammengeschnurrte Gestalt entgegen, kaum 1,40 Meter groß, mit weniger Zähnen im Mund als Katzen in der Küche, wie zweihundert Jahre alt sieht sie aus und wie die Großmutter aller Krankheiten. „Wir sind Journalisten aus Deutschland und würden Sie gern fotografieren, Señora. Erlauben Sie uns das?“

„Sí paga?“ sagt sie – „Wenn Sie zahlen?“ Wir geben ihr umgerechnet 25 Mark, und das Seltsame ist, daß sich im Nu die Fronten vollständig verkehrt haben: Nicht daß die Abuela Geld verlangt, ist lächerlich – sondern daß wir es geben. Es will mir an den Fingern kleben bleiben, es scheint plötzlich nach Trostpflaster oder Bußgeld zu riechen. Mein Gott, wo bleibt unsere Berufskrankheit, der Zynismus? Das ist peinlich, faszinierend und überhaupt nicht auszuhalten. Die Missionare und die Menschenjäger, die hatten noch ein gutes Gewissen, jeder auf seine Art. In uns steht die ganze Hilflosigkeit des weißen Großstadtmenschen vor der letzten „eines erbärmlichen Stammes“.

Es war Charles Darwin, der die Yaghans so einstufte, er konnte sie 1833/34 auf seiner Weltreise studieren. Erblicke man „die elenden Herren dieses elenden Landes“, so könne man sich kaum zu dem Glauben zwingen, „daß sie unsere Mitgeschöpfe und Bewohner derselben Erde sind“, schrieb der englische Forscher. In einem Klima, das dem von Island entspricht, lebten sie völlig nackt, zum Schutz gegen die Kälte nur mit Seehundsfett eingerieben, „ihre häßlichen Gesichter mit weißer Farbe beschmiert, ihre Haut schmutzig, ihr Haar verwirrt". Um Nahrung zu suchen, waren sie gezwungen, unablässig von Ort zu Ort zu wandern, „und die Küste ist so steil, daß sie dies nur in ihren elenden Kanus tun können" – denen mit dem ständigen Feuer darin, das zuerst Magellan sah, und dem die Inselgruppe ihren Namen verdankt.

Wie alt sie sei? frage ich Rossa Milicic. Das wisse sie nicht. Ob sie Kinder habe? Nein. Wann ihr Mann gestorben sei? Das sei lange her. Ob sie als junge Frau noch nach See-Igeln und Muscheln getaucht habe? No. Ob sie in der Mission lesen und schreiben gelernt habe? No. Ob die Nachbarn gut zu ihr seien? Claro.

Die Nachbarn schätzen sie auf 85. Kinder und Hunde gehen bei ihr aus und ein. Alleingelassen ist sie nicht, Not leidet sie nicht. Sie bekommt Sozialfürsorge, und die Ethnologen und Journalisten, denen sie gegen Entgelt Auskunft gibt und das Fotografieren gestattet, erlauben ihr, sich einen kleinen Alkoholvorrat und einen Fernsehapparat zu leisten. Die Fernsehstation von Puerto Williams strahlt aus, was tags zuvor in Punta Arenas gesendet und auf Kassetten mit dem täglichen zehnsitzigen Linienflugzeug hierhergebracht worden ist.

„Fernsehen" ist das einzige, was die Abuela antwortet, wenn man sie fragt, was sie so tue. Ziemlich die ganzen elf Stunden des täglichen Programms hindurch hockt sie seitlich auf ihrem Bett, die Hände an die hohe Fußlehne geklammert und auf den Bildschirm starrend, der kaum zwei Meter schräg über ihr steht. So sieht sie Micky Maus und Zahnpastawerbung, amerikanische Krimiserien und die Schmachtfetzen chilenischer Fernsehstars. Die letzte der Yaghans.

Da hatten sich ein paar tausend Menschen, die primitivsten unserer Art, als die Schwächeren immer weiter abdrängen lassen müssen aus leidlich bewohnbaren Gebieten bis an den Zeh der Erde. Und dennoch hatten sie sich der kahlen Inselwelt zwischen Kap Hoorn und Feuerland, diesem miserablen Stück des Globus, angepaßt und seiner monotonen Landschaft Leben gegeben, wie der Priester und Ethnologe Martin Gusinde aus Breslau schrieb, der von 1918 bis 1924 unter den letzten Yaghans lebte. Aber sie wurden vernichtet „durch die unersättliche Habsucht der weißen Rasse und die tödlichen Wirkungen ihres Einflusses ..." Nur die Brandung vor Kap Hoorn murmle noch das Lied von den verschwundenen Indianern.

In der Nacht nach unserem Besuch bei Rossa Milicic hat es geschneit. Aus dem eisigen Spätsommermorgen steigt eine festliche Sonne auf wie an einem Oktobertag im Engadin. Drüben, jenseits der Brandung auf dem Beagle-Kanal, liegt Feuerland. Fern, im Westen, die gewaltigen Eisberge der Darwin-Kordillere; näher an uns die dunklen, heute weiß bestäubten Hügel über Ushuaia.

Bis vor ein paar Jahren gab es zwischen Ushuaia und Puerto Williams regen Schiffsverkehr, der vor allem dem weniger bekannten und schwerer zu erreichenden Puerto Williams Touristen brachte. Aber nun streiten sich Argentinien und Chile um drei der tausend Inseln des Feuerland-Archipels, des vermuteten Erdöls wegen und vor allem im Dienst des ewigen Chilenen- bzw. Argentiniertums, und die Verbindung ist gekappt.

Ushuaia verdient eine Menge Geld damit, daß es fälschlich behauptet, die südlichste Stadt der Welt zu sein. Spricht man von Stadt im verwaltungsrechtlichen Sinn, so ist auch Puerto Williams eine, und das liegt eindeutig südlicher, auf der gleichen geographischen Breite wie Sylt, wenn es auch nur 900 Einwohner hat. Meint man aber eine wirkliche Stadt, so heißt die südlichste Punta Arenas. Gleichwohl: Der falsche Superlativ macht Ushuaia mit seinen 4000 Bewohnern zum wichtigen Durchgangspunkt für Südamerika-Rundreisen und zum Ziel jener deutschen Kleinbusfahrer, die der Umwelt auf den Autotüren mitteilen, sie seien auf der Route Alaska – Ushuaia unterwegs. Entsprechend geht es in Ushuaia zu: im Schaufenster Nina Ricci, vor dem Schaufenster (Januar 1981) Loki Schmidt.

Fragt man hier auf der stillen Insel Navarino die Bewohner, was ihnen am ehesten gefalle, so antworten sie ziemlich übereinstimmend: *la tranquilidad*, die große Ruhe. Und im Winter Skilauf und Schlittschuhlauf, im Sommer, wie überall im Lande, der *asado*, die vielstündige Grillparty; und zum Trost immer das Fernsehen, wenn es auch 24 Stunden später kommt.

Fragt man dieselben Leute, was ihnen hier mißfalle, so antworten sie wieder: la tranquilidad – die allzu große Ruhe. Man bleibt zwei Jahre in Puerto Williams, vielleicht drei, höchstens fünf; weil die Marine einen abkommandiert hat oder weil ein Beamter in Chile nicht befördert wird, ein Lehrer keine Stelle in einer großen Stadt bekommt, wenn er nicht einige Jahre Dienst in einer entlegenen Provinz nachweisen kann. Die bleiben, sind letztlich nur die, die schon da waren, als die Siedlung noch Puerto Luisa hieß: die Fischer und die Yaghan-Mischlinge von Ukika.

Schon zwei Kilometer hinter den letzten Häusern sieht man keinen Menschen mehr, kein Auto und kein Schiff. Platz zum Atmen, Luft zum Trinken, ein weites, trauriges Land. Kein Vogel zwitschert, keine Blume blüht. Aber die Bäume! Sturmzerzaust und krummgequält halten sie stand, ohne daß je ein Orkan ihnen einen Zweig knicken könnte; Exportartikel sind sie geworden, nach Schottland und Sibirien. Nur wenn sie alt sind, fallen sie. Hellgrau wie gebleichte Knochen liegen die toten kreuz und quer, stolpern übereinander, formen bizarre Arkaden, lehnen sich an die lebenden und erwürgen sie. Hier muß keiner strammstehen vor dem Oberförster.

Spazierengehen oder gar „wandern“ kann man in solchen Wäldern nicht, so wenig wie irgendwo in Patagonien. Die Steppe ist ein Dorngewirr, in den Bergen gibt es keine Pfade – mit einzelnen Ausnahmen in den beiden Nationalparks auf dem Festland: in Chile der Parque Nacional Torres del Paine, in Argentinien der Parque Los Glaciares, der den Lago Argentino und das gewaltige Massiv des Cerro Fitz Roy umfaßt.

Der Fitz Roy ragt über die Steppe auf wie eine Gralsburg aus braunen Türmen von Granit. Er ist nur 3375 Meter hoch, aber die oberen zwei Kilometer sind mauerglatt, umtobt von rasenden Stürmen mit Hagel und Schnee. So ist der Fitz Roy weit schwieriger zu besteigen und weit seltener bestiegen worden als der Mount Everest. Vier Stunden hinter der letzten *hosteria* treffen wir zwei Japaner und einen Amerikaner, die seit zweieinhalb Monaten auf das Wetter warten, bei dem sie den Aufstieg wagen können. Sie haben sich in den Hütten der französischen Expedition von 1952 eingerichtet, der die Erstbesteigung gelungen war.

Von ihrem Lager aus klettern wir noch auf eine Felsrippe direkt den himmelfüllenden Türmen gegenüber, klettern jenseits ein Stück hinab zu einem eisigen See, der Laguna de los Tres, um Wasser zu schöpfen, und kochen uns, wieder oben, Tee und Suppe – durchgeschwitzt nach fünfstündigem Hitzemarsch, frierend im Sonnenuntergang, in den Schlafsäcken glücklich geborgen vor dem Eiswind der Nacht.

Davon wird man träumen. Wie auch vom Flug über die Darwin-Kordillere im Südwestzipfel von Feuerland, nun vollends auf Plüschows Spuren. Unser viersitziges Lufttaxi schleicht sich über die Magellanstraße und das flache, öde nördliche Feuerland hinweg an die Inseln, Kanäle, Gletscher und Abgründe heran, windet sich zwischen weißen Gipfeln einen Fjord entlang, tanzt, bald über, bald unter den Wolken, auf fallenden und steigenden Winden und hüpft einem Eisriesen über den gewaltigen Schädel.

Unter uns ein Labyrinth aus Wasser, Schneewüsten, Felsen, dunkelgrünen Wäldern und bläulichen Katarakten von Eis; über all dem von der tiefen Sonne ein Orange-Hauch; und dazu donnert ein Orkan durch die Kabine, denn Georg Fischer hat zum Fotografieren das Fenster aufgemacht, vermummt sitzen wir in unserer sausenden Achterbahn, weinend vor Kälte, lachend vor Begeisterung, und noch mal zehn Gletscher, zwanzig Zinnen, vierzig Inseln, die Erde muß unbewohnbar sein. Der Sonnenuntergang ist wie ein Weltuntergang.

Es gibt Träume, die in Erfüllung gehen. Auch in jener Stunde am Lago Grey unterm Cerro Paine, in der ich mir in den sonnenwarmen Kieseln eine Mulde zum Liegen mache: eingehüllt in pfeifenden Wind und brausendes Licht, Treibeis vor Augen und Brandung an den Füßen – angekommen.

ROYAL GEOGRAPHICAL SOCIETY

Der Club der großen Entdecker

Als die »Royal Geographical Society« 1830 gegründet wurde, stand Großbritannien an der Schwelle zur Supermacht: Die Politik entdeckte die Geographie. Archäologen, Ethnologen, Kartographen sollten eine Bestandsaufnahme der Erde liefern, damit das neue Empire sie besser beherrschen konnte. Und die Forscher – so ehrgeizig wie abenteuerlustig – nutzten die Gunst der Stunde, stürmten durchs Eis, erklommen die Gipfel, überquerten die Ozeane. Und die Nachwelt zehrt noch heute von den erfolgreichen und den mißlungenen Pioniertaten der Globetrotter Ihrer Majestät.

Nirgends ist so viel Wissen über die alte Erde und deren Bewohner gespeichert wie in einer betagten, verschachtelten Villa in London am Kensington Garden. In ihr residieren die 40 Mitarbeiter der Royal Geographical Society, und die hat seit 168 Jahren mehr Expeditionen in die wüstesten Winkel der Erde geschickt, mehr weiße Flecken von der Landkarte getilgt als jede andere Institution.

Daß die Forscher und Entdecker zugleich das britische Weltreich vergrößern halfen, haben sie dabei gern in Kauf genommen, bis 1914 war das ja auch kaum zu vermeiden. Nun ist das Weltreich passé und das heroische Zeitalter der Entdeckungen vorüber. Wer aber daraus folgern wollte, die Königliche Geographische Gesellschaft könnte sich jetzt darauf beschränken, ihre Bestände zu verwalten, dem schallt es aus allen Zimmern und Hallen der Villa entgegen: Umgekehrt! Der größere Teil der Entdeckung der Erde steht uns erst bevor.

Ist denn nicht die Antarktis noch überwiegend unerforscht – und ist sie nicht, seit wir das Ozonloch kennen, der beste Ort, um der Welt den Puls zu fühlen? Können Satelliten etwa durch das Laubdach der Regenwälder hindurch fotografieren, dorthin, wo noch Hunderttausende von Pflanzenarten der Registrierung harren, heilende und nährende darunter, die der Menschheit beim Überleben helfen könnten? Was wissen wir von den Tiefen der Ozeane, obwohl doch gerade sie die große Wetterküche sind, wie wenig vom Zusammenwirken zwischen Klima, Erosion, Raubbau, Industrie und Übervölkerung? Den Südpol zu erreichen, den Mount Everest zu bezwingen – das war ein schöner Übermut. Jetzt aber gilt es, der Menschheit einen Dienst zu erweisen.

Zum Beispiel so: 1998 hat die Society mit ihrem bisher aufwendigsten Forschungsprogramm begonnen, und zum erstenmal ist sie dabei unter Wasser gegangen. Zwei Jahre lang widmet sich ein Team von Geographen und Ozeanographen, Geologen und Biologen dem Maskarenen-Rücken nordöstlich von Madagaskar, einem der merkwürdigsten Unterwasser-Gebilde der Erde: Auf einer Fläche von 115 000 Quadratkilometern, mehr als die alte DDR, ist der Indische Ozean dort nur zwischen 8 und 90 Meter tief, so daß der Rücken vom Weltraum aus erkennbar ist. Er wird von zwei Hochburgen des Tourismus überragt: der Insel Mauritius im Süden und den Seychellen im Norden.

Wie läßt sich dieses Unterwassergebirge einerseits nutzen und andererseits in seiner Mannigfaltigkeit bewahren? Wieviel Fischfang, wieviel Tourismus, wieviel Tauchsport verträgt es? Wie wirken die Meeresströmungen auf die Inselküsten, welchen Einfluß hat das Plateau seinerseits auf die Strömungen in den Ozeanen, welche historischen Schwankungen des Meeresspiegels lassen sich hier nachweisen, welche biologischen Arten sind noch unentdeckt?

All das wollen die Wissenschaftler im Auftrag der Royal Geographical Society ermitteln, in Zusammenarbeit mit 15 Universitäten und mit den Regierungen der beiden Inselstaaten, und im Jahr 2000 wollen sie es publizieren, mit konkreten Empfehlungen für die Zukunft. Zugleich sollen einheimische Fachkräfte herangebildet werden, die die Erkenntnisse dann umsetzen, und bei Lehrern, Schülern, Journalisten wird um Einsicht geworben, dort und überall; getreu dem Motto der Gesellschaft: ein Weltzentrum der Geographen wie auch der Verbreitung geographischen Wissens zu sein und das Wissen zum Wohl der Menschheit zu mobilisieren.

Ein Projekt wie dieses hat es nicht schwer, von den 13 000 Mitgliedern einhellig bejaht zu werden. Bei anderen Vorhaben gibt es Meinungsverschiedenheiten, oft grundsätzlicher Art – zumal zwischen den älteren Herren, die von den Zeiten träumen, als „Geographie" noch hieß, sich dürstend durch die Wüste oder frierend durch die Arktis zu quälen, und den jungen Akademikern, überwiegend Mitglieder des „Institute of British Geographers" (IBG), das sich 1995 der Royal Geographical Society angeschlossen hat und nunmehr deren Namen um ein „with IBG" verlängert.

Wie in Deutschland auch, blickt die Mehrzahl der jungen Geographen abschätzig auf die klassische, die bloß beschreibende Geographie. Sie wird als „Fünf-Uhr-Tee-Erdkunde" verspottet oder als bloße „Otherwhereitis": als der krankhafte Wunsch, anderswo – otherwhere – zu sein, als man ist (wie der reisende Engländer bei Wilhelm Busch, der nie das Fernrohr absetzt, mit der Begründung: „Schön ist es auch anderswo, und hier bin ich sowieso").

Die jüngeren Akademiker ziehen eine problemorientierte, eine Sozialgeographie vor, und die braucht durchaus nicht in die Ferne zu schweifen. So druckte die Zeitschrift, die weiter im Namen des Instituts britischer Geographen erscheint, 1997 eine Untersuchung über die räumliche Verteilung der Kriminalität in der Stadt Manchester in ihrer Relation zur sozialen Unterprivilegierung. Unter den Honoratioren fragen sich viele, ob derlei Sozialwissenschaft noch Geographie zu heißen verdiene, ja der konservative „Daily Telegraph" sieht in solchen Fällen Marxisten am Werk.

Im Gegenzug äußern sich junge Akademiker verächtlich über die letzten Versuche von Mitgliedern, auch heute noch den Helden zu spielen (und etwas verzweifelt sind solche Exkursionen manchmal in der Tat): über Sir Ranulph Fiennes zum Beispiel, der als erster Mensch die Erde über die beiden Pole umrundete und im Winter 1992/93, wieder als erster, die Antarktis ohne jede äußere Unterstützung durchwanderte, 2150 Kilometer in 95 Tagen. Dafür bekam er die Goldmedaille der Society, und ins Guinness-Buch der Rekorde wurde er als „größter lebender Forscher" eingetragen. Ein Wissenschaftler begleitete ihn durch die Antarktis und studierte (mal wieder) den Einfluß der Kälte auf den menschlichen Körper.

„Wir brauchen solche Reisen, um Begeisterung zu wecken", sagt Lord Selborne, der Präsident der Gesellschaft, Kanzler der Universität Southampton und im Hauptberuf Betreiber einer Musterfarm mit 300 Kühen. „Die Jugend braucht Träume." Sie wolle reisen, sie solle reisen, aber stets mit einem wissenschaftlichen Zweck. Die Spannung zwischen den Alten und den Jungen, zwischen der hergebrachten und der Sozialgeographie sehe er nicht als Problem, sagt Lord Selborne, sondern als Chance der Erneuerung.

Mit Reisen und mit Träumen hatte ja alles angefangen, damals, 1830. Da beschloß eine Runde englischer Weltenbummler, die sich alle zwei Wochen zu einer exotischen Mahlzeit versammelten (reihum bot jeder die Speisen an, die ihm in der Ferne besonders geschmeckt hatten), ihre Entdeckerlust zu systematisieren und eine Geographische Gesellschaft zu gründen; Königin Viktoria verlieh ihr später den Status „Königlich", der Royal Charter zufolge mit dem Auftrag, „die geographische Wissenschaft voranzubringen und geographisches Wissen zu verbreiten".

Die Welt von 1830 – welche Chance für abenteuerlustige junge Herren mit der größten Kriegs- und Handelsflotte der Erde im Rücken! Wie viele weiße Flecken auf der Karte, wie viele herrenlose Länder überall in Übersee! Nicht nur der Umriß der Antarktis war noch so gut wie unbekannt, sondern auch die Frage offen, ob Grönland eine Insel sei oder mit der kanadischen Arktis zu einem Kontinent verschmolzen. In halb Afrika war nie ein Europäer gewesen und auch nicht im gesamten Inneren von Australien, das noch „Neu-Holland" hieß, nach seinen Entdeckern zu Beginn des 17. Jahrhunderts; seit 1788 war es eine britische Sträflingskolonie, die sich nunmehr auch für freie Siedler öffnete.

Indien hieß *Ostindien* (im Unterschied zu den Karibischen Inseln, *Westindien* genannt, weil Kolumbus sie irrtümlich für Indien gehalten hatte), und es befand sich im Besitz einer britischen Aktiengesellschaft, der *Ostindien-Kompanie*, seit 1773 immerhin unter lockerer Aufsicht der britischen Regierung, so daß die Aktionäre die Regierung fragen mußten, wenn sie ihre indischen Besitztümer durch weitere Kriege abrunden wollten. Erst 1858 wurde Indien förmlich der britischen Krone unterstellt.

Und Alaska hieß noch Aljaschka und auf deutschen Landkarten „Russisch-Amerika", ja bis in die Nähe von San Francisco drangen die Russen vor – was die Spanier beunruhigte, denn ihnen gehörte damals das nördliche Kalifornien. Und die Kapitäne der seefahrenden Nationen konnten noch immer Inseln entdecken, die auf keiner Karte verzeichnet waren, und im Himalaya war noch nie ein Europäer herumgestiegen, den Höhenrekord hielt seit 1802 Alexander von Humboldt: Da hatte er am Chimborazo in Ecuador etwa 5400 Meter erreicht.

Das Schönste an diesem Abenteuerspielplatz namens „Erde" aber war für die jungen Herren aus London das gute Gewissen: die Selbstverständlichkeit, mit der sie glaubten, daß die Europäer im allgemeinen und die Briten im besonderen alle anderen Kontinente als ihr Eigentum betrachten dürften.

Trefflich spiegelt sich solch europäischer Hochmut wider im Großen Brockhaus von 1832. Über Asien liest man da, dort gehe „die Sonne der Gesittung in demselben Grade, als die ehedem unzugänglichen Länder den Europäern bekannt werden, höher und höher auf", und über Afrika: „Sein Inneres deckt ein dunkler Schleier. Wenige haben es gewagt, ihn zu lüften; noch wenigeren aber ist es geglückt, das Gesehene unter den Lebenden wiederzuerzählen … Doch die Morgendämmerung ist angebrochen, die Nebel der Ungewißheit fangen an zu sinken, und bald wird die Sonne der Kultur auch über dem Land aufgehen, das noch vor kurzem zu einer ewigen Finsternis und Barbarei bestimmt gewesen zu sein schien."

Die Engländer, längst die Herren der Erde, hätten es nicht schöner sagen können. Indien, Australien, Kanada gehörte ihnen, die Goldküste Afrikas, die Halbinsel Malakka in Südostasien, auch Gibraltar, Malta, die Bahamas, die Bermudas und die meisten Inseln der Karibik – und nie kratzte sie ein Zweifel, daß sie das Recht besäßen, an jedem Zipfel der Erde, den sie betraten, den Union Jack zu hissen und ihn für Wilhelm IV., von 1837 bis 1901 aber für Königin Viktoria in Besitz zu nehmen, God Save The Queen.

In ihren ersten 40 Jahren kannte die junge Geographical Society kein höheres Ziel, als die Nordwest-Passage zu finden, die erhoffte Durchfahrt zwischen Kanada und Grönland zum Pazifik. Unter den großen weißen Flecken auf der Weltkarte war die kanadische Arktis ja der bei weitem ärgerlichste: Welche Zumutung für die Schiffe aller Nationen, daß sich die 15 000 Kilometer lange Barriere Amerika nur im tiefsten Süden, bei Kap Hoorn, umfahren ließ!

Im Mai 1845 brach Sir John Franklin, Konteradmiral und Vizepräsident der Society, auf zwei speziell gebauten Seglern mit Hilfsdampfmaschinen auf, Besatzung 138 Mann. Franklin, erfahrener Forscher in der kanadischen Arktis, hatte bei Trafalgar gekämpft und war nun 59 Jahre alt. Als er den größten Teil der Passage schon befahren hatte, wurden seine Schiffe im September 1846 vom Eis eingeschlossen. Im Juni 1847 starb Franklin an Bord, im April 1848 verließen die bis dahin 105 noch Überlebenden ihre halbzerquetschten Wracks und traten einen hoffnungslosen Hungermarsch nach Süden an. Keiner überlebte. 1859, elf Jahre später, fand eine Suchexpedition einige Skelette, ein paar silberne Löffel aus der Offiziersmesse und zwei Seiten aus einem Tagebuch.

Erst von 1903 bis 1906 gelang es dem Norweger Roald Amundsen, Kanada im Norden zu umrunden. Eine Seefahrtsroute eröffnete er damit nicht: Zu schrecklich waren die Beschwernisse, und als 1914 der Panamakanal in Betrieb genommen wurde, entfiel auch jeder Grund, sie auf sich zu nehmen.

Nach der Nordwest-Passage war es Afrika, das die Gesellschaft vor allem faszinierte. 1856 verlieh sie ihre Goldmedaille dem schottischen

Missionar David Livingstone, der in London gefeiert wurde, weil er in sechsjährigen Expeditionen durchs südliche Afrika als erster Weißer die Wüste Kalahari durchquert und die Viktoria-Fälle des Sambesi gefunden hatte. Livingstone hörte nicht auf, wie ein Besessener durch den Kontinent zu streifen; er schoß sechs arabische Sklavenhändler nieder, galt seit 1869 als verschollen, wurde 1871 von dem amerikanischen Journalisten H. M. Stanley krank und leidend aufgespürt und ging 1873 im Urwald elend an der Ruhr zugrunde.

Wer von der Society selber ausgeschickt wurde, der hatte darüber, wie noch heute, zu berichten; ein C. M. Grant zum Beispiel, wie er 1862 die Wüste Gobi durchquerte, ein penibles Tagebuch führend mit Angaben über Marschzeit, Wetter und Schneehöhe; das Ganze, um zu prüfen, ob ein Kurierdienst auf dem Landweg vielleicht eine raschere Verbindung zwischen England und China herstellen könnte als die Seeroute um Afrika herum. Aber da wurden längst die ersten Telegraphenkabel in die Ozeane abgesenkt, und 1869 wurde der Suezkanal eröffnet.

In sieben Monaten durchquerte 1862 John M'Douall Stuart Australien von Süd nach Nord zu Pferde und berichtete in London, da sei keineswegs nur Wüste, sondern durchaus Land, das sich zur Besiedlung durch Europäer eigne. Als sich Eingeborene ihm freundlich näherten, hielt er sie auf Distanz.

Den ersten Vorstoß in die Antarktis unternahm 1898 der Norweger Borchgrevink, aber schon 1901 waren die Briten unter der Schirmherrschaft der Royal Geographical Society mit einer Expedition unter Robert Scott zur Stelle. „Ab 40 Grad südlicher Breite gibt es kein Gesetz, ab 50 Grad“ (bei Feuerland) „auch keinen Gott“, sagten die Walfänger damals, und nun wurden 82 Grad erreicht. 1908 brach Ernest Shackleton, der unter Scott dabei gewesen war, zu einer eigenen Expedition auf; diesmal stieß er bis auf 156 Kilometer zum Südpol vor.

Und dann war da jener traurige 18. Januar 1912, an dem Captain Scott bei seiner zweiten Expedition mit vier Männern zwar auf dem Südpol stand, aber dort das Zelt vorfand, das Roald Amundsen fünf Wochen zuvor aufgestellt hatte. Tief deprimiert traten die fünf den Rückmarsch an, und nach zehn qualvollen Wochen legten die letzten drei sich hin zum Sterben, 18 Kilometer vor dem rettenden Proviantdepot.

Am Anfang der Tragödie hatte Scotts falsche Planung gestanden: sich durch seinen Ankerplatz auf eine Route einzulassen, die 160 Kilometer länger war als die von Amundsen; und statt auf Schlittenhunde auf Traktoren und Ponys zu setzen. Die Traktoren waren bald eingefroren und die Ponys tot. Daß sie mehr ziehen konnten als die Hunde und weniger fraßen als diese im Verhältnis zu ihrem Körpergewicht, zählte nicht, verglichen mit ihren Schwächen: Im Schneesturm konnten sie sich nicht zusammenrollen wie die Hunde, und anders als diese weigerten sie sich, sich vom Fleisch ihrer verendeten Artgenossen zu ernähren.

Das Zeitalter der Entdeckungen war damit nicht beendet. Shackleton brach 1914 wieder auf, diesmal in der Absicht, die Antarktis erstmals zu durchqueren. Er scheiterte, aber auf gloriose Weise: Nachdem das Packeis sein Expeditionsschiff zerdrückt hatte, segelte er in einem offenen Walfangboot 1300 Kilometer weit nach Südgeorgien, kehrte mit vier Booten und einem chilenischen Schlepper zu seinen Männern zurück und brachte sie alle nach Hause.

Im Jahre 1932 war noch nicht geklärt, ob die Antarktis nicht etwa durch einen Kanal in zwei Hälften geteilt ist. Eine Gruppe junger britischer Wissenschaftler unter dem 25jährigen Gino Watkins wollte dies erkunden, bekam jedoch nicht genug Geld zusammen. So wandten die Männer sich Grönland zu und verließen sich für ihre Ernährung auf die Jagd. Watkins selbst war der erfolgreichste Jäger, aber von einer Robbenjagd ist er nie zurückgekehrt. Nur sein Kajak wurde gefunden, kieloben; in der Villa am Kensington Garden liegt er nun in einem Korridor herum.

Warum nahmen sie das nur alle auf sich, die Lebensgefahr und das unendliche Leiden? „Für ein Glas sauberen Wassers, das nach nichts als nach Wasser schmeckte“, resümierte Wilfred Thesiger nach der Durchquerung der Wüste Rub al-Khali auf der Arabischen Halbinsel im Jahre 1946. Am Ende der zwei Wochen waren Thesiger, Beduinen und Kamele nur noch „wandelnde Skelette“.

Ja, warum? „Die einen fragen und finden die Antwort nicht, die anderen spüren die Antwort und brauchen nicht zu fragen“, hat der englische Polarforscher Wally Herbert gesagt. Da kommt so viel zusammen: der Ehrgeiz, irgendwo der erste Mensch zu sein oder wenigstens der erste Europäer, das Außerordentliche zu vollbringen und dafür bewundert zu werden; der Ruf der Ferne, der Reiz des Abenteuers, der Wunsch zu wissen, was hinter jenen Bergen liegt; und der Drang, die eigene Kraft zu testen bis an den Rand des Todes, das Heldentum in selbst zugefügter Qual. All das klingt an in den Berichten aus der Sandwüste, aus der Eiswüste, aus dem Himalaya.

Es geschah 1921, daß die Briten zum Sturm auf den Mount Everest ansetzten, den Pol irdischer Unzugänglichkeit und das letzte große Ziel der heroischen Art, das die Royal Geographical Society sich gesteckt hatte. Neun Expeditionen in 32 Jahren schickte sie los. Bei der dritten, 1924, erreichte Major Edward Norton, der Expeditionsleiter, 8573 Meter Höhe, ohne Sauerstoff, und vier Tage später verschwanden George Mallory und Andrew Irvine ein paar hundert Meter unter dem Gipfel in den Wolken für immer.

Fünf weitere Expeditionen scheiterten. Die neunte und letzte wurde am Kensington Garden noch gründlicher geplant, und am 29. Mai 1953, rechtzeitig zur Krönung Königin Elisabeths II., standen Edmund Hillary aus Neuseeland und Tenzing Norgay aus Nepal endlich auf dem höchsten Gipfel der Erde. Dann ergaben sie sich alle rasch, die Achttausender, und daß unter den Hunderten von Siebentausendern immer noch rund dreißig unbestiegen sind, reizt die Abenteurer von heute wenig und die Society überhaupt nicht mehr.

Denn längst hat sie den Schritt vom Heroischen zum Nützlichen vollzogen. John Hemming, Amazonas-Forscher und Direktor der Gesellschaft von 1975 bis 1996, formulierte ihn so: Wir drängen uns der Dritten Welt nicht mehr auf im Stil des Kolonialzeitalters, sondern wir warten, bis wir gebeten werden. Und für die Wissenschaft genügt es nicht, von A nach B zu reisen; Wissenschaft braucht nicht Bewegung, sondern Zeit.

Kreuzt da also eine typische Bewerbergruppe in der Villa auf, junge schottische Geographen und Biologen, ein Psychiater ist auch dabei, und äußert einen immer noch typischen Wunsch im Stil „von A nach B": Afrika wollen sie per Motorrad durchqueren. Ihre Anlaufstelle ist das „Zentrum für Expeditionsberatung", gegründet 1980. Seine Leiterin, Shane Winser, macht ihnen deutlich, daß sie keine Chance haben, dafür die Unterstützung der Gesellschaft zu gewinnen. „Der Forscher der Zukunft ist keiner mehr, der sich einsam mit den Elementen mißt", heißt ihr Credo, „sondern er arbeitet in einem Team aus verschiedenen Wissenschaftlern, das unsere Kenntnis der Erde erweitern hilft."

Aber bei den jungen Leuten liegt ja etwas sehr Wichtiges vor: wissenschaftliche Ausbildung, Neugier, Begeisterungsfähigkeit – für welchen besseren Zweck ließe sich das nutzen? Ob sie nicht auch noch andere Interessen hätten, fragt die Leiterin. Ja, im Regenwald gebe es viel zu entdecken. Aha! Hat da nicht ein schottischer Eisenbahningenieur im 19. Jahrhundert behauptet, im Dschungel von Borneo habe er die Königin der Pflanzen gefunden, das „Lebenselixier"? Suchen Sie es! Macht nichts, wenn Sie es nicht finden: Die ungeheure Pflanzenvielfalt des Regenwalds bedarf noch der gründlichen Erforschung.

Da lassen die jungen Wissenschaftler ihre Motorradträume sausen und steigen ins Archiv. Eine Spezialbibliothek von mehr als 150000

Büchern steht ihnen zur Verfügung, 800 geographische Zeitschriften aus aller Welt liegen auf, mehr als 900 000 Landkarten sind gestapelt, historische und aktuelle, und dann die Erfahrungsberichte, die alle früher geförderten Expeditionen hier abgeliefert haben, mindestens 3000 mit aktuellem Bezug.

So gerüstet, legen die Bewerber einen förmlichen Antrag vor, ein Ausschuß der Society begutachtet mehr als hundert pro Jahr. Die erfolgreichen Antragsteller – meist etwa zwei Drittel – können dann um einen Zuschuß einkommen, doch der ist stets bescheiden, 1997 waren es maximal 1750 Pfund (etwa 5350 Mark) pro Expedition.

Der eigentliche Vorzug der Prozedur liegt in der glänzenden Vorbereitung, in dem Gütesiegel, das den Teilnehmern bei vielen Firmen und Behörden und bei allen Wissenschaftlern die Türen öffnet, und schließlich darin, daß sie von nun an in den interessantesten Geographen-Club auf Erden eingebunden sind.

Die Forscher verpflichten sich ihrerseits, mit den Institutionen des Gastlandes zusammenzuarbeiten, möglichst viele Einheimische in ihre Arbeit einzubeziehen, ihre Erkenntnisse im Gastland zu verbreiten und mit der Umwelt, in der sie arbeiten, verantwortlich umzugehen.

Zur weiteren Vorbereitung bietet die Gesellschaft zweitägige Kurse an: Wie plane ich eine Expedition? (Geldbeschaffung, Ausrüstung, Nachschub, Arbeitstechnik.) Wie gehe ich mit Tropenkrankheiten, Unfällen und Ungeziefer um? (Weiterbildung für medizinische Laien, die einen Kurs in Erster Hilfe schon hinter sich haben.) Und dann die Hausbibel: „Handbuch für Expeditionsplaner mit Adressenverzeichnis". Kurz: Hätte Robert Scott sich 1911 so vorbereiten können – sein schreckliches Ende im ewigen Eis wäre ihm vielleicht erspart geblieben.

1997 hat der Expeditionsausschuß 66 Unternehmungen in 45 Ländern gefördert, darunter etwa: Welche Flora hat sich auf der abgeschiedenen Südseeinsel Pitcairn, auf der die Nachkommen der Meuterer von der „Bounty" wohnen, herausgebildet und welche Region der Insel eignet sich am besten für die Landwirtschaft? Oder: Wo sind im Chandra-Tal im indischen Himalaya bisher Erdrutsche niedergegangen und wo drohen sie in Zukunft? Oder: Was sagen Satellitenbilder über den Raubbau am Regenwald in Guayana aus?

Und auch Projekte wie diese: Wie kommen drei Körperbehinderte, von drei Gesunden unterstützt, mit einer fünfwöchigen Kanufahrt auf einem Fluß in Kanadas Arktis zurecht? Oder: Wo in der Mongolei gibt es nach den eisigen Wintern im Frühling Weidegründe, die einheimische Hirten nicht kennen? Oder: Die bisher 19 Knochenfunde von *Homo erectus*, unserem Ahnen vor zwei Millionen Jahren, stammen alle aus derselben Landschaft im ostafrikanischen Kenya. Haben die Fundstellen geologische und topographische Gemeinsamkeiten, deren Kenntnis weitere Funde erleichtern würde?

Was beim Maskarenen-Projekt ein Zweck unter vielen ist, steht im Naturschutzgebiet von Tambopata in Peru im Mittelpunkt: Wie läßt sich dort ein sanfter Tourismus etablieren, nebst Heranbildung einheimischer Reiseleiter, Wildhüter und Biologen? 60 Wissenschaftler sind zur Zeit dabei, das zu prüfen und einzufädeln. Doch in Sachen Tourismus scheiden sich wieder mal die Geister.

Anfang 1997 nämlich hat die Gesellschaft einen Vertrag mit fünf Fernreise-Unternehmen geschlossen. Diese verpflichten sich, ihre Routen nach den Umweltrichtlinien der Society festzulegen und ihr einen bestimmten Anteil an den Einnahmen abzutreten; dafür dürfen sie mit dem Gütesiegel der Gesellschaft werben. „Aber können wir kontrollieren, wie sie mit der Umwelt umgehen?“ fragt Lorraine Craig, Geologin mit Arktis-Erfahrung und Leiterin der Society-Abteilung „Forschung und Lehre“.

Lord Selborne, der Präsident, räumt ein, daß es Widersprüche zwischen Naturschutz und Tourismus gebe; umgekehrt aber biete ein sanfter, gesteuerter Tourismus die Chance, Naturreservate zu erhalten, die sonst anderen ökonomischen Interessen zum Opfer fallen würden. Und was würde aus der Forschung, wenn wir uns gegen das Reisen stemmten?

Einen anderen Konfliktstoff hat die finanzielle Unterstützung durch den Ölkonzern Shell geliefert. Eine Gruppe junger Akademiker verlangte 1996, die Beziehungen zu Shell zu kappen, weil die Firma in Nigeria die Umwelt zerstöre und die Menschenrechte verletze. Der Präsident der Royal Geographical Society, damals Lord Jellicoe, brachte daraufhin die Kritiker mit führenden Vertretern von Shell zusammen, und die räumten ein, Fehler gemacht zu haben. Dann wurden die Mitglieder zur Abstimmung aufgerufen, und 73 Prozent sprachen sich *für* die Fortsetzung der Partnerschaft aus. Rita Gardner, die neue Direktorin, kündigte jedoch an: Da die Besorgnisse der Minderheit weiter bestünden, werde eine Arbeitsgruppe unter dem Vorsitz des ehemaligen Präsidenten Sir Crispin Tickell Empfehlungen für die künftige Zusammenarbeit mit Sponsoren ausarbeiten.

Das Problem ist: Ohne Zuwendungen aus der Wirtschaft kann die Society nicht leben. Es reicht nicht, daß die Regierung etwas zuschießt; daß jährlich 150 000 Pfund (etwa 445 000 Mark) aus dem Verkauf von Abdruckrechten an den 500 000 Bildern eingehen, der weltgrößten Fotosammlung aus dem Zeitalter der Entdeckungen; und daß eine stetig wachsende Zahl von Mitgliedern – 13 000 sind es jetzt – mindestens 60 Pfund pro Kopf und Jahr bezahlen muß, Studenten weniger.

Mitglied kann jeder werden, der von zwei Mitgliedern empfohlen wird: Wissenschaftler, Lehrer, Schüler und alle, die an Geographie interessiert sind. Dafür erhalten sie das Recht, auf Briefkopf und Visitenkarten die Buchstaben FRGS – Fellow of the Royal Geographical Society – hinter den Namen zu setzen (viele tun das), die Sammlungen zu benutzen, bei entsprechender Erfahrung in einer oder zwei von 19 Forschungsgruppen mitzuarbeiten und beim wöchentlichen Familienfest dabei zu sein, der Monday Lecture, dem Vortrag am Montagabend.

Thor Heyerdal hat da gesprochen, nachdem er auf einem Floß den Pazifik gequert, und Neil Armstrong, nachdem er als erster Mensch den Mond betreten hatte; nur in den letzten Jahren der Weltkriege sind die Monday Lectures ausgefallen.

Besetzt sind alle 750 Plätze im Vortragssaal auch an dem Tag, an dem der Globetrotter Tim Severin mit Dias und drei Filmchen darüber plaudert, wie er durch die Molukken segelte. Natürlich läßt sich geltend machen, das sei weder heroisch im alten Stil noch wissenschaftlich ergiebig im neuen. Doch das Publikum geht begeistert mit, viele junge Leute sind darunter und eisgraue Veteranen wie Sir John Hunt, der die erfolgreiche Mount-Everest-Expedition leitete, vor 45 Jahren.

Alte und Junge, Laien und Experten, ehrgeizige Sozialgeographen und weltläufige Gentlemen mit den besten Verbindungen ins Ober- und ins Unterhaus und einflußreichen Freunden in aller Welt – gemeinsam bringen sie das Kunststück zuwege, der Royal Geographical Society stets diejenigen Aufgaben zu stellen, nach denen der Zeitgeist ruft, und ihr Vitalität, Einfluß und Erfolg zu sichern auch in ihrem 170. Lebensjahr.

Ja, in der Spannung zwischen ganz unterschiedlichen Elementen besteht unsere Chance, sagt Dr. Rita Gardner, Direktorin seit 1996, forschungserfahren in Nepal und Indien, und mit dem Büro hat sie Livingstones Schreibtisch übernommen. „Die Verschmelzung der beiden Gesellschaften hat ein enormes Potential freigesetzt“, sagt sie. „Wir brauchen das Populäre und das Anspruchsvolle, den Rückhalt der Tradition ebenso wie die Aufgeschlossenheit für das Neue. Wir wollen Eltern, Lehrer, Politiker überzeugen, wie wichtig geographisches Wissen ist, und beim Schutz der Umwelt spielen wir eine Schlüsselrolle.“

Wie schafft man es 168 Jahre lang, sich in einer solchen Rolle zu behaupten? Beständigkeit muß wohl im Spiel sein, ein Herz für die Dauer, nicht unterbrochen durch Diktaturen und Zusammenbrüche.

Gibt es aber darüber hinaus etwas im britischen Nationalcharakter, das die Entdeckerfreude und die Entstehung des einstigen Weltreichs begünstigt hat, in welcher Wechselwirkung auch immer?

Ja, schreibt John Hemming in der Einleitung zu dem 1997 erschienenen Fotoband der Society: „Als Rasse ragten die Briten als Entdecker heraus." Na ja, aber nicht als „Rasse", sagt, darauf angesprochen, Lord Selborne; das Wort sei etwas unglücklich. Nein, schreibt die Zeitschrift der jungen Geographen: Nichts wie Unsinn und Hochmut die Behauptung, daß es eine „Weiße Rasse" gebe, die zum Entdecken berufen gewesen sei.

Spricht man indessen einfach von den Bewohnern der Insel Großbritannien, so läßt sich ihre Sonderrolle auf Erden kaum bestreiten. Sie haben ja nicht nur das größte Imperium der Geschichte aufgebaut, sondern auch den modernen Tourismus erfunden (1845: das erste Reisebüro des Thomas Cook), ebenso den Sport im modernen Sinn des Wortes, und sogar auf den meisten Viertausendern der Alpen haben sie als erste gestanden.

Kurz: Da gab es schon so etwas wie einen überlegenen Unternehmungs-, Sports- und Handelsgeist, der viele der Besten hinaus in die Ferne trieb, während ihre deutschen Zeitgenossen es vorzogen, in die Tiefe des Gemüts hinabzusteigen. Dort läßt sich dann zwar Philosophie, Lyrik und Musik von Weltrang produzieren, aber kaum jene Weltoffenheit, die in der alten Villa am Kensington Garden ihre imposante Heimstatt hat.

GRATWANDERUNG

Angst im Bauch und Jubel in den Augen

Was eigentlich treibt sonst ganz vernünftige Menschen dazu, sich auf die Viertausender der Alpen zu quälen? 27 von ihnen hat Wolf Schneider bestiegen, darunter das Weisshorn im Wallis über den Nordgrat – eine der großen Touren in den Alpen, eine Himmelsleiter mit Blick zum Montblanc hinüber und aufs Matterhorn hinab.

Daß eine krächzende Pikkoloflöte das Herz erwärmen kann, habe ich erst im vergangenen September erfahren, auf der Tracuit-Hütte, 3250 Meter über dem Meer. Die Eisriesen des Wallis, eben noch in grelleres Orange getaucht, als je ein Film vom Alpenglühen zu zeigen wagte, standen nun grau, tot und bedrohlich in der letzten Dämmerung. Da trat der Hüttenwirt stumm heraus unter die Frierenden und blies. Beileibe kein Schlummerlied zum Mitsummen, sondern eine aufreizende Folge kurzer Töne, an rumänische Tänze erinnernd.

Und merkwürdig: Es wird so dunkel und es ist so eisig hier, als hätte sich die Sonne für immer verabschiedet. Aber einer von uns spielt der Finsternis zum Tanze auf. Keiner spricht, keiner klatscht. Doch etwas weniger frierend als zuvor kriechen wir in die schmuddeligen Decken.

Es sind Decken, bei denen nicht Kopf- und Fußende unterschieden wird wie bei den Pfadfindern. Hier kann sich keiner waschen nach dem fünfstündigen Schwitzbad des Aufstiegs, denn die Hütte liegt wasserlos auf einem Felssporn; für Tee und Suppe wird Schnee geschmolzen. Da drängen sich dreißig Leute, die morgen früh aufs nahe Bishorn wollen, und wir vier, die das Weisshorn angehen. Bei so vielen Menschen hört man in schlafloser Nacht das Arbeiter-Orchester spielen, wie das in manchen Baubaracken heißt: eine lebhafte Abfolge von Schnarch- und Blählauten unterschiedlichster Höhe und Färbung.

Um Mitternacht bin ich wieder einmal wütend auf die Hütten und noch mehr auf jene zahlreichen Mitglieder der Bergsteigerzunft, die von „Hüttenromantik“ schwärmen. Gut, Hütten müssen sein – schon um den Dreck zu kanalisieren, der sonst die Landschaft überziehen würde wie auf den Wegen zu den Mode-Achttausendern im Himalaya, die mit Plastik, Schrott und Kot gesäumt sind (Faustregel für die Aufstiegsroute: „Immer der Scheiße nach!“). Auch gibt es ja Glücksfälle: in der winzigen Mittellegi-Hütte auf dem Ostgrat des Eigers zweieinhalb Kilometer über den Lichtern von Grindelwald zu sein und in der Nacht die Milchstraße nicht nur über, sondern auch vor sich und unter sich zu sehen! Die meisten Hüttennächte aber sind nichts als der schlimme Eintrittspreis in das Reich, das man sich anderntags erobern will, und vielleicht werde ich eines Tages mit dem Bergsteigen aufhören, weil ich diesen Preis zu hoch finde.

Was nicht heißen soll, daß nicht schon der Aufstieg aus dem Tal zur Hütte meistens eine Plage ist. Nun sehe ich sie wieder lachen, die blonde Dame an der Hotelbar in Zermatt, der ich gestern abend meine düstere Prognose von Aufstieg und Hüttennacht entwickelte, und damit seien ja die Qualen nicht einmal zu Ende – nach dem alten Satz: Unter allen Formen des Wahnsinns ist der Alpinismus für die von ihm Befallenen am schmerzlichsten.

„Ja, um Gottes willen!“ fragte sie. „Warum steigen Sie denn auf die Berge?“ Ach wissen Sie, erwiderte ich, es gibt da ein paar Genüsse, von denen Sie vermutlich keine Ahnung haben. Hier wollte sie protestieren, aber da kam ihr Mann und befand, daß unser Thema albern sei.

Hüttenaufstieg! Wer das nicht kennt, weiß nicht, wie eng das Großartige und das Stumpfsinnige beieinanderliegen können. Wie wir aus den üppigen Wäldern des Val d'Anniviers aufsteigen durch purpurnen Blutweiderich, übermannshoch, dann durch Wiesen und schließlich durch eine Wüste von Geröll hinein in einen Zirkus weißer Berge, fünf Stunden nach dem Aufbruch aus dem Sommer plötzlich in der Eiszeit angelangt. Dazwischen diese schattenlosen Kehren in einer brütenden Sonne, vor der jedes andere Säugetier die Flucht ergreift, beladen mit Pickel, Steigeisen, Gamaschen, Klettergürtel, Tourenverpflegung, Apotheke, Steinschlaghelm – ja mit zwei Paar Handschuhen, Wollmütze, Biwaksack und Daunenjacke! Da läuft dann der Schweiß durch die Brauen in die Augen und an der Nase entlang bis in den Mund.

An einem Wildbach kühlen wir uns die Unterarme und werfen uns Wasser ins Gesicht. Weiter geht der Trott. Immer wieder begleitet mich unverlangt eine vor Jahrzehnten zu Recht vergessene Operettenmelodie, rhythmisch verzerrt, um sich meinem trägen Schritt anzupassen, und natürlich in Moll, der Mühsal wegen – eine lautlose Zwangshandlung.

Je öder der Aufstieg, desto größer die Wohltat, ihm auf den Flügeln der Phantasie zu entfliehen. Vage Bilder helfen da nicht, sie werden zu leicht von der Strapaze verscheucht. Präzise Aufgaben muß man sich stellen, etwa: wie man seine Wohnung vollständig neu möblieren könnte; oder wie man einem Papua das Funktionieren einer Waschmaschine erklärt; oder wie man endlich einen wirklich guten pornographischen Roman konstruiert; oder wie man einer ebenso schicken wie ahnungslosen Frau klarmacht, warum man auf die Berge steigt. Das ist es! Man tut so, als wäre ihr Mann nicht gekommen. Man legt sich ins Zeug und prostet ihr zu.

Trinken! Ich verlange eine Rast, drängen muß ich nicht. Ein bißchen Saft, eine Tomate, ein paar Kekse. Man sieht die Hütte schon – eine Gemeinheit, da doch noch anderthalb Stunden Aufstieg in schwerer Sonne vor uns liegen. Aber wie jetzt die Dent Blanche herausgewachsen ist, der gewaltige Schneidezahn – das Zinalrothorn, das in den Himmel stößt wie ein Türkendolch – der Nordgrat des Weisshorns mit seinen Vampirzähnen! Eine lange, schwere Tour. Wird das Wetter halten? Einer von uns, ich verschweige den Namen, wagt es auszusprechen: „Wenn's heute nacht Gewitter gibt, können wir ausschlafen."

„Das verstehe ich nicht", scheint da mein Gegenüber an der Bar zu sagen. „Wollt ihr nun eigentlich hinauf oder nicht?"

Ach wissen Sie, Sie müssen das so sehen. Wo sitzt denn im firmeneigenen Hochhaus der Chef – im Parterre etwa? Nein: immer in der obersten Etage. Warum?

„Ich weiß nicht, was das mit dem Bergsteigen zu tun haben soll. Gut, eine schönere Aussicht hat er da oben, auch mehr Licht. Und natürlich: Wer oben ist, gilt als was Besseres."

Sehen Sie? Mit dem Bergsteigen ist das genauso. Mehr Licht. Und die Aussicht! Ich schwärme jetzt gar nicht von der unglaublichen Entfaltung der dritten Dimension, von der Umstülpung aller Sehgewohnheiten durch die Übermacht der Tiefe. Wußten Sie – Sie segeln, sagten Sie? –, daß sich auf dem angeblich unendlichen Meer die Erde schon nach viereinhalb Kilometern unter Ihrem Blick wegkrümmt, während wir vom Gipfel des 4505 Meter hohen Weisshorns aus eine physikalisch mögliche Sichtweite von 240 Kilometern haben werden – also mehr als das Fünfzigfache in einer Richtung, also, Moment:

fast das Dreitausendfache in der Fläche, das ist nachweisbar, und ich versichere Ihnen: Sie spüren es da oben! Da müssen Sie nicht rechnen, Sie erblicken es! Es ist eine Orgie für die Augen. Und dabei haben Sie das Wichtigste nur eben gestreift: „Wer oben ist, gilt als was Besseres." Richtig! Nur: Warum eigentlich? Da ist ein Trieb in uns, den wahrscheinlich auch Sie haben, ob Sie ihn kennen oder nicht.

„Ein Stunde höchstens noch", meint unser Führer, der Fridolin Hauser aus dem Glarnerland, und er sagt es fröhlich, so ein böser Mensch ist er, ein Athlet an Muskeln und Gemüt. Wir verschnaufen im Stehen. Die letzten Gräser sind verschwunden, nur Blöcke, Platten, Geröll, unendlich aufgetürmt bis zu dem Kamm, von dem der Steinkasten der Tracuit-Hütte hämisch herunterwinkt. „Wächten hat's am Nordgrat", sagt Fridolin. „Und das Wetter gefällt mir auch nicht besonders. Es müßte jetzt schon kühler sein."

Am nächsten Morgen um halb drei scheint es uns dann zunächst kalt genug, als wir vier nach diesem gräßlichen Gestolper zwischen Gurten, Seilen und viel zuviel Gepäck im grünen Licht einer Petroleumfunzel mit verschwiemelten Gesichtern das Hüttenfrühstück eingenommen haben und nun hinaustreten in eine silberne Vollmondnacht. Keine Taschenlampe nötig, wie praktisch; ein Licht wie im Kindermärchen, wie schön; und dazu die Annehmlichkeit: Den Turtmanngletscher, über den unser Aufstieg anfangs führt, können wir fünf Minuten hinter der Hütte betreten, während die typische Hochtour doch mit einem mehrstündigen Gehumpel über steiles Geröll beginnt.

Siehst du: Das ist eine schöne Stunde. Die Bishorn-Gänger schlafen noch, wir sind allein, vier Silhouetten an zwei Seilen auf silbern schimmerndem Eis. Ja, uns fröstelt, aber hie und da entfährt uns doch ein Ausruf der Begeisterung. Sonst hört man nur das Knarren der Pickel im Firn und dann und wann ein Knallen in den Gletscherspalten, kurz und hart wie ein Pistolenschuß.

Natürlich, jetzt, in der zweiten Stunde, wird es langsam steiler, irgendwie müssen wir ja Höhe gewinnen. Wir legen die Steigeisen an – der alte ächzende Ärger mit klammen Fingern bei zuwenig Licht, und fünfmal muß man den Schnee von den Sohlen klopfen, bis die zwölf Zacken mit den vier Gurten in den sechs Ösen endlich einwandfrei an den Stiefeln sitzen. Köstlich heiß ist danach der Pfefferminztee aus der Thermosflasche.

„Das also sind eure Genüsse?" fragt die nette Blonde spitz. „So lange frieren, bis schließlich ein labbriger Gesundheitstee aus einem Plastikbecher zum Lusterlebnis wird? Sie kommen mir vor, mein

Freund, wie jener Mann, der den ganzen Tag zu enge Schuhe trug, weil es ein solcher Genuß war, sie abends auszuziehen.“

Du bist nicht fair. Der Mann mit den Schuhen ist nur eine Karikatur auf eine Urtatsache: daß wir Kontraste brauchen, um das Leben zu genießen. Der königliche Kontrast kommt hinterher, da solltest du dabei sein und uns genießen sehen!

„Das klingt ja nun mehr nach den Freuden der Tiefe. Sprachen Sie nicht von einem Trieb zur Höhe?“

Den Trieb zur Höhe, ja! Du und ich und der Chef in der obersten Etage haben ihn. Wer oben ist, gilt als was Besseres, du hast es selbst gesagt. Das ist sonderbar, aber keiner wundert sich darüber. Warum sprechen wir von Hochstimmung und von Niedergeschlagenheit? Wieso ist der eine obenauf und der andere heruntergekommen? Und warum ist der Oberleutnant mehr als der Leutnant – könnte er nicht mit demselben Recht Rechts- oder Linksleutnant heißen? „Und Ehre sei Gott in der Höhe“ – Gott und Ehre, akzeptiert, aber wieso Höhe?

„Da ist was dran. Und die Gründe?“

Wenn wir die Sonne und die Sterne sehen, sind sie immer oben. Und denk an die Kinder: wie die Begierde, endlich groß zu werden, an ihnen zerrt, und groß heißt hoch, weil wir aufrecht gehen. Hast du mal ein Kind betrachtet, das zwischen Erwachsenen eingekeilt in der Straßenbahn steht? Da will es rauskommen, hochkommen, wundert dich das?

„Aber die Bergsteiger haben doch davon keine Ahnung, oder?“

Ahnung noch am ehesten. Geredet wird darüber selten. Doch unsere Triebe treiben uns nun mal, ob wir sie kennen oder nicht. Und dann die Schwerkraft. Sie zerrt uns nach unten. Und deshalb ist das Oben unser Ideal.

Und wie sie zerrt in dieser dritten Stunde. Der Atem geht schwer, ich finde meinen Rhythmus nicht. 4000 Meter ungefähr – viele höchst gesunde Menschen kriegen hier Nasenbluten und Ohrensausen und müssen zurück. Mit jedem Atemzug gelangt nur noch wenig mehr als halb soviel Sauerstoff in die Lungen wie in der Tiefe. Ich neide es den drei anderen, daß sie nicht keuchen. Natürlich, Dölf Reist war auf dem Mount Everest, und Herbert Maeder turnt das ganze Jahr auf den Alpen herum, während ich elf Monate in Hamburg am Schreibtisch sitze, zehn Meter über dem Meeresspiegel.

Wie lang drei Stunden sind! Endlos dehnt sich der Eishang den verblassenden Sternen entgegen, und darüber erst wird die Kletterei beginnen. Umkehren, ja, das wäre die schiere Vernunft, du hast ja recht.

Doch die Vernunft hat starke Gegner: die Vorfreude auf das Obensein, auf jene letzten Schritte, bevor jeder Schritt mehr nur noch nach unten führen kann. Und die Vorfreude auf das, was heute abend kommen wird: das Obengewesensein. Und die Angst vor der Reue und der Neid auf die andern und die Wut auf mich selbst. Vernunft! Wen hätte sie je geleitet – dich vielleicht?

Über dem Bishorn zeigt der Himmel einen grauen Streifen. Zum Sonnenaufgang wollen wir oben sein auf dieser Schneekuppe, die ein beliebiger Buckel ohne Namen wäre, wenn es nicht die Aussicht gäbe. Denn da hat man rechts den gewaltigen Zacken der Dent Blanche vor sich, dahinter den Montblanc, links das vielgipflige Eisgebirge des Monte Rosa – dazwischen aber, den halben Himmel füllend, in Wellen von Eis ins Leere stürmend, das Weisshorn mit seinem Nordgrat, vor dem man schon erschrecken kann.

Herbert Maeder ist im Pamir gewesen und sagt: Natürlich, der Pik Lenin ist ein Siebentausender, aber schon der Piz Palü sieht eigentlich großartiger aus – und nun erst dieses hier! Dölf Reist, der fast alle Gebirge der Erde kennt, sagt: Der Mount Everest ist ein enttäuschender Anblick. Vielleicht noch der Alpamayo in Peru! Aber das Weisshorn von Norden, wir sind uns einig, ist der König der Alpen, ein Prunkstück des Planeten. Siehst du, Freundin, die Augenlust, diesen Aufruhr der Formen, diese Explosion aller Dimensionen? Aber du liegst natürlich noch im Bett und siehst nichts, ausgenommen deinen unrasierten Mann.

Hingerissen fotografieren Herbert Maeder und Dölf Reist das Drama der Morgenfarben – vom Grau der ersten Dämmerung über mattes Rosa und flammendes Orange bis zum Gelb der vollen Sonne – und dazu den Schatten, den das Weisshorn 60 Kilometer weit auf die Savoyer Alpen wirft.

Mit der Gipfelschau sind vier Stunden vergangen seit dem Aufbruch von der Hütte, die Kälte ist in alle Knochen gekrochen, und Fridolin drängt zum Gehen, auf ihn zu, den Grat, über den man zum Gipfel klettern soll, was ein ebenso großartiger wie aberwitziger Gedanke ist. Wer fragt, muß auf Antworten gefaßt sein. Also fragt man nicht, man geht.

Harmlos genug fängt es ja an: Wir stapfen über breiten Schnee zu einem Sattel hinab, dem Weisshornjoch, und zu einem Felskopf hinauf, der mit 4203 Metern in der Karte steht – über einen Grat, der schmal genug ist, um diesen Namen zu verdienen, aber so schmal nicht, daß er das Gleichgewichtsorgan in Panik versetzte, es kann sich schonen für die kommenden Stunden. Schön ist das Leben, singen möchte man zu den Fanfarenstößen der Morgensonne, gelohnt hat sich all die Schinderei!

Nicht gerechnet, daß sie nun beginnt in unserer sechsten Stunde. Weniger für die Lunge, um so mehr für die Nerven des Flachländers, der nur mühsam die Frage verscheuchen kann, was er hier eigentlich verloren habe. Auf einen halben Kilometer Länge ist der Grat wie mit den Hieben einer Riesenaxt in Scharten und Türme zerschlagen, 40 Meter tief die eine, 140 Meter hoch der andere, das ganze viermal, mit Speeren bewehrt, die senkrecht in den Himmel stoßen oder gar so schräg, daß ein Statiker wohl den Kopf schütteln müßte.

Runter mit den Steigeisen. In die erste Scharte fahren wir am Seil hinab; hinauf fährt uns leider keiner. Bis wir die alte Höhe erklommen haben, ist die siebente Stunde vergangen.

Auf diesem ersten Turm gewährt Fridolin sich und mir eine Rast. Die Seilschaft der beiden Fotografen ist zurückgefallen, weil sie sich nicht sattknipsen können. Wir setzen uns auf ein Felsband von etwa 40 Zentimeter Breite, verkeilen die Eispickel im Fels, befestigen die Rucksäcke mit Karabinerhaken am Klettergurt und trinken Tee. Zwischen den Füßen, einen halben Kilometer tiefer, der Gletscher mit seinen Buckeln und Rissen; zwischen den Knien, fast drei Kilometer unter ihnen, die Häuschen von Täsch im grünen Tal von Zermatt, possierlich wie auf einer Ansichtskarte. Drüben auf dem Bishorn wimmelt es von Menschen.

Wir hier bleiben unter uns. Fujijama-Pilger lieben das Gedränge oder nehmen es in Kauf; die Mehrzahl der Alpinisten sucht die Einsamkeit. Auf Gipfeln mag man nur Menschen eigener Wahl. Haben wir die Rast für uns, so kümmert es mich nicht, ob im Lauf der Jahrzehnte schon ein paar tausend vor mir da oben waren. Für die zusätzlichen Freuden des Entdeckers sind wir zu spät geboren. Zwar hat im Himalaya immer noch auf Dutzenden von Siebentausendern nie ein Mensch gestanden, aber mir sind sie zu hoch, und wer sie besteigen könnte wie Reinhold Messner, der zieht das Presse-Echo vor, das man nur mit den Achttausendern haben kann, obwohl sie allesamt längst mehrfach bestiegen worden sind.

Ich denke noch, wie sonderbar: Meist habe ich in solcher Höhe nach so viel Plage ein zu schlecht durchblutetes Gehirn. Das muß der Grat sein: Die Angst und die Begeisterung halten die Erschöpfung fern, die bei gleicher Strapaze auf unsereinen niederbricht, wenn er über die unendlichen Eishänge des Montblanc oder des Monte Rosa aufsteigt. Nein, ich zittere nicht und bin durchaus handlungsfähig. Aber tröstlich ist es schon, nicht nur Mutprotze um sich zu wissen.

Herbert Maeder gewährt mir diesen Trost, auf überraschend elegante Weise.

Du mußt dir das so vorstellen: Nur 20 Meter von uns entfernt, ich esse gerade ein bißchen Schokolade, taucht Maeders Kopf über einer braunen Speerspitze auf. So nah sind die beiden, und doch müssen sie erst 40 Meter lotrecht hinab und 40 Meter fast senkrecht hinauf, um unseren Frühstücksbalkon zu erreichen. Von einem Hochhaus zum anderen kann man sich zuwinken, aber um sich die Hände zu schütteln, muß man erst zweimal Fahrstuhl fahren.

„Wie geht's, Herbert?" ruft Fridolin hinüber, und zurück tönt der wohlabgewogene Ruf des gebildeten Eidgenossen: „Piano, abr mr chömmet." Ob du das Große an diesem kleinen Ruf begreifst? Man kann hier schon das Grausen kriegen, heißt das, aber wir kommen, nur eben leise, piano, sorgt euch nicht. Und wie gestern abend die Flöte, so sind es heute die vier Wörter, die die mondtote Welt in eine menschliche verwandeln.

Man kann das brauchen, wenn sich einem ein Riese in den Weg stellt wie uns eine Stunde später der Große Gendarm, ein Felsenriff, das 4331 Meter übers Meer aufragt und über uns so hoch wie der einsame Turm des Straßburger Münsters über die Passanten. Nur daß der Fels sich nicht oben zurückneigt wie die Kathedrale, sondern sich uns entgegenkrümmt.

Wenn der Gesamteindruck so schrecklich ist, gilt das alte Rezept: Vergiß das Ganze und widme dich den Teilen, die einzelne Aktion ist dann schon zu schaffen. Ja, ich schaffe auch den Aufstieg durch den leicht überhängenden Kamin, den ich als IV. Grad (von sechsen) einstufen würde – im Kletterführer ist er nur mit III+ bewertet: Denn es gibt da passable Griffe für die Fingerkuppen („wie Briefkästen", grinst Fridolin). Doch um dann nicht hilflos an ihnen über der Leere zu pendeln, muß man „athletisch" sein, sagt Fridolin. Er ist es auch, nur wir drei sind es nicht, und selbst der alte Berghase Dölf Reist nimmt an dieser Stelle die Sicherung von oben nicht ungern an.

Wozu ist ein Bergführer gut? Er ist Pfadfinder und Lebensversicherung. Die körperliche Leistung muß man allein erbringen, und ein Sturz ins Seil kann einem Rippen brechen, Zähne ausschlagen und Kniescheiben zersplittern, und davor, bitte sehr, wird man Angst haben dürfen.

Nach zwei Stunden ist der große Turm überklettert. „Jetzt sind wir an dem Punkt", sagt Fridolin: „Gehen wir weiter, brauchen wir ungefähr sieben Stunden bis zur Weisshorn-Hütte. Kehren wir um, brauchen wir bis Tracuit genauso lang. Was haltet ihr vom Wetter?"

Am Horizont sind ringsum Wolken aufgezogen, aus denen Türme wachsen. Ein paar Wolkenschiffe schwimmen auch aufs Weisshorn zu. Schade, wenn wir oben keine Aussicht hätten. Eine Katastrophe, wenn Regen, Schnee, Gewitter uns in den nächsten fünf Stunden ereilten, solange wir auf Graten sind, wohin wir uns auch wenden.

Wir zurren die Steigeisen wieder an und betreten das königliche Stück des Grates: eine Firnschneide von reinem Weiß, die sich in mächtigen Schwüngen zum Gipfel windet, ähnlich dem Biancograt des Piz Bernina oder der Blümlisalp oder dem Rochefortgrat im Massiv der Grandes Jorasses. Mit dem Pickel balancierend, stapfen wir bald rechts, bald links von der Gratkante, der Wächten wegen; bald beiderseits, mit einem Eiswändchen zwischen den Gamaschen; schließlich zuoberst auf dem handbreiten First, Abgrund links und Abgrund rechts, Angst im Bauch und Jubel in den Augen.

Wenn eine Wolke heranschwimmt und den Grat rammt mit dem Tempo einer Segelyacht, dann sucht das Auge unwillkürlich nach der weniger hinfälligen weißen Substanz. Es sind die Füße, die sich aus Gewohnheit gegen den Nebel und für den Schnee entscheiden, während der Verstand die Verwirrung der Sehnerven und den leichten Krampf im Zwerchfell niederringt.

Vielleicht ist es gut, daß ich nun wieder nach Luft schnappe in 4400 Meter Höhe. Schwindel ist der Luxus von Leuten, die nicht genug zu tun haben. Noch ein Aufschwung, noch eine Biegung. Zwei starke Gefühle erheben den Anspruch, gleichzeitig empfunden zu werden: „Wenn dieser Königsweg doch niemals enden würde" und „Wenn doch endlich das verdammte Gipfelkreuz auftauchte" (Bergführer haben es 1978 auf einen Felskopf unter der Schneespitze gesetzt; in der Schweiz sind sonst die meisten Berge frei von biblischen Symbolen).

Gipfel! Viele Leute im Flachland stellen sich darunter etwas mythisch Abgehobenes vor, einen Punkt jäher Überwältigung und erhabener Visionen. Meistens ist das falsch. Der Mittellegi-Grat des Eigers, einer der schmalsten und prächtigsten auf Erden, weitet sich zum Schluß zu einer tristen Schutterrasse, einem enttäuschenden Ziel nach solchem Weg. Viele Gipfel sind nichts als der höchste Punkt eines Grates, nur durch Vergleich als Gipfel auszumachen oder dadurch, daß es unvermutet wieder bergab geht, worauf die Kletterer stutzen und zurückkraxeln. Der Montblanc-Gipfel ist ein Schneeplateau, auf dem hundert Gebirgsjäger aufmarschieren könnten, ähnlich wie, nach den Fotos zu urteilen, der K 2 im Karakorum.

Die Spitze des Weisshorns freilich ist von der großen Art. Unser Berg – wie soll ich dir's beschreiben – hört einfach auf, seine drei gewaltigen Grate münden, wenn Neuschnee gefallen ist, in einen bloßen Punkt, den man niedertrampeln muß, um Stand zu haben, und keine Sekunde lang ist ein Zweifel möglich, ob man weitergehen soll: Zu steil stürzen die Grate und die Wände nach allen Seiten in die Tiefe.

Da drüben, ja, das muß der Gipfel sein: Zwei Strichmännchen stehen auf einem Riesenrad von Schnee, die Fotografen. Sie sind diesmal vorausgestiegen, um unsere letzten Minuten festzuhalten, emsig gestikulierend, je nachdem, ob wir gerade in einem Wolkenfetzen steigen oder in der saharagrellen Höhensonne.

Nun endlich kann man sich trauen zu sagen: Es wird nichts mehr dazwischenkommen. Wir schaffen es. Eine dumpfe Genugtuung macht sich breit. Vielleicht 50 Meter noch. Nicht unvorsichtig werden: kleine Schritte, die Füße sorgsam im Halbkreis aneinander vorbeiführen, damit sich die Ösen und Riemen von Steigeisen und Gamaschen nicht verhaken – mit der Folge, daß immer ein Fuß neben dem Grat im Freien schwingt.

Und dann ist die Minute da, wo wir die Schneekuppe noch etwas flacher treten, um zu viert ganz oben Platz zu haben, und uns lachend die Hände schütteln und wirre Worte rufen – nun nicht mehr piano, denn wir chömmet nicht mehr, wir sind da. In Scharen jagen uns die Wolken um die Ohren, und unwillkürlich zweifle ich, ob unsere Kanzel fest genug verwachsen ist mit der ollen Erde irgendwo da unten.

Vor zwei Jahren, über den Ostgrat aufgestiegen, stand ich hier wie in einer Kuppel von Kristall und zählte die Viertausender: 28 im Wallis ringsum, sieben im Montblanc-Massiv im Westen, die neun des Berner Oberlands im Norden.

Diesmal ist Bewegung, und aufgeregt zeigen wir einander den jüngsten Akt des Himmelsdramas: Jetzt sind im Süden noch einmal all die Hörner, Rücken, Türme, Pyramiden frei, die graubraunen und die gleißend weißen, die erstarrten Schaumkronen einer urzeitlichen Brandung. Jetzt legt sich über den Monte Rosa ein bräunlicher Schleier – und da sind noch einmal die rührenden Häuser von Täsch, mehr als drei Kilometer unter uns –, jetzt sind wir selber Wolke und sehen nichts als die anderen Gesichter –, jetzt sticht die Sonne wieder auf uns ein –, jetzt läßt ein wallender Vorhang das Matterhorn verschwinden. Wir stehen auf dem Bug eines gewaltigen Schiffes, das durch die andrängenden Wolken pflügt und die Klippen umschifft, von denen die schroffste das Zinalrothorn ist, der Türkendolch.

Fröstelnd kauern wir uns ein wenig hin. Immer wieder bläst der Wind den Teekocher aus, den Fridolin noch heute früh als sturmsicher gepriesen hat. Das bringt zum erstenmal auch ihn aus der

Ruhe. Kälte steigt in uns auf und Angst – mögen es die anderen meinetwegen Sorge nennen. Die Wolkentürme verformen sich zu Pilzen, mindestens drei Stunden lang ist der Abstieg über den Ostgrat allen Blitzen ausgesetzt, und wenn seine ohnehin heiklen Felspartien durch Regen glitschig werden, kann die Gewitterangst auch fünf Stunden dauern und sieben Stunden der Weg zur Weisshorn-Hütte unter uns – durch die chaotische vertikale Wüste, die da aus der engen Schweiz emporgewachsen ist.

Schon nach einer halben Stunde – ich registriere es ohne Widerspruch, aber mit Trauer – verlassen wir den Punkt, dem die ganze Plage galt, und beginnen mit dem langen Abstieg in die Menschenwelt. Zunächst verdient der Ostgrat seinen Namen nicht: Er ist mehr eine breite Flanke aus pappigem Schnee, die steil in die Tiefe zieht. Der Schnee klumpt sich an die Steigeisen, die man alle zwei Schritte mit dem Pickel abklopfen muß, und die Steilheit fährt in die Knie.

Bevor der Grat schmal wird, ertrotze ich mir, übellaunig vor Erschöpfung, die halbe Stunde Ruhe, um die ich auf dem Gipfel betrogen worden bin und die ich brauche, um eine Tour von 17 Stunden durchzustehen: Ich lege mich halb auf den Rucksack, decke mir einen Schal übers Gesicht und schalte ab.

Nicht ganz diesmal: Zu der Angst vor dem Gratstück, das nun folgt, tritt die schmerzliche Einsicht, daß wir den Abstieg über die Hütte hinaus bis ins Tal heute nicht mehr schaffen werden. Was habe ich mich nicht geplagt, um ihn aufs äußerste hochzutreiben, diesen Kontrast zwischen der Wildnis und den Wonnen der Zivilisation, zwischen Abenteuer und Geborgenheit, zwischen Durstqualen und Bierorgien – am selben Tag will ich das alles haben, und deshalb bin ich vom Großen Schreckhorn an der Strahlegghütte vorbei in acht Stunden bis nach Grindelwald gelaufen und gar neun Stunden vom Finsteraarhorn bis ins Tal der Rhône: baden, aber natürlich mit einem Literkrug voll Bier neben der Wanne; im besten Restaurant ein Chateaubriand für zwei Personen bestellen, aber natürlich, um es allein zu essen; und so lange trinken, bis der ausgedörrte, zusammengeschnurrte Leib mit Hilfe von vier bis fünf Litern vorzugsweise alkoholhaltiger Getränke wieder seine alten Konturen angenommen hat – und all das am Abend jenes Tages, der mit Hüttendreck begann und mit Schweiß verkrustet war, der von Angst, Jubel und Erschöpfung überquoll! Unmöglich, Freundin, daß du je ein pausbäckigeres Gesicht gesehen hast.

Das wird nun also nichts. Ich will dankbar sein, wenn wir die Weisshorn-Hütte ohne Wettersturz und mit ganzen Knochen erreichen. Ich kenne sie, sie ist ziemlich neu und atmet die Gemütlichkeit von Resopal, und die klebrige Wäsche bleibt am Leib, wo sonst, und ich höre meine drei schon von Hüttenromantik faseln.

Fridolin hat Windschatten und kann heißen Tee anbieten. Wollen wir den Vorzug dieses Wetters nicht vergessen: Wir schwitzen nur mit Maßen. Die afrikanische Sonne der Nachmittage über den spiegelnden Firnen und die Qual des großen Durstes bleiben uns erspart. Der Himmel ist grau mit bräunlichen Schlieren, ganz ähnlich wie die Erde unter uns, und aus den galoppierenden Wolken treten die schlimmen Türme des folgenden Gratstücks bald einzeln, bald im halben Dutzend hervor. Dölf Reist gießt Anislikör auf Würfelzucker und verteilt ihn unter uns, wobei uns mehr noch als diese nützliche Kombination die Miene des spitzbübischen Großvaters stärkt, die er im richtigen Moment aufsetzt.

Gleich unter dem Rastplatz leistet sich der schmal gewordene Firngrat einen Übermut: Obwohl nur fußbreit, spaltet er sich in zwei senkrechte Scheiben mit einer bösen, knapp einen Meter breiten Kluft dazwischen. An der linken Scheibe zerrt aus der Tiefe der Bisgletscher, an der rechten der Schaligletscher, so daß sie auseinanderstreben. Über eine von beiden müssen wir hinüber, obwohl sie nicht mehr als armdick aussehen. Wir entscheiden uns für die rechte – und prompt, da ich der Schwerste bin, fällt sie unter mir zusammen, und drei Meter stürze ich hinab in die Spalte, bis das Seil mich hält, und wütend baumle ich, in dieser widersinnigen Tiefe auf der höchsten Höhe, bis die Vorderzacken der Steigeisen die Scheibe fassen, auf deren Resten Fridolin steht, so daß ich aus eigener Kraft aufsteigen kann; das spart die kostbare Zeit, die ein Rettungsmanöver von oben gekostet hätte.

Weiter. Nur runter, runter. Über diese Türme hinweg, die, in unendlicher Tiefe gegründet und senkrecht in sie stürzend, einer nach dem andern aus der Wolkenbrandung treten. Da klettert man auf Fels oder Schneebändern, bald unter der Gratschneide, bald auf dem First, in 4000 Meter Höhe ein Hochhaus hinauf und ein Hochhaus hinunter – nur um vor dem nächsten zu stehen, das den Weg in die Tiefe versperrt. Arrogant und überflüssig kommen sie mir vor – wie Hochhäuser? Nein: wie ein zyklopisches Bismarck-Denkmal in Serienfertigung, und immer wieder müssen wir ihm freihändig über den Scheitel steigen.

Schweig, Freundin, es ist jetzt gar nicht wichtig, ob mir dieser Bismarck schon oben eingefallen ist oder erst im Tal. Bin ich Reinhold Messner, daß ich auf den Graten Gedanken und Gefühle aufs eigens dafür mitgeführte Tonband schluchze? Ich versuche nur, anschaulich zu machen, wie dieses Reich jenseits menschlicher Worte und Maße beschaffen ist. Die Wörter wachsen in den Tälern; die Berge stehen sprachlos und kalt.

Fliehen wir, fliehen wir in die Tiefe. Meine Angst könnte jetzt auch Entsetzen heißen. Dies ist mein privater Achttausender, das mußt du verstehen: So nenne ich jenen Berg, den ein Mensch gerade noch erklettern kann, wenn er mit Muskeln, Herz und Nerven etwa das Fünffache von dem leistet, was Eltern, Erzieher, Ärzte und andere Stubenhocker als für ihn zumutbar betrachtet haben. Für den Himalaya tauge ich nicht. Aber auch private Achttausender helfen gegen Rheuma, Bandscheibenschäden, Appetitlosigkeit, Weltschmerz und Nierensteine, und also seien sie gelobt.

Dies ist die fünfzehnte Stunde seit Tracuit: 17 Uhr und schon fast finster bei 50 Meter Sicht. Noch knistert es nicht in den Haaren und im Stahl der Pickel, vielleicht können wir dem Gewitter entrinnen – doch wenn der Regen kommt? Greifen, Tritte suchen, hangeln, balancieren, hundertmal entscheiden, ob man mit dem Gesicht zum Fels oder zur Tiefe absteigt; dem Schnee nicht trauen – und fluchen, wenn man, mit Händen und Füßen beschäftigt, den Schädel an einen überkragenden Felssporn rennt. Schließlich noch einmal abseilen: über den Lochmatterturm, an dem beim Aufstieg fast die Hälfte aller Seilschaften scheitert – wütend kehren sie um.

Irgendwann einmal ist es geschafft: Wir können den Grat verlassen und uns in das Schuttkar wenden, das uns einen halben Kilometer Tiefe bringen soll. Steil ist es, mühselig, verzwickt und überaus gefährlich: Mit jedem Tritt schiebt man ein Dutzend Brocken und Steine unter sich weg, von denen einer oder zwei polternd und sirrend in die Tiefe hüpfen. Ich stolpere oft – ein Zeichen von Erschöpfung und eigentlich verboten, denn auf Graten kann es tödlich sein.

18.15 Uhr. In der tiefen Dämmerung des düsteren Septembertages erreichen wir den Schaligletscher, der hier ein milder Firnhang ist. Aus dem Nebel sind wir raus, aber die schwarzbraune Wolkendecke über uns kriecht uns nach. Schneetreiben setzt ein. Na also! Jetzt lachen wir darüber. Unsere Laune wird noch besser, als wir nach listiger Würdigung des Geländes entscheiden, daß wir die nächsten 300 Höhenmeter auf dem Hosenboden abfahren können, den Eispickel als Bremse eingesetzt.

Dann müssen wir natürlich einen Geröllpfad hinaufsteigen, damit es uns nicht zu gut geht – man kann auch sagen: damit wir die Spalten der Gletscherzunge umgehen. Hinauf! Hast du eine Ahnung, wie das alle Instinkte quält um diese Tageszeit? Und dann eine halbe Stunde lang quer über den Gletscher, und dann eine halbe Stunde hinab durch Geröll – und da, um 19.30 Uhr, nach mehr als 17 Stunden, ist ein Licht in sinkender Nacht: ein Fenster der Weisshorn-Hütte. Warm schmiegt es sich ans Herz nach all dem hirnrissigen, knochenschindenden Herumgekraxel am Rande der bewohnten Welt.

Gleich draußen Wasser ins Gesicht geworfen, Stiefel und Gamaschen in die Ecke gefeuert, wer holt das Bier? Nur, Suppe will der Hüttenwirt eigentlich nicht mehr kochen, der Herd sei schon aus (ohne Wirt hätten wir ihn rasch wieder an). Aber da wir auch Rotwein bestellen, läßt er sich herab, noch einmal einzuheizen.

Übers Resopal leuchtet das Petroleum greller als auf Tracuit. Es leuchtet in die muffigen Gesichter jener sechs Alpinisten, die beim Blick nach draußen heute schon wissen, daß sie morgen nicht aufs Weisshorn können.

Um neun endlich sitzen wir vier allein beim Roten, mit „Weißt du noch!“ und „Wenn wir nicht!“ und „Das war aber!“ Ehe die Gemütlichkeit überhandnimmt, treibt die Müdigkeit uns aufs Matratzenlager, wo das Arbeiter-Orchester schon die Bässe stimmt. Eine Thermosflasche mit Tee und eine Flasche mit Saft stelle ich neben mich für den Durst der Nacht.

Das Gesicht ist salbenverkleistert und brennt trotzdem, in Knien und Füßen puckert das Blut, die meisten Fingernägel sind eingerissen, die Fingerkuppen fühlen sich wie Reibeisen an. Badewannen, Daunendecken. Schlaf gut, Freundin, vielleicht holen wir morgen alles nach.

Bilanz? Mehr schöne als schlimme Stunden, mehr Lust als Plackerei? Nein. Aber ein paar Bilder, ein paar Minuten, um die du und die meisten mich beneiden würden, wenn ihr nur wüßtet, wie sie sind. Auf dem letzten Grat da oben! Die Schiffe! Und in der Tiefe dreitausendmal das Meer, und rings die Herrlichkeit der Welt, „und voll'ren Pokal und kühneres Leben“, wer hat das gesagt?

Zweistimmig bläst das Orchester. Aus der Ferne rumpelt er endlich heran, der Donner. Dann rauscht der Regen.

Wildnis – Almrausch – Rummelplatz

Bei Nizza springt es jäh aus dem Mittelmeer, nach einem 1200 Kilometer langen Bogen verebbt es in der Pußta südlich von Wien – das lieblichste Gebirge der Erde und eines der schroffsten und großartigsten dazu. Es ist so schön und so nah, daß es zugleich das am meisten von Menschen überschwemmte, das am brutalsten ausgebeutete und das am übelsten verschandelte Gebirge ist: zwischen Wildnis und Augenweide immer mehr ein Rummelplatz, planiert, verdrahtet, betoniert für das ganzjährige Oktoberfest, das sich die meisten Touristen wünschen. Wie konnte es dazu kommen? Wie soll es weitergehen? Wieviel Natur bleibt noch zu retten? Schmeckt die uns überhaupt, und wissen wir eigentlich, was das heißt, »Natur«? Die Almen sind schon mal keine: Überall, wo sie Kühe und Wanderer erfreuen, war einst Wald, und den haben die Bauern niedergebrannt.

Das schönste Bauwerk der Welt? „Das sind die Dolomiten!" Le Corbusier hat es gesagt, der berühmte Schweizer Architekt. Wie aus den heiteren Seen des Salzkammerguts die Felsen wachsen, wie im Berner Oberland über Blumen, Wiesen und Wäldern die vieltürmigen Eispaläste ragen! Und wer zwischen den kirchturmhohen Eisquadern des Kühlauenen-Gletschers hinweg auf die Jungfrau klettert, hört von der Kleinen Scheidegg die Kuhglocken läuten.

Nicht zuletzt dies macht den Zauber der Alpen aus: daß die winzigen Menschen hier knapp unter Fels und Eis noch ihr Auskommen gefunden haben und sich mit ihren Zwiebeltürmen und Blumenkästen behaupten gegen die Riesen da oben. Welcher deutsche Trekking-Tourist hätte sich in Übersee noch nie nach einem Dorfkirchturm gesehnt wie dem von Maria Gern über Berchtesgaden?

Denn was wir lieben, ist weniger „die Natur" als das, was die Bauern aus ihr gemacht haben – wie das wogende Kornfeld, von dem so viele Städter schwärmen: Seinem Korn zuliebe merzt der Bauer alle anderen Pflanzen aus und kornfressendes Getier dazu. Die blühenden Alpenwiesen mit ihren glücklichen Kühen konnten nur entstehen, weil die Bergbauern den Wald vernichtet haben, der einst die Alpen unterhalb der Felsregion fast vollständig bedeckte.

Betrachten wir eine typische Postkartenschönheit, ein Christkindl unter den Kirchen: „St. Johann in Ranui“, 1346 Meter hoch im hinteren Villnössertal in den Dolomiten. Abseits aller Häuser in den Schwung der Bergwiese gestellt, reckt sich das Zwiebeltürmchen 14 Meter hoch, keß über Eck zum Schiff, das von der Tür bis zum Altar ganze fünf Meter mißt. Dies aber nicht in der schlichten Form einer Kapelle, sondern mit allem Ehrgeiz barocken Kirchenbaus; 1744 hat der Bergherr von Klausen es in der Nähe seines Jagdschlößchens Ranui errichtet aus den Steinen einer Geröllawine und als Fürbitte, es möchte keine weitere niedergehen.

Da haben wir den Dreiklang, den Stadtbewohner als „Natur“ empfinden: ein putziges, rührendes Gotteshäuschen in Altrosa und Weiß, ein aufs höchste verfeinertes Kunstprodukt – Architektur; die üppige Wiese, dort, wo die Natur Wald hatte wachsen lassen – Monokultur; und, richtig, über allem die schroffen Geislerspitzen – Natur, sie darf nicht fehlen, vorausgesetzt, sie macht nur ein Drittel des Gemäldes aus. So lieben wir unsere Alpen.

Womit wir freilich längst auf der Rutschbahn stehen, die von der Lieblichkeit zur Verschandelung der Alpen führt und auf der bis heute keiner bremsen konnte.

Das war nur natürlich, daß man ein paar Hotels hinstellte für die reichen Engländer, die im 19. Jahrhundert die Alpen als Urlaubslandschaft und Klettergarten entdeckten; und wer hätte darüber böse sein sollen, daß allmählich mehr Touristen kamen, aus anderen Ländern und mit weniger Geld; und gewiß mußte man ihnen Straßen und Eisenbahnen bauen, auch mehr Hotels und außerdem Wanderwege und Berggasthäuser und eine Zahnradbahn auf den Aussichtspunkt, das Kraftwerk dazu war am nächsten Wildbach rasch errichtet.

Und wie schön, daß heute auch Arbeiter verreisen können, während die Wohlhabenden sich eine Zweitwohnung kaufen für fünf Wochen im Jahr; und wie einleuchtend, daß man die vielen Gäste in immer höheren Häusern stapelt; und daß sie nach mehr Straßen rufen und nach Schwebebahnen und vor allem nach Skiliften, wer will sich denn bergauf noch plagen? Und daß sie auf glatten Pisten fahren wollen – her mit der Planierraupe und weg mit den Bäumen und dann mit der Schneewalze drüber, wen stört das bißchen Gestank?

Auch kann man nicht jedes verrostete Drahtseil ins Tal schaffen, es fällt ja kaum auf in der Müllhalde hinter dem Betonklotz der Bergstation. Die Wirte der Berghütten haben es da besser, viele lassen ihren Müll einfach in die Tiefe sausen, auf den Gletscher, und der speit den Dreck erst in hundert Jahren wieder aus, dann wissen unsere Urenkel wenigstens, was uns geschmeckt hat.

Zwar finden wir die einsamen Gipfel und die stillen Täler noch – wenn wir uns ein Plätzchen abseits der Karawanenstraßen suchen oder wenigstens außerhalb der Hochsaison. Als letztes Mittel bleibt, drei Stunden früher aufzustehen als die anderen. Doch damit auch unsere Kinder ihn noch haben, diesen schönsten Garten der Erde, diesen erstaunlichen Abenteuerspielplatz im Zentrum der Zivilisation – dazu müssen wir uns etwas einfallen lassen.

Naturschutz? Das ist gut, wenn auch oft in den Alpen gar nicht gemeint, da es überwiegend das Werk der Bauern ist, das geschützt werden soll. Was nennen wir denn „Natur"? Wenn auf einer Aussichtskuppe eine Bank mit einem Papierkorb steht und aus dem Tal ein paar schmucke Giebel grüßen. Fleißigen Bauern ist es in zwei Jahrtausenden, romantischen Schwärmern in den letzten zwei Jahrhunderten gelungen, einige nicht allzu wüste Teile des Gebirges für uns heimelig zu machen – eine liebliche Landschaft mit reingestreuten Bonbonnieren, den bunten Kirchen, und jenem Hauch vom Rahm, den die Kuhglocken zu uns herübersenden. Wer im künstlich gestauten Reschensee in Südtirol die Wellen den Kirchturm des überfluteten Dorfes Graun umspülen sieht – der hat das, was viele Städter ein „Naturerlebnis" nennen.

Mit der Natur ist es wie mit der Ruhe: Man träumt von ihr, man spricht von ihr, aber in strikter Form mögen die meisten sie nicht. O ja, es gibt Urlauber, die die Ruhe schätzen, die wochenlange Ruhe ohne Abwechslung und Großstadtkomfort. Aber sie sind eindeutig in der Minderheit. Man darf sich nicht irremachen lassen durch die Menge derer, die von der Ruhe schwärmen: Mit dem Schwärmen und allenfalls ein paar ruhigen Stunden am Tag ist das Ruhebedürfnis der meisten völlig gestillt. Abends dann bitte Heimatabend oder Diskothek, und für Regentage ein Hallenbad, hübsche Geschäfte und Cafés! Macht es nicht Spaß, über die Bahnhofstraße von Zermatt zu flanieren oder in St. Moritz im Café Hanselmann, in Bad Ischl beim Zauner das Spiel „Sehen und Gesehenwerden" zu spielen?

Zwischen den Meinungen der Touristen und ihrem tatsächlichen Verhalten bestünden „vorläufig" beträchtliche Unterschiede, hat eine

Fremdenverkehrskommission festgestellt, die den Schweizer Bundesrat berät: „Die großen Ferienorte mit den häufigsten Umweltschäden haben bis heute bei den Gästen Erfolg... Ist das Umweltbewußtsein nur diffus als ‚Zurück zur Natur' beim kulturkritischen Intellektuellen oder als ‚Hang zum Kitsch' beim Durchschnittsbürger zu werten?"

Der Städter sei eben Dienstleistungen gewöhnt und liebe die Natur nur insoweit, als er sie mühelos erfahren könne, schreiben die streitlustigen Schweizer Naturschützer Häberling und Brugger: „Alle privaten und öffentlichen Pläne zum Umgang mit unserem Lebensraum werden so zu einem Gemeinschaftswerk der planvollen Verstädterung." Im Jahrbuch 1984 des Deutschen Alpenvereins heißt es kalt: „Fremdenverkehr ist die Unterwerfung der Alpen durch die Großstadt."

In Cortina d'Ampezzo überbieten die Luxusläden einander in römischer Eleganz. Chamonix liegt laut Eigenwerbung im „lustigsten Tal der Alpen", und wer dort im August vor einem der Bistros an der Hauptstraße sitzt, atmet Abgase wie in Paris – und scheint es zu mögen! Ungeniert wirbt Courmayeur auf der italienischen Seite des Montblanc, seine lebhaften Straßen hätten „städtischen Charakter, so daß der Urlauber nicht auf seine Gewohnheiten zu verzichten braucht". Die österreichische Fremdenverkehrswerbung setzt seit 1983 ungetarnt auf Rummel: „Alles Ruhige verliert, alles Laute gewinnt", verkündete der Werbechef. „Ruhe wollen die Leute vielleicht in fünfzig Jahren, und wovon sollen wir bis dahin leben?" fragt der Fremdenverkehrsobmann von Prägraten im Osttiroler Virgental.

Es hilft nichts: „Natur" im eigentlichen Wortsinn ist bei den meisten Touristen nicht gefragt. Viele bekennen sich zu ihr, aber sie denken gar nicht daran, zugunsten der Natur auf eine bequeme Anfahrt, eine schöne Bergbahn und einen Bunten Abend zu verzichten – nach dem alten Spruch: „Zurück zur Natur? Ja, aber bitte nicht zu Fuß!"

Daß Rummel schön oder jedenfalls erträglich sei und für eine gute Bergbahn jederzeit ein weiteres Stück Natur angebohrt und abgehobelt werden dürfe – in dieser Meinung trifft sich die große Mehrheit der Touristen mit nahezu allen Bewohnern der Alpen. Aus der Sicht der Fremden, die zu den Liften strömen, wie der Einheimischen, die damit Geld verdienen, sind die Ruhesucher und die Prediger des Umweltschutzes eine nörgelnde Minderheit, die den Skifahrern den Spaß verdirbt und die Bergbauern in Armut halten möchte.

Und leider ist da was dran, zähneknirschend habe ich es mir eingestanden an einem Dienstag im Oktober: Auf den Parkplätzen der Ötztaler „Gletscherschaukel“ am Rettenbach- und Tiefenbachferner zählte ich 30 Omnibusse, 600 Autos und acht Kleinlastwagen, von den großen Skifirmen als rollende Reparaturwerkstatt eingesetzt, und zweitausend Menschen waren fröhlich – Hunderte auf den Pisten, Hunderte in den Warteschlangen, Hunderte auf den Parkplätzen, bei offenen Türen im Auto oder auf Campingmöbeln sitzend, manche blinzelten auch aus offenen Kofferräumen in die Sonne, den Walkman im Ohr, Bierdosen und Thermosflaschen kreisten, fünf Meter von der Gletscherspalte der Mercedesstern, und die Pistenbullys waren mehr zu riechen als zu hören, denn von hundert Autoradios wurden sie plärrend übertönt.

Alle Elemente der Naturverschandelung waren da versammelt – zur offensichtlichen Freude von zweitausend Touristen und zur Begeisterung der Liftbetreiber und der Hoteliers im Tal. Ich litt unter soviel gedrängter Abscheulichkeit und kam mir doch wie ein Mäkler vor. Natur ohne Beton, das wollen diese Leute nicht, und sie sind die Mehrheit, die Einheimischen mit der Masse der Touristen Arm in Arm – und wer könnte sich im Recht fühlen gegen sie, wer hätte die Kraft, ihnen zuzurufen: „Ihr seid alle doof, und ihr müßt alle weg“?

Freilich, es gibt immer mehr Karambolagen auf den Skipisten und sogar tödliche Zusammenstöße. Jeder dritte Skiunfall passiert unter dem Einfluß von Alkohol, und der Wintersport scheint sich zu einem Kampfsport „Jeder gegen jeden“ zu entwickeln, wie der Chef der Chirurgischen Universitätsklinik Innsbruck meint. Doch warum sollten Skifahrer besser sein, als wir es von Autofahrern längst gewöhnt sind?

Selbst unter den Bergsteigern, wiewohl sie die Natur ungleich glimpflicher behandeln, verwandelt sich die oft besungene Bergkameradschaft immer häufiger in Aggressivität. Daß man aus Kolonnen Flüche hörte, war einst eine Besonderheit des Matterhorns – wo die Bergführer, damit sie früher Feierabend haben, ihre Arbeitgeber scheuchen. Seit den siebziger Jahren aber hat sich auf allen vielbegangenen Routen ein Klima der Mißgunst ausgebreitet. In überfüllten Hütten wird um Schlafplatz und Teewasser gekämpft, an den Engpässen wie Kaminen oder Abseilstellen um günstige Plazierung in der Warteschlange und auf den Gipfeln um einen Standplatz: Mehr als 300 Menschen waren 1982 an einem Tag am Großglockner unterwegs, davon 123 gleichzeitig auf der Spitze.

Trotzdem – da oben ist sie noch groß, herrlich und brutal, die Natur. Mit arktischen Stürmen fegt sie die Grate, mit afrikanischer Sonne heizt sie die Mulden im ewigen Schnee. Abgründe reißt sie auf vor Augen und den Nerven, und manchmal schickt sie uns die Angst.

Wir stehen auf dem Zinalrothorn, gekrümmt von brüllendem Nordwest. Eishagel jagt die Wand herauf und prasselt uns auf den Rücken, daß wir heulen. Im Schneesturm fliehen wir vom Mittellegi-Grat des Eigers, ein Schneerutsch reißt uns die Füße weg, in den milchigen Eismeerkessel unter uns poltern die Lawinen und verlegen uns den Weg. Die Knie zittern, unter weißen Brauen dampft der Atem.

Nach drei Stunden wissen wir es: Wir haben die Route zur Jungfraubahn verfehlt. Ächzend klettern wir hundert Meter hinauf, vierzig hinab, dreißig hinauf, siebzig hinab. Wir rodeln mit schreienden Eisen durch knietiefen Schnee, wir wühlen im Schnee bis an die Ellbogen, wir sinken in Lawinenbahnen ein bis an die Brust. Am Schienbein sickert Blut. Schnee weht uns zu. Das große Grauen in den Bergen. Es sterben immer nur die andern, heißt ein alter Trost. Aber die andern dachten das auch.

Die Alpen: Das sind eben nicht nur Heimatabende im Zillertal und fast 14000 Bahnen und Lifte über glitzerndem Autoblech. Es sind auch feindliche Wüsten von Eis und Geröll, Schluchten ohne Sonnenlicht, Schafe, die kläglich blökend mit dem Schneesturm kämpfen. Es sind Burgruinen, Zementfabriken und die Palasthotels von St. Moritz und Badgastein. Es sind die Bauern mit der Sense am Steilhang über dem festlichen Passeier Tal, die Fliegenden Händler auf den Dolomiten-Pässen und tausend zerschmetterte oder erfrorene Menschen Jahr für Jahr. Es ist die brutale Häßlichkeit der Moräne des Paradiso-Gletschers im Val Grisenche, es sind die Juchzer, die an schönen Sommertagen in die Steinerne Rinne im Wilden Kaiser herunterschallen aus den Wänden der Fleischbank und des Predigtstuhls, es sind Staudämme und donnernde Lawinen, Hochwald und eine Milliarden-Industrie, der tödliche Ernst der verfallenen Dörfer im Dauphiné und der Jubelruf, wenn über den Baumkronen ein Riesenzelt silbern aus dem Himmel tritt.

Wir kauern auf dem Hugi-Sattel, 4090 Meter hoch, da, wo der rostbraune Gipfelgrat des Finsteraarhorns ansetzt: Wie mit Fanfarenstößen geht die Sonne auf, den Mond läßt sie erbleichen, auf die Zinnen des Wallis schüttet sie Purpur, Lachs, Karmin, Orange, Scharlach und Zinnober. Wir rasten fröstelnd über der Fuorcla Prievlusa und ahnen plötzlich zwischen Wolkenfetzen den Bianco-Grat, wie er sich in Wellen blanken Eises dem Nichts entgegenwirft, und wir ertappen uns dabei, daß wir feuchte Augen kriegen, einfach weil es so schön ist auf der Welt.

Wozu schließlich auch das erstklassige Restaurant gehört, das in Pontresina auf uns wartet. So loben wir uns die Natur. So wollen wir die Alpen erhalten.

Wenn wir nun beherzigen, daß der Naturschutz bei fast allen Einheimischen und den meisten Gästen auf Widerspruch stößt, sobald er eine Einbuße an Geld oder an Komfort bedeutet – was bleibt dann zu tun? Wenn wir weder die Einheimischen ruinieren wollen noch die Natur: Wo setzen wir an? „Sollen wir uns als Alpenverein selbst auflösen, weil wir immer noch mehr Menschen ins Gebirge bringen?“ fragte selbstkritisch der Vorsitzende des Deutschen Alpenvereins, Fritz März – oder sollen wir gar „die Wege verfallen lassen, die Hütten verkaufen, den Erlös vertrinken“, wie er scherzhaft empfahl? Radikal und ganz ernst gemeint fordert Hans Steinbichler von der Zeitschrift „Bergwelt“: „Die Wege verkommen lassen, die Hütten verfallen lassen, vor den Alpen wieder die Barriere des Schweißes errichten.“

Das hieße allerdings: Naturschutz auf dem Rücken der Einheimischen und gegen die Wünsche der meisten Touristen. Der vernünftige Kern steckt im Grundsatzprogramm des DAV von 1977: „Die Erschließung des Alpenraumes ist für den Deutschen Alpenverein abgeschlossen. Er lehnt deshalb weitere Hüttenneubauten ab.“ Bedenkt man, daß die Alpenvereine ausdrücklich zum gegenteiligen Zweck gegründet worden waren, so sind das große Sätze. Doch selbst diese maßvolle Forderung wirft noch Probleme auf. Hütten ziehen Bergwanderer und Kletterer zusätzlich an, das ist klar. Keine oder zu wenige Hütten in einer begehrten Landschaft aber, das hieße: den Unrat, den sonst die Hütten auf sich konzentrieren würden, über die Natur verteilen.

Andererseits erzeugen Hütten Abfall, den es ohne sie nicht gäbe: Die Flaschen und Dosen, die der Hubschrauber heraufgeflogen hat. Überfüllte Hütten vergrößern, heißt noch mehr Bergsteiger anlocken; sie so lassen, wie sie sind, hieße den unwürdigen Zustand bewahren, daß der Wirt die Kletterer wie Sardinen packen muß. Eine glatte Lösung gibt es nicht.

Da bietet sich nun an, jedem das Seine zu versprechen, um keinem weh zu tun. Meisterlich versteht sich darauf die „Arbeitsgemeinschaft Alpenländer“, 1972 gegründet von Bayern, den Österreichischen Bundesländern Salzburg, Tirol und Vorarlberg, dem Schweizer

Kanton Graubünden und den italienischen Regionen Südtirol und Lombardei. Sie fordert beispielsweise, die transalpinen Verkehrswege weiter auszubauen – der DAV verlangt das Gegenteil –, aber dabei „unzumutbare Umweltbeeinträchtigungen zu verhindern" – gegen zumutbare Beeinträchtigungen wäre demnach nichts zu sagen? Der Hubschraubertourismus soll „möglichst" unterbunden, die Gewässer sollen „möglichst" naturnah erhalten werden – Gebote wie „Du sollst möglichst nicht töten". Und so fort.

Natürlich, es ist oft das Schicksal auch vernünftiger Forderungen, daß sie sich nicht durchsetzen lassen. Wie aber soll die Vernunft zum Zuge kommen, wenn schon die Forderung einen Widerspruch enthält wie hier oder aus Watte ist wie bei der Arbeitsgemeinschaft Alpenländer?

Was zu fordern wäre, ist verhältnismäßig klar, die Einsichten liegen auf dem Tisch; das Problem ist die politische Durchsetzbarkeit. Der Berner Tourismusforscher Jost Krippendorf meint daher, man müsse versuchen, „die Betroffenen betroffen zu machen", nämlich die Einheimischen wie die Touristen – „widerspenstig" müßten sie werden, um die Politiker von den Gemeinderäten aufwärts zur Vernunft zu zwingen.

Welche Einsichten sind es, die die Experten mehr oder weniger teilen?

Die touristisch geeigneten Regionen der Alpen lassen sich nicht mehr wesentlich vermehren, aber die Nachfrage steigt. Schreitet die Überbauung der Täler und die Betonierung der Wanderzonen weiter fort, so wird irgendwann der Punkt erreicht sein, an dem die Touristen sich von den Alpen abzuwenden beginnen, und Betonklötze und Investitionsruinen werden an den Boom der achtziger und neunziger Jahre erinnern wie Bunker an den Zweiten Weltkrieg.

Die Natur in den Alpen ist verloren und nicht wiederherstellbar, es sei denn um den Preis der totalen Entvölkerung; jetzt droht die Gefahr, daß nach der Natur auch die Erholungslandschaft zerstört wird, daß der Tourismus eben jene Landschaft auffrißt, die er genießen möchte. Im Konfliktfall sind die Alpen mehr für ihre Bewohner als für ihre Besucher da – so stellen es der DAV, die Arbeitsgemeinschaft Alpenländer, das Schweizerische Tourismuskonzept von 1979 fest. Eine weitere touristische Erschließung gilt also nur dort und nur insoweit als sinnvoll und zulässig, wo sie den Einheimischen nützt. Diese Feststellung wendet sich ebenso gegen die Ausbeutung der Landschaft durch großstädtische Konsortien wie gegen die Betonierung der letzten unbewohnten Zonen.

Die Nutzungsansprüche der Einheimischen müssen sich jedoch an der Belastbarkeit der Natur orientieren, damit „auch für die nachfolgenden Generationen ein ausreichender, gesunder Entwicklungsspielraum verbleibt" (DAV). „Entwicklungsreserven für die nächste Generation" zu erhalten, lautet eine Kernforderung des Entwicklungsprogramms, das die Region Millstätter See in Kärnten sich 1980 selber verschrieben hat.

Wenn wir weder wünschen, daß die Alpen in Zement ersticken, noch, daß wie einst nur die Reichen in die Alpen fahren können, um dort die Armen zu besichtigen, müssen die schlimmsten Exzesse unbedingt verhindert werden, selbst wenn es den Interessen der Einheimischen wie der Touristen zuwiderlaufen sollte: alle Exzesse des Skibetriebs – die Errichtung weiterer Sommerskigebiete, das Fräsen von noch mehr Pisten durch Wiese und Wald. Jede Skistation, die oberhalb der Waldgrenze errichtet wird, ist ein rücksichtsloses Vorpreschen der Verstädterung bis in die letzten Wildnisse, verbunden mit aufwendigen Straßen und Parkplätzen quer durch die Grünzone, Verkümmerung der Landwirtschaft in dieser Zone, oft Entleerung des Tals.

„Wahre Umweltvernichtungsschlachten werden da geführt", sagt Fritz März. „Die Alpen werden richtig umgebaut, weil der liebe Gott offenbar kein Skifahrer war." Zwischen den Sommerskigebieten ist längst der Verteilungskampf ausgebrochen, bei dem die ersten Pleiten sich abzeichnen. „Das bedeutet, daß ein Teil an großartiger Natur unwiderruflich verlorengegangen ist, nachdem Millionen oder Milliarden an Steuergeldern verschwendet wurden" (Heinz Röhle, Naturschutzreferent des DAV).

Verhindert werden muß der Bau neuer Siedlungen und Silos mit Zweitwohnungen – jener „Rolladendörfer", die fast elf Monate im Jahr aus toten Augen in die Landschaft glotzen; eine brutale Vertilgung von Raum und Natur zugunsten einer Herrenkaste, die für ihr im Durchschnitt fünfwöchiges Vergnügen ein ganzjähriges Ärgernis ins Gebirge stellt. „Die Alpenländer sollen einen Grunderwerbsstopp für Auswärtige erlassen. Der Neubau von Zweitwohnungen soll generell unterbunden werden." (Grundsatzprogramm des DAV.) „Der Zweitwohnungs-Tourismus soll nach Möglichkeit stark eingeschränkt werden." (Arbeitsgemeinschaft Alpenländer.)

Verhindert werden muß die weitere Ausbreitung von Brutalbeton – in Hotels, Supermärkten und Bergbahnstationen wie dem schlechthin grauenvollen „Trockenen Steg" auf halbem Weg zum Kleinen Matterhorn. Mögen französische oder italienische Touristen zu Beton ein entspanntes Verhältnis haben – für die Masse der Erholungsuchenden indes gilt, daß sie sich eine ländliche Bauweise wünschen. Gstaad rühmt sich: „Hier können sich keine baulustigen Beton-Unholde breitmachen", und es lebt gut damit.

Verhindert werden muß die Erschließung und Zersiedelung, die „Verhäuselung" der letzten menschenleeren Täler und Hänge. Es gibt sie ja noch, manche sogar ziemlich nah am Touristenrummel und doch ohne Weg und Steg wie das wüste Val Fedoz überm Silser See im Engadin; und das bedeutet: Hier wäre die Kardinalforderung erfüllt, daß die Nichterschließung keinen Einheimischen in Armut halten würde. „Landschaften ohne ansässige Bevölkerung sind vor der Erschließung zu bewahren", so Jost Krippendorf. Für die letzten leeren Täler sollen Länder und Gemeinden sofort und für alle Zeit Bebauungsverbote und Naturschutzauflagen erlassen. Oder können unsere demokratischen Institutionen weniger erreichen als die Feudalherren im Karwendelgebirge?

Das ragt im Norden von Innsbruck, im Osten von Mittenwald gewaltig auf und ist in Bayern seit 1924 und in Tirol seit 1928 überwiegend ein Naturschutzgebiet. So hoch und steil ziehen sich da vier Felsmauern von Westen nach Osten und von so wenigen Scharten sind sie gekerbt, daß kein Handelsweg und keine Heerstraße hindurchführten; und so rauh ist das Klima und so wasserarm der Sommer, daß die Bauern fast allen Wald am Leben ließen; und so reich an Gemsen und Hirschen sind die Wälder, daß Könige und Fürsten das ganze Karwendel als Jagdland okkupierten und es als Besitzer oder Pächter noch heute beherrschen: die Herzöge von Sachsen-Coburg-Gotha, die Großherzöge von Luxemburg, die Könige von Belgien und einer von Deutschlands reichsten Männern, Freiherr von Finck.

So wirkten die Natur und ein feudales Recht zusammen, daß inmitten des Touristenrummels des Karwendel der mit 9000 Quadratkilometern größte fast unbewohnte Raum in Mitteleuropa bleiben konnte – mit Zonen großartiger Einsamkeit zwischen steilen Felsen in öden Karen, in mächtigen Wäldern von Ahorn, Buche, Kiefer, Fichte, Tanne, Eibe. Natürlich – auch an Hütten, Wanderwegen, Klettersteigen ist kein Mangel, der Große Ahornboden in der Eng trägt einen der größten Parkplätze der Alpen, von der Eng zur Lamsenjoch-Hütte wälzt sich eine ihrer größten Wanderkarawanen, und auf den umliegenden Gipfeln sieht man die Sonne sich in den Dächern von hundert Omnibussen spiegeln.

Man kann eben nicht alles haben. Man kann nicht 100 Millionen Stadtmenschen pro Jahr Erholung, Spaß und Abenteuer in den Alpen gönnen – und zugleich auf Einsamkeit hoffen. Umgekehrt wird sich niemand ernstlich wünschen, daß 90 von den 100 Millionen wieder so arm würden wie 1913, als der kleine Mann nicht reisen konnte.

Wo es schön ist, ist es voll. Seit es voll ist, kann es nicht mehr so schön sein, wie es war, als es leer war. Nur ist es eben auch schön, daß es voll ist – daß nämlich so viele unserer Mitmenschen sich den reichen Engländern von 1913 insoweit angenähert haben. Das ist das Problem der Alpen.

Und wenn es nicht unbedingt der Königssee an einem wolkenlosen Tag im Juli sein muß, läßt sich damit leben. Mit der Silser Ebene zum Beispiel, der weiten Wiese zwischen dem Silser und dem Silvaplaner See im Oberengadin. Zwar fahren viele Autos an der Ebene und den Seen entlang, und das Grandhotel Waldhaus thront weiß und protzig auf seinem Hügel, und die Furtschellas-Bahn hat einen garstigen Backenzahn an den Hang gepflanzt. Doch was da geblieben ist an groß gefügtem Raum und hohem Himmel und Licht und Wind in diesem Festsaal der Alpen – meinen Ansprüchen an „Natur" wird es gerecht. Zumal wenn ich an jenen Nachmittag im Oktober denke, als der Winter kam:

Da pfiffen plötzlich zwei Italiener durch die Zähne und ließen die Mauerkellen fallen. Vom Baugerüst sahen sie als erste, daß der Himmel im Norden sich in eine blauschwarze Wand verwandelt hatte, die sich langsam nach Süden schob, dem Malojapaß entgegen, während sich über die Seen noch ein Föhnhimmel von türkisfarbener Seide spannte. Da hielten die Autos aus Mailand und München und Zürich und Wien, und aus der Wiese sprossen die Stative – die einen nach Süden, der Seide entgegen, die anderen nach Norden gerichtet, zur Finsternis.

Ratlos, ängstlich, begeistert drehten sich und knipsten die Touristen. Eine Bäuerin wiederum drosch auf ihre Kühe ein. Ein Kalb trottete davon, Kinder rannten ihm kreischend hinterher. Der Hotelportier, der die letzten Fenster mit Brettern vernagelte, legte den Hammer nieder und gaffte.

Schon stand die blauschwarze Wand über dem Silvaplaner See, während von Italien herauf der Föhn seine lichtgesäumten Wattebäusche gegen die Nacht des Nordens vortrieb. Hier, zwischen den Seen, mußten die Wetter zusammenprallen. Ein deutsches Ehepaar stritt sich, welche Wetterfront es mehr verdiene, geknipst zu werden; ein Wiener klagte das Schicksal an, daß er gerade heute seinen Belichtungsmesser vergessen habe; ein Amerikaner filmte mit jenem hektischen Eifer, den seine Landsleute zeigen, wenn der Rheindampfer die Loreley passiert; ein Eidgenosse versicherte, obwohl Soldat in zwei Weltkriegen, habe er einen solchen Himmel noch nicht gesehen.

Da trat aus der schwarzen Wand ein Regenbogen. Er wölbte sich über goldbraune Lärchen, dunkelgrüne Arven, rote Ebereschen und zwei Seespiegel in bleiernem Glanz. Von der Schwärze lösten sich braune Wolkenfetzen, jagten über den Talgrund und unterliefen die Föhnwolken, die in der Höhe noch immer nach Norden wallten. Einige Autofahrer brachten ihre Wagen in Sicherheit. Die Kinder zerrten das entflohene Kalb heran, stießen es in den Stall und rannten zwischen Gaffern und Knipsern umher. Das Seidentuch über dem Malojapaß war weggezogen. Von der Wand her heulte es, Blätter, Nadeln, Tropfen peitschten die Gesichter. Die Italiener stürzten in die Kneipe. Türen knallten. Kinder schrien.

Dann war es Nacht. Durch den Schneesturm tönte fern und nah das Blöken der Autohupen. In den Ställen brüllte das Vieh.

DIE ZUGSPITZE

Beton und Augenlust

Kein anderer Gipfel der Alpen ist so gräßlich zugerichtet wie der, der das Pech hat, Deutschlands höchster zu sein: abgehobelt, angebohrt, mit Beton und Aluminium überbaut, überragt von Parabolspiegeln und Antennentürmen. Drei Bergbahnen können Stunde für Stunde 800 Menschen in die Höhe schaufeln, und an sieben von zehn Tagen des Jahres stiefeln die Besucher in einer Wolke herum. Aber wer dann, zumal im Spätherbst, auf das ideale Wetter trifft, der hat einen Fern- und Rundblick zum Jubeln.

Es ist ja diesen Seglern und Nordsee-Urlaubern nicht auszutreiben, daß sie von der „unendlichen Weite des Meeres" schwärmen. Dabei krümmt sich die Erde schon nach viereinhalb Kilometern unter ihrem Auge weg – verglichen mit den 194 Kilometern physikalisch möglicher Fernsicht, die der Zugspitzgipfel bietet.

Wer dort mit dem Auge an diese sphärische Grenze stoßen will, der braucht freilich ein Wetter von der seltensten Art; außerdem die Kraft, von all dem abzusehen, was der Vordergrund ihm entgegenstellt: eine Orgie der Technik, die perfekte Karikatur auf einen Rummelplatz des Tourismus, eines der eindrucksvollsten Beton-Kombinate der Erde.

Abgehobelt, angebohrt, ausgeschachtet, zugemauert haben sie das, was einst der Gipfel war: Zwei Seilbahnstationen haben sie auf ihm untergebracht, mit schrägem Beton über den Stahlseilen, die zum Schneeferner und zum Eibsee hinabhängen, und waagerechtem Beton als Aussichtsplattform auf den Türmen; dazu die Betonterrasse auf dem österreichischen Gipfelhotel mit der dritten Seilbahnstation im Keller sowie je eine Betonterrasse auf und unter dem vierstöckigen Terrassenbau der Eibseebahn.

In den Fels gesprengt haben sie die Richtfunkstation der Bundespost mit ihren Aluminiumwaben, Sonnenkollektoren, Parabolspiegeln und Antennentürmen: Drehscheibe für Telefongespräche und Fernsehbilder zwischen Deutschland, Österreich und Italien. Neben ihren drei Kreissegmenten eine schiefe Pyramide – das Höhenforschungslabor des Max-Planck-Instituts für Astrophysik zur Messung der kosmischen Strahlen – und der Container des Max-Planck-Instituts für Quantenoptik, der mit Laserblitzen den Ozongehalt der Lufthülle mißt.

Nicht zu vergessen den schmucken Würfel der deutsch-österreichischen Grenzstation, Ordnung muß ja sein, und die Rolltreppen, die Imbißbuden, die Souvenir-Kioske und, fast rührend in all dem Getümmel, das hölzerne Münchner Haus mit der Wetterwarte, mit dem die Bauwut einst so irreführend harmlos ausgebrochen war.

Noch mehr davon: Vom Mittelgrund, vom Zugspitzplatt, grüßt das Schneefernerhaus herauf, sieben Etagen in drei verschachtelten Gebäuden mit der Talstation der Gipfelseilbahn, dazu deren Masten und die der zwei Kabinenbahnen auf dem Platt und der sieben Skilifte, jeweils mit den Stationshäuschen dazu; auch ein Selbstbedienungsrestaurant 200 Meter unter dem Schneefernerhaus für die ungeduldigen Esser unter den Skifahrern; und die Pistenraupen, die den Wedlern die natürliche Beschaffenheit des Schnees ersparen; und die Großkläranlage von 1982, damit die Ströme der Fäkalien der halben Million Touristen pro Jahr nicht mehr den Fels verschmieren.

Was hat man dir, du armer Berg, getan? Er hat das Pech, der höchste in jenem schmalen Streifen zu sein, den Deutschland von den Alpen abbekommen hat – und damit für die deutsche Post und die deutsche Wissenschaft ein Punkt legitimen Interesses, für deutsche Bergsteiger und Touristen aber eine Rekordmarke, auf die sie starren, obwohl an der Zugspitze sonst wenig Besonderes ist.

Der Watzmann über Berchtesgaden hat eine ungleich markantere Gestalt, über Garmisch ragt die Alpspitze einprägsamer und sogar scheinbar höher als die Zugspitze auf, ja vor diese sind die Waxensteine so hingelagert, daß viele Touristen sie für die Zugspitze halten. Um sie wirklich als Bergmassiv zu sehen, muß man zum Eibsee fahren oder auf die Tiroler Seite, nach Ehrwald oder Lermoos, wo sie sich wüst und gewaltig türmt – doch wiederum ohne jene Eleganz, die an der Alpspitze oder gar am Matterhorn so viele Leute lieben.

Nur eben: „Am wärmsten schlägt das Herz des deutschen Alpinisten für den stolzesten vaterländischen Gipfel!“ schrieb der Bergschriftsteller Max Krieger 1883. Wie schon der Pfarrer Christoph Ott die Zugspitze als „den ersten Fürsten der bayerischen Gebirgswelt" gerühmt hatte.

Pfarrer Ott weihte 1851 das Gipfelkreuz aus feuervergoldetem Eisen. Das war der Sündenfall. Ein Kreuz auf einem Berg aufpflanzen, das heißt ja: auftrumpfen – der liebe Gott hat da eine Felsspitze gemacht, aber wir machen etwas aus Eisen, das den Felsen überragt und womit wir von ihm Besitz ergreifen. Zur symbolischen Unterwerfung gehörte die technische Planierung: Einen halben Meter Geröll räumte die 29köpfige Expedition ab, warf die Trümmer „zum großen Ergötzen der Mannschaft in den fürchterlich heraufgähnenden Abgrund" und bohrte dann ein Loch in den Fels. Mit so kleinen Schritten hat die Technik überall mal angefangen.

Man baut dann zum Beispiel eine Bergsteiger-Unterkunft auf halbem Weg (die Knorrhütte, 1855) – schließlich sollen die Alpinisten nicht mehr zwischen Kuhmist und Flöhen auf einer Alm übernachten wie 1820 der Leutnant Joseph Naus: Der hatte den Auftrag des „Königlich-topographischen Bureaus" ausgeführt, den höchsten Gipfel des Königreichs Bayern zu erklimmen, das gerade erst 1806 von Napoleon errichtet worden war.

So eine Hütte erhöht die Zahl der Gipfelstürmer. Sollte man für sie nicht den Weg zur Spitze leichter und sicherer machen? Also: Drahtseile für die Hände, Eisenstifte für die Füße in den Fels hämmern oder sprengen (1873). Das vermehrt die Zahl der Zugspitz-Besteiger ganz erheblich.

Sollen die oben Durst leiden, frieren oder einem Gewitter schutzlos preisgegeben sein? Nein, beschließt die Sektion München des Deutschen Alpenvereins (gegen eine Minderheit engagierter Kletterer, die nun die Sektion verlassen und eine neue gründen): 1897 wird das Münchner Haus eröffnet, bis zu 29 000 Gipfelbesucher zählt man pro Jahr.

Sollen die etwa zu Fuß gehen? Sollen die Lahmen und die Faulen überhaupt nichts von der Bergwelt haben? Faucht nicht schon seit 1871 eine dampfgetriebene Zahnradbahn auf den Rigi überm Vierwaldstätter See? Beweist nicht seit 1912 die Jungfraubahn, daß selbst größere Höhen auf Schienen erreichbar sind? Haben nicht die Tiroler die Frechheit, 1926 im Handstreich eine Seilbahn von Ehrwald zum Zugspitzkamm zu bauen? Wenn auch glücklicherweise nur bis auf 158 Meter unter dem bayerischen Gipfel und damit ohne die Rundumsicht, die doch das eigentlich Großartige an der Zugspitze ist.

Unter dem Eindruck solcher Konkurrenz gründen die AEG und zwei andere Großfirmen 1928 die Bayerische Zugspitzbahn-AG und beginnen sogleich mit dem Bau einer Zahnradbahn, die, wie an der Jungfrau, die größte Steigung im Innern des Berges überwindet, in einem viereinhalb Kilometer langen Tunnel, der in 2650 Meter Höhe am Schneeferner endet. 1930 wird die Bahn eröffnet, 1931 das Schneefernerhaus und im selben Jahr die erste Seilbahn zum Gipfel. Geschafft!

Ein Weltkrieg verzögert die weitere Entwicklung; aufhalten kann er sie nicht. Die Bundespost muß die Höhe nutzen, das Max-Planck-Institut ebenso. Mit Holz und Beton zusammen führt nun das Aluminium Krieg gegen die Natur. Der Beton aber breitet sich von 1962 bis 1965 noch einmal gewaltig aus, der Klamauk wird auf sein heutiges Niveau gehoben: Seilbahn vom Eibsee zum Gipfel – eindrucksvoller und viel schneller als mit der alten Zugspitzbahn. Seilbahn vom Tiroler Zugspitzkamm bis 13 Meter unter den Gipfel, dann ein Hotel darüber, dessen Betondach nun die höchste der fünf Aussichts- und Sonnenterrassen bildet – für jene 800 Menschen, die die drei Seilbahnen nun stündlich auf die Spitze schaufeln können.

Die Tragikomödie ist perfekt: Niemand zerstört so viel Natur wie der Freizeitmensch, wenn er darauf besteht, seine Freizeit ausgerechnet in der Natur zu verbringen.

Längst kann man natürlich von Hamburg aus einen Tagesausflug auf die Zugspitze machen: Flug nach München, Omnibus zum Eibsee, Seilbahn zum Gipfel, knapp sieben Stunden Zeit zum Skilaufen oder In-der-Sonne-Braten – vorausgesetzt, sie scheint. Wieviel Auspuffgase werden da in die Luft geblasen, wieviel Lärm und Gummi-Abrieb erzeugt, wieviel Asphalt, Stahl und Beton bereitgehalten, damit der eine sich für ein paar Stunden ins Skigetümmel stürzen und der andere im Flachland erzählen kann, auf welch extremer Warte er gewesen ist!

Gesehen hat er nach statistischer Wahrscheinlichkeit wenig oder nichts: An durchschnittlich 258 Tagen im Jahr hängt der Gipfel in Wolken. Dann haben nur die nächsten Türme, Terrassen und Antennen Konturen, die Touristen frieren, mißmutig werden die Kameras gezückt für das Familienfoto „Wir auf Deutschlands höchstem Punkt", das ebensogut heißen könnte: „Wir vor Beton im Nebel" oder „Schiffswrack treibt im Wolkenmeer".

An den meisten der anderen 107 Tage des Jahres behindert Dunst verschiedener Dichte den Blick auf den ungeheuren Horizont. Es geschieht an ein paar kristallklaren Herbst- und Wintertagen, daß die einsam ragende Aussichtskanzel das Wunder der Weite gewährt: im Osten das Karwendelgebirge und den Wilden Kaiser, nach Südosten die Hohen Tauern mit dem Großglockner, 135 Kilometer entfernt, und die Zillertaler Alpen, nach Süden die Stubaier und die Ötztaler Alpen, den Ortler (108 Kilometer weit), im Südwesten Silvretta, Rätikon, die Lechtaler Alpen, im Westen den Bregenzer Wald und die Allgäuer Alpen, im Norden den Starnberger See, den Ammersee und die Türme von München (91 Kilometer weit) – ein Riesenrund der Augenlust.

Einen solchen Tag also versuche man zu finden und stelle sich auf den obersten Beton. Man vergesse die traurige Geschichte dieses Felsgebirges und den Aberwitz, in den sie mündete. Man verwerfe die utopische Frage, ob sich nicht all der Tumult auf ein Kunststoffgebirge gleicher Höhe verlagern ließe, mit dem unsere blühende chemische Industrie etwa die Wesermarsch oder die Lüneburger Heide gewiß gern überbauen würde – so daß die Zugspitze wieder ein Berg wäre, wie der liebe Gott ihn gemacht und gemeint hat. Auch höre man nicht zu sehr auf das fröhliche Kreischen rundum und nicht auf die geistreiche Kommentierung der Gipfelflur in siebzehn Dialekten.

Dann, ja dann kann es geschehen, daß es einen packt; daß man Tiefe und Ferne schmeckt; daß man die Erde mit einem Mal als einen sehr großen und merkwürdigen Planeten empfindet. Immer noch.

ALPENPÄSSE

Auf vier Rädern näher zum Himmel

Ein Paß war die Keimzelle der Schweiz: der Gotthard zwischen den Kantonen Uri und Tessin. Pässe bildeten bis vor hundert Jahren das zentrale Verkehrsproblem der Alpen; nun sind die wichtigen alle untertunnelt, und wer dennoch über viele Haarnadelkurven auf die Paßhöhe fährt, tut es zum Vergnügen. Und das ist das größte, das man am Lenkrad haben kann, vorausgesetzt, man meidet die Sonntage und die Hochsaison. Von den zwanzig höchsten Paßstraßen der Schweiz hier die aufregendsten und die komfortabelsten – die also, die die Fahrlust und die Schaulust am schönsten befriedigen.

Einst waren Pässe die Pest, und irgendwie sind sie es geblieben. Einst waren sie Plage und Not für Rom-Pilger, Kaufleute, Lastesel, Tippelbrüder und Soldaten; heute sind sie meistens Park- und Rummelplätze aus Stein und Blech, mit Souvenir-Kiosken, Würstchenbuden und Schnellrestaurants, kaum je aber mit einer Aussicht, die diesen Ärger wirklich lohnt.

Allerdings – die Straßen zu den Pässen hinauf und von ihnen hinunter bieten Hochgenüsse, und das für beide Seelen in der Brust des Fahrers: für die eine, die das Auto auf den schönen Schwüngen der Straße tanzen lassen möchte, und für die andere, die nur gemächlich rollen, schauen und verweilen will in dieser großen Kulisse aus Gipfeln und Abgründen. Da fährt man zum Beispiel aus der Heidi-Landschaft des Gadmentals im Berner Oberland in einer halben Stunde hinauf zum gewaltigen Steingletscher unterm Sustenpaß inmitten einer Wüste von Geröll, vom Garten in die Arktis und zurück – wie überhaupt dem Susten, zusammen mit dem Lukmanier, unter den 20 höchsten Pässen der Schweiz der Schönheitspreis gebührt.

Beim Lukmanier, einer Sommerstraße östlich des Gotthard zwischen dem Vorderrhein in Graubünden und dem Tessin, rollt das Auto von dem Städtchen Disentis mit seinem berühmten Benediktinerkloster aus dem 8. Jahrhundert – gegründet als Hüter des Passes, über den ein Saumpfad führte – südwärts 20 Kilometer auf breitem Betonband hinauf: erst durch Wald mit Wasserfall, dann durch ein Wiesental mit Bauernhöfen; dann über eine karge Hochfläche, über die im Rückblick der Tödi ragt.

Dann kommt ein Schock: eine Betonmauer von 100 Meter Höhe, die seit 1967 einen See aufstaut, in dem das alte Hospiz Sancta Maria in luco magno (im großen Hain) versunken ist. Über den See führt die Straße durch eine etwa zwei Kilometer lange Galerie, deren höchster Punkt, 1972 Meter, verwirrenderweise höher liegt als die Stelle mit dem Schild „Lukmanier-Paß" nebst Gasthof, Parkplatz und Kapelle – dies von der Zeit her, als das Sträßlein noch das Tal des späteren Stausees querte. Wieder einmal herrscht, wie bei den meisten Pässen, ein Mißverhältnis zwischen der Schönheit des Weges und der Häßlichkeit des Ziels.

Gewöhnen wir uns also ab, den Paß als Ziel anzusehen – fahren wir weiter, hinab! Die Straße wird sogleich schmaler und schlechter, da die Kraftwerksgesellschaft das Interesse an ihr verloren hat. Auf ein paar hundert Meter ist sie auch so beschaffen, daß man zu Tode kommen kann, wenn man bei Nacht, Nebel oder Platzregen fährt oder wenn einem aus der Kurve ein Betrunkener entgegenschießt: Abgrund direkt neben der Straße und keine Sicherung, nur Markierungssteine.

Bald öffnet sich ein breites Tal: Wiesen, Wald und Alpenrosen, von Felsen durchsetzt und von Bächen durchflossen – das Valle Santa Maria. Da gerade Sonntag ist, findet hier ein freundlicher Trubel statt: Aus Bellinzona und Lugano, aus Como, Varese und Milano sind die Ausflügler gekommen, mit Kindern, Tanten, Campingmöbeln, Grillgeräten, Bällen und Geschrei. Jeder geeignete Fleck ist zugeparkt, Klappstühle und Picknick-Körbe sind möglichst in bequemer Nähe zum Auto aufgestellt, doch ein paar Progressive wagen sich mitsamt ihrem Hausrat auch 200 Meter weit in die Natur.

Beiderseits des San Bernardino geht es sonntags ähnlich zu, mit dem Vorzug, daß Frühaufsteher sogar ein paar Dutzend schattiger Parkplätze finden: Den Schatten werfen die gasometerähnlichen Entlüftungstürme des Straßentunnels, der seit 1967 die alte Paßstraße entbehrlich macht. Tausende von parkenden Autos, das alte Sträßlein mit seiner dahinkriechenden Blechschlange, die Betontürme über dem Tunnel – das ist die Natur, in der man sich am San Bernardino sonntags von der Stadt erholt. Und in der Tat: Ganz umzubringen sind die Berge nicht.

Hier unter dem Lukmanier also läßt sich zwar kein Schatten für die Familienkutsche finden wie unter den Gasometern des San Bernardino, doch genügend Schatten für die Familie unter Bäumen und Blöcken. Eine Art Kirmes-Heiterkeit liegt über dem Tal, in den Bächen planschen die Kinder.

Vom Valle Santa Maria weiter ins Tessin hinab: in halber Höhe am Fels entlang durch eine steile Waldschlucht – dann öffnet sich der Blick ins Blenio-Tal, und ein herrlicheres Stück Straße habe ich nie erlebt, eine Autoreise durch die Dritte Dimension: steil unter uns, in üppiges Grün gebettet, das Städtchen Olivone – sollte man wirklich ohne Leitern und Treppen da hinabgelangen können? Und während man ungläubig in die Tiefe blickt, reißt es das Auge nach oben: Denn jäh ragt über Olivone ein gewaltiger grünlicher Granitzahn auf, der Sosto, 1,3 Kilometer über dem Talgrund, ein wahrer Wolkenkratzer, und daneben die Zacken der Adulagruppe, ein Drama zwischen Himmel und Erde, und die Straße führt uns sicher hinab.

Vielleicht sind sie überhaupt das Schönste an den Pässen, die Fahrten hinunter ins schwellende Grün, und da im Wallis und in Graubünden viele Paßstraßen in mageren Tälern enden, bedeutet dies: hinab entweder ins saftige Berner Oberland wie vom Susten oder Grimsel; oder hinunter ins Tessin vom Lukmanier und vom San Bernardino; oder vom Bernina und Maloja in die italienischen Zipfel Graubündens. „Und schon sah er bei dem nächsten Biegen wieder Wege, Brücken, Länder liegen ...“ Was Rilke über den Wanderer sagt, kann der Autofahrer auf den Schwüngen solcher Straßen nachempfinden.

Der Malojapaß, von den schroffen Gipfeln des Bergells überragt, bekommt sogar die meisten Sterne für landschaftliche Schönheit in der Summe von Baedeker, Denzels Großem Alpenstraßenführer und dem Automobilclub der Schweiz, vor Bernina, Furka und Klausen; ich selbst finde darin Lukmanier und Susten gröblich unterschätzt.

Hinaufzufahren – bringt das dem Auge nichts? Doch: immer den erregend raschen Wandel von Grün zu Grau und oft eine großartige Bergkulisse; vor allem aber zwei eigenwillige Arten von Schönheit: zum einen jene Stimmung oben im Geröll, die der meinungsfreudige Baedeker von 1927 treffend als „arktische Melancholie“ bezeichnet; zum anderen das Chaos großer Felsenschluchten, die einst auf Alpenreisende erschreckend wirkten – schrieb doch noch 1768 der deutsche Kunsthistoriker Johann Joachim Winckelmann über eine vergleichsweise harmlose Paßlandschaft wie den Brenner den berühmten Satz: „Welch entsetzlicher Anblick, welch ungeheuerliche Höhe der Berge!"

Wie erst würde Winckelmann in der Gondo-Schlucht gelitten haben, auf der Südostseite des sonst wenig reizvollen Simplonpasses: Bis zu 800 Meter tief hat sich da die schäumende Diveria in den Fels gegraben, und auf fünf Kilometer folgt die Autostraße dem gewaltigen Cañon, dessen Enge sich manchem auf den Atem legt. Hier läßt sich noch ahnen, was für eine Barriere und welch ein Schrecken die Alpen einst gewesen sind, und unwillkürlich staunt man über jene Menschen, die es für erträglich hielten, auf dem Grund dieser Schlucht ein Dorf zu gründen: Gondo, an der Grenze nach Italien.

Über die beiden berühmtesten und einst gefürchtetsten Engpässe – die Schöllenen-Schlucht und die Via Mala – führt die Straße inzwischen in bequemer Höhe hinweg. Wer die Via-Mala-Schlucht bei Thusis in Graubünden wirklich sehen will, die Klamm des Entsetzens, der muß hinter Rongellen die Abzweigung der alten Straße von der Nationalstraße 13 nehmen und gegen Eintrittsgeld in die Tiefe steigen, um die Steinbrücken von 1739 und 1823 zu betrachten, die da schüchtern zwischen den Felsen hängen.

Die Teufelsbrücke in der Schöllenen-Schlucht unter dem Gotthard läßt sich dagegen aus dem Auto erkennen – doch wer in der sommerlichen Autoschlange denkt schon daran, daß er hier ein Herzstück der Schweiz vor sich hat, die Lösung eines furchtbaren Problems, um das herum sich die Eidgenossenschaft kristallisierte?

Man muß sich das so vorstellen: In das Stück Land, das heute der Kanton Uri ist, nur ein fruchtbarer Talgrund, in den ein paar rauhe Hochtäler münden, das ganze zu 40 Prozent von Fels und zu 10 Prozent von Eis bedeckt – in dieses verwunschene Tal drangen im 7. Jahrhundert die Alemannen ein, die sich im frühen Mittelalter die heutige Schweiz eroberten. Mit Kähnen mußten sie kommen, über den südlichsten Arm des Vierwaldstätter Sees, weil seine Steilufer unpassierbar waren. Erst 1865 wurde eine Fahrbahn durch die Felsen gesprengt, die Axenstraße.

Im Norden an einen Zipfel Wasser stoßend, sonst überall umringt von Bergen, die in West und Ost mehr als 3000 Meter hoch aufragen, die ganze Talschaft auf keine Weise mit Pferd und Wagen zu erreichen – das war Uri, und da kann man verstehen, daß in solchen Tälern die Kinder fragten: „Wohnen hinter den Bergen eigentlich auch Menschen?" Worauf, so die Anekdote, die Mutter erwiderte: „Kind, wir wollen nicht grübeln."

Ja, mit Maultieren schlug man sich schon hin und wieder auf Saumpfaden zu anderen Menschen durch: nach Nordosten über den Klausenpaß, nach Graubünden über den Oberalppaß, nach Westen über den Furka. Doch nur ein Weg in den Süden, über den Gotthard, hätte die Urner aus ihrer Randlage befreien und Uri zu einem Durchgangsland für den Handel machen können.

Den Weg vom Gotthard aber versperrte das schreckliche Hindernis, die Schöllenen-Schlucht mit der reißenden Reuß, „die über unzählige Felsenbrüche herunterschießt und durch Krümmungen schäumt und über Steinmassen tobt, daß man sein eigen Wort nicht hört", wie der deutsche Dichter Wilhelm Heinse 1780 schrieb. Zwischen 1200 und 1230 gelang es den Urnern, eine Brücke darüber zu schlagen, „Teufelsbrücke" genannt, weil der Sage nach Satan dabei geholfen hat.

Nun war der Weg zum Gotthard frei und über ihn nach Italien hinab. Eine neue, die kürzeste Route von Flandern, Köln, Zürich nach Mailand, Venedig und Rom war gebahnt. Nun kamen die Säumer mit ihren Maultierkarawanen, mehr als 1000 Tonnen Handelsware schafften sie bald pro Jahr hinüber, aus dem Norden Wolle, Leinen, Leder, Felle, Käse, aus dem Süden Seide, Wein, Gewürze, Tabak. In Gasthäusern wollten sie einkehren, Futter wollten sie kaufen – und vor allem mußten sie Wegzoll zahlen.

So sah sich Uri gleichsam über Nacht mit Wohlstand versehen und in eine strategische Schlüsselstellung versetzt. Schon 1231 verlieh der deutsche Kaiser den Urnern die Reichsunmittelbarkeit, um sie durch dieses Privileg zu treuen Hütern des Passes zu machen – eine reichsfreie Zwergrepublik auf zwei Fünfteln der Fläche des Saarlandes, heute mit 33 500 Einwohnern, damals werden es noch weniger gewesen sein.

1291 schloß Uri mit seinen Nachbarn Schwyz und Nidwalden auf einer Waldwiese mit Namen Rütli den „ewigen Bund", den Kern der Schweiz; auf derselben Wiese überm Vierwaldstätter See rief General Guisan 1940 die Schweizer Armee zum unbedingten Widerstand gegen jeden Angreifer auf, wobei als letzte Bastion das Gotthard-Massiv verteidigt werden sollte, notfalls bis zum Jüngsten Tag.

Das war aus dem Geist der Urner gesprochen: Mit anderen Orten zeigten sie sich schon im 14. Jahrhundert stark genug, die weit überlegenen Truppen des Kaisers zweimal aufs Haupt zu schlagen, bei Morgarten und bei Sempach. Und dann das große Jahr 1403: Da griffen die Urner gemeinsam mit den Obwaldnern über den Gotthard ins Tessin, sie verleibten sich das fruchtbare Tal der Leventina ein, sie demonstrierten die merkwürdige Regel, daß begehbare Pässe nicht trennen, sondern verbinden: Beiderseits des Brenners entstand die Grafschaft Tirol, beiderseits des Großen St. Bernhard das Herzogtum Savoyen und beiderseits des Gotthards die Schweiz.

Das hing zunächst damit zusammen, daß die Inhaber der lukrativen Zoll- und Wegerechte den Paß auf beiden Seiten in ihren Besitz bringen wollten, also bis zum jenseitigen Tal hinab. Zugleich erhöht es die Verteidigungsfähigkeit, wenn man nicht nur den Paß behauptet, sondern auch das Glacis, die „Wehrlehne", die Abdachung der Brustwehr im Festungsbau und jenseits des Passes oben im Gebirge.

Beim Großen St. Bernhard und beim Splügen ist das den Eidgenossen nicht gelungen: Über beide Pässe läuft die Grenze nach Italien. Doch vom Simplon haben sie die Grenze 20 Kilometer weit hinabgetragen, bis in die Gondo-Schlucht; unterm Malojapaß reicht die Schweiz noch 22 Kilometer weit ins italienischsprachige Bergell und unterm Berninapaß 33 Kilometer weit durchs Puschlav.

Die Urner waren indessen mit einer solchen Wehrlehne nicht zufrieden: Im Jahr 1500 eroberten sie Bellinzona, 72 Kilometer südöstlich des Gotthards, und 1512 gar Lugano, 104 Kilometer vom Gotthard entfernt. Das hatte weniger mit Verteidigung zu tun als mit der Entfaltung militärischer Macht, die durch die strategische Lage des Passes und die Einnahmen aus ihm begünstigt wurde. Nun besaß Uri mehr Land südlich des Gotthards als nördlich davon; der Paß wurde vom Grenzpunkt zur Drehscheibe der Eidgenossenschaft und eines der armseligsten und entlegensten Täler der Alpen zur Keimzelle eines der reichsten Staaten der Erde.

Inzwischen freilich zahlt der Kanton Uri – 1803 der Herrschaft über das Tessin beraubt – einen hohen Preis für die von ihm selbst hergestellte Durchgangslage. Seit 1882 durchschneidet ihn die Gotthard-Eisenbahn, seit 1980 die Gotthard-Autobahn, ohne Halt von Hamburg ins Tessin, mit stinkenden Schlangen in der Hochsaison und bis zu 50 Kilometer langen Staus.

Auf der Talfahrt vom Gotthard nach Uri kann einen das Mitleid packen mit den Urnern und mit der Natur: Die Teufelsbrücke, ein nutzloses Museumsstück, ist eingekesselt von den Straßen zum Gotthard und zum Oberalppaß, von den Autobahnschleifen und Rangiergleisen bei Göschenen, von den Stützmauern und Galerien der Furkabahn und von den Hochspannungsmasten des Kraftwerks, das die Reuß schon lange nicht mehr schäumen läßt. Nichts erinnert mehr an Goethes schöne Schilderung von 1775: „Nackte wie bemooste Felsen mit Schnee bedeckt, ruckweiser Sturmwind, Geräusch der Wasserfälle, das Klingeln der Saumrosse in der höchsten Öde ..." Kurz: Die Nordflanke des Gotthards ist völlig ruiniert.

Doch da ist gottlob noch die Tessiner Seite. In Airolo beginnt sie zwar mit einer aberwitzigen Straßenverschlingung über den Gleisen der Gotthardbahn: Auf Stelzen und Rampen werden die Straße von 1967 und die Autobahn von 1980 über- und untereinander her geführt, bis die Autobahn im Berg verschwindet.

Ein paar Kilometer weiter gabelt sich die Straße zum Paß: links die kurvenarme Trasse von 1967, rechts die Route, über die 1824 die erste Postkutsche fuhr – der erste Pferdewagen nach Uri überhaupt, denn von Osten (Oberalp) war der Urkanton erst 1864 per Straße zu erreichen, von Norden (Vierwaldstätter See) 1865, von Westen (Furka) ein Jahr später.

Die klassische Route von 1824 führt durchs Val Trémola, das Tal des Zitterns: schon damals nicht so gefährlich wie die Schöllenen-Schlucht, doch ein gewaltiger Felsenkessel, in welchem sich Eseltreiber und Kutschenreisende winzig und unbehaglich gefühlt haben müssen. Die 32 Spitzkehren dieser Trasse sind inzwischen verbreitert und in gutem Stand, so daß sie ein ähnliches Fahrvergnügen bieten wie das Stilfser Joch: immer noch sehr scharf und oft den 1. Gang erfordernd, dabei im Dutzend überschaubar mit ihren schön gerundeten Stützmauern und auf eine begeisternde Weise in den steinernen Zirkus hineingeschraubt.

Diese Fahrt durchs Val Trémola hinauf bietet am Gotthard die einzige schöne Viertelstunde. Auf dem gräßlich vollgebauten und vollgeparkten Paß sollte man nur verweilen, falls man das 1986 eröffnete Museum und das Hospiz besuchen will: Im Museum, der alten Posthalterei, sind eine echte Kutsche, Dokumente und Reise-Utensilien zu sehen.

Das düstere Hospiz liegt heute am Rand des Trubels – längst nicht mehr die dankbar begrüßte Zuflucht von einst. „Oben auf dem Gipfel des Gotthards bei den Kapuzinern", notierte Goethe im November 1779: „Es wird immer kälter, man mag gar nicht von dem Ofen weg. Ja es ist die größte Lust, sich obendrauf zu setzen ... Der Gotthard ist zwar nicht das höchste Gebirge der Schweiz, doch behauptet er den Rang eines königlichen Gebirges über alle anderen, weil die größten Gebirgsketten bei ihm zusammenlaufen und sich an ihn lehnen."

Seit der Gotthard durch die Eisenbahn untertunnelt ist (1882), wird im Winter oben kein Schnee geräumt, kein Pferdeschlitten überquert ihn mehr; seit 1947 bleibt auch das Hospiz im Winter geschlossen. Von den 20 höchsten Straßenpässen der Schweiz sind 14 nur im Sommer befahrbar: drei, weil der Fernverkehr inzwischen durch Tunnel läuft (Gotthard, Großer St. Bernhard, San Bernardino), die anderen elf, weil sie vor allem touristischen Zwecken dienen.

Zum Spazierenfahren also sind die meisten Pässe gedacht; und entsprechend geht es auf ihnen zu. Die drei Probleme für den Autofahrer, die daraus folgen, sind die Radfahrer, die Motorradfahrer und die anderen Autofahrer.

Auf Bergstraßen Rad zu fahren, ist in der Schweiz, ähnlich wie in Frankreich und Italien, ein Volkssport: In verschwitzten Trikots schinden sich Männer und Frauen, 14jährige und 60jährige bergauf. Nun sind viele Paßstraßen strikt zweispurig in dem Sinne, daß für einen Radfahrer kein zusätzlicher Platz bleibt. Begegnen sich die Autos in Kolonnen, wie im Hochsommer und zumal sonntags häufig der Fall, muß das Auto minutenlang hinter einem Fahrrad herkriechen, das sich bergauf mit sieben Kilometer pro Stunde fortbewegt. Für den Radfahrer bedeutet dies Gestank und Gefahr, zusätzlich zu seiner schwer beschreibbaren Strapaze.

Für Motorradfahrer sind die Paßstraßen ein leidenschaftlich geliebtes Ausflugsziel: Hier können sie Kurventechnik demonstrieren und den Autofahrern zeigen, wer der Wendigere ist. Sonntags sind sie zu Zehntausenden unterwegs. Das typische Dilemma des motorisierten Paßtouristen existiert für sie offensichtlich nicht: Man kann nicht gleichzeitig die Reize der Landschaft und die Reize der Straße auskosten; die Motorradfahrer tun eindeutig nur das zweite.

Was macht der durchschnittliche Autofahrer mit dieser Alternative? Schaut er – oder spielt er Bergrennen? Denn es macht nun einmal beides Spaß. Wer allein ist, kann das Problem für sich so lösen, daß er nach Laune, Straße und Szenerie bald sehr zügig, bald sehr langsam fährt. Doch wann ist man allein! Einen Hintermann macht man mit solcher Fahrweise wahnsinnig. Im Grenzfall ist die Versuchung groß, flott zu fahren, also wenig zu sehen: Will man denn von den Folgenden für einen Fahrtrottel oder für den Besitzer eines schwachen Wagens gehalten werden? So sind die Menschen.

Man wird dann eben parken, um zu schauen. Aber Parkplätze sind an manchen Paßstraßen rar, sonntags sind sie allesamt besetzt, und Ruhe findet dort auch nicht jeder: Kriecht da nicht schon wieder jener Omnibus aus Dinslaken heran, den man vorhin mit viel Glück überholen konnte?

Hier halte ich inne und staune ein bißchen – über die totale Veränderung der Perspektive in den anderthalb Jahrhunderten, seit es erträgliche Alpenstraßen gibt, und in den 40 Jahren, seit die Alpen sich zum Rummelplatz entwickelt haben. Lawinen sind meist kein Problem mehr – gebannt durch Schutzgalerien, notfalls durch rechtzeitige Sperrung der Straße. Gegen den Schnee haben wir Pflüge und Ketten, gegen die Kälte heizt jedes Auto spielend an. Räuber gibt es auch nicht mehr, und schon gar kein Problem mehr sind die Drachen und Kobolde, die die Bergbauern im Nacken spürten und deren Existenz noch 1723 vom Zürcher Stadtphysikus Johann Jakob Scheuchzer wissenschaftlich festgehalten wurde.

Unser Problem ist, nicht zum zweitenmal hinter demselben Omnibus zu hängen. Vielleicht auch, daß wir uns unwillkürlich genieren, wenn am Steilhang über einer Kehre ein Bauer seine Sense schwingt – subventioniert zwar, damit er ausharrt, doch mit derselben Mühsal beladen wie die Bauern von Uri tausend Jahre zuvor und sogar mit einem Ärger mehr: dem über die Schlange der müßigen Touristen.

Die Steigung macht denen wenig aus. 12 Prozent werden in der Schweiz nirgends überschritten – gegen 15 Prozent am Zirler Berg in Tirol, 19 Prozent am Wurzenpaß und 23 Prozent an der Turracher Höhe in Kärnten. Den 1. Gang braucht man nur gelegentlich wegen langsamer Vordermänner oder wegen extrem spitzer Haarnadelkurven wie am Splügen, Gotthard und San Bernardino.

Anstrengend sind Paßstrecken so und so: erhöhte Konzentration in den Kehren und neben den Abgründen, der ständige Zwiespalt zwischen Augenlust und Fahrvergnügen, dazu oft die Nervenmühle des Kolonnenfahrens oder des übelriechenden Omnibusses vor dem Kühler. 20 bis 30 km/h für die Bergstrecke sind normal; auch einschließlich einer längeren Anfahrt über gute Straßen im Tal wird ein Reisedurchschnitt von 40 km/h selten übertroffen. Wer also eine Spazierfahrt von mehr als 200 oder gar 300 Kilometern plant, sollte wissen, worauf er sich einläßt – nicht gerechnet, daß Mitfahrern, zumal hinten sitzenden, auf kurvigen Bergstrecken leicht übel wird.

Wer will, kann eine perfekt modernisierte Straße wie die von Nordwesten auf den Grimselpaß auch mit Tempo 80 befahren, vorausgesetzt, er sucht sich eine stille Stunde aus. Das ist nicht einmal so schwer, wie die meisten es sich machen: Man muß nur unbedingt die Schönwetter-Sonntage vermeiden und nach Möglichkeit die Hochsaison; an einem Werktag im Oktober – ohnehin der königlichen Jahreszeit im Hochgebirge – wird man selten auf Gedränge stoßen.

Die größte Chance schließlich, mit der schönen Straße und der gewaltigen Natur allein zu sein, bietet ein altes Radikalmittel: bei Dunkelheit aufstehen und in der ersten Dämmerung losfahren. Die Masse der Touristen ist nun einmal ins Ausschlafen verliebt; ihnen begegnet der Frühaufsteher also nicht. Dazu hat er die Morgenstimmung: Scharfe Schatten modellieren das Gebirge, das in der Mittagssonne flach und stumpf aussieht; oft hängt noch Dunst auf den Wiesen, in der ersten Sonne glitzert der Tau, und bevor die Hitze kommt, ist man zurück.

Ideal natürlich wäre ein Cabriolet – in einer Landschaft, die sich zur Hälfte *über* dem Dach des Autos entfaltet. Daß man darin nicht gegen den Steinschlag geschützt sei, vor dem in der Tat häufig gewarnt wird, ist zu kurz gedacht: Eine Sekunde lang fällt der Stein – 36 000 Sekunden lang, nämlich zum Beispiel zehn Stunden, bleibt er auf der Straße liegen; es sind also die liegenden Steine, auf die sich mit der Wahrscheinlichkeit 36 000:1 die Warnung bezieht.

Im offenen Wagen an einem wolkenlosen Werktag im Oktober: Das wäre die Krone. Und dann vom Lukmanier hinab nach Olivone oder von Osten durchs Meiental hinauf zum Sustenpaß; dies freilich am besten in der Abendsonne, mit Gegenlicht auf den gezackten Türmen, die Grassengrat, Fünffingerstöcke und Groß-Spannort heißen – eine heroische Landschaft, wie Caspar David Friedrich sie ersonnen haben könnte. Da wird die Paßfahrt zum aufregendsten Naturerlebnis, das man aus dem Auto haben kann.

Wer es weniger heroisch mag, dem sei das Val d'Alvra empfohlen, ein breiter Talboden 2300 Meter über dem Meer, knapp östlich vom Albulapaß, mit einem großen Himmel, einem kleinen See und vielen Kühen, die sich zuweilen trotzig auf die Straße stellen. Die Berge rechts und links sind kaum 1000 Meter höher und ohne bemerkenswerte Form; nur ist es so, daß eine heitere Melancholie über diesem Stückchen Erde liegt, und falls man die richtige Viertelstunde trifft, kann man hier sogar Europas rarstes Gut erbeuten: Einsamkeit.

MOUNT EVEREST

Der Gipfel der Versuchung

Soviel Geld und soviel Gier, soviel Triumph, Enttäuschung und schauriges Gekeuche hat kein anderer Punkt der Erde auf sich gezogen wie der, der am weitesten in den Weltraum ragt: die Spitze des Mount Everest, 8846 Meter über dem Meer. Dem ersten, der sie erreichte, war der Weltruhm sicher. Wer sie heute noch besteigt, kommt nicht mehr in die Zeitung, und leicht kann es ihm passieren, daß er kurz unterm Gipfel Schlange stehen muß. Und der Tod schlägt zu wie eh und je.

Den großen Ruhm haben 1953 der Neuseeländer Edmund Hillary und der Nepali Tenzing Norgay eingestrichen. Ob zu Recht, bleibt fraglich. Schon 1924 könnten zwei andere auf dem Gipfel gestanden haben – ohne Wiederkehr. In der traurigen, heroischen, bizarren Ballade von den Menschen, die auszogen, dem Mount Everest aufs Haupt zu steigen, war dies die erste der vielen Tragödien.

1994 unternahm der 53jährige Australier Michael Rheinberger seinen sage und schreibe siebenten Versuch, den Gipfel zu erreichen. Obwohl er viel zu langsam stieg, konnte sein neuseeländischer Bergführer ihn nicht zur Umkehr bewegen; bei Sonnenuntergang endlich hatte er sich zum höchsten Punkt der Erde emporgequält „und umarmte ihn selig", wie der Bergführer berichtete. Nur 20 Meter unter dem Gipfel mußten sie biwakieren. Am Morgen war Rheinberger schneeblind, geistig verwirrt und fast unfähig zu weiterer Bewegung. Der Neuseeländer ließ ihn allein, um neuen Sauerstoff zu holen, aber mit seinen erfrorenen Zehen schaffte er den neuerlichen Aufstieg nicht, und Rheinberger starb im Eis.

Im Mai 1996 ereignete sich jene Katastrophe, der der amerikanische Journalist Jon Krakauer mit letzter Kraft entrann, so daß er sein Buch „In eisigen Höhen" schreiben konnte, Bestseller in vielen Sprachen. Was sich bei diesem Drama an üblen Sitten mit blindem

Ehrgeiz paarte, verdient durchaus den Namen *Mountain Madness*, „Bergwahnsinn“: So hieß das Unternehmen, das einer der später erfrorenen Bergführer gegründet hatte, um ahnungslose Amateure für viel Geld auf das äußerste Außenfort der Erde zu schleppen.

Und dabei hatte doch auf diesem Fort bis 1953 noch nie ein Mensch gestanden und bis 1921 keiner auch nur ernstlich versucht, es zu stürmen. In jenem Jahr setzte sich zum erstenmal eine englische Expedition in Marsch; zunächst nur, um zu erkunden, ob – und wenn, auf welcher Route – der Everest bestiegen werden kann. Ziemlich spät, wenn man bedenkt, daß es britische Landvermesser waren, die ihn 1849 als höchsten Punkt der Erde identifizierten, daß er nach Sir George Everest benannt ist, einem früheren Vermessungschef in Britisch-Indien, und daß 1911 der Norweger Amundsen dem Engländer Scott und dem ganzen Empire die Schmach angetan hatte, als erster den Südpol zu erreichen. Was blieb nun noch zu erobern als der dritte Pol, der Inbegriff irdischer Unzugänglichkeit? Und was lag näher, als daß ein Engländer ihn bezwingen würde – waren es im 19. Jahrhundert nicht Engländer gewesen, die als erste die meisten Viertausender der Alpen bestiegen hatten? Der junge Schnösel Edward Whymper, der 1865 die Spitze des Matterhorns erreichte, rühmte „den erstaunlichen Ausbruch britischer Energie“, dem die Unterjochung – ja, „subjugation“ – dieser Gipfel zu danken sei.

Die britische Erkundung, die sich dem Gipfel von tibetischer Seite her näherte, endete in 7100 Meter Höhe, gewaltige Eisbrüche waren schon überwunden, eine Gipfelroute erkennbar. Der 35jährige George Mallory, ein bewährter Alpinist und gebildeter Mann mit geschliffenen Manieren, schrieb aus dem Himalaya an seine Frau, der Weg sei nun klar, „und jeder kann ihn gehen, der das höchste Abenteuer wagen will“. Mallory hatte den Lehrerberuf an den Nagel gehängt, um an dieser Expedition teilzunehmen und den folgenden auch.

1922 kämpften sich der australische Spitzenbergsteiger George Finch und der bergunerfahrene Engländer Geoffrey Bruce als erste Menschen in die Achttausender-Region empor; in 8320 Meter Höhe kapitulierten sie, erschöpft und in Panik, weil ihre Sauerstoffgeräte immer wieder streikten. Als ein paar Tage später eine Lawine sieben Sherpas in den Abgrund fegte, war die Expedition beendet. „Der Leiter schickte uns 15 Silbermünzen, damit wir für die Toten beten“, schrieb der Lama des Rongbuk-Klosters am Fuß des Everest. „Ich hatte Mitleid mit denen, die für eine so überflüssige Sache mit so viel Leid bezahlen mußten.“

Die dritte Expedition machte Mallory im Tod berühmt. Eine Karawane von 300 Lasttieren, jedes mit 70 Kilo beladen, schlich im März 1924 der Nordostflanke des Everest entgegen, begleitet von 70 einheimischen Trägern und Dienern – „Kulis“, sagten die englischen Herren. Den ersten Angriff unternahm der Expeditionsleiter, Major Edward Norton, gemeinsam mit dem Londoner Chirurgen Howard Sommervell. Sie stiegen ohne künstlichen Sauerstoff, denn das Gewicht der Flaschen war zum Fürchten, und schon damals gab es ein Bedenken, das Reinhold Messner 1978 in eine Weltsensation zu verwandeln verstand: daß es eigentlich englischem Sportsgeist widerspreche, den Sieg mit so viel Technik zu erringen.

Am 4. Juni brechen Norton und Sommervell von ihrem Zelt in 8150 Meter Höhe auf. Sie tragen sportliche Anzüge mit Knickerbockern, darunter zwei Pullover und wollene Wäsche, darüber „einen leichten Pyjama“ aus winddichtem Gabardine, dazu Wickelgamaschen aus Kaschmirwolle, klobige Filzstiefel mit genagelten Ledersohlen und pelzgefütterte Lederhelme, wie Motorradfahrer sie damals benutzten.

Sie steigen über mäßig geneigte Felsplatten und rutschiges Geröll; bald brauchen sie zehn Atemzüge oder noch mehr für jeden Schritt. Man muß sich das vorstellen: Der Flachländer, der in einem 3000 Meter hoch gelegenen Berghotel die Treppen zu schnell nimmt, spürt sein Herz im Halse hämmern. Piloten in Flugzeugen ohne Druckkabine müssen in derselben Höhe nach 30 Minuten Sauerstoffmasken anlegen, weil das Urteilsvermögen nachläßt. Auf den sanften Firnhängen des Montblanc (4807 Meter) geben viele, auch durchtrainierte Alpinisten stöhnend auf; die Luft enthält dort nur noch halb soviel Sauerstoff wie auf Meereshöhe.

Für Norton und Sommervell ist es weniger als ein Drittel. Alle paar Minuten müssen sie sich hinsetzen, rasch vor Kälte zitternd in der Morgensonne und schmerzhaft hustend aus ausgedörrten Kehlen. Dann zockeln sie weiter – „ein trauriges Paar“, schrieb Norton später, „zwei Schindmähren“, meinte Sommervell.

Bei 8400 Meter beginnt Norton alles doppelt zu sehen, Folge des Sauerstoffmangels. Bei 8534 Meter setzt sich Sommervell röchelnd unter einen Felsvorsprung und gibt auf. Geh weiter, sagt er zu Norton, das Gelände ist ja leicht. Norton kämpft sich zu einer Rinne hoch, wo er bis zur Hüfte im Pulverschnee versinkt, und kehrt nach einer Stunde um an einem Punkt, der später mit 8573 m vermessen wird. Das war der Höhenrekord bis 1952 (falls nicht Mallory und Irvine ihn vier Tage später brachen, aber das wissen wir nicht). Und dazu ein Rekord an Lungenkraft und Willensstärke, wie er vielleicht nie überboten worden ist: Allein Nortons Sturmanzug wog „das Vielfache unserer gesamten Ausrüstung“, schrieb Peter Habeler, nachdem er 1978 gemeinsam mit Reinhold Messner, ebenfalls ohne Sauerstoffgerät, auch die letzten 273 Höhenmeter zum Gipfel geschafft hatte.

Nun war es an Mallory, den Sturm zu wagen. Daß er sich den 22jährigen Studenten Andrew Irvine zum Gefährten wählte, machte böses Blut unter den erfahreneren Expeditionsmitgliedern und ließ das Gerücht aufkommen, er habe sich offenbar den Hübschesten ausgesucht. Sie gingen *mit* Sauerstoffgeräten, denn ohne diese waren Norton und Sommervell ja gerade gescheitert.

Am 8. Juni, zwei Tage nach ihrem Aufbruch vom Basislager, erspähte Noel Odell, ein weiteres Expeditionsmitglied, aus 7830 Meter Höhe zwei schwarze Punkte, die sich über ein Schneefeld rasch gipfelwärts bewegten und eine Felsstufe erklommen; dann verschwanden sie in den Wolken.

Odell wunderte sich, die beiden um 12.50 Uhr noch im Aufstieg zu sehen, fast fünf Stunden hinter Mallorys Planung zurück. Odell kletterte zum obersten Zelt auf 8170 Meter Höhe. Eine Nachricht fand er nicht vor, wohl aber ein Durcheinander von Flaschen und Gestellen, aus dem er folgerte, daß es mit dem Sauerstoff Probleme gegeben haben mußte. Warten auf die Rückkehrer durfte Odell nicht, das Zelt hatte nur Platz für zwei. Er stieg wieder ab, tags darauf noch einmal auf: Der Sturm hatte das Zelt umgerissen; „alles andere lag so, wie ich es verlassen hatte“. Odell kletterte zwei Stunden weiter, jodelte und schrie, sah in der riesigen Wüste von Fels und Schnee nichts, was sich bewegte, und kehrte um. Mallory und Irvine sind verschollen.

Fünf Stunden zu spät auf der letzten Etappe! Wollten Mallory und Irvine die Spitze dennoch erzwingen, so mußten sie einen nächtlichen Abstieg in Kauf nehmen. Haben sie das getan? Warum sah man dann von keinem Lager aus die Magnesiumfackeln leuchten, die sie für solche Fälle mit sich führten?

Absturz also. Aber warum hätten sie abstürzen sollen? „Für Mallory war das Gelände kinderleicht, und auch Irvine ging sehr sicher“, sagte Odell. Wenn aber abgestürzt, bliebe dieselbe Frage: vor oder nach dem Gipfel? Und wenn erfroren, bleibt sie wieder. Diesen Weg kann jeder gehen, „der das höchste Abenteuer wagen will“, hatte Mallory 1921 geschrieben. Hatte er’s gewagt? Er war ein Träumer, und umkehren, meinten seine Kameraden, hätte er schlimmer gefunden als sterben.

In der Londoner St. Paul's-Kathedrale fand ein Gedenkgottesdienst für Mallory und Irvine statt. König George V. wohnte ihm bei, und der Bischof von Chester sprach: „Ihre Namen sind im Buch Gottes in goldenen Lettern geschrieben." Doch ob sie auf dem Gipfel standen, bevor sie starben, das teilt auch dieses Buch nicht mit.

Im März 1999 aber zog eine 15köpfige Expedition unter Leitung des Amerikaners Eric Simonson eigens zum Mount Everest, um das Rätsel zu lösen. Und in der Tat: Am 2. Mai fanden sie in 8300 Meter Höhe die marmorweiß gefrorene Leiche eines Mannes mit doppelt gebrochenem Bein und den Lettern „G. Mallory" in der zerfetzten Unterwäsche. Was sie nicht fanden, war die Kamera, die Mallory und Irvine mit sich führten. Hätte die Kälte den Film konserviert, so hätte er Gipfelfotos zeigen können – oder eben nicht. Das Geheimnis bleibt.

Nach Mallory machten sich zunächst vier weitere britische Expeditionen auf den Weg – vergebens.

1933 kaufte sich der englische Kriegsheld und Globetrotter Maurice Wilson ein einmotoriges Flugzeug, lernte dann auch wirklich fliegen, flog es in zwei Wochen abenteuerlich nach Indien, treckte mit drei Sherpas illegal nach Tibet und zog im April und Mai 1934 dreimal aus, den Mount Everest zu bezwingen, mit einem Rucksack von mehr als zwanzig Kilo beladen. In 6400 Meter Höhe fand die fünfte englische Expedition 1935 seine Leiche.

War Wilson nun die tollere Mischung aus Besessenheit und Narretei – oder waren es jene bewährten britischen Alpinisten, die 1935 – und 1936 – und 1938 auch die letzten 273 Meter noch „unterjochen" wollten? Dreimal vergebens. Eric Shipton, Teilnehmer der drei Versuche, schrieb 1942: „Es scheint fast, als wäre eine Sperrkette um die Gipfel der Achttausender gelegt. Die Wahrheit ist natürlich, daß der niedrige Luftdruck in Höhen über 7600 Meter eine wirklich schwierige Kletterei unmöglich macht, daß schon ein leichter Sturm tödlich sein kann und daß nur das beste Wetter und die allerbesten Schneeverhältnisse eine kleine Erfolgschance bieten."

Die volle Wahrheit ist das nicht: Denn warum war von den 14 Achttausendern trotz Dutzender Versuche noch kein einziger bestiegen – obwohl elf der Gipfel *unterhalb* der Höhe liegen, die Norton, Irvine und Mallory bereits am Everest erreicht hatten? Es muß etwas mit einer Art Sperre zu tun gehabt haben: Solange ein extremer Punkt der Erde noch nie betreten worden ist, legt sich denen, die ihn erobern wollen, offenbar ein Rest von Verzagtheit auf die Seele.

Wie war es denn beim Matterhorn? Lange Zeit für unersteiglich gehalten, dann 1865 von einem Engländer gestürmt, heute an schönen Sommertagen von Hunderten bestiegen; ungleich steiler als der Everest und echtes Klettern erfordernd, das heißt unter Zuhilfenahme der Hände, die am Everest so selten nötig ist wie am Montblanc.

Einige der Achttausender sind erheblich schwieriger als der höchste von ihnen, voran der K2, mit 8611 Meter der zweithöchste Berg der Erde und als einsam ragende Pyramide eine eindrucksvolle Berggestalt. Der Anblick des Everest hingegen enttäuscht viele: ein plumper, breitschultriger Gipfel, von vier Achttausendern flankiert.

Nur der höchste ist er eben – am weitesten entfernt von aller irdischen Geborgenheit, der für Menschen ungeeignetste, der feindseligste Ort auf Erden. Sich gerade dieses Punktes zu bemächtigen, das macht stolz. Zugleich treibt es den Kult der Höhe auf die Spitze, den die meisten Kulturen und Religionen pflegen: Auf Andengipfeln wurden Kinder den Göttern geopfert, auf dem Berg Horeb im Sinai empfing Moses die Gebote, auf den Fuji pilgern die Japaner, und der Boss sitzt natürlich in der obersten Etage.

Die Sperrkette um die Gipfel der Achttausender wurde 1950 endlich zerbrochen: Die Franzosen Maurice Herzog und Louis Lachenal standen auf der Annapurna, 8091 Meter hoch. Schneeblind, mit furchtbaren Erfrierungen, fürs Leben gezeichnet kehrten sie in die Menschenwelt zurück.

Im selben Jahr fielen die Chinesen in Tibet ein. Damit war die Route der sieben britischen Expeditionen von 1921 bis 1938 blockiert. Doch gleichzeitig ließ zum erstenmal Nepal, Tibets südlicher Nachbar, Expeditionen ins Land – und da die Grenze zwischen beiden Staaten über dem Gipfel des Everest verläuft, konnte 1951 ein englisches Team – das achte – die Route über den Südostgrat erkunden: unten wie im Norden durch gewaltige Eisbrüche, die sich mit Seilen und Leitern zähmen ließen, im Mittelteil weniger steil und auf dem Gipfelgrat wiederum fast ohne Kletterprobleme. Unter den Kundschaftern befand sich der neuseeländische Imker Edmund Hillary.

1952: Eine schweizerische Expedition drängt sich ins englische Jagdrevier. Raymond Lambert und der nepalesische Sherpa Tenzing Norgay stapfen und kriechen, von Böen und Eiskristallen gepeitscht, auf der neuen Route 28 Meter höher als Norton 1924 auf der alten gekommen war; 150 Meter unter dem Südgipfel geben sie auf.

Erleichterung in England, 1953 die neunte Expedition. Der erste Sturmtrupp bringt es zu dem halben Triumph, den Südgipfel zu erklimmen, 8763 m über dem Meer; die letzten 83 Höhenmeter dort hinüber, zum Hauptgipfel, 350 Meter entfernt, schafft er nicht. Immer noch also könnte ein anderer kommen und sich der erste nennen – und feiert die Königin nicht ihren Krönungstag am 2. Juni, sieben Tage später?

Da bricht am 28. Mai der zweite Trupp auf: Hillary und mit ihm Tenzing Norgay, der es bereits zum siebtenmal versucht. In 8500 Meter Höhe biwakieren sie bei minus 27 Grad Celsius. Am nächsten Morgen starten sie um 6.30 Uhr, jeder mit dem 14 Kilo schweren Sauerstoffgerät beladen. Es ist wolkenlos, ideales Wetter. Auf dem Südgipfel angelangt, rund 100 Meter unterhalb des Ziels, „schauten wir mit einigem Interesse auf den jungfräulichen Grat vor uns", schrieb Hillary.

Eine einzige Barriere trennt sie noch von ihrem Ziel: ein zwölf Meter hoher Steilaufschwung – links Felsen, rechts Wächten, Schneewehen, die über dem Abgrund hängen, und dazwischen eine Eisrinne. Hillary kämpft sich, weil so die Steigeisen besser greifen, rückwärts die Rinne hinauf und betet, daß keine der Wächten in die Tiefe donnert. Er wird erhört.

Dann keine Hindernisse mehr, nur will der Grat kein Ende nehmen, „er krümmte sich nach rechts, und wir hatten keine Ahnung, wo der Gipfel war". Dann sehen sie den Grat plötzlich abkippen, schlagen mit dem Pickel noch ein paar Stufen – und stehen auf der Schneekuppe, die der höchste Punkt der Erde ist. Unter den Eiszapfen an Brille und Sauerstoffmaske sieht Hillary des Sherpas breites Grinsen, sie schütteln sich die Hände und umarmen sich. Sie trinken süße Limonade aus der Thermosflasche, Hillary fotografiert und forscht nach Spuren von Mallory.

Da waren also neun britische Expeditionen und eine aus der Schweiz jeweils monatelang dem Everest entgegengekrebst, hatten sich wochenlang durch die Gletscherbrüche emporgeschunden, von tausend Trägern und hundert Tonnen Material flankiert; in sturmzerzausten Zelten hatten die Bergsteiger Tag um Tag gewartet, eine Plage ohnegleichen war ihr Preis, Enttäuschung ihr Lohn; viele humpelten mit amputierten Zehen heim, 13 blieben im Eis. Und dies alles, damit zwei Menschlein eine Viertelstunde lang ganz oben stehen konnten! Es ist, als hätte ein Volk den Turm zu Babel errichtet zu dem einzigen Zweck, eine Viertelstunde lang eine Kerze auf ihm anzuzünden.

Nichts war nun wichtiger, als zu erfahren, ob Hillary oder ob Tenzing als erster dem höchsten Außenfort der Erde aufs Dach gestiegen war. England feierte natürlich, daß ein Bürger des Commonwealth und eine britische Expedition den Sieg errungen hatten – vom Team in chiffriertem Telegramm nach London übermittelt, damit die

Nachricht dort bis zum 2. Juni, dem Krönungstag Elisabeth II., zurückgehalten werden konnte; und dann erschien „The Times“ mit der Schlagzeile „Der krönende Triumph“.

In Nepals Hauptstadt Kathmandu aber wurde Tenzing als Sieger zelebriert, Hillary als „der zweite Mensch auf dem Mount Everest“ vorgestellt und eisig empfangen – obwohl keiner von beiden sich zur Frage der Priorität geäußert hatte. Zwei Meter hintereinander waren sie gegangen, das ist unbestritten, die Höhendifferenz zwischen ihnen betrug also höchstens einen Meter oder ein Neuntausendstel von der Höhe des Mount Everest, der Zeitunterschied drei oder vier Sekunden – als ob es nun darauf angekommen wäre nach 32jähriger Belagerung!

Hillary und Tenzing sahen das auch so und unterschrieben noch in Kathmandu eine eidesstattliche Verpflichtung, niemals mitzuteilen, wer der erste gewesen sei. Tenzing jedoch brach später, in seiner Lebensbeschreibung „Tiger of the Snows“, das Schweigen: Es war Edmund Hillary.

Kehrte nun Ruhe ein auf dem Mount Everest? Im Gegenteil. In den letzten Jahrzehnten ist dem Bergriesen all das widerfahren, was hundert Jahre früher der Montblanc, das Matterhorn, der Großglockner erlebten: die Durchsteigung aller Wände und die Begehung aller Grate, auch im Winter, auch allein – auf der Suche nach einem letzten Stückchen unbetretenen Landes und einem noch nicht aufgestellten Weltrekord.

1960: Zwei Chinesen behaupten, die Spitze zum erstenmal über Tibet erreicht zu haben, über die Nordroute also, auf der Mallory und Irvine verschollen sind. „Umkehren wie die Engländer? Nie!“ heißt es in der Chronik der Chinesen. „Die Partei und ihr Vorsitzender Mao Zedong haben uns grenzenlose Kraft gegeben.“

1975: Als erste Frau ersteigt die 35jährige Japanerin Junko Tabei den Everest.

1978: Reinhold Messner steht auf dem Gipfel. Als vierundsechzigster – aber er hat sich etwas ausgedacht, wie er doch noch in die Schlagzeilen kommt: Als erster ist er ohne künstlichen Sauerstoff ganz oben, gemeinsam mit dem Südtiroler Bergführer Peter Habeler.

Einerseits war das eine wirklich erstaunliche Leistung und die Erfüllung eines alten Traums der englischen Bergsteiger; andererseits zögerte Messner nicht, seine 63 Vorgänger als „Maschinenmenschen“ hinzustellen – und sich den Berg mal eben 2000 Meter höher zu machen, als er für die anderen 63 gewesen war: „Wer zur Flasche greift, degradiert den Mount Everest zu einem Sechstausender.“

Statt der Flasche hatte Messner ein Tonbandgerät mitgeführt, fingerte es aus dem Rucksack und sprach darauf: „Jetzt sind wir am Gipfel des Everest, es ist so kalt, daß wir nicht fotografieren können." Dann schluchzte er nur noch, seinem Buch zufolge: „Ich kann weder reden noch denken, spüre aber, wie mich diese tiefe seelische Erschütterung in ein neues Gleichgewicht wirft ... Der Gipfel als naive, intuitive Antwort auf die Seinsfrage."

Nun wissen wir es also. Und was haben die anderen empfunden dort oben? Der Engländer Jack Longland, der 1933 am Everest 8380 Meter erreichte, schrieb: „In solcher Höhe ist man dümmer als gewöhnlich: Das Gehirn hungert nach Sauerstoff, und so funktionieren weder die Augen vernünftig noch die Ohren noch irgendein anderes Sinnesorgan." Douglas Scott, der den Gipfel 1975 über die Südwestflanke erreichte, schrieb: „Ich stieg ab mit befriedigtem Ehrgeiz und einer leeren Stelle für noble Gedanken und Gefühle." Fast rotzig war einst Hillary mit seinem Triumph umgegangen: „So, den Schuft haben wir erledigt", sprach er, als Tenzing und er das rettende Lager erreichten („Well, we knocked the bastard off").

1979 steht der 100. Mensch auf dem Everest, wieder ein Neuseeländer. Zwei slowenische Bergsteiger erobern den Westgrat und bewältigen dabei im Fels den Schwierigkeitsgrad V, wie in der Eigernordwand, nur in der Achttausender-Region.

Am 2. Oktober 1979 erreicht Hannelore Schmatz als vierte Frau den Gipfel. Als beim Abstieg die Dämmerung einfällt, besteht sie in 8400 Meter Höhe erschöpft auf einem Biwak, ohne Zelt, ohne Schlafsack – obwohl ihre Sherpa sie bedrängen, zum obersten Lager abzusteigen. Am nächsten Morgen ist die Deutsche tot. So sitzt sie sechs Jahre lang im Schnee. Die Haut ist der Leiche vom Gesicht geblasen. An die sechzig Bergsteiger ziehen an ihr vorüber – wer hätte in dieser Höhe die Zeit und die Kraft haben sollen, ihr ein Grab ins Eis zu hacken? Seit 1986 ist die Leiche verschwunden.

1988 setzt sich eine asiatische „Freundschaftsexpedition" aus 254 Nepali, Chinesen und Japanern zum Everest in Marsch. Neun Bergsteiger und ein dreiköpfiges Team des japanischen Fernsehens schaffen es bis nach ganz oben, 280 Millionen Menschen sehen zu. Im selben Jahr springt der französische Bergführer Jean Marc Boivin vom höchsten Punkt der Erde in die Tiefe und fällt wie ein Stein – bis sich der Gleitschirm öffnet und ihn in elf Minuten 2400 Meter hinab zum oberen Rand des Khumbu-Eisbruchs trägt; dort dreht Boivin ein paar Schleifen und landet zwei Meter vor dem wartenden Kamera-Team. 1992 gibt sich der französische Bergführer Pierre Tardivel mit dem 8763 Meter hohen Südgipfel zufrieden, schnallt seine Skier an und fährt in drei Stunden 3200 Meter ab.

Und dann kommt der 10. Mai 1993: An diesem Tag drängeln sich 40 Menschen auf und unter dem Gipfel – die Schneekuppe ist ja nicht größer als ein Billardtisch, und so müssen etliche Bergsteiger an der Hillary-Stufe eine Stunde oder noch länger warten, bis sie sich an den Absteigenden vorbei hinaufzwängen können, mit Unmutsäußerungen in vielen Sprachen. Im selben Jahr geraten zwei russische Bergsteigergruppen in den Verdacht, Sauerstoffflaschen und Spezialstiefel gestohlen zu haben.

Zu dem Massenauftrieb tragen die Touristik-Unternehmen bei, die seit 1991 den Gipfel des Mount Everest als Reiseziel anbieten, mit Bergführern und vielen Trägern, die auch mal zerren und schieben. Noch immer aber scheiterte in den letzten Jahren die Hälfte aller Unternehmungen. Als Faustregel kann gelten: Von drei Menschen, die dem höchsten Punkt der Erde entgegenkeuchen, erreichen zwei ihn nicht, und viele kommen um.

Wie an jenem 10. Mai 1996, der in Jon Krakauers dramatischem Protokoll festgehalten ist. Im Basislager, 5364 Meter über dem Meer, sind 400 Bergsteiger dabei, zu trainieren und sich zu akklimatisieren. Vom Südsattel, 7925 Meter hoch, einer Müllkippe mit tausend leeren Stahlflaschen für den Sauerstoff, brechen um Mitternacht 33 Gipfelstürmer auf. Für die letzten 921 Höhenmeter bis zur höchsten Spitze brauchen die ersten dreizehn Stunden, der letzte sechzehn; 18 von 33 haben vorher aufgegeben.

Von den 15, die es schaffen, erreichen nur vier den Gipfel leidlich frisch: drei Bergführer und ein Tourist; und schon darin spricht sich aus, welche Unsitten sich am Mount Everest ausgebreitet haben. Auf den Montblanc nimmt ein Bergführer nur einen oder zwei Alpinisten mit, und während der gesamten Tour bleiben die zwei oder drei durch ein Seil verbunden. Hier aber betreut der neuseeländische Bergführer Rob Hall mit zwei weiteren Führern und vier Sherpas acht Touristen. 65 000 Dollar (ohne die Anreise) hat jeder bezahlt, und bei weniger Kunden müßte entweder jeder noch tiefer in die Tasche greifen – oder Rob Hall, der Unternehmer, müßte mit weniger Geld zufrieden sein.

Und dazu das Kuriosum, das in den Alpen geradezu als Skandal betrachtet werden würde: Jeder steigt allein, unangeseilt. Technisch ist das auf der Normalroute zum Everest kaum ein Problem – an den wenigen schwierigen Stellen sind fixe Seile angebracht, also eine Art Geländer. Unentbehrlich aber wäre das Anseilen gerade hier als Ausdruck der Gesinnung: Mein Schicksal ist dein Schicksal, wir bleiben zusammen! Statt dessen stapfen die Führer weit voraus, freuen sich zwar, wenn ihre zahlenden Gäste mithalten können, überlassen aber mindestens beim Aufstieg jeden sich selbst.

Es ist ja nett von Rob Hall, dem neuseeländischen Führer, daß er auf dem Gipfel zwei Stunden ausharrt, um auf seinen Kunden Doug Hansen aus dem US-Staat Washington zu warten – einen Postboten, der seit Jahren für den Traum seines Lebens gespart und schließlich mit unzähligen Überstunden 65 000 Dollar zusammengekratzt hat. Nun schindet er sich mit quälender Langsamkeit empor zum höchsten Punkt der Erde. Nur: Das Seil des Führers, sein Zuspruch, sein Hinweis auf günstige Tritte hätten die Marter des Gastes gemindert und den Aufstieg beschleunigt; und überdies hätte der Führer eben nicht so lange warten dürfen, sondern die Tour abbrechen müssen, als der letzte Zeitpunkt für eine sichere Umkehr erreicht war.

So sind sie denn beide erfroren, Doug Hansen und Rob Hall, und der Bergführer Andy Harris dazu, der ihnen im Schneesturm entgegenkletterte, um sie zu retten. Erfroren ebenso Scott Fischer aus Seattle, der Führer der anderen 15köpfigen Gruppe – ein Athlet, dem Alkohol und dem Marihuana zugetan, Gründer und Leiter des Unternehmens „Bergwahnsinn“; auch er, wie Rob Hall, von einem verhängnisvollen dreifachen Ehrgeiz gejagt.

Erstens: Nicht zulassen, daß der andere, der Freund und Konkurrent, es schafft und ich nicht! Zweitens: Einen Erfolg in die Welt melden, sonst bricht das Geschäft zusammen! Und drittens: Nicht ausgerechnet diesmal scheitern, mit einem unbezahlbaren Meinungsmacher in meiner Truppe!

Bei Rob Hall ist es der Journalist Jon Krakauer, der in der Zeitschrift *Outside* über die Tour berichten will; bei Scott Fischer die exzentrische New Yorker Millionärin Sandy Pittman, die ihr Satellitentelefon von einem Sherpa auf den Südsattel schleppen läßt, um anderntags ihren Triumph in alle Welt hinauszujubeln. Derselbe Sherpa zerrt sie buchstäblich gipfelwärts, lallend und taumelnd kommt sie an, er kotzt vor Überanstrengung.

Elf von den fünfzehn, die auf dem Gipfel waren, erreichen am Abend den Südsattel, zu Tode erschöpft und im Schneesturm fast blind. Sie suchen die rettenden Zelte. Aber der Sattel ist ein Plateau, mehr als vier Fußballplätze groß, und mit sechs oder sieben Meter Sicht in dem tobenden Orkan bei einbrechender Nacht finden fünf von den elf die Zelte nicht. Sie kauern sich in den Windschatten eines Felsblocks. Vier werden am Morgen gerettet, eine japanische Managerin ist erfroren.

An jenem 11. Mai 1996 geschieht es auch, daß zwei japanische Bergsteiger, die den Mount Everest von Tibet aus angehen, auf drei Inder stoßen, die erfrierend mit dem Tode ringen. Um den Gipfelsieg nicht zu gefährden, halten die Japaner sich nicht bei ihnen auf. Beim Abstieg lebt von den drei Indern noch einer; die Japaner lassen ihn liegen und eilen zu Tal. „Oberhalb von 8000 Metern“, erklären sie später, „das ist kein Ort, an dem Menschen sich so was leisten können wie Moral.“

So spinnt sie sich fort, die traurige Ballade vom Dach der Welt. An die tausend haben es schon erklettert. Wie besessen quälen sie sich in die Höhe, wie vernagelt stehen sie ein paar Minuten oben, dem Sterben nah wanken sie hinab. Das Non plus ultra des Planeten wollen sie erreichen um fast jeden Preis.

Und die Mallorys, die Hillarys sind weiter unter uns, aber zu erobern haben sie nichts mehr. Vielleicht träumen sie vom Mars. Vorbei die Zeit, als es noch irgendeinen Punkt auf Erden gab, den Coca Cola nicht erreichen kann.

ARMSELIGES DEUTSCHLAND

Zeitreise ins Jahr 1000

Wie sah die Welt im Jahr 1000 aus? Europa wußte nichts von China, nichts von Amerika, nichts von Australien; es kannte keine Kartoffeln, keinen Zucker, keinen Kaffee, keinen Tee. Heidnisch waren die Länder rings um die Ostsee, armselig die Wald- und Sumpfregion, die heute Deutschland heißt – wohlhabend nur der südöstliche Zipfel des Erdteils mit der Weltstadt Konstantinopel und der südwestliche mit Córdoba, der prunkenden zweitgrößten Stadt der islamischen Welt. Deren größte hieß Bagdad, und die gewaltigste Stadt auf Erden überhaupt war Angkor im heutigen Kambodscha, von Gottkönigen regiert. Überwiegend aber war die Erde von Nomaden bevölkert, die noch in der Steinzeit lebten. Wie viele der rund 500 Millionen Menschen, die es damals gab, sahen der Jahrtausendwende aufgeregt entgegen? Nach allem, was wir wissen: nicht einer. Denn die Zeitrechnung, aus der das Jahr mit den drei Nullen folgte, war nur unter den schätzungsweise 30 Millionen Katholiken üblich; den Kalender kannte unter denen allein die winzige Minderheit der Priester, Mönche und Schreiber an den Fürstenhöfen; und die wiederum fürchteten das Jüngste Gericht nicht an einem Datum, sondern immerdar.

Im Jahr 1000 geschah es, daß Kaiser Otto III. in Aachen das Grab Karls des Großen öffnen ließ. Ergriffen kniete er nieder vor dem Leichnam, der dort seit 186 Jahren saß mit der Krone auf dem Schädel und dem Zepter in der knöchernen Hand, und dann brach er dem Skelett einen Zahn aus, um ihn bei sich zu tragen bis in den Tod. Kaum zwei Jahre später wurde Otto, 21 Jahre alt, neben Karl begraben.

Düster war die Epoche, in die sein kurzes Leben fiel; zu den schlimmsten des Mittelalters zählte sie nicht. Die blutigen Raubzüge der Wikinger und der Magyaren waren überstanden, und noch nicht begonnen hatten die drei großen Plagen danach: nicht die Inquisition, die sich vom 13. Jahrhundert an lähmend auf die Christen legte und Millionen sogenannter Ketzer dem Scheiterhaufen übergab; nicht der

Hexenwahn, dem vom 15. bis ins 18. Jahrhundert Hunderttausende argloser Frauen zum Opfer fielen; und nicht die Pest: Obwohl ein Todfeind der Menschheit seit langem, schlug sie erst im 14. Jahrhundert zu mit aller mörderischen Macht und brachte mehr als ein Drittel der Europäer um.

Es war die Armseligkeit, die das katholische Europa ums Jahr 1000 zudeckte wie ein kalter Nebel. In Asien spielte die Musik, in Bagdad, Angkor, Kyoto und Hangzhou. Europa lag ganz am Rande auf der Scheibe, als die die Erde galt, zivilisiert nur im Südwesten, wo die arabischen Kalifen, und im Südosten, wo die Kaiser von Byzanz regierten; sonst Dritte Welt.

Das Volk wohnte in verräucherten Katen, seine Herren in kalten, engen Gemäuern. Düster und zugig hausten sie alle, mit Fensterluken, die durch hölzerne Läden oder Schieber verschlossen werden konnten oder einen festen Einsatz hatten aus Tierhaut, geölter Leinwand oder Weidengeflecht; Glasfenster begannen sich erst im 12. Jahrhundert zu verbreiten, und auch dann jahrhundertelang nur in den Häusern der Reichen.

Europa kannte keinen Kaffee, der drang erst im 17. Jahrhundert aus dem Orient vor; keinen Tee, der kam um dieselbe Zeit aus China; keinen Tabak, den brachten die spanischen Konquistadoren im 16. Jahrhundert aus Amerika, zusammen mit Kartoffeln, Tomaten und der Syphilis. Zucker gab's nur in Venedig, arabische Kaufleute boten ihn als Stärkungsmittel an. In Deutschland süßten die Reichen mit Honig, die Armen mit nichts.

In ganz Amerika wiederum kannten die Menschen kein Pferd, kein Rad und kein Eisen, ebenso in Australien und auf allen Inseln der Südsee, und sie wußten auch nichts von den Kontinenten, auf denen es dergleichen gab – so wenig, wie Europäer und Asiaten ahnten, daß Amerika und Australien existieren. Im tiefen Süden, an Afrikas unbekannten Küsten, kochte ganz gewiß das Meer.

Waren denn aber nicht schon die Wikinger in Amerika gelandet, Leif Eriksson mit seinen Mannen, eben um das Jahr 1000 herum? Ja, im Wege des Inselhüpfens, Island, Grönland, Baffinland, Neufundland, Neuschottland, dabei nirgends weiter als 400 Kilometer über offenes Meer – auf einer viel günstigeren Route also, als Kolumbus sie ein halbes Jahrtausend später wählte.

Bis in die Gegend des heutigen Boston, vielleicht sogar bis New York müssen die Wikinger gekommen sein, wilden Wein und Weizen fanden sie vor und brachten Proben davon zu ihren Heimatsiedlungen an Grönlands Südwestküste; sie blieben zwei oder drei Jahrhunderte lang. Nie aber kam den Nordmännern in den Sinn, daß sie etwas anderes entdeckt hätten als ein fruchtbares Stück Land. Sie hatten keinen Ehrgeiz, Wissen über die Erde zu erwerben – es zählte nur, was Kaufleute, Seefahrer, Piraten brauchten, um ihre Berufe auszuüben; und ihre bescheidene Weltkenntnis behielten sie für sich.

In noch geringerem Ansehen als die Erdkunde stand die Naturerkenntnis: „Das Studium der Weltgesetze" zu betreiben wurde noch 1163 beim Konzil von Tours allen Geistlichen ausdrücklich verboten, bei Strafe der Exkommunikation. Warum sollten Menschen nach dem Popanz von „Naturgesetzen" fahnden, wenn es doch in Gottes Macht stand, sie beliebig zu verändern?

Papier war in Europa praktisch unbekannt, die meisten konnten ohnehin nicht schreiben. Bücher standen nur in den Klöstern, Domkapiteln und weltlichen Adelssitzen, die Texte von emsigen Mönchen Wort für Wort, Buch um Buch auf Pergament gemalt. Allein in den Klöstern wurde auch die Zeit gemessen, mit Sonnen- und Wasseruhren, damit die Stundengebete pünktlich eingehalten werden konnten. Und nur Mönche, Priester und die Schreiber an den Fürstenhöfen kannten den Kalender; das Volk erfuhr von den Kanzeln früh genug, welchen Heiligen es wann zu feiern hatte. Das neue Jahr begann am Weihnachtstag oder kurz vor Ostern, und das wievielte es war „seit der Menschwerdung des Herrn" (so sprach man damals), das interessierte die Leute kaum.

Die kleine Schar der Lese- und Kalenderkundigen – sah wenigstens sie der ersten Jahrtausendwende mit Angst entgegen oder doch mit jener Erregung, die uns beim Gedanken an die zweite packt? Hieß es nicht in der Offenbarung des Johannes (20, 7): „Und wenn tausend Jahr vollendet sind, wird der Satanas los werden aus seinem Gefängnis und wird ausgehen zu verführen die Heiden an den vier Enden der Erde"?

„Tausend Jahr"! Die Zahl, schon innerhalb der kleinen Minderheit der katholischen Christen den meisten unbekannt, war für die große Mehrheit der Erdbewohner völlig unerheblich, auch für schriftkundige Katholiken deutungsbedürftig und obendrein objektiv falsch.

Der römische Abt Dionysius, genannt Exiguus (der Kleine, der Geringe) hatte im Jahr 525 im Auftrag des Papstes das Jahr berechnet, in dem Jesus geboren wurde, und setzte es 532 als Jahr 1 in den bis dahin gültigen römischen Kalender ein, der von der legendären Gründung Roms ausging. Nur hat sich Dionysius dabei, wie wir heute wissen, um wahrscheinlich sechs Jahre verrechnet: Christus wurde höchstwahrscheinlich im Jahre 6 „vor Christus“ geboren, und wer die christliche Zeitrechnung mit der historischen Wahrheit versöhnen wollte, hätte das Ende unseres Jahrtausends bereits 1994 feiern müssen.

Doch die Fehlberechnung setzte sich durch, wenn auch langsam, und im christlichen Norden Spaniens hielt sich eine regionale Zeitrechnung bis ins 14. Jahrhundert. Selbst im katholischen Teil Europas herrschte also keine Einigkeit darüber, in welchem Jahr man lebte.

Für das islamische Europa – Sizilien, Sardinien, Korsika und die südlichen drei Viertel Spaniens und Portugals, Mallorca inklusive – lag das Jahr 1 im Jahr 622 des katholischen Kalenders: dem Jahr nämlich, in dem Mohammed vor seinen Häschern von Mekka nach Medina floh. Das oströmische Europa mit der Hauptstadt Konstantinopel, also Griechenland, Zypern, Kreta, vom italienischen Stiefel der Absatz und die Spitze (Apulien und Kalabrien) und dazu die heutige Türkei, sah sich im Jahr 6509; was 5509 v. Chr. eigentlich stattgefunden haben sollte, verliert sich im Dunkel. Und an diese Ära hielt sich die gesamte orthodoxe Christenheit, in Rußland bis 1700.

Die Juden lebten nach ihrem Kalender anno 1312, für die meisten Buddhisten brach das Jahr 1544 an. Es wäre also schon kurios gewesen, wenn der liebe Gott eigens für den katholischen Sprengel der Erde – für etwa 30 Millionen Katholiken unter schätzungsweise 500 Millionen Menschen – eine Art Weltuntergang inszeniert hätte, um die Jahrtausendwende zu markieren.

Und nicht einmal die tausend Jahre in der Offenbarung des Johannes mußten fromme Katholiken wörtlich nehmen. Hatte nicht der Kirchenvater Augustinus 600 Jahre zuvor gelehrt, die Bibelstelle meine lediglich „die Fülle der Zeit“? So befand sich Otto III. völlig auf der Höhe der Theologie, als er in einer Urkunde vom Mai 1000 das Ende der Welt und den Tag des Jüngsten Gerichts als „noch weit entfernt“ bezeichnete.

Wir sind es, fasziniert von dem Anblick dreier Nullen, die es nicht wahrhaben mögen, daß damals, vor 999 Jahren, ein Jahrtausendgefühl einfach nicht herrschen wollte. Das Jüngste Gericht stand allen Christen ständig vor Augen, jederzeit konnte es über sie hereinbrechen; mit einem Datum verbunden war es nicht. „Der Tag des Herrn wird kommen wie ein Dieb in der Nacht“, hatte Paulus an die Thessalonicher geschrieben.

Den Alltag unserer Ahnen fraßen andere Sorgen auf. Die meisten lebten im Elend, von Arbeit gekrümmt, von Krankheit gezeichnet und fast ohne Rechte. Die Bauern nämlich – und das hieß: wohl 80

Prozent jener etwa vier Millionen Menschen, die im sächsisch-fränkischen Reich zwischen Wäldern und Sümpfen wohnten. „Deutsche" nannten sie sich zwar schon (genauer: theodisk, diutisc); der Name „Deutschland" aber kam erst im 12. Jahrhundert auf.

Die Bauern hausten in Hütten aus Lehm oder „aus Kot und Holz"; und wenn sie noch um 1500 „gar ein schlecht und niederträchtig Leben" führten (wie ein Professor in Heidelberg es damals aufgeschrieben hat), so wird es ihnen im Jahr 1000 nicht besser gegangen sein. Der Fußboden aus gestampftem Lehm, aus Lehm gemauert der Herd, eine Rauchlücke im Strohdach darüber. Der Herd war zugleich die Heizung und abends die einzige Lichtquelle; Kerzen galten schon als Luxus. Die Nacht war lang, finster und von Gespenstern bevölkert.

Die Hütte enthielt meist nichts als eine Wohnschlafküche, zwei Meter hoch, niemals hell und immer schlecht belüftet; als Möbel ein Bett, manchmal zwei, manchmal keines – man konnte auch auf den Bänken schlafen. Dazu ein Tisch und eine Truhe oder Kiste. In diesem Raum wurde gegessen und geschlafen, geschnarcht und gezeugt, geboren und gestorben.

Sechs bis zehn Kinder zur Welt zu bringen war normal; meist, aber nicht immer, kam die Hebamme. Im Durchschnitt starb mehr als die Hälfte der Kinder in den ersten Lebensjahren, manchmal aber starben auch zehn von zwölfen. (Noch im 18. Jahrhundert überlebten von Mozarts sechs Geschwistern fünf die Kindheit nicht.)

Das Steckenpferd, auf dem die Kinder ritten, war wirklich nur ein Stock. Lesen lernten sie nicht, mit fünf oder sechs Jahren mußten sie auf dem Acker helfen, mit zwölf wurden sie als Erwachsene behandelt. Kein Bauer stellte sich Fragen wie die, ob Kinder eigene Rechte oder Bedürfnisse hätten.

Die Frau war dem Manne untertan, sie galt sogar als minderwertig, schließlich hatte ihre Urmutter den Sündenfall verschuldet; der Bauer behandelt sie rüde und oft brutal. „Du sollst sie niemals an den Haaren ziehen und sie nicht schlagen, auch wenn es dir schwerfällt": So ermahnte der Franziskaner-Prediger Berthold von Regensburg die Bauern im 13. Jahrhundert. Allein die Frau des Adligen erhob Anspruch auf menschenwürdige Behandlung – nur daß sie in ihrer Eigenschaft als Ehefrau nach kirchlichem Maßstab weit unter jeder Jungfrau stand.

Die Bauern aßen Hafer- oder Gerstenbrei, Brot, Erbsen, Linsen, Bohnen, auch Gurken und Rüben. Fleisch gab es allenfalls an Feiertagen – bedenkt man, daß Heinrich IV. von Frankreich noch um 1600 seinen Untertanen „jeden Sonntag ein Huhn im Topf" als Ideal versprach. Jagen durften sie nicht, das war das Privileg der Herren; ein paar Tollkühne wilderten mit Fallen und mit Schlingen. Sie aßen mit Holzlöffeln oder mit den Fingern. Das Getränk der Bauern war Wasser, im Süden zuweilen Apfelmost, an Feiertagen Bier.

Von drei Äckern mußte einer immer ein Jahr lang brachliegen, um sich zu erholen; auf den beiden anderen wurde abwechselnd Getreide oder Kohl und Hülsenfrüchte angebaut. Dünger war knapp: Die Bauern hielten vor allem Schweine und Ziegen, die sich im Wald ernährten. Sie vergeudeten also kein wertvolles Ackerland, lieferten aber auch keinen Kot. Der Mist von Pferden, Kühen, Enten, Hühnern wurde sorgsam gesammelt.

Die Pflüge, meist noch mit Kufen statt der Räder, rissen die Erde nicht tief genug auf; hin und wieder mußte der gesamte Acker in qualvoller Arbeit mit dem Spaten umgegraben werden. Die Egge war noch nicht verbreitet, so daß die Bauern nach dem Pflügen die Erdschollen von Hand zerkleinerten.

Von der kargen Ernte wie auch von den Kostbarkeiten Fleisch, Milch, Eier war der zehnte Teil an den Grundherrn abzuführen, mit Sonderleistungen zu Ostern und anderen Feiertagen. Die Bauern waren Hörige, der Gutsbesitzer eine Art Vormund: Er hatte sie zu schützen, aber verlassen durften sie ihn nicht, heiraten nur mit seiner Erlaubnis und gegen zusätzliche Abgaben, und beim Tod des Bauern zog der Herr den Hof wieder ein.

Erträglich wurde das Leben am ehesten durch die Völlerei und die Besäufnis, die den Alltag auch der Ärmsten hin und wieder überstrahlten. An hohen Feiertagen, bei Hochzeiten, beim Schlachtfest im Herbst stürzten sich die ewig Kurzgehaltenen auf den jähen Überfluß mit einer Gier, für die uns der Begriff fehlt. Sie schlangen und soffen in sich hinein, was irgend erreichbar war, sie johlten, torkelten, erbrachen sich, und mancher überfraß sich bis in den Tod.

So lief das Leben, anders kannten sie es nicht. War die Erde nicht ein Jammertal? (Psalm 84). Hatte Jesus nicht gesprochen: „Weh euch, die ihr hier lachet! Denn ihr werdet weinen und heulen"? (Lukas 6, 25). Gott hatte die Welt ein für allemal geordnet, Auflehnung gab es nicht, offenbar nicht einmal Neid. Alle Hoffnung richtete sich auf das wahre, das ewige Leben, beginnend mit dem Tag der Wiederkehr Christi beim Jüngsten Gericht.

Die Grundherren, auf die der Neid sich vor allem hätte richten können, waren die Adligen: die Gefolgsleute der Könige und Kaiser. Im 8. Jahrhundert hatte sich im Frankenreich die Sitte herausgebildet, daß der König seine Vasallen mit Grund und Boden „belehnte" (ihnen juristisch also Land nur lieh), wofür sie ihm Treue und Kriegsdienst schuldeten. Erfüllten sie diese Pflicht, so waren sie praktisch die Eigentümer, von Zöllen und Abgaben befreit.

Viele Adlige waren Großgrundbesitzer geworden und konnten den Aufwand für Schlachtroß, Rüstung, Waffen, Knappen und Knechte selbst finanzieren, und dazu schritt auch noch die landwirtschaftliche Durchdringung des Reiches voran. Es war ein Heer aus solchen Rittern, das 955 auf dem Lechfeld bei Augsburg den ungarischen Reitern, die seit Jahrzehnten Mitteleuropa heimgesucht hatten, die entscheidende Niederlage beibrachte.

Bald aber machte sich ein Mißbrauch der Privilegien breit. Mehr und mehr dieser adligen Herren benutzten ihre Macht zum Privatkrieg gegen ihresgleichen. Kurz vor dem Jahr 1000 begann die Kirche mit dem Versuch, gegen diesen blutigen Übermut den Gottesfrieden durchzusetzen: Wenigstens an Sonn- und Feiertagen sollten die Waffen ruhen, mindestens Klöster, Mönche und Geistliche verschont bleiben.

Die Wohnstatt der Adligen war die Burg. Der Grundherr suchte sich einen Hügel oder einen sonst schwer zugänglichen Platz, um auf ihm Wohn- und Wirtschaftsgebäude zu errichten, die zunächst von Palisaden, später von einer dicken Mauer umgeben wurden – eine kleine Festung also. Dabei galt der Grundsatz „Sicherheit geht vor Behaglichkeit", und das hieß: drangvolle Enge.

Mit den imposanten Burgen, die wir kennen (wie der Wartburg, erbaut von 1080 an, oder der Burg Rheinfels über St. Goar, von 1245 an errichtet), hatten solche Gemäuer wenig gemein; in einer erhaltenen Burgruine umschließt die Mauer ein Geviert von ganzen 50 Quadratmetern, der Fläche einer Zwei-Zimmer-Wohnung von heute, wenn auch mehrfach übereinander in einem turmähnlichen Bau.

Zu essen gab es reichlich, wofür hatte man schließlich die Bauern! Getrunken wurde neben Wasser Wein und Bier, und mehrere Räume enthielt auch die kleinste Burg. Aber man lebte feucht, finster und eintönig. Die Frauen spannen, strickten und stickten; ein Kaplan besorgte den geistlichen Beistand; Besucher waren selten, Bücher ebenso. Manchmal ein heißes Bad im Bottich, die Exkremente fielen über die Burgmauer hinab. Als Abwechslung ein bißchen Fehde, man kann es fast verstehen, und auch die Kreuzzüge, die 1096 begannen, entsprangen nicht zuletzt ritterlicher Langeweile.

Größer und prächtiger ragten die Hofburgen auf, die Fürstensitze, eine der bekanntesten die Quedlinburg am Fuß des Harzes. Sie gehörte zu den Pfalzen – jener merkwürdigen Institution, die aus den Nöten der Zeit geboren war.

Die deutschen Könige und Kaiser regierten im Reisen. Wenn sie sich nicht im Krieg befanden oder in Rom, zogen sie von Pfalz zu Pfalz, verweilten ein paar Tage oder Wochen und setzten sich in Marsch zur nächsten. Eine geräumige Anlage fanden sie vor mit Wohn- und Vorratsgebäuden und einer Kapelle, dazu einen Gutshof und die Katen von Bauern und Handwerkern.

Und warum blieben sie nicht? Vor allem aus zwei Gründen: Schreiber, Höflinge, Geistliche, Knappen, Knechte und dazu die Pferde fielen über die Pfalz her wie ein Heuschreckenschwarm und hatten sie bald leergegessen; nach ihrem Abzug brauchte der Gutshof eine lange Pause. Eine Masse Mensch nachhaltig zu verpflegen, war mehr, als die Wirtschaftsformen und die Verkehrswege im armseligen Deutschland zuließen.

Der andere Grund lag darin, daß der Kaiser Präsenz an unterschiedlichen Orten zeigen mußte, wenn er ein Reich beherrschen wollte, das größer war als heute Sibirien – gemessen an der Zeit, die es dauerte, Menschen, Waren, Informationen von einer Grenze zur anderen zu bringen. Die einst perfekten Römerstraßen im Südwesten Germaniens waren verfallen, im größeren Teil des Ostfränkischen Reichs gab es nur Feldwege und in den zahlreichen und ausgedehnten Mooren Knüppeldämme. Da schaffte ein Reiter selten mehr als 60 Kilometer am Tag, ein Ochsenkarren und damit der Hofstaat kaum 20 Kilometer.

Alle zwei, drei Jahre also tauchte der Kaiser auf in Mainz, Worms oder Speyer, in Frankfurt oder Köln, den alten Römerstädten, die nun Pfalzen waren, oder auf der Magdeburg und der Quedlinburg, Neugründungen seit Karl dem Großen: Da konnte er Gerichtstag halten, die Adligen der Region empfangen und ein Zeichen setzen, wer Herr im Lande ist.

Wenn der Kaiser weiterzog, blieben oft ein paar Schreiber und Bewaffnete zurück, auch Kaufleute und Handwerker ließen sich auf Dauer nieder, Klöster wurden in der Nähe gegründet oder in die Pfalz einbezogen; und so entstand allmählich eine Reihe von Ansiedlungen, die man – bei selten mehr als 500 Bewohnern – als „Stadt" bezeichnete, zumal wenn der Kaiser ihr das Marktrecht verlieh; um 1000 waren es an die hundert in Deutschland.

Die alten Römerstädte aber blieben noch lange die größten nördlich der Alpen, Regensburg voran: am Schnittpunkt uralter Handelswege und einem Donau-Übergang gelegen, von den Römern zur Grenzfestung am Limes erhoben, dem Wall gegen die Germanen. Bonifatius gründete 739 das Bistum Regensburg, die Herzöge von Baiern ließen die Stadt ummauern und bevorzugten sie als Residenz. Auf höchstens 20000 Einwohner wird Deutschlands größte Stadt im Jahr 1000 geschätzt (Trier hatte es in spätrömischer Zeit auf 50000 gebracht).

Berlin, Dresden, Düsseldorf existierten noch nicht, München war nur ein Kloster, Hamburg ein Handels- und Fischerstädtchen, von Wikingern und Wenden mehrfach zerstört und noch im Schatten von Haithabu. So hieß die große dänische Handelsniederlassung in der Nähe des heutigen Schleswig an der Schlei.

Haithabu, Bollwerk und Stapelplatz, war noch weniger „Stadt“ als Deutschlands Städtchen. Uns Heutigen wären die meisten eher wie Dörfer oder Marktflecken vorgekommen. Schmutzige Gassen mit Schweinegegrunze und Pferdemist, kaum passierbar bei Regen, völlig finster bei Nacht. Noch 1573 mußte der Stadtmedikus von Frankfurt eigens verlangen, daß der Magistrat endlich ein Verbot erlassen sollte, Urin auf die Straße zu schütten.

Steinhäuser waren die Ausnahme; der Backstein, der Antike wohlvertraut, begann sich nördlich der Alpen erst im 12. Jahrhundert auszubreiten. Selbst die Kirchen waren meist aus Holz. Der romanische Baustil, mit dem die Gotteshäuser ins Gewaltige wuchsen, lag noch in den Anfängen (1030: Baubeginn am Dom zu Speyer), und die Gotik mit ihren himmelstürmenden Türmen begann erst im 12. Jahrhundert ihren Siegeszug (1160: Südturm der Kathedrale von Chartres vollendet, 105 Meter hoch).

In Köln stand seit dem 9. Jahrhundert der gedrungene Alte Dom, in Magdeburg seit dem 10. Jahrhundert die Domkirche, in Essen – einem Frauenstift seit 852 – die wuchtige Münsterkirche. Aachen schmückte sich mit der achteckigen Kaiserkapelle Karls des Großen, die mit 31 Meter Höhe schon einer der höchsten Bauten nördlich der Alpen war.

Rom, die einstige Millionenstadt, geplündert von Goten, Wandalen, Sarazenen und schließlich den Römern selbst, hatte nicht viel mehr Einwohner als Regensburg – aber sie hausten inmitten des großartigsten Trümmerfelds, das es je gegeben hat. Auf den Straßen, auf dem Schutt lagen zerbrochene, verstümmelte Statuen und Marmorsäulen, in den kolossalen Ruinen der Kaiserpaläste stand hier noch ein halber Portikus, dort wehte eine herabhängende Goldtapete im Wind, auf den Terrassen weideten die Schafe.

Christliche Kirchen waren aus antiken Monumenten errichtet worden, auch die Basilika St. Peter, die Repräsentationskirche des

Papstes, turmlos, verwinkelt und bar jeder Pracht. Klöster hatten sich mit Barrikaden aus Statuen umgeben. In den Gewölben eingestürzter Tempel und Thermen wurde gehämmert, gesponnen, gewebt und gewohnt. Kohl und Wein wuchs zwischen den Trümmern. Am Kolosseum flatterte die Wäsche.

Nicht Rom war die größte Stadt im katholischen Europa – sie hieß Venedig. Das alte Volk der Veneter war 452 n. Chr. vor den herangaloppierenden Horden des Hunnenfürsten Attila auf eine Gruppe von 118 Inselchen geflüchtet, die wenige Kilometer vom Festland entfernt in einer Lagune liegen, damals nur von ein paar Fischern bewohnt. Die meisten Flüchtlinge kehrten aufs Festland zurück, kaum daß der Sturm vorüber war, aber als 568 die germanischen Langobarden in Italien einfielen, zogen die Veneter die Inseln als Dauerwohnsitz vor.

Für Seefahrt und Handel erwies sich das als vorteilhaft, dazu kam die strategische Lage zwischen Rom und Konstantinopel, zwischen Islam und christlichem Abendland. Im 9. Jahrhundert machte der Doge (der Herzog, der Inhaber der Staatsgewalt) die Insel Rialto zum Regierungssitz. 976 begann die Stadt, schon reich geworden, mit dem Bau der Markuskirche, und im Jahr 1000 griff sie über die Adria: Der Doge Pietro Orseolo II. eroberte Curzola, die Hochburg der dalmatinischen Piraten, die den venezianischen Handel empfindlich gestört hatten – Beginn eines halben Jahrtausends der Macht und der Pracht wie in Europa an keinem anderen Ort.

Die bei weitem reichsten Städte des Erdteils aber lagen außerhalb der katholischen Welt: das griechisch-orthodoxe Konstantinopel am Bosporus und die bunten, von Minaretten überragten Zentren des Islams – auf Sizilien Palermo, in Spanien Sevilla und über allen Córdoba, Sitz eines Kalifen, Zentrum der Künste und der Wissenschaften, zweitgrößte Stadt der islamischen Welt, „Mekka des Westens" genannt oder „Stadt der Wunder" mit ihren Palästen und Moscheen.

711 hatten die Sarazenen den Westgoten Córdoba entrissen. Sogleich stellten sie die alte Römerbrücke über den Guadalquivir mit ihren 16 imposanten steinernen Bögen wieder her, und 756 machten sie Córdoba zur Hauptstadt des gleichnamigen Kalifats. Vom 8. Jahrhundert bis ums Jahr 1000 herum, zur Zeit der höchsten Blüte, bauten sie die Mezquita, damals nächst der in Mekka die größte aller Moscheen: ein Rechteck von 180 mal 130 Metern, drei Fußballplätze groß, das Dach getragen von 850 Säulen aus Marmor, Porphyr und Jaspis, aus römischen Tempelruinen zusammengeklaubt. Die

Straßen von Córdoba waren gepflastert, abends wurden sie mit Öllampen erleuchtet. Welche Üppigkeit, verglichen mit den Kuhdörfern Germaniens!

An Größe und Reichtum übertroffen wurde Córdoba in Europa nur von Konstantinopel, zwei Kilometer von Asien am anderen Ufer des Bosporus entfernt, Hauptstadt des Oströmischen Reiches, das das westliche Rom um fast 1000 Jahre überlebte. Kaiser Konstantin hatte die alte griechische Festung Byzanz im Jahr 330 zur Hauptstadt ausgerufen, sie ausgebaut und mit verschwenderischer Pracht ausgestattet. Paläste aus Marmor und Bronze, Triumphbögen, Springbrunnen und Arkaden entstanden in rasender Hast.

Und voll sollte es werden, das neue Zentrum der Welt! Konstantin lockte mit der automatischen Verleihung des Bürgerrechts und kostenlosem Brot wie in Rom, und so zog er neben Handwerkern und Kaufleuten auch viel arbeitsscheues Gesindel an. Im Jahr 532 riß die Armee der Nichtstuer für ein paar Wochen sengend, mordend und plündernd die Herrschaft an sich und legte die halbe Stadt in Asche.

Als Kaiser Justinian des Aufruhrs Herr geworden war, ließ er das größte Gotteshaus erbauen, das Europa je gesehen hatte: die Hagia Sophia mit ihrer gewaltigen Kuppel, 33 Meter im Durchmesser, im Scheitelpunkt 56 Meter über dem Boden und damit der höchste Innenraum der Erde, bis im 15. Jahrhundert der Dom von Florenz ihn übertraf.

Nach außen behauptete die Metropole sich eindrucksvoll: An ihren Mauern zerschellten mehr Angriffe, als vermutlich eine andere Stadt je auf sich gezogen hat – von Ostgoten, Hunnen und Awaren, von Persern, Syrern, Bulgaren und Warägern. Innen aber hatte schon im 6. Jahrhundert der Niedergang begonnen: Auf die Rebellion der Arbeitsscheuen folgten ein Erdbeben und die Pest, und von einst schätzungsweise 600 000 Einwohnern war ums Jahr 1000 vielleicht noch die Hälfte geblieben.

Doch Konstantinopel blieb ein Magnet für Abenteurer und Vergnügungssüchtige, für italienische und arabische Händler und Kunsthandwerker, für Söldner aus Skandinavien und dem Kaukasus – Hauptstadt eines immer noch mächtigen Reiches, immer noch Weltstadt mit Europas buntestem Völkergemisch und größter Handelsplatz auf Erden, bis Venedig ihm den Rang ablief.

Konstantinopel hatte sich besser gehalten als die andere griechische Weltstadt – Alexandria am Ausgang des Nil-Deltas; auch sie heimgesucht von Bürgerkrieg und Pest, vor allem aber dramatisch zurückgeworfen durch den 969 vollzogenen Beschluß der islamischen Dynastie der Fatimiden, das nahe Städtchen Kairo zur Hauptstadt ihres Reiches auszubauen und sogleich gewaltige Moscheen zu errichten, wie die Azhar-Moschee, die, im Lauf der Jahrhunderte vielfältig erweitert, bis heute eine Hochburg des Islams ist.

Das Zentrum der arabisch-islamischen Welt aber war um das Jahr 1000 nicht Kairo und nicht Córdoba, sondern Bagdad am Tigris, im Schnittpunkt der Karawanenstraßen aus Persien, Kleinasien, Ägypten und der arabischen Halbinsel, im 8. Jahrhundert von der Dynastie der Abbasiden zu einem Heerlager und einer goldstrotzenden Metropole ausgebaut und im 9. Jahrhundert vermutlich die größte Stadt auf Erden (dann von Angkor überholt).

Die Reichen lebten in einem Luxus, von dem deutsche Burgherren nicht einmal träumen konnten, mit blühenden Gärten, ausladenden Bäumen und Springbrunnen in den Innenhöfen ihrer Häuser wie einst in den Villen von Pompeji. 30 Hektar maß der Obstgarten des Kalifen, auch Paradeplätze und schattige Friedhöfe wurden von der Stadtmauer umschlossen, dazu 1500 öffentliche Bäder. Berühmt war Bagdad überdies für seine Seiden- und Baumwollmanufakturen und seine prächtigen Basare, vor allem den Blumen- und den Vogelmarkt.

Die Märchen aus Tausendundeiner Nacht erzählen von der ärmlichen, aber gottergebenen Existenz der Lastträger, Schuhflicker oder Seildreher von Bagdad, deren Traum es ist, sich einmal in der Woche „Nudeln mit Honig" zu leisten. Märchenhaft ist nur die Handlung – die Lebensumstände sind vermutlich realistisch geschildert: Die ursprünglich indische Geschichtensammlung wurde vom 9. Jahrhundert an übersetzt, erweitert und arabischen Sitten anverwandelt.

Ein Mädchen wird im Märchen gerühmt, wenn es „schön ist wie der volle Mond", und was als Reichtum galt, läßt Sindbad uns wissen, als er, mit Schätzen beladen, von der ersten seiner Fahrten heimkehrt nach Bagdad, „dem Hort des Friedens": Er schaffte sich „Eunuchen, Diener und Mamelucken, Odalisken und schwarze Sklaven an". (Mamelucken waren bewaffnete Leibwächter, Odalisken hellhäutige Haremssklavinnen, vorwiegend aus dem Kaukasus, im Unterschied zu den schwarzen Damen, die Sindbad auch nicht verschmähte.)

Warum aber ist es der König von Samarkand, dem Scheherazade ihre 1001 Geschichten erzählt, um ihren Kopf zu retten, da der Monarch doch seine anderen Ehefrauen am Morgen nach der Hochzeitsnacht allesamt umzubringen pflegte? Weil Samarkand eine weitere Perle unter den islamischen Städten war, wohlhabende Handelsstadt im heutigen Usbekistan, noch ein Zentrum der Künste und der Wissenschaften. Ja, in Asien pulsierte das Leben, zu einer Zeit, da in der fernen katholischen Provinz die Mönche nach ihrer anfechtbaren Zählung den Anbruch des Jahres 1000 registrierten; in allen Weltstädten hätte man sie dafür ausgelacht.

Noch grandioser als die Metropolen der islamischen waren die der buddhistischen Welt: über allen Angkor, Kyoto und Hangzhou.

Angkor wurde im 9. Jahrhundert als Hauptstadt des Königreichs der Khmer im heutigen Kambodscha gegründet, gut 200 Kilometer vom Indischen Ozean entfernt unweit der Karawanenstraße zwischen Indien und China, die schon damals die volkreichsten Länder der Erde waren. Mit Zehntausenden von Sklaven und Tausenden von Arbeitselefanten stampften die Gottkönige ihre Residenz aus dem Boden – eine Stadt der Tempel und Paläste auf den Trockenflächen und der hölzernen Pfahlbauten am riesigen Netz der Kanäle.

Am Wasser hing alles Leben. Der nahe Tonle Sap, in der Trockenzeit ein See mit etwa 2500 Quadratkilometern so groß wie das Saarland, vervierfachte seine Fläche in der Regenzeit, von April bis Oktober; also kam alles darauf an, ihn einerseits durch Deiche zu zähmen und andererseits das Wasser in Stauseen zurückzuhalten, um es in der Trockenzeit durch ein labyrinthisches Kanalsystem auf die Reisfelder zu verteilen.

Drei Reisernten pro Jahr – und unter dem Diktat des Gottkönigs eine hochgezüchtete Organisation mit zentralgesteuerten Terminen für die Landwirtschaft: So ließen sich, während in Deutschland der Troß des Königs reihum die Pfalzen leerfraß, mehr Menschen auf engem Raum ernähren als je zuvor in der Geschichte – ums Jahr 1000 vermutlich schon eine Million und im 12. Jahrhundert anderthalb.

Jeder Gottkönig baute sich einen Tempel: Der wurde nach seinem Tod sein Mausoleum, so daß sein Nachfolger den nächsten errichten mußte, meist mit dem Ehrgeiz, seine Vorgänger zu übertrumpfen. So wurde Angkor zur größten Tempelstadt der Welt.

Jayavarman V., der von 968 bis 1001 regierte, umgab die Tempelanlage mit einer Mauer aus Laterit, der ziegelroten steinharten Tonerde der Tropen, und baute zwei Tempel, deren Ruinen erhalten sind: den Takeo, pyramidenförmig, mit Galerien versehen, von drei Türmen überragt, und den Banteay Srei, reich an Ornamenten und Skulpturen von Löwen, Affen, Vögeln, Tänzerinnen und Dämonen.

Die Geschichte der Gottkönige – der Herren über Opfer, Gebete, Prozessionen, über alles Wasser, alles Land – wird in vielen Tempelinschriften erzählt; über den Alltag in der Millionenstadt wissen wir wenig: über die Tausende von Mönchen, Tausende von Tänzerinnen,

Hunderttausende von Bauern und Handwerkern und die Armee der Sklaven. Immerhin sprechen die Tempelfriese von erstaunlichen Rechten der Frauen: Sie bekleideten hohe Positionen im Beamtenapparat, und der Erbgang folgte oft der weiblichen Linie. Im 13. Jahrhundert berichtete ein chinesischer Besucher, die Frauen von Angkor gingen alle paar Tage in Gruppen zum Fluß, um (zu seinem Erstaunen) nackt zu baden.

Im 15. Jahrhundert wurde die Stadt von Thai-Völkern geplündert und von den überlebenden Bewohnern aufgegeben. Der Dschungel holte sie sich wieder: Würgfeigen umschlangen die Skulpturen, die Wurzeln der Kapokbäume sprengten die Tempelmauern. Portugiesische Kaufleute berichteten schon im 16. Jahrhundert von gewaltigen Ruinen, die sie, dem abendländischem Denken verhaftet, den Römern zuschoben oder Alexander dem Großen. Erst die Wiederentdeckung durch den Franzosen Henri Mouhot im Jahre 1860 erregte weltweites Aufsehen.

Es kamen die Archäologen, dann die Diebe, dann die Restauratoren, dann die Roten Khmer, vor denen die Restauratoren flohen, dann die Tourismus-Industrie. Und es bleibt das Staunen über eine Hochkultur, die sich zu einer Zeit entfaltete, als Germanien nichts hervorgebracht hatte als ein paar bescheidene Kirchen und Klöster.

In Japan war Kyoto im 8. Jahrhundert zur Kaiserstadt geworden, schon fürs 9. Jahrhundert werden 500000 Einwohner vermutet. Berühmt war sie vor allem als Hort von Dichtung und Musik: Der Kaiser und der Adel schätzten nichts so hoch wie diese Künste, ein Dichterwettstreit mit Musik und Tanz gehörte zu den Zerstreuungen bei Hofe, und man schrieb einander Briefe auf chinesischem Papier, verschieden in Farbe, Muster und Beschaffenheit, um damit das Wetter, die Gemütsverfassung und den jeweils geziemenden Grad der Vertrautheit anzudeuten.

In jenem Kyoto lebten und schrieben die beiden Dichterinnen, die bis heute als Japans größte gelten. Die eine, geboren um 975, hieß Izumi Shikibu und liebte als Ehefrau eines Präfekten nacheinander zwei Kaisersöhne, die beide jung an einer Seuche starben. Auf den zweiten schrieb sie 144 Liebesgedichte – dieses zum Beispiel:

Heute nacht, da Hagel
Auf die raschelnden Bambusblätter
Schlägt, ist wahrlich
Mir der Sinn nicht danach,
Allein zu schlafen.

Die andere, Murasaki Shikibu, geboren 978, war Hofdame der Kaiserin, verachtete ihre Kollegin wegen ihres Lebenswandels und schrieb, nachdem für das Epos zwei Jahrtausende lang der Vers als Maß gegolten hatte, den ersten großen Prosaroman der Weltliteratur und Japans berühmtesten bis heute: „Die Geschichte vom Prinzen Genji" (1966 frisch ins Deutsche übersetzt). Der Prinz heiratet mit zwölf seine 16jährige Tante, betrügt sie sogleich mit seiner Stiefmutter, verliebt sich in deren Nichte, wird vom Kaiser ins Exil geschickt, weil sich eine von dessen Konkubinen mit Genji eingelassen hat – kurz, ein buntes Panorama der Adelskreise, frisch und feurig in der Sprache des Volkes geschrieben.

Deutschland hatte um diese Zeit noch kein Nibelungenlied und keine Minnesänger – um 1200 liegt die Entstehungszeit des einen wie die hohe Zeit der anderen. Große Literatur? Kaum mehr als das Hildebrandslied (vor 800), die Nonne Roswitha von Gandersheim (935–975) mit ihren Gedichten, Heiligenlegenden und frommen Dialogen, lateinisch geschrieben; dazu Notker der Deutsche (950–1022), Mönch und Lehrer an der Klosterschule von St. Gallen, der lateinische Texte ins Alemannische übersetzte und auf diese Weise der Forderung Karls des Großen nach religiöser Belehrung in der Sprache des Volkes genügte.

Noch größer als Kyoto war in Ostasien Hangzhou an Chinas Südostküste, tausend Jahre lang eine der größten Städte des Riesenreichs, der Heimat der Seide, des Papiers, des Porzellans.

Als Marco Polo vermutlich diese Stadt im Jahre 1278 besuchte, fand er Avenuen, auf denen sechssitzige Pferdekutschen verkehrten, viele Wohnhäuser reich verziert und mit Parks umgeben, die Frauen in Seide und Juwelen. Vollends ins Schwärmen geriet der Venezianer über den nahen Sihu-See: Lustkähne und Gondeln zu Hunderten, in der Mitte zwei Inseln mit Pavillons für Feste und Hochzeiten. Noch 1850 wahrscheinlich die drittgrößte Stadt der Erde nach Peking und London, wurde Hangzhou 1861 beim Aufstand der Tai-ping-Bewegung gegen die Vorherrschaft der Europäer größtenteils zerstört.

Außer in der Südhälfte Asiens und rund ums Mittelmeer fanden sich Städte nur vereinzelt auf dem Globus. Am Südrand der Sahara, wo sich die Berber-Nomaden und ihre Karawanen mit dem schwarzen Erdteil trafen, blühte Gana auf (nicht mit dem heutigen Staat Ghana zu verwechseln, sondern nördlich davon), ein Zentrum des Goldhandels, für viele Schwarze ein Symbol afrikanischer Kultur.

Auf der Halbinsel Yucatán im heutigen Mexiko hatten die Maya, einst weiter südlich zu Hause, im letzten Viertel des 1. Jahrtausends neue mächtige Zentren errichtet wie Uxmal, eine Stadt der Pyramiden und Paläste, die uns noch als Ruinen überwältigen. 98 Meter lang ist der Gouverneurspalast, übersteilt und halb verfallen die Wahrsager-Pyramide mit dem Tempel auf der Spitze, geschmückt mit steinernen Schlangen, die mit aufgesperrtem Maul einen Menschenkopf verschlingen.

Im Schatten der Tempel und Paläste wohnten die, die nicht der Herrscher- oder Priesterkaste angehörten, in Hütten aus Laub oder Lehm. Wenn die Götter Regen bringen sollten, wurde ihnen zur Freude eine lebende Jungfrau von einem Felsen hinabgestürzt oder in einer Zisterne ersäuft. Großmeister waren die Maya in der Mathematik und der Astronomie; das Rad kannten sie so wenig wie das Eisen.

In der Steinzeit lebte ganz Nordamerika und ebenso Australien. „Steinzeit" heißt, daß die Menschen keine Waffen und Geräte aus Metall benutzten – nicht, daß sie durchweg Häuser aus Stein besessen hätten. Die meisten wohnten in Hütten, mit einem Dach aus Tierfellen oder Laub, oder in Zelten, den Jurten zum Beispiel, wie die letzten nomadischen Mongolen sie noch heute benutzen: Felle über einem spitz zulaufenden Gerüst von hölzernen Stangen.

Manche Völker hatten nicht einmal ein Dach über dem Kopf. Die Australier, die Buschmänner in der Wüste Kalahari in Südwestafrika, selbst die Indianer von Feuerland und Patagonien mit den eisigen Winterstürmen: Sie alle schützten sich nur mit einem Windschirm oder in einer Erdmulde.

Auch Feuer machen konnten viele Völker nicht – nicht die Mehrzahl der Australier, nicht einmal die Feuerländer. Ihr Archipel wurde von Magellan so genannt, weil sie in jedem ihrer Kanus ein ewiges Feuer unterhielten, bei einem Buschbrand vor Jahren oder Jahrzehnten erbeutet; die viel spätere Kulturstufe, Feuer zu bohren, es also durch Reibungshitze selber zu erzeugen, hatten sie nicht erreicht.

Da die europäischen Entdecker seit dem 16. Jahrhundert die Einheimischen so vorfanden, wird man annehmen dürfen, daß sie ums Jahr 1000 nicht anders lebten: Es ist nicht wahrscheinlich, daß eine Kunst wie die des Hüttenbaus oder des Feuerbohrens innerhalb weniger Jahrhunderte wieder verlorengegangen wäre.

Natürlich haben die Goldgier und der blinde Missionseifer der frühen europäischen Eroberer oft verhindert, daß wir uns ein faires Bild von den Steinzeitmenschen machen können – zu viel Hochmut war im Spiel und umgekehrt auch zuviel Verklärung, seit Jean-

Jacques Rousseau 1750 den Mythos vom „edlen Wilden“ in die Welt setzte; gesehen hatte er keinen.

In unserem Jahrhundert jedoch haben viele Ethnologen seriöse Forschung betrieben, zumal in seinem mittleren Drittel, als die Methoden schon aufgeklärt, einige Völker aber noch zu entdecken waren; heute gibt es ja keine Chance mehr zu einer Erstbegegnung zwischen Abendland und Steinzeitkultur.

Wie also lebten sie, die Menschen ohne Stadt und ohne Schrift? Die Mehrzahl auf der Kulturstufe der Jäger und Sammler: Die Männer hetzten im Rudel das Tier, das sie erlegen wollten, und töteten es mit Keulen, Spießen oder Pfeil und Bogen; die Frauen sammelten Früchte, Nüsse, Kräuter, Knollen und unterhielten das Feuer.

Etliche Völker praktizierten die Urformen der Landwirtschaft: den Grabstockbau (mit einem Stock wird ein Loch gebohrt, in das man den Samen oder den Schößling einer begehrten Pflanze senkt) oder schon den Hackbau, wie er in Gärten und Gärtnereien noch heute üblich ist: Der Boden wird ein wenig umgegraben (damals durch einen geschärften Stein an hölzernem Stiel), doch noch immer jede Pflanze einzeln gesät oder gesetzt.

Manche Völker hatten auch begonnen, Haustiere zu halten: in Südamerika Lamas, in Nordamerika Hunde, auf Neuguinea Schweine. Mit Schweineschmalz rieben die Papua den ganzen Körper ein, zum Schutz gegen Sonnenglut und Ungeziefer.

Wo Haustiere und Hackbau zusammentrafen, wurden die Menschen seßhaft und bauten sich Dörfer. Die meisten aber in den Steinzeit-Regionen, auch in Asien nördlich von China, Turkestan und Persien, lebten nomadisch, in Horden oder Sippen. Mehrmals im Jahr wechselten sie den Lagerplatz, errichteten Laubhütten oder stellten ihre Jurten und Windschirme wieder auf – den jagdbaren Tieren nachziehend, auch auf der Suche nach Wasserstellen und ungepflückten Früchten.

Dabei nahmen sie ein bestimmtes Revier in Anspruch, das sie oft mit Pfeilen oder Federn markierten und stets mit Keulen und Spießen verteidigten. Wehe, wenn die Rudeljäger aufs Nachbarterritorium gerieten, weil sie eine Antilope verfolgten, oder wenn das Revier in einem üppigen Talgrund lag, den ein anderer Stamm an sich reißen wollte – wie einst die Kinder Israels Kanaan, das Westjordanland, in dem Milch und Honig flossen: Unter Berufung auf ihren Gott verjagten sie die Bewohner, zerstörten ihre Säulen und Bilder und teilten das Land unter sich auf (4. Mose 33).

Zwei Stämme auf Neuguinea, 1961 von einer amerikanische Expedition als letzte Steinzeitmenschen entdeckt, lauerten nur darauf, daß der andere das eigene Revier verletzte oder gar eine Frau oder ein Schwein raubte: Dann wurde ein Mitglied dieses Stammes, egal ob Mann, Frau oder Kind, überfallen und ermordet, mit einem Freudenfest bei denen, die getötet hatten, und beim anderen Stamm dem Schwur, zur Blutrache auszuziehen. Nach der Überlieferung beider Seiten war es niemals anders gewesen, und es gab nicht einmal den Versuch, es je zu ändern.

Hatten die Nachbarn aber überhaupt keinen Anlaß zu Strafe oder Rache gegeben, so hinderte das viele Horden nicht, über sie dennoch herzufallen – um Sklaven oder Köpfe zu erbeuten oder einfach aus Lust am Krieg. Sklavenjagd hieß: die Männer erschlagen, Frauen und Kinder heimschleppen, sie Bäume fällen und Kanus rudern lassen, junge Frauen zu Konkubinen nehmen, widerspenstige Kinder verstümmeln – so bezeugt für die Indianer im Gran Chaco und an der Westküste Nordamerikas.

Auch die Kopfjagd wurde gierig betrieben von vielen Stämmen in den stadt- und schriftlosen zwei Dritteln der Erde. Die Mundurucu in Amazonien entnahmen dem abgeschlagenen Schädel das Gehirn, brachen ihm die Zähne aus, kochten ihn und steckten ihm Federn in die Ohren und die Augenhöhlen. Auf vielen Südsee-Inseln durfte ein Jüngling nicht heiraten, ehe er seiner Braut nicht den Kopf eines Feindes vorwies, und Häuptling wurde, wer die meisten Schädel erbeutet hatte. (Vielleicht war es ja doch kein Nachteil, im sächsisch-fränkischen Reich zu leben.) Bis in die siebziger Jahre unseres Jahrhunderts wüteten Kopfjäger in den Urwäldern von Ecuador, Neuguinea, Borneo und den Philippinen.

Und die Religionen! Ja, da gab es milde, fast anheimelnde Formen wie den Totemismus: Jeder Mensch fühlte sich einem bestimmten Tier verpflichtet, seinem Totem. Von ihm glaubte er abzustammen, mit ihm unterhielt er ein Bündnis, töten durfte er es nicht. Oft betrachtete sich eine ganze Horde als blutsverwandt mit dem Totemtier. Die Australier weihten ihm einen heiligen Ort, den nur die Männer zu bestimmten Zeremonien betreten durften.

Ein ständiger Begleiter war den meisten Steinzeitvölkern die Sorge für die toten Ahnen und die Angst vor ihnen. Sie regierten die Welt, im Guten wie im Bösen. Sie halfen oder bestraften, ihnen mußte geopfert, sie durften nicht gekränkt werden, sonst schickten sie Krankheit und Tod.

Um die Ahnen vorsorglich zu besänftigen, kannten viele Völker die „Trauerverstümmelung“: Auf den Fidschi-Inseln bekam ein toter Häuptling 100 abgeschnittene Finger mit ins Grab, auf den Sandwich-Inseln wurde beim Tod eines Häuptlings jedem Untertan ein Vorderzahn ausgeschlagen. Sich „Wunden ins Fleisch zu reißen um eines Toten willen" war eine Sitte auch im Volk Israel, die ihm vom Herrn ausdrücklich verboten werden mußte (3. Mose 19, 28).

Undurchschaubar und unheimlich blieb der Lauf der Welt. Nichts also war wichtiger, als durch ausgeklügelte Rituale, erschöpfende Tänze, endloses Gebetsgemurmel auf ihn einzuwirken. Auf der Südsee-Insel Dobu erfuhr der amerikanische Anthropologe Reo F. Fortune, daß Yamswurzeln nur deshalb wachsen und Bäume nur deshalb nicht gestohlen werden, weil die Eigentümer die richtigen Zaubersprüche kennen.

Was für ein Leben! Wo die Weltreligionen sich schon ausgebreitet hatten, wo es Schrift und Städte gab und weniger Aberglauben, könnte der Alltag ein wenig erträglicher gewesen sein.

In Europa war das Christentum in rascher Ausbreitung begriffen. Wladimir der Heilige, Großfürst von Kiew, heiratete 988 eine Schwester des Kaisers von Byzanz, trat zur orthodoxen Kirche über und erhob sie zur Staatsreligion im werdenden Rußland. In Ungarn nahm der Magyaren-Fürst Waik als 20jähriger den katholischen Glauben an, ließ sich 1001 unter dem Namen Stephan I. vom Papst zum König krönen und rottete unter seinen Untertanen, die in der ersten Hälfte des 10. Jahrhunderts halb Europa in Schrecken versetzt hatten, das Heidentum aus mit Feuer und Schwert.

Der Verbündete und Schutzherr des ungarischen Königs war Otto III., der deutsche Kaiser, 983 im Alter von drei Jahren zum König gewählt und in Aachen gekrönt, weil sein Vater, Otto II., mit 28 gestorben war. Zwölf Jahre lang führte seine Mutter die Regierungsgeschäfte, die kunstsinnige griechische Prinzessin Theophanu. Mit 14 wurde Otto für mündig erklärt, mit 16 zog er nach Rom, mächtig genug, die Wahl seines 24jährigen Vetters Bruno zum Papst zu erwirken, und ließ sich von diesem – Gregor V., dem ersten Deutschen auf dem Stuhl Petri – mit allem Pomp zum „Kaiser der Römer" krönen.

Nun war Otto Herr nicht nur über Sachsen, Franken, Schwaben, Baiern, Kärnten und Lothringen sowie die Marken an der Ostgrenze des Reiches (im Norden jenseits der Elbe), sondern auch über Böhmen und über Italien bis südlich von Rom. (Der Name „Heiliges Römisches Reich Deutscher Nation" für diesen Zentralstaat Europas bildete sich erst in den kommenden Jahrhunderten heraus.)

Als ein Jahr später in Rom Adlige einen Gegenpapst aufboten, eilte Otto III. an der Spitze eines Heeres seinem Schützling zu Hilfe, setzte den Konkurrenten gefangen, ließ ihm die Augen ausstechen und Ohren, Nase und Zunge abschneiden. 13 Adlige wurden enthauptet und an den Beinen aufgehängt.

Gregor, wieder in sein Amt eingesetzt, starb 999. Zu seinem Nachfolger bestimmte der Kaiser einen der erstaunlichsten Männer der Kirchengeschichte: Gerbert von Aurillac, den ehemaligen Erzbischof von Reims, den gelehrtesten Mann nördlich der Pyrenäen. Im islamischen Spanien war er zum Kenner aller Wissenschaften aufgestiegen; die arabischen Ziffern holte er ins christliche Europa – womit aus dem Jahr M der römischen Ziffern erst das Jahr 1000 wurde. Silvester II. nannte er sich. Otto hatte um ihn geworben, um von ihm zu lernen.

Den Kaiser bestärkte der neue Papst in seinem Glauben, daß er berufen sei, das Römische Imperium wiederherzustellen und alle Länder des christlichen Abendlands in ihm zu vereinigen. Gemeinsam schmiedeten sie Pläne, die Stadt Rom wiederaufzubauen.

Otto warb überdies um eine Nichte des Kaisers von Byzanz: Ein Sohn aus dieser Ehe sollte die beiden christlichen Reiche vereinen, mit der Hauptstadt Rom natürlich. Silvester II. schrieb in eine päpstliche Bulle den kühnen Satz: „Wir bekennen, daß Rom das Haupt der Welt sei“ (einer Welt, in der es Bagdad und Angkor gab!), „und Wir bezeugen, daß die römische Kirche die Mutter aller Kirchen sei.“

20 Jahre alt, unternahm der Kaiser im Jahr 1000 eine Wallfahrt nach Gnesen, in die Hauptstadt des Herzogtums Polen, das sich 990 förmlich dem Papst unterstellt hatte. Er besuchte das Grab des heiligen Adalbert von Prag, der 997 von heidnischen Preußen erschlagen worden war, und stiftete ein neues Erzbistum, zu dem auch Breslau gehörte. So drang die katholische Kirche langsam über die Oder nach Osten vor, ähnlich wie nordwärts nach Skandinavien. Heidnisch waren indessen noch alle Küstenländer der Ostsee, von Mecklenburg und Pommern über Lettland bis nach Schweden.

Otto starb mit 21 Jahren, vermutlich an Malaria; die Zeitgenossen glaubten, wie damals üblich, er sei vergiftet worden. In Aachen, neben Karl dem Großen, wurde er begraben. Als „Jüngling im Sternenmantel“ und „Wunder der Welt“ besangen ihn die Dichter der folgenden Jahrhunderte. Noch 1833 schrieb August von Platen ein „Klaglied Kaiser Ottos des Dritten“:

Voll unerfüllter Träume,
Verwaist, in Gram versenkt,
Entfallen mir die Zäume,
Die dieses Reich gelenkt.

So jung zu sterben war ungewöhnlich. Aber wer die 40 erreichte, galt als alt. Noch im 13. Jahrhundert lag etwa in Köln das durchschnittliche Sterbealter der Männer bei 47, das der Frauen bei 44 Jahren. Innozenz III., Papst von 1198 bis 1216, seufzte: „Wenige erreichen jetzt sechzig, ganz wenige siebzig Jahre.“

Und all das kam von Gott oder vom Karma oder von den Göttern: die Plackerei, die Armut, die Krankheit und der frühe Tod. Krankheit, ach ja! Zahnschmerzen, Krämpfe, Rheumatismus und die meisten Übel, die uns in die Wartezimmer treiben, wurden nicht als Leiden eingestuft, sondern als der natürliche Lauf der Welt. Wurde aber die Wunde brandig, nahm der Schmerz überhand, schlug der Schlaganfall zu, so vertraute man dem vermehrten Gebet, dem Staub vom Grab eines Heiligen oder der Pilgerfahrt zu dessen Reliquien, auch Talismanen, Tierblut, Wolfsherzen, Raben-Eiern – und vielen heilenden Kräutern, in der Tat: Die Mönche und ein paar alte Frauen kannten sie.

Krankenhäuser waren unbekannt im katholischen Europa. Die meisten Klöster unterhielten zwar ein Hospiz, aber das war nur eine Herberge für durchreisende Adlige, Kaufleute, Pilger und Bettler, wie der Name sagte (hospes – lateinisch: der Gast oder der Gastgeber). Armenhäuser, Altersheime entwickelten sich daraus in manchen Klöstern, auch Pflegestätten für Schwerkranke; heilen aber konnte Gott allein.

Wundärzte, Badestuben gab es nur in den Städten des Oströmischen Reiches und der islamischen und buddhistischen Welt. 95 Prozent der Menschheit vegetierten ihr Leben lang zwischen Schmerz und Schmutz – die Bauern und die Bäuerinnen, die Jäger und die Sammlerinnen, die Knechte und die Sklaven; die Alten hinkend, zahnlos und triefäugig, mit zerschundenen Händen und zerfurchtem Gesicht.

Und dazu die Angst! Im 9. Jahrhundert hatten die Wikinger die Küsten halb Europas heimgesucht, sie hatten geplündert, verwüstet, gefoltert, massakriert, weit ins Binnenland waren sie vorgestoßen, Köln, Bonn und Trier hatten sie zerstört. Dann kamen in Europa die Magyaren, im Nahen Osten die Türken, in China und Indien die Mongolen, dazu überall Räuber und Piraten, und die meisten Steinzeitmenschen führten ohnehin ewigen Krieg.

Nicht, daß der sogenannte Frieden viel besser gewesen wäre. Auf jede Willkür, Rohheit, Grausamkeit ihrer Herren, Häuptlinge, Gottkönige waren sie gefaßt, die Knechte, die Hörigen, die Sklaven, die Armen, und das Elend war ihr Kumpan. Wenn in der Kalahari der Regen nicht kam, dann tranken die Buschmänner den Saft aus den ausgequetschten Pansen toter Antilopen und in letzter Verzweiflung Urin, durch Moos gefiltert.

Der Anteil der Durstenden und der Hungernden, der Gegängelten und der ewig Gejagten an der Menschheit ist heute gewiß geringer als vor tausend Jahren – höher aber ist wahrscheinlich ihre absolute Zahl, denn um das Zwölffache ist die Erdbevölkerung seither gewachsen. Und nur mit großer Vorsicht sollte man sich der Frage nähern, ob die Menschen oder die meisten von ihnen heute glücklicher sind.

Es war der Schweizer Kulturhistoriker Jacob Burckhardt, der 1871 in seinem Vortrag „Über Glück und Unglück in der Weltgeschichte" die populären Maßstäbe zurechtrückte. Unser Urteil werde von der Ungeduld gelenkt, schrieb er, „wir würden zum Beispiel von den 26 ägyptischen Dynastien einige aufopfern, damit nur endlich König Amasis und sein liberaler Fortschritt Meister würden". Von der Höhe unseres Komforts betrachtet, fertigten wir alle vergangenen Zeitalter mit mehr oder weniger Mitleid ab, und „unsere tiefe und höchst lächerliche Selbstsucht" halte nur diejenigen Zeiten für glücklich und lobenswert, die uns ähnlich waren.

Kurz: Unser Urteil über das Glück vergangener Epochen, schrieb Burckhardt, sei etwa soviel wert, als wenn abendlicher Rauch aus einer fernen Hütte in uns die Vorstellung „von der Innigkeit zwischen den dort Wohnenden" wecke.

Nichts wert also. Aber vielleicht war Innigkeit damals wirklich besonders rar.

KATHEDRALEN

Gottes ragende Paläste

Nur staunen können wir über Europas große Dome, die gewaltigsten Steinbauwerke der Geschichte – Denkmäler der Frömmigkeit, der Großmannssucht und des Neides. Wie haben unsere Ahnen es geschafft, sie aufzutürmen, und warum leisten wir nichts mehr, was sich damit vergleichen ließe?

Nein, etwas so Grandioses wie die großen Dome können wir nicht mehr bauen – dazu haben wir zu wenig Frömmigkeit, zu wenig Kunstverstand, zu viel Wohlstand und zu viel Demokratie. Es mußten ja Gottesfurcht, Tyrannei und eine Baukunst auf der Höhe Michelangelos zusammentreffen, damit zwischen Rom, Köln, London und Sevilla inmitten von Armut, Krieg und Pest die Paläste Gottes in den Himmel wachsen konnten, von Neid, Ruhmgier und abgepreßten Geldern zu immer gewaltigeren Dimensionen getrieben.

Es war Adenauers Namenspatron, Konrad von Hochstaden, von dem als erstem überliefert ist, daß er den Ehrgeiz hatte, „die größte Kathedrale der Welt“ zu errichten. Konrad war Erzbischof von Köln, deutscher Kurfürst mit dem Vorrecht, neben dem Kaiser zu gehen, Erzkanzler des Heiligen Römischen Reichs in Italien und Herzog von Westfalen und Lothringen. Er krönte einen deutschen Gegenkönig, intrigierte beim Papst gegen den Kaiser, nahm die Reichsstadt Dortmund als Pfand, eroberte an der Spitze seines Heeres die Stadt Aachen und legte zwischendurch, 1248, den Grundstein zum Kölner Dom.

Das hinderte ihn nicht, vier Jahre später die Stadt Köln mit Wurfmaschinen zu beschießen, weil er auf die regierenden Patrizier wütend war; 25 von ihnen erklärte er für vogelfrei. Die Stadtchronik rief ihm nach: „So hat die Herrsch- und Zanksucht wohl mehr als der Bau der Domkirche seine gehässige Seele beschäftigt.“

Unverdrossen aber schleppten und werkelten die Kölner für ihre Kathedrale: Hunderte von Steinmetzen, Maurern und Zimmerleuten;

Dutzende von Knechten in Treträdern und an Seilwinden, um die tonnenschweren Werkstücke bis in die schwindelnde Höhe der Gewölbe zu befördern; dazu Schmiede und Glasbläser, Bleigießer und Dachdecker, Seiler, Maler und Vergolder.

Und dann im Steinbruch die Steinbrecher und wieder Steinmetzen, Zimmerleute und Schmiede; im Wald die Holzknechte, denn die Schalungen der Gewölbe, die gewaltigen Gerüste und das hölzerne Hebezeug verschlangen Baumstämme zu Tausenden; dazu Hunderte von Fuhrknechten oder Bauern und Bürgern, die Hand- und Spanndienste leisten mußten, um mit Ochsen, Pferd und Wagen den Stein heranzukarren, auch das Holz nebst Blei und Eisen; und nicht zuletzt die Verpflegung für all die Waldarbeiter, Steinbrecher und Bauleute: Brot und Bier in Mengen, dazu lebende Tiere, die von Metzgern und Mägden in Mahlzeiten verwandelt wurden. So mischte sich das Brüllen der Kühe, das Meckern der Ziegen, das Gackern der Hühner in der Budenstadt mit den Hammerschlägen, dem Quietschen der Winden und dem Fauchen der Blasebälge – ein Gewimmel von Heinzelmännchen, die einen Riesen gebaren.

Wenn noch Atheisten schier erschlagen werden von der Größe der Hallen und der Größe des Geistes, der sie eins errichtete – wie muß ein solcher Dom den Frommen im 13. Jahrhundert überwältigt haben, den Glaubenden und Märchengläubigen, der nichts kannte als sein Städtchen und die biblischen Geschichten? Dazu kommt ein meist gänzlich vergessener Umstand: Auch die Architektur der Kathedralen, das rational Faßbare an den Riesenbauten war für den Menschen des 13. Jahrhunderts großartiger als für uns. Er sah sie anders, und sie sahen wirklich anders aus.

Heute sind sie verwittert, angenagt, von Flechten und Farnen, Moos und Pilzen, Schafgarbe und Weidenröschen überzogen. Einst leuchtete die Kathedrale von Reims ockergelb, und graublau glitzerte das frische Blei der Dächer; heute ist sie geschwärzt, vielen Statuen sind die Köpfe weggefressen, und ein Holzdach vor den Portalen schützt die Besucher vor den fallenden Trümmern.

Einst waren an der Außenfront der Dome die Skulpturen, die Ziergiebel, die Dachsteine vergoldet oder rot, blau, gelb, grün bemalt oder mit schwarzen Schatten unterlegt, um sie vom Hintergrund abzuheben. Der Chor von Köln, aus hellgrauem Trachyt vom Drachenfels erbaut, war vermutlich weiß oder beige gestrichen, mit blutrotem Maßwerk vor den Fenstern und anderthalb Meter hohen Goldbuchstaben auf dem Bleidach, einem Gedicht zum Ruhm der Heiligen Drei Könige.

Dieser Farbenrausch aber und der der Glasfenster dazu traf auf Menschen, von denen die meisten in ihrem ärmlichen Alltag kaum andere Farben kannten als schmuddlige Wolle, gelbliches Leinen, bräunliches Holz und auf den Gassen grünlichen Dreck. Sie *mußten* also die Dome anders sehen – in den Farben, mehr noch in den Dimensionen.

Worüber die Kathedrale da titanisch ragte, das war ein Städtchen aus eng gedrängten Fachwerkhäuschen, die meisten keine sechs Meter hoch, mäßig übertroffen vom Rathaus, ein paar Zunft- und Patrizierhäusern und gedrungenen Kirchen. Kein Hochhaus, keine Bahnhofshalle hatte je das Auge an Größe gewöhnt; wo sich heute die Dome nur noch knapp als höchstes Bauwerk der Stadt behaupten, waren sie einst zwanzigmal so hoch wie ein durchschnittliches Wohnhaus und dreimal so hoch wie das nächsthohe Gebäude – eine himmlische Stadt hoch über der irdischen, ein Gulliver in Liliput.

Dazu wohnten die meisten Stadtbürger in Kammern, in denen ein heutiger Abiturient nicht aufrecht stehen könnte, und Glas gab es nur für die Reichen: Hölzerne Läden oder Schieber hatten sie vor den Fensterlöchern, im Winter saßen sie den ganzen Tag im Finstern. Nicht einmal fromm also hätte man sein müssen, um im 13. Jahrhundert die Fenster, die Farben, die Maße der Dome als überirdisch zu empfinden. Daß die Kathedrale überwältigend zu sein habe, während der kleine Mann in einer ungeheizten Kammer auf dem Strohsack schlief – das stellte er nie in Frage.

Francesco Petrarca, der berühmte Dichter, schwärmte 1333 nach einem Besuch in Köln von „der herrlichen, obwohl unvollendeten Domkirche, die man mit gutem Grund die allerhöchste nennt". Da sah sich der Herrscher über Mailand provoziert, den Grundstein zu einem Dom zu legen, der Köln und alle Kirchen der Erde übertreffen sollte „an Größe und Pracht". 1402 fühlte sich Sevilla aufgerufen, den Dom zu Mailand auszustechen. Und 1506 bestellte Papst Julius II., auch „der Gewaltige" oder „der Schreckliche" genannt, für seine Hauptstadt selbstverständlich die größte Kirche des Abendlands.

Der Wettlauf war damit nicht beendet. Der Chor der Kathedrale von Beauvais, 1284 schon einmal eingestürzt und unerschrocken wieder aufgebaut, krachte 1573 noch einmal zusammen, diesmal zerschmettert von dem 153 Meter hohen Turm, den der maßlose Dombaumeister auf den ohnehin höchsten Chor der Christenheit gesetzt hatte, in der erklärten Absicht, die Peterskirche in Rom zu übertrumpfen. Statik konnte man ja nicht studieren in der großen

Zeit der Kathedralen, erst im 18. Jahrhundert entstand sie als mathematisch fundierte Wissenschaft.

Nicht nur in Köln war beim Drang nach schierer Größe ein gewalttätiger Mann die treibende Kraft. Über Mailand herrschte seit 1385 Giangaleazzo Visconti, durch einen Handstreich an die Macht gekommen, indem er seinen Onkel gefangensetzte. Teils mit Erpressung, teils mit Feuer und Schwert unterwarf er Pisa, Siena, Padua, Bologna, kaufte sich von König Wenzel für 100 000 Goldgulden den Herzogs-Titel und träumte, nachdem er sein Reich „durch jede Art von Gewalttaten" zusammengeraubt hatte, von der Kaiserkrone, schreibt Jacob Burckhardt. 1402 starb Giangaleazzo, kurz vor dem Marsch auf Florenz, an der Pest.

Dämme hatte der Mailänder bauen lassen, um Mantua und Padua von ihren Flüssen abzuschneiden und sie so zur Kapitulation zu zwingen, und schon 1386 hatte er in seiner Stadt den Grundstein zum Dom gelegt, mehr als 11 000 Quadratmeter überbauten Raumes. Lange nach seinem Tod wurde inmitten des 21 Meter hohen Mittelfensters das Wappen der Visconti angebracht, ein Flammenrad in Stein – zur Erinnerung daran, daß es, nach Burckhardt, „der echte Tyrannensinn für das Kolossale" war, ohne den wir den Dom nicht hätten.

Waren sie „gläubig", die Herren über Mailand und Köln? Sie bauten Gotteshäuser, besuchten Gottesdienste und ließen sich gelegentlich die Beichte abnehmen von einem ihrer Angestellten, und es ist nicht einmal auszuschließen, daß sie glaubten, gottesfürchtig zu handeln, oder daß sie beteten, zum Beispiel: Der Herr der Schlachten möge ihr Heer auch morgen wieder siegen lassen.

Mindestens aber ahnten sie: Wer mit Domen prunkt, hat mehr Verbündete, als wenn er es mit Schlössern täte; Gott vielleicht, den Papst bestimmt und dazu all die frommen kleinen Leute, die schließlich für noch mehr Konsumverzicht gewonnen werden mußten, und das über Generationen hin – gläubig, einfältig und eingeschüchtert von der geistlichen und weltlichen Obrigkeit. Überdies sprach für die Dome, daß, seit die Gotik wie ein Sturmwind durchs Abendland gefahren war, der Wille zur Pracht ein Modell für ungeheure Räume fand, wie kein weltlicher Palast sie je enthalten hatte.

Der höchste Innenraum der Erde – erst von den Apollo-Montagehallen übertroffen – geht auf Julius II., den Schrecklichen, zurück. Als er 1503 mit 60 Jahren Papst geworden war, blieben ihm noch zehn Jahre, und in denen wütete er. Der Stadt Rom, die halb verfallen und mit Venedig oder Florenz gar nicht zu vergleichen war, wollte er die antike Größe zurückgewinnen und dem Kirchenstaat die Macht in Italien. Venedig unterwarf er, ebenso Parma, Perugia, Piacenza und Bologna, noch als Greis zu Pferde an der Spitze seines Heeres. Geld hatte er genug: Für jeden Priester, Bischof oder Kardinal in Rom setzte er sich zum Erben ein.

Und da stand nun inmitten Roms die uralte Basilika St. Peter, die Repräsentationskirche des Papstes, groß, aber verwinkelt und bar jeder Pracht. Unter dem Widerspruch vieler Kardinäle beschloß der Papst, die Basilika niederzureißen und einen Neubau auszuschreiben. Bramante gab er den Zuschlag, dem bewährten Baumeister der Sforzas in Mailand und zweier früherer Päpste in Rom, und 1506 war es soweit, daß Julius den Grundstein legen konnte.

Bramante, inzwischen 62 Jahre alt, hatte den Papst seinerseits bedrängt, den Neubau zu wagen, fasziniert von der interessantesten Aufgabe, vor die, gemessen an den Möglichkeiten seiner Zeit, ein Architekt jemals gestellt worden ist; eine Nachbildung der Kuppel des Pantheons aus dem 2. Jahrhundert versprach er auf Säulen in den Himmel zu heben.

Auch Michelangelo redete dem Papst zu, der 31jährige Hofbildhauer der Medici, von Julius im Jahr zuvor nach Rom gerufen, damit er ihm ein monumentales Grabmal errichte, eben für die Peterskirche. Dem Papst gefiel Michelangelos Entwurf: ein Quader von 75 Quadratmetern, neun Meter hoch, mit steinernen Engeln, die Julius gen Himmel tragen. Noch mehr gefiel ihm, daß Michelangelo Bramantes Plan als würdigen Rahmen für ein solches Grab empfahl.

Als Bramante 1514 starb, ein Jahr nach Julius II., standen erst die vier fünfeckigen Pfeiler, die die Riesenkuppel stützen sollten. Nun wurde Raffael die Bauleitung übertragen, dann noch zwei weiteren Meistern – bis Papst Paul III. im Jahre 1547 Michelangelo berief, den inzwischen 71jährigen. Noch 17 Jahre lang vollstreckte er den Willen Julius' des Schrecklichen und, mit Varianten ins noch Titanenhaftere, Bramantes Plan.

Vor allem machte er sich an den Bau der Kuppel – ein Weltwunder und, nach Jacob Burckhardt, „vielleicht der größte Ausdruck aller einheitlichen Macht überhaupt". Sie überwölbt einen Innenraum von 119 Meter lichter Höhe. Das gesamte Freiburger Münster mit seinem 116 Meter hohen Maßwerk-Helm könnte man in die Peterskirche schieben.

Was es für den Baumeister bedeutete, ein solches Werk zu wagen und bis zum Schlußstein durchzuhalten; was es für die Maurer und die Maler hieß, diese Höhe über endlose Leitern zu erklimmen und ihre Arbeit über dem Abgrund turnend zu verrichten; für die Zimmerleute, ihnen den Gerüstwald dafür hochzubauen; für die Windenknechte, die tonnenschweren Blöcke quälend langsam hinaufzudrehen – eine Vorstellung von alldem können wir uns kaum noch machen. Kein dreimal so hoher Wolkenkratzer hat je soviel Aufwand, Raffinement und Wagemut erfordert in unserer Zeit der Turmdrehkräne und der Stahlskelette; von der Schönheit nicht zu reden.

Drei bauwütige, ruhmsüchtige Männer, darunter „der übermenschliche, aber auch die Menschheit gewaltsam überbietende Michelangelo", wie Goethe ihn charakterisierte, hatten sich zu einem Denkmal ihrer Herrlichkeit verbündet. In den 120 Jahren, bis es vollendet war, erklärte der thüringische Priester Dr. Martin Luther dem Papst den Krieg, die Söldner Karls V. plünderten Rom zehn Monate lang und erschlugen Tausende, und Kopernikus verstieß die Erde aus dem Mittelpunkt der Welt. Papst Pius V., zuvor Großinquisitor von Rom, vertrieb die Juden aus dem Kirchenstaat, jagte Hunderte von Künstlern in die Flucht, indem er sie der Sympathie mit dem Luthertum verdächtigte, und ordnete die endgültige Ausrottung der Hugenotten an. Und die Peterskirche stieß weiter in den Himmel vor.

Zeit? Die Zeit war kein Problem. Erst 1626, das heißt 113 Jahre nach dem Tod des Julius und 62 Jahre nach dem des Michelangelo, fand die Schlußweihe statt, und erst danach, 1633, errichtete Lorenzo Bernini den 29 Meter hohen Baldachin über dem Papst-Altar, von vier gewundenen Säulen getragen – mit einem Bedarf an Tonnen von Bronze, für den Papst Urban VIII. die letzten noch unversehrten altrömischen Denkmäler ausplündern ließ; vor allem das Pantheon.

Die Straßburger hatten auf die Vollendung ihres Münsters ja sogar 263 Jahre warten müssen (obwohl ihm der zweite Turm bis heute fehlt); mit dem Weiterbau des erst halbfertigen Mailänder Doms wurde 1805 begonnen, auf Befehl Napoleons, 419 Jahre später nach der Grundsteinlegung; und die Kölner machten nach 312jähriger Bauzeit erst einmal 282 Jahre Pause, bis sie ihren Dom in weiteren 38 Jahren 1880 vollenden konnten, 632 Jahre nach Baubeginn.

Das war das Extrem – eine Bauzeit von mehr als hundert Jahren aber war nichts, was Kopfschütteln oder Ungeduld hervorgerufen hätte. Die Bauherren dachten an ihren Nachruhm und an die Ewigkeit. Jeder wußte, daß Kirche, Kloster, Rathaus, Schloß generationenlang wuchsen, zugunsten künftiger Geschlechter oder zu Gottes Ehre. Man lebte gemächlich. Neugier galt als Sünde, und irdischen Reichtümern nachzujagen fiel nur ein paar Abenteurern ein. Wer arm geboren war, wußte, daß er auch arm sterben würde. Alle Hoffnung richtete sich darauf, in Gott einzugehen und den Höllenstrafen zu entrinnen.

Und eben da setzte sinnreich der Ablaß ein, den Julius 1508 zur Finanzierung der Peterskirche ausschrieb. Ablaß hieß: Gegen Geld erklärte die Kirche sich bereit, auf die Verhängung von Kirchenstrafen zu verzichten, also Verstöße gegen die Kirchenzucht nicht mit Fasten, Wallfahrten, Geldbußen oder Kirchenbann zu ahnden. Sünden waren damit keineswegs vergeben, der Sturz in die Hölle nicht unwahrscheinlicher gemacht. Aber die Ablaßprediger, die Geldeintreiber also, legten keinen Wert darauf, ihre Klienten auf diesen zarten Unterschied aufmerksam zu machen.

Und so waren alle es zufrieden: die Reichen, die sich mit einer schönen Gabe das Recht auf neue Sünden erkauft zu haben glaubten; die Armen, die ihre letzten Pfennige zusammenkratzten, um nur ja der Hölle zu entkommen, die die Geistlichkeit ihnen gar nicht schrecklich genug hatte ausmalen können; die Ablaßprediger, denn sie kassierten eine fette Provision; und der Papst, denn vor finanzielle Probleme stellte die größte Kathedrale der Erde ihn nicht.

So viel Selbstherrlichkeit und Großmannssucht spielte nicht bei allen Domen mit – ein Auftrumpfen aber war immer dabei. Eine reiche Stadt wollte sich mit einer Kathedrale brüsten wie Chartres oder Wien; der Triumph über den Islam war zu feiern wie in Palma de Mallorca, wo Jakob I. von Aragon 1230 den Grundstein zu der mächtigen Kathedrale legte, kaum daß er die Mauren aus der Stadt verjagt hatte. Eine Festung des Glaubens wollte man dem Islam entgegenstellen wie in Sevilla, denn die Grenzen des maurischen Königreichs Granada waren 1402 bei der Grundsteinlegung nur gut hundert Kilometer entfernt von der reichen Handelsstadt im Königreich Kastilien.

Auch St. Paul's Cathedral in London, die letzte der ganz großen, sollte Siege markieren: den der Anglikanischen Kirche über die Puritaner und deren Diktator Oliver Cromwell, der siebzehn Jahre vor der Grundsteinlegung 1658 gestorben war; und den Sieg der Londoner über die große Pest von 1665 und den Brand, der ein Jahr später die Pest beendet, aber 13 000 Häuser und 90 Kirchen zerstört hatte. Dazu kam auch hier ein hochfahrender Baumeister, der königliche Generalarchitekt Sir Christopher Wren, der in Paris Bernini begegnet war – und mit der Peterskirche wetteifern wollte. Zur Finanzierung genügte eine Kohlensteuer in Europas schon damals größter Stadt.

Die furchtbarste Anmaßung aber ist in der Kathedrale von Albi Stein geworden: einer Zwingburg über dieser Stadt nordöstlich von

Toulouse, aufgetürmt, nachdem Papst Innozenz III. 1208 zum Kreuzzug gegen die dort heimische Sekte der Katharer aufgerufen hatte, die nicht nur das Alte Testament und alle Sakramente verwarf, sondern sogar die Kirchenhierarchie. In einem schrecklichen Feldzug wurden sie niedergemetzelt, die Überlebenden von der Inquisition verbrannt oder unter Foltern bekehrt und schließlich mit der Kathedrale gedemütigt.

Es freut uns ja, daß wir einer so brutalen Macht nicht mehr unterworfen sind, auch nicht der Prunksucht und dem rabiaten Geltungsdrang maßloser Despoten; daß wir nicht am Gängelband gehalten und per Ablaß ausgebeutet werden; und daß wir nicht mehr im Elend leben. Denn auch das gehörte zum Fundament der Dome: ein armseliges Dasein in ewiger Angst, bedroht von Schwindsucht, Ruhr und Cholera, gekrümmt von Rheumatismus und Maloche, und die 50 überschritt nur eine Minderheit. So blinzelten die kleinen Leute zu dem ragenden Traumschloß empor, einem Stück vom Himmlischen Jerusalem, das ihnen winkte, wenn sie ihrer Christenpflicht genügten, einem Monument der Hoffnung auf weniger Plage nach dem Tod.

Wenn wir staunend durch die ungeheuren Gewölbe streifen, dürfen wir dankbar sein, daß wir nicht in so grausamen Zeiten leben; dankbar aber auch, daß diese Zeiten uns etwas hinterlassen haben, wozu wir nicht mehr imstande sind – weil uns neben der Tyrannis, der Armut und der Pest auch der Enthusiasmus fehlt, weil wir keinen Zweck mehr wüßten und schon gar nicht einen Stil. Wohlstandsbürger bauen keine Dome.

Die Entdeckung der Erde

Nach Osten, Portugiesen!

Ein kleines Volk am Rand Europas schuf sich um 1500 mit 4000 Mann ein Weltreich rund um den Indischen Ozean, und für fast ein halbes Jahrtausend begründete es damit die Herrschaft Europas über den Rest der Erde. Wie haben die Portugiesen das geschafft? Mit erstaunlicher Organisation, unerhörtem Wagemut, brutalem Siegeswillen und einer christlichen Arroganz, die uns erschreckt. So fuhren sie »hinaus auf nie zuvor befahrene Meere«. Aus Versehen entdeckten sie dabei Brasilien und setzten dort zwei Sträflinge aus; heute sprechen 160 Millionen Brasilianer portugiesisch.

Es waren ein paar hundert Nußschalen aus Portugal, die den Schleier von der unbekannten Erde rissen und für ein halbes Jahrtausend Europas Weltherrschaft begründeten. Sie landeten in Grönland und in Japan, sie lehrten die islamische Welt das Fürchten und verwandelten den Indischen Ozean für hundert Jahre in ein portugiesisches Meer; und als 1999, zwei Jahre nach Hongkong, Macao an China zurückfiel, da war die Kolonialgeschichte, die einst mit Portugal begann, auch mit Portugal beendet.

Die bauchigen Schiffe, mit denen sie ihr gewaltiges See-Imperium errichteten, waren bis zu zwei Jahre lang unterwegs, und die Hälfte kehrte nie zurück. Wie die Hornissen fielen sie, nach einer Reise von mehr als 20 000 Kilometern um ganz Afrika herum, über Indien her und verjagten die arabischen Herren. Die Reichtümer des Orients holten sie nach Lissabon und machten die Stadt für ein Jahrhundert zum Zentrum der Welt.

Wie sie das schafften und warum sie es taten, die ärmlichen Portugiesen an Europas äußerstem Rand, eingeklemmt zwischen Spanien und dem Atlantik, ohne Zugang zum Mittelmeer, dem Zentrum von Handel und Macht: Das ist eine erstaunliche Geschichte. Den Sklavenhandel im Weltmaßstab haben die Portugiesen eingeführt und ihn fortgesetzt bis weit ins 19. Jahrhundert, und ein Monument der Dauer haben sie errichtet: Fünfhundert Jahre lang hielten sie ein

Reich in Übersee zusammen, und in Brasilien, Kolonie bis 1822, ist Portugiesisch heute die Sprache von 160 Millionen Menschen. Diese unglaubliche Kraftentfaltung eines Landes, das nicht viel größer war als heute Bayern, mit weniger Einwohnern als München – sie knüpft sich vor allem an drei Namen:

An Heinrich den Seefahrer, der nie das Meer befuhr, aber die Strategie begründete, wie Portugal es erobern könnte.

An Vasco da Gama, der das vollbrachte, was Kolumbus nur vollbringen wollte: den Seeweg nach Indien zu finden.

Und an Afonso de Albuquerque, der als Portugals Vizekönig im Indischen Ozean die Küsten unterwarf, von Somalia bis Singapur und zum Persischen Golf, inmitten der Höhle des arabischen Löwen.

Alles hatte damit angefangen, daß im Jahre 1415 die drei ältesten Söhne des Königs Johann I. von Portugal lieber eine reiche Stadt überfallen als jenes Turnier bestreiten wollten, das ihr Vater zu Ehren ihrer Mannbarkeit geplant hatte: Ceuta sollte es sein, in Afrika Gibraltar gegenüber, Stapelplatz für Seide, Juwelen, Gewürze aus China und Indien únd für Gold und Elfenbein von jenseits der Sahara; allen Christen verhaßt, weil von hier aus im Jahre 711 die Araber zum Sprung nach Europa angesetzt hatten, der sie bis tief nach Frankreich führte.

Noch ums Jahr 1000 hatte das Kalifat Córdoba die südlichen drei Viertel von Spanien und Portugal bedeckt. 1147 war Lissabon mit Hilfe von Kreuzrittern den Arabern entrissen worden, seit 1250 auch der Süden, die Algarve.

Und nun, 1415, wollten die drei Königssöhne nach Afrika übersetzen, den Arabern – den Mauren, wie man damals sagte – alles heimzahlen und „ihre Hände im Blut der Ungläubigen waschen". Prinz Heinrich, der jüngste, den sie später „der Seefahrer" nannten, hatte die Aufgabe, die Flotte auszurüsten. In England und Flandern charterte er zusätzliche Schiffe. Kreuzritter aus halb Europa strömten herbei.

Konnte denn die bevorstehende Invasion den Arabern verborgen bleiben? Ja, denn nur die königliche Familie und der Papst kannten das Ziel, und Mißtrauen lag den Mauren fern, nach 700 Jahren der Herrschaft über die halbe bekannte Welt. So ließen sie sich vollständig überrumpeln von den 200 bis 400 Schiffen mit 20000 bis 50000 Mann (da widersprechen sich die Quellen). Prinz Heinrich sprang als erster an Land, mordend und plündernd stürmten die Christen durch die Stadt.

Die Symbolwirkung für die Christenheit, der Triumph des kleinen Portugal waren ungeheuer. Während auf dem Balkan die Türken sich anschickten, Europa von Südosten aufzurollen – in Serbien standen sie schon –, holte sich das Abendland endlich wieder einen Brückenkopf in Afrika.

Zwar brach in Ceuta der Handel rasch zusammen: Aus dem Osten kamen keine Schiffe mehr und aus dem Süden keine Karawanen. Aber Heinrich nutzte sogleich, was ihm an Wissen in die Hand gefallen war – die Dokumente, die Experten, die ihm Auskunft über Segeltechniken und Karawanenstraßen gaben und über die Beschaffenheit der schrecklichen, der unendlichen Küsten Afrikas.

Aller Zufall, alle Kurzatmigkeit sollten aus der Seefahrt verschwinden, mit Systematik mußte man das Meer erobern! Schon 1416, im Jahr nach Ceuta, schickte Heinrich eine Flotte zu den Kanarischen Inseln, um die Strömungen zu erforschen, die viele Kapitäne beunruhigt hatten: eine wissenschaftliche Expedition, ein Novum in der Seefahrtsgeschichte. Und 1419 nahm er Quartier an der äußersten Südwestspitze Europas, auf der kahlen, stürmischen Halbinsel von Sagres, die den Römern das Ende der bekannten Welt markierte.

Was trieb ihn dorthin? Einerseits Erbitterung: Sein Vater, der König, hatte Heinrichs Vorschlag verworfen, den Arabern nun auch Gibraltar zu entreißen. Andrerseits jener Ehrgeiz, mit dem Heinrich sich den Namen „o navegador“ verdiente: 41 Jahre lang, bis zu seinem Tod, bereitete er in der Algarve die Eroberung aller Ozeane vor – ein athletischer Mann mit schwarzer Mähne, ein Asket im Büßerhemd, den Frauen ebenso abhold wie dem Alkohol, leutselig gegen seine Getreuen, ungeduldig gegenüber Schwätzern, von kaltem Feuer unerbittlich getrieben.

Die berühmtesten Kartographen, Astronomen, Navigatoren und Schiffsbauer begann Heinrich um sich zu versammeln, Spanier, Italiener, Juden, Deutsche, auch Araber und später Schwarze aus Afrika. Er bezahlte sie mit seinen Einkünften als Großmeister des Christus-Ordens und Herzog von Viseu. Unterkünfte, Werkstätten, Vorratshäuser und ein Observatorium ließ er auf die windigen Klippen bauen.

Während die Experten rechneten und konstruierten, ließ Heinrich alle Chroniken, Briefe und Landkarten durchforsten, die über Reisen nach Asien und Afrika aufzutreiben waren, und alle Kapitäne hatten an Stelle ihrer zuvor recht willkürlichen Aufzeichnungen exakte Logbücher zu führen, die bestmöglichen Kartenskizzen anzufertigen und sich in Sagres zum Rapport zu melden. So entstand zum erstenmal ein leidlich korrektes Bild der bekannten Regionen der Erde – das Rüstzeug, mit dem die unbekannten Teile dieser riesigen, noch nie umfahrenen Welt erschlossen werden konnten. Daß sie eine Kugel ist, hatte schon Ptolemäus von Alexandria im 2. Jahrhundert n. Chr. gelehrt – bewiesen war das nicht und populär schon gar nicht; daß sie aber der Mittelpunkt, das Herzstück des Universums sei, bezweifelte niemand, hundert Jahre vor Kopernikus, und so war nicht das Weltall der Inbegriff der Unendlichkeit, sondern die Erde selbst.

Heinrich konnte an eine starke Tradition anknüpfen: Seit Jahrhunderten war Lissabon eine große Hafenstadt, an der Route vom Mittelmeer zur Nord- und zur Ostsee, und 1377 hatte König Ferdinand I. Schiffbau und Schiffahrt zur nationalen Aufgabe erklärt: Wer ein Schiff von mehr als 100 Tonnen baute, durfte das Holz dafür kostenlos in den königlichen Forsten schlagen, die Reeder erhielten Steuerprivilegien, alle portugiesischen Handelsschiffe wurden in einem Register erfaßt und gegen Schiffbruch versichert.

Das größte Hindernis für Heinrichs Pläne war ein unscheinbarer Punkt an der Nordwestküste Afrikas, südlich der Kanarischen Inseln: Kap Bojador. Die Seeleute weigerten sich, über dieses Kap hinaus nach Süden zu fahren, aus Angst vor echten wie eingebildeten Gefahren, die sich hinter einem Wall aus Sagen, Alpträumen, Vorurteilen ins Unendliche dehnten – das Meer der Finsternis, aus dem es keine Rückkehr gab.

Hatte nicht Aristoteles gelehrt und Ptolemäus nach ihm, zwischen den Wendekreisen werde alles Leben von der senkrecht stehenden Sonne versengt – und verläuft der Nördliche Wendekreis nicht knapp hinter Kap Bojador? Gab es nicht Gerüchte, im Süden *koche* das Meer, oder es sei ein salziger Brei, den ein Schiff nicht mehr zerteilen könne? Und die Sonne brenne alle Weißen zu Schwarzen? Und magnetische Berge zögen alle Bolzen aus den Schiffen, so daß sie auseinanderfallen müßten?

Dazu die schrecklichen Ungeheuer, von denen man in allen Häfen, auf allen Schiffen sprach! War nicht der irische Abt St. Brendan vier Wochen lang an einem Riesenfisch entlang gesegelt? Noch in einer Schrift von 1476 wurde es behauptet! Und berichtete nicht Olaus Magnus, Erzbischof von Schweden, noch 1539 von Seeschlangen, die ein ganzes Schiff umklammern – von Walen, die Schiffe versenken, „indem sie das Wasser auf sie spritzen, das sie in sich gesoffen haben“!

Angst durfte man wahrlich haben. Aber warum heftete sie sich gerade ans Kap Bojador? Weil es da weit ins Meer hinausgreifende Sandbänke und Riffe gibt, Brecher, Strudel, umspringende Winde und bei Ostwind eine Wolke von rotem Saharasand, die sich, mit Nebel vermischt, zu einer finsteren Mauer verdichten kann.

Nichts also war für Prinz Heinrich wichtiger, als den Bann von Kap Bojador zu brechen. 1422 schickte er zum erstenmal eine Flotte los – sie kehrte um. Jahr um Jahr wiederholte sich das, fünfzehnmal in 13 Jahren. Die zaghaften Kapitäne überfielen auf der Heimfahrt arabische Schiffe, um nicht ganz ohne Ausbeute zurückzukehren, und Heinrich empfing sie „mit großer Geduld, ohne sie je für ihr Unvermögen zu tadeln", wie Gomes de Zurara in seiner Chronik von 1460 schrieb. Derselbe Kapitän oder ein anderer wurde wieder hinausgeschickt, mit dem Versprechen auf noch höheren Lohn, „wenn sie bei dieser Fahrt weiter kämen als die vorherigen, damit er endlich Klarheit über diese Frage erlange".

Im zwölften Jahr, 1433, ernannte Heinrich seinen Schildknappen Gil Eanes zum Kapitän des nächsten Schiffes, und auch der kehrte um, „von gleicher Angst befallen", wie Zurara schreibt. 1434 startete Eanes zum zweitenmal, von Heinrich belehrt: „Ihr könnt auf keine noch so große Gefahr stoßen, daß der Lohn, der euch erwartet, nicht viel höher wäre. Und wahrhaftig, ich wundere mich, was das für ein Wahn sein soll, daß ihr alle durch eine Behauptung von so geringer Wahrscheinlichkeit gefesselt seid." Diesmal überlistete Eanes das Kap der Finsternis: Mit seinem Zweimaster segelte er von der Küste weg nach Westen, dann nach Süden, dann nach Osten zurück – und merkte, daß das Kap hinter ihm lag, und „vollständig anders fand er die Dinge vor, als er und die übrigen vermutet hatten", schreibt Zurara – nämlich alles genauso wie nördlich davon.

In Sagres wurde Gil Eanes im Triumph empfangen. Das Meer entzaubert, die zähe Strategie belohnt! Vielleicht war dieses Jahr 1434 eine ähnliche Zäsur in der Geschichte wie das Jahr 1969, als der erste Mensch einen anderen Himmelskörper betrat, den Mond: Das Weltmeer steht uns offen, auf Erden gibt es keine Schranken!

Wissen durften das freilich allein die Portugiesen: Heinrich sorgte dafür, daß seine Chronisten nur Abschreckendes berichteten – von einer Sonnenglut, in der die Schiffe fast verbrannten, von grauen Haaren, die sich junge Männer durch eine einzige Reise holen konnten. So fuhren die Portugiesen voran.

Warum nicht die Spanier mit ihren noch längeren Küsten an zwei Meeren und ihrer fünffachen Einwohnerzahl? Weil Spanien politisch zerrissen war. Das Kernland Kastilien kämpfte mit den Königreichen Aragón und Navarra um die Vorherrschaft; und während die Araber aus Portugal schon Mitte des 13. Jahrhunderts vertrieben worden waren, behaupteten sie in Spanien noch bis 1492 das Königreich Granada. Erst dann entbrannte die volle Rivalität der beiden iberischen Mächte.

Ein Vorsprung um Jahrzehnte also für Portugal! Heinrich verstand ihn zu nutzen. Expedition um Expedition wurde ausgesandt, um sich weiter ins Unbekannte vorzutasten. 1436 erreichte Afonso Gonçalves Baldaia den Rio do Ouro am Nördlichen Wendekreis, belud sein Schiff mit Seehundfellen – und war doch nicht zufrieden, „da er keine Mauren gefangengenommen hatte". Dieser Satz aus Zuraras Chronik enthüllt das vorrangige Ziel; er markiert den Punkt, an dem die traurige Führungsrolle der Portugiesen in Sklavenfang und Sklavenhandel ihren Anfang nahm.

1441 überfielen die Portugiesen ein Dorf im heutigen Mauretanien. Sie schleppten zehn Männer, Frauen und Kinder an Bord – um die Neugier des Prinzen Heinrich zu befriedigen und ihm wirtschaftlichen Nutzen zu verschaffen, wie Zurara berichtet. Und in der Tat, die ersten Sklaven erregten in Lissabon mehr Aufsehen als die Überwindung von Kap Bojador, ja es setzte ein Stimmungsumschwung ein: So sinnlos, wie die meisten meinten, war sie ja offenbar doch nicht, die Verbissenheit des Prinzen.

Der ließ sich daraufhin vom König das Monopol für alle Fahrten südlich von Bojador verleihen. Wer nicht Heinrichs Lizenz besaß und nicht ein Fünftel des Gewinns bei ihm ablieferte, der wurde nun verfolgt und mit Hinrichtung bedroht.

Nichts brachte soviel Gewinn wie der Sklavenhandel. 1444 überfiel eine portugiesische Flotte eine Insel vor der Küste Mauretaniens. Viele Dorfbewohner versuchten zu fliehen, andere stürzten sich ins Wasser, Frauen versteckten ihre Kinder im Schlamm – „und schließlich wollte Unser Herrgott, der alles Gute belohnt, daß die Unseren den Sieg erringen sollten, und als Lohn konnten sie 165 Männer, Frauen und Kinder gefangennehmen, nicht gerechnet die, welche getötet wurden. Als der Kampf beendet war, dankten alle Gott für die große Gnade."

Was sich da an erschreckender Frömmigkeit in Zuraras Worten äußert, wird noch übertroffen durch seinen Bericht über den Sklavenmarkt, der am 8. August 1444 in der Hafenstadt Lagos nahe Sagres abgehalten wurde. Insgesamt 230 Sklaven standen zum Verkauf. Als Landarbeiter waren sie begehrt, bei den Wohlhabenden überdies als Statussymbol, und der Markt wurde zum Volksfest. Nach Zurara waren einige „hellhäutig und wohlgestaltet, andere schwarz wie Äthiopier und Abbilder der Unterwelt“. Viele wimmerten, andere schlugen sich ins Gesicht oder krümmten sich am Boden. Die Verzweiflung wuchs, als die Käufer die Familien auseinanderrissen, Mütter warfen sich über ihre Kinder, und Zurara versichert, „daß ich wehmütig ihre Leiden beweine“.

Heinrich erschien auf prachtvollem Pferd, wählte sein Fünftel aus, 46 Sklaven, „und bedachte mit großer Freude die Errettung dieser Seelen, die vorher verloren waren. Denn kaum beherrschten sie die Sprache, da bekehrte man sie schon mit geringer Anstrengung zum Christentum.“

Unser Abscheu vor so viel Scheinheiligkeit sollte die Zeitumstände mildernd berücksichtigen. Vom Glauben durchdrungen waren die Menschen wirklich, und über die Widersprüche innerhalb desselben zu stolpern war nicht üblich. 1452 ermächtigte Papst Nikolaus V. den portugiesischen König ausdrücklich, „die Länder der Ungläubigen zu erobern und die Einwohner zu vertreiben, zu unterwerfen oder zu versklaven“.

Auf der Sklaverei beruhten ja die Hochkulturen der Griechen und der Römer; Aristoteles verkündete förmlich, Sklaven gebe es von Natur aus, zu Recht gehörten sie einem anderen und führten willen- und gedankenlos dessen Befehle aus.

Nicht besser in Deutschland noch 1732. Da schrieb das 64bändige „Universallexikon aller Wissenschaften und Künste“ aus Halle: „Man hat die Africaner schon von altersher vor unverschämte und untreue Menschen gehalten; anbei sind sie grausam, meyneidig, tückisch, leichtsinnig, geitzig und Gotteslästerer“, dazu als Kriegsleute ohne Herz und Geschicklichkeit, „daß es also denen Portugiesen eine große Menge derselben unters Joch zu bringen mit wenigem Volke möglich gewesen“.

Mit jeder neuen Ladung von Sklaven wurde es einfacher, Heinrichs Schiffe zu bemannen. Die Ritter und Knappen am Hof des Prinzen standen ohnehin unter dem Druck, sich an Afrikas Küsten zu bewähren. Als Matrosen und Soldaten wurden Landarbeiter gewonnen und städtisches Gesindel, angelockt durch die Erlaubnis, eine gewisse Menge Beute auf eigene Rechnung zu machen – abgesichert durch Heinrichs Versprechen, für ihre Frauen und Kinder zu sorgen, falls sie nicht wiederkämen.

Ihre Schiffe waren die Karavellen, die Heinrich nach dem Vorbild der arabischen Dhaus und der portugiesischen Flußschiffe hatte entwickeln lassen: wendige, kompakte Zwei- oder Dreimaster, hinten mit dreieckigen Segeln an schräglaufender Rah, die beim Kreuzen, dem Zick-Zack-Segeln gegen den Wind, einen weit günstigeren Winkel als die herkömmlichen Barcas ermöglichten. Die Karavellen waren 20 bis 25 Meter lang, winzig also; sie wogen 50 bis 70 Tonnen und hatten einen geringen Tiefgang, damit sie seichte Gewässer befahren und zur Reparatur leicht auf den Strand gesetzt werden konnten.

Zur praktischen Ausstattung kam ein eisernes Reglement: Gesegelt wurde nur tagsüber in Sichtweite der afrikanischen Küste, mit einem Ausguck auf dem Mast und zwei Matrosen, die am Bug Ausschau nach Untiefen hielten; nachts lagen die Karavellen vor Anker, und in der Regel segelte kein Schiff allein.

Der Kapitän schlief in der Achterhütte, die Besatzung, meist 20 Mann, auf den gewölbten Planken des Decks; die Hängematte wurde ja erst von Kolumbus aus Amerika mitgebracht, und niemand kam auf die Idee, daß der kleine Mann ein Dach über dem Kopf haben müsse. Regnete es, so schlief die Freiwache unter Deck auf dem Ballast, meist Sand, der feucht und im Lauf der Fahrt immer mehr von Abfällen durchsetzt war. Sich zu waschen war nicht üblich, Wäsche zum Wechseln nicht vorhanden, das Plumpsklo hing über der Bordwand – so lebten sie monatelang, mit Ratten und mit Flöhen.

1445 hatten Heinrichs Karavellen die Westspitze Afrikas erreicht, das Kap Verde, an dem heute die Stadt Dakar liegt. Im nächsten Jahr segelte eine Flotte von 26 Schiffen zum Senegal. Der Sklavenhandel blühte, mehr und mehr mit arabischen Zwischenhändlern: Sie kauften Wolle, Teppiche, Silber und vor allem Pferde und bezahlten mit Sklaven, zwölf Schwarze für ein Pferd.

Während die Portugiesen sich in Afrika nach Süden vorkämpften, eroberten die Türken im Südosten Europas die letzte christliche Bastion: 1453 fiel Konstantinopel, die Hauptstadt des Oströmischen Reichs. War es schon vorher für Europa schlimm genug, daß sich alle Karawanenstraßen aus dem Orient in der Hand der verhaßten Ungläubigen, der Araber, befanden, so fuhren nun die Türken – fremdenfeindlich und fanatisch – mit Schikanen und noch höheren Steuern und Zöllen dazwischen und machten die Luxusgüter noch rarer, nach denen die Reichen des Abendlandes gierten: Seide aus China, Juwelen aus Indien, Gewürze von den Molukken vor Neu-Guinea, in Venedig gestapelt und ans übrige Europa verkauft.

Einen Seeweg nach Indien zu suchen, um die islamische Welt herum: Das war die fixe Idee, die nun durch die Königshöfe und die Handelshäuser Europas zu geistern begann. Ob auch Heinrich sie schon teilte, wissen wir nicht; doch die Weichen dafür hatte er gestellt. Sein erklärtes Ziel war dabei nicht der Handel, sondern der Wunsch, die Ungläubigen zu schwächen und zu demütigen, indem er sie in der Flanke packte.

Bei dieser Vision kamen ihm zwei Irrtümer zu Hilfe. Er unterschätzte die gigantische Landmasse Afrikas (340mal so groß wie Portugal ist der Kontinent; aber woher sollte Heinrich das wissen?) – und er wähnte einen Verbündeten im Osten: ein christliches Riesenreich mit dem sagenhaften Priesterkönig Johannes an der Spitze, der 42 andere Könige zu Vasallen hatte und in einem gewaltigen Spiegel vor seinem Palast alles sah, was in seinem Imperium vorging. So stand es in einem Brief, der im 12. Jahrhundert in Konstantinopel aufgetaucht war und angeblich von der Hand des Johannes stammte. Ein Märchen, wenn auch mit einer realen Basis: In Abessinien waren die Christen seit dem 7. Jahrhundert durch den Islam abgeschnitten von der übrigen Christenheit. Aber wo Abessinien zu suchen sei, das wußte niemand – irgendwo im Osten Afrikas, vielleicht auch in Asien. Konnte nicht jeder Fluß, der in den Atlantik mündete, der geheimnisvolle Nil sein, der die Portugiesen zu Johannes bringen würde?

Nach Süden also an der Westküste Afrikas entlang, bis sich der Weg nach Osten öffnete!

1460, nach 41 Jahren der Arbeit an seiner großen Idee, starb Dom Henrique o Navegador, der „der Seefahrer“ hieß, obwohl er nie weiter als bis Ceuta gefahren war – jener Mensch, der das Entdecken zum System und zur Lebensaufgabe gemacht hatte. Woher nahm er seine Kraft?

Der Chronist Zurara zählt sechs Quellen auf: den Wunsch, die Grenzen der Macht der Mauren zu erforschen, den christlichen König in Afrika aufzuspüren und Jesus alle Seelen zuzuführen, die sich retten wollten; dazu die Suche nach sicheren Häfen für portugiesische Schiffe. Überdies habe sein Adel ihn gedrängt, große Taten zu vollbringen und sichere Kunde von fernen Ländern einzuholen – „denn es schien ihm, daß sich weder Seefahrer noch Kaufleute je damit befassen würden“ (das trifft den Nagel auf den Kopf). Und schließlich die Sterne: Sie hätten Heinrich den Weg zum Erobern gewiesen, Mars und Saturn, mit dem Widder im elften Haus und der Sonne im Jupiter.

Bei alldem waren Heinrichs Karavellen nicht weit über die Westspitze Afrikas hinausgekommen. Doch alles hatte er bereitgestellt, was den Portugiesen den Weg zum Weltreich öffnete, Erfahrung, Gesinnung und Gerät. König Alfons V., sein Neffe, fand 1469 einen originellen Kompromiß zwischen dem großen Ziel und dem chronischen Mangel an Geld: Auf fünf Jahre verpachtete er das Monopol des Afrikahandels an den Lissaboner Kaufherrn Fernão Gomes, mit der Auflage, Jahr um Jahr 100 Leguas weiter vorzustoßen, 600 Kilometer – mehr, als Heinrichs Karavellen je geleistet hatten.

1471 überquerten die Portugiesen den Äquator und hatten damit von der Nord-Süd-Ausdehnung Afrikas mehr als die Hälfte überwunden – dennoch tief enttäuscht; denn daß sie bis Kamerun ständig ostwärts segeln konnten, hatte ja die Hoffnung genährt, der Südrand Afrikas sei bereits erreicht.

Als der Pachtvertrag mit Gomes ausgelaufen war, übertrug Alfons das Afrika-Monopol auf seinen Sohn Johann, der 1481 als Johann II. den Thron bestieg: ein rücksichtsloser Machtpolitiker und ein strategischer Kopf, für den der Seeweg nach Indien nun das klare Ziel war.

Was kümmerte es Portugal, daß die Türken 1480 Otranto verwüstet hatten, am Absatz des italienischen Stiefels! Es war Afrika, woher Sklaven, Pfeffer, Gold und Elfenbein kamen und den Staatsschatz füllten, und jenseits von Afrika winkten die Reichtümer Indiens. Hier galt es, voranzukommen und zugleich das portugiesische Monopol zu wahren, durch weiterhin übertriebene Berichte von schrecklichen Gefahren und durch die königliche Order, alle fremden Schiffe aufzubringen.

1482 fuhren Karavellen in die Kongo-Mündung ein, und wie an jedem Landeplatz pflanzten die Portugiesen nun als Symbol der Besitzergreifung ihre Steinsäule mit dem Wappen Portugals auf, von einem Kreuz gekrönt. Zwei Jahre darauf machte Johann II. den großen Fehler seines Lebens. Wollte doch da ein gewisser Cristoforo Colombo aus Genua, der in portugiesischen Diensten schon nach Afrika gesegelt war, Indien finden, indem er nach Westen fuhr, anders herum! Wolkige Visionen, verbunden mit maßlosen Forderungen: Vizekönig aller von ihm entdeckten Länder wollte dieser Colombo werden! Johann wies ihn ab – so daß Kolumbus sich nach Spanien wandte, um einen anderen König zu finden.

1485: Portugiesische Schiffe an der Walfischbucht im heutigen Namibia – und immer noch keine Südspitze Afrikas in Sicht. Die sollte nun Bartolomeu Diaz umfahren. Im Sommer 1487 setzte er Segel. Als er schon weit über die Walfischbucht hinausgekommen war, trieb ein Sturm aus dem Norden seine beiden Karavellen unwiderstehlich nach Süden ab, 13 Tage lang. Als Diaz dann ostwärts segelte, um die afrikanische Küste zu finden, fand er sie nicht – und merkte, daß er die Südspitze Afrikas ahnungslos umrundet hatte. „Kap der Stürme“ nannte er sie; Johann II. taufte sie später in „Kap der Guten Hoffnung“ um.

Nun nach Nordosten, nach Indien! Auf 500 Kilometer machte die Mannschaft die Reise noch mit; ob sie dann mehr murrte oder mehr meuterte, ist umstritten. Sie war am Ende. Acht Monate Strapazen, Dreck und elende Verpflegung: Schiffszwieback, getrocknete Erbsen, Stockfisch, Pökelfleisch und Mehlfladen, in Asche gebacken, alles schon lange faulig wie das Trinkwasser und nun auch noch knapp wie der Wein.

Da ging der Skorbut um: verfärbte Haut, blutendes Zahnfleisch, ausfallende Zähne. Getrocknete Feigen oder Pflaumen, die dagegen schützten, führten bloß die Ritter mit. Geangelt wurde bei Flaute, die Küste war kahl oder, wo fruchtbar, nur zu betreten mit dem Risiko von Kampf und Hinterhalt.

So kehrte Diaz um – voll Trauer, wie überliefert ist. Fünf Jahre später, 1493, kam ein anderer heim im Triumph: Kolumbus, in spanischen Diensten, mit der großsprecherischen Behauptung, er habe Indien erreicht. Daß die Spanier westwärts und die Portugiesen ostwärts um die Erde segelten mit demselben Ziel, brachte die zwei Mächte auf einen Gedanken, der uns als Gipfel europäischen Hochmuts erscheint: den Globus zwischen sich aufzuteilen.

Mit dem Papst als Schiedsrichter schlossen sie 1494 im Kloster von Tordesillas den Vertrag, wonach westlich einer Linie, die durchs heutige Brasilien verläuft, die Welt spanisch, östlich davon aber portugiesisch sein sollte.

Manuel I., Portugals König seit 1495, trieb nun die Indienfahrt mit Macht voran. Diaz, der hinter dem Kap der Guten Hoffnung hatte umkehren müssen, leitete den Bau zweier besonders massiver Segelschiffe von 120 und 100 Tonnen, das größere mit zwanzig Kanonen bestückt; dazu kam noch ein Vorratsschiff, das verbrannt werden sollte, sobald es geleert war.

Als Befehlshaber wählte der König einen jungen Kavalier seines Hofstaats aus, Vasco da Gama. Der erwies sich im Sinne seines Auftrags als ideal: von der Aufgabe besessen wie Kolumbus, aber kein Traumtänzer wie dieser, sondern ein kühler Planer, jähzornig, gebieterisch und zäh; einer, der über Leichen ging. Seine Mannschaft wählte er mit ungewohnter Sorgfalt aus: Seiler und Zimmerleute warb er an und zahlte ihnen mehr als die übliche Heuer. Den Familien aller Teilnehmer machte der König schon vor Antritt der Reise ein Geldgeschenk.

Mit 170 Mann, darunter einem Dutzend Sträflinge, stach die Flotte am 8. Juli 1497 in See. Sträflinge führten die gefährlichsten Arbeiten aus, an fremden Küsten wurden sie als Kundschafter an Land geschickt und in der Wildnis als Siedler zurückgelassen. Überlebten sie, wurden sie auf der Rückreise als Dolmetscher an Bord genommen; fand man sie erschlagen auf, war klar, daß es dort Feinde gab. Die Mehrzahl der Sträflinge überlebte nicht.

Da Gama begann mit einer nautischen Kühnheit ohnegleichen: Nicht an der Westküste Afrikas fuhr er entlang wie alle seine Vorgänger, sondern in den Atlantik segelte er hinaus in weitem Bogen, um der gefürchteten Flaute im Golf von Guinea auszuweichen und auf der Südhalbkugel den vorherrschenden Westwind zu nutzen – „hinaus auf nie zuvor befahrene Meere“, *por mares nunca de antes navegados*, nach dem Heldenepos des portugiesischen Dichters Camões.

Nicht 31 Tage wie Kolumbus war da Gama auf leerem Ozean unterwegs, sondern 96 Tage lang, mit dem Kompaß, dem Quadranten und dem primitiven Astrolabium als einzigen Hilfsmitteln der Navigation, alsbald auch noch vom Polarstern verlassen, dem Kreuz des Südens entgegen. Was sind die paar Tage des Flugs zum Mond, am Gängelband einer Bodenstation und in ständigem Geplauder mit ihr, verglichen mit der wüsten Einsamkeit eines Vierteljahres auf unbekanntem Meer?

Knapp nördlich des Kaps der Guten Hoffnung erreichte da Gamas kleine Flotte die Küste Afrikas. Triumph! Da Gama fuhr auch nachts, mit gerefften Segeln. Hinter dem Kap – da, wo Diaz hatte aufgeben müssen – kam der Orkan. Der Schiffsmeister und der Steuermann des Flaggschiffs beschworen da Gama, zur nächsten Flußmündung zurückzusegeln. „Redet nicht so!“ herrschte er sie an. „Ich habe Gott versprochen, keinen Atemzug lang umzukehren, und wer solches fordert, den werfe ich ins Meer. Habt ihr so wenig Vertrauen in die Gnade Gottes? Warum wimmert ihr, als wäret ihr keine Portugiesen?“

Auf den beiden anderen Schiffen rotteten die Matrosen sich zusammen und verlangten die Umkehr. Eine kurze Windstille nutzte da Gama, um längsseits zu gehen und vor ihren Augen alle nautischen Instrumente ins Meer zu schleudern. „Seht her, Männer!“ schrie er hinüber. „Ich brauche keinen Navigator außer Gott. Wenn ich mein Ziel nicht erreiche, wird Portugal mich niemals wiedersehen.“

An der Mündung des Sambesi in der späteren portugiesischen Kolonie Moçambique traf da Gama auf die südlichste Niederlassung jener arabischen Händler, die die Nordhälfte des Indischen Ozeans als ihr Territorium betrachteten. Man begegnete sich mit Mißtrauen;

weiter im Norden, bei der arabischen Festung Mombasa im heutigen Kenya, kam es zum ersten Artilleriegefecht.

In Malindi, nicht weit nördlich davon, sah der dortige Scheich in da Gama einen Verbündeten gegen seine übermächtigen Nachbarn in Mombasa, frischte die Vorräte der Portugiesen auf und stellte ihnen den berühmtesten Lotsen des Indischen Ozeans zur Verfügung, Ibn Majid aus Oman. Nun dauerte es nur noch 23 Tage, bis der arabische Pilot die Portugiesen dorthin dirigierte, von wo aus sie das arabische Handelsmonopol zu brechen begannen.

Am 20. Mai 1498, nach einer Reise von mehr als 20 000 Kilometern in 318 Tagen, gingen die portugiesischen Schiffe in Calicut vor Anker, der blühenden Handelsstadt an der Südwestküste Indiens (heute Kozhikode) – dem Umschlagplatz jener Luxusgüter, nach denen die Reichen ganz Europas lechzten. Der Seeweg nach Indien war gefunden, Kolumbus düpiert, Spanien übertrumpft.

Zunächst ruderte ein Sträfling an Land. Die ersten Araber, auf die er stieß, sollen ausgerufen haben: „Hol dich der Teufel! Wer hat dich hierhergebracht?“ Der Fürst von Calicut, der sich Radscha Samudrin nannte, Herr des Meeres, empfing da Gama freundlich, reagierte jedoch gekränkt auf dessen Geschenke: Stoffe, Kapuzen, Hüte, Korallenketten – an afrikanischen Bedürfnissen orientiert und inmitten von so viel Reichtum als minderwertig angesehen. Die arabischen Kaufleute beeilten sich, die Kunde davon hohnlachend auszustreuen.

Da Gama seinerseits versicherte dem Radscha, er sei nicht gekommen, um Reichtümer zu suchen, sondern christliche Könige; Gold und Silber gebe es in Portugal im Überfluß. Nach drei Monaten reiste die Flotte wieder ab, unter dem Druck der arabischen Handelsherren nur spärlich beladen und ohne daß da Gama imstande gewesen wäre, an deren Vorherrschaft zu kratzen.

Und wieder war die Flotte zehneinhalb Monate unterwegs, im Indischen Ozean von Flauten und Gegenwind behindert, die Männer von Skorbut geplagt, „daß das Zahnfleisch ihnen über die Zähne wucherte und die Beine anschwollen und Geschwüre den Körper bedeckten“. 30 starben daran. Da Gama ließ das zweitgrößte der drei Schiffe verbrennen, um für die anderen noch genügend Besatzung zu haben.

170 Mann waren aufgebrochen, 55 kehrten Mitte Juli 1499 nach Lissabon zurück, nach einer Reise von zwei Jahren und zwei Tagen über mindestens 40 000 Kilometer. Da Gama wurde gefeiert, und daß er eine ungleich reichere Küste gefunden hatte als Kolumbus, war offensichtlich.

Doch nun mußte auf die Entdeckung die Eroberung folgen, das arabische Handelsmonopol galt es durch ein portugiesisches zu ersetzen, dem König war das ebenso klar wie der Kaufmannschaft. So stach am 9. März 1500 eine Armada von 13 Schiffen mit 1200 Schwerbewaffneten in See, befehligt von dem 33jährigen Edelmann Pedro Álvarez Cabral, der keinerlei seemännische Erfahrung besaß, so wenig wie die Mehrzahl seiner Kapitäne – doch dafür gab es, nach dem Brauch der Zeit, den Schiffsmeister und den Steuermann.

Cabral hatte die Weisung: Macht entfalten, alle arabischen Schiffe kapern! Gezeichnet „Wir, Manuel, König von Portugal, Herr über die Eroberung, die Seefahrt und den Handel in Abessinien, Arabien, Persien und Indien".

In den Atlantik ausgreifend wie Vasco da Gama, doch durch starken Ostwind noch weiter westwärts getrieben, landete Cabral am 22. April in einem unbekannten Land, das er Vera Cruz taufte; er nahm es für Portugal förmlich in Besitz und hinterließ zwei Sträflinge unter den Eingeborenen – die ersten Portugiesen in dem Riesenreich, das wir Brasilien nennen.

Von Südamerika zur afrikanischen Küste gelangt, wurde die Flotte von einem Orkan so jäh angefallen, daß vier Schiffe augenblicklich kenterten und mit Mann und Maus versanken. Die anderen wurden auseinandergejagt, nur sechs Schiffe fanden sich wieder. Schon ein halbes Jahr nach der Ausfahrt aus Lissabon aber war Calicut erreicht. Vom Radscha wurde Cabral höflich empfangen, eine Handelsniederlassung wurde ihm bewilligt.

Falls der Herrscher den an ihn gerichteten Brief des Königs Manuel gelesen und verstanden hatte, war dies ein bemerkenswertes Entgegenkommen. Denn darin hieß es: „Gott, Unser Herr, hat die erstaunliche Tat Unserer Seefahrt nicht nur befohlen, daß sie dem irdischen Nutzen zwischen Euch und Uns diene, sondern auch der Erlösung der Seelen, zu der Wir vor allem verpflichtet sind." Des christlichen Glaubens möge der Radscha teilhaftig werden und sich dem Willen des einzigen Gottes fügen. Sollte er sich dem jedoch widersetzen, „so ist es Unser fester Vorsatz, eher dem Willen Gottes als dem der Menschen zu folgen – wünscht Er doch nicht, daß Unsere Mühe, Ihm zu dienen, vergeblich sei".

Der Radscha muß entweder nichts verstanden oder über so viel Hochmut geschmunzelt haben. Cabral durfte seine Schiffe mit Gewürzen volladen und eine Faktorei gründen, in der er 70 Portugiesen zurückließ. Kaum aber hatte die Flotte den Hafen verlassen, organisierten die arabischen Kaufleute einen Sturm der Inder auf die

Niederlassung und brachten 50 Portugiesen um; 20 konnten sich schwimmend retten, einige erreichten noch Cabrals Armada.

Der fuhr sofort wieder in den Hafen von Calicut ein und befahl seinen Männern, die zehn arabischen Schiffe, die dort ankerten, unverzüglich zu entern und die gesamte Besatzung umzubringen; es waren 600 Mann. Dann richteten sich die portugiesischen Kanonen auf die Stadt „und zerstörten viele Häuser und töteten viele Menschen". Zwei Tage lang dauerte Cabrals Kanonade. So waren die Würfel gefallen: Die Portugiesen hatten begonnen, die Herrschaft über den gesamten Indischen Ozean an sich zu reißen.

Die Heimkehr Cabrals nach Lissabon im Juli 1501 war Portugals größter Triumph – und Venedigs schwärzeste Stunde. Mit Pfeffer, Zimt, Ingwer, Nelken, Muskat und Aloe waren die Schiffe beladen, mit Moschus, Weihrauch, Myrrhe, Ambra, Kampfer, Indigo und Opium, mit Diamanten, Perlen und Rubinen, mit Porzellan, Lackharz, Sandelholz und Tamarinde.

„Aus einem Dukaten hat Cabral 100 gemacht", notierte der venezianische Gesandte in Lissabon. Kein Zweifel, daß der Orienthandel von Venedig hierher abwandern werde, wo die Luxusgüter frei seien von all den Zöllen, Steuern und Geschenken, die die Karawanen auf ihrem Weg durch die Länder des türkischen Sultans entrichten mußten – so, daß der Preis dessen, was in Indien einen Dukaten koste, ab Venedig auf mindestens 60 Dukaten gestiegen sei. „Und deshalb habe ich deutlich den Ruin der Stadt Venedig vor Augen."

Brasilien wurde nebenbei einkassiert, 1501 eine Flotte hingeschickt, der Südatlantik zur portugiesischen Herrschaftszone erklärt, in der alle fremden Schiffe aufzubringen waren. Auch im Nordatlantik hatte Portugal gewildert: 1492 Grönland erreicht, 1501 die Küsten von Labrador und Neufundland befahren. Vielleicht fand sich ja auch dort ein Seeweg nach Indien?

Wie selbstverständlich bemächtigte sich das winzige Volk der unermeßlichen Räume – während das Heilige Römische Reich Deutscher Nation vollständig mit sich selbst beschäftigt war und Martin Luther, der zu dieser Zeit die Universität Erfurt bezog, sein Leben lang nie auf den Gedanken kam, daß sich Frömmigkeit so wirksam mit irdischer Eroberung vermählen ließ.

Sieben Monate nach der Heimkehr Cabrals, im Februar 1502, brach Vasco da Gama mit 20 Schiffen zu seiner zweiten Indienreise auf. Er entdeckte die Inseln Ascension und St. Helena, nahm sie für den König in Besitz und festigte so Portugals Herrschaft über den Südatlantik. Zwischen Afrika und Indien ließ er ein friedliches arabisches Handelsschiff entern, alle wertvolle Fracht umladen, alle Menschen an Bord, mehr als dreihundert Männer, Frauen und Kinder, im Bug zusammentreiben und das Schiff anzünden; mit eisiger Miene, schrieb einer seiner Leute, sah er zu.

Im Oktober vor Calicut angekommen, zog da Gama es vor, nicht an Land zu gehen. Statt dessen sandte er dem Radscha einen Boten mit der Aufforderung, sämtliche Araber mitsamt ihren Familien unverzüglich auszuweisen, mehr als 20 000 Menschen. Gleichzeitig schickte er Boote mit Bewaffneten los, die sich einheimische Kaufleute griffen und sie als Geiseln an Bord brachten.

Der Radscha lehnte das Ultimatum ab. Da feuerten alle Kanonen auf die Stadt, den Geiseln wurden Hände und Ohren abgehackt und die Verstümmelten dann in einem Boot zur Küste geschickt. Terror! Keiner sollte es wagen, dem König von Portugal zu trotzen. In der nahen Stadt Conchin gründete da Gama eine Niederlassung und ließ fünf seiner Schiffe zurück – Europas erster Militärstützpunkt in Übersee. Im Oktober 1503 war da Gama wieder zu Hause, blutbesudelt, bewundert und mit reicher Fracht.

Es war die Zeit, in der sich die Behauptung des florentinischen Seefahrers Amerigo Vespucci herumsprach, Kolumbus habe sich geirrt: Die spanischen Schiffe führten gar nicht an der Ostküste Asiens entlang, sondern an einer Neuen Welt. Noch ein Triumph für Portugal! Kolumbus hatte nicht Indien gefunden, sondern einen ziemlich unbrauchbaren Gegenstand, von deutschen Kartographen bald darauf „Amerigos Land" getauft, America.

Noch während da Gama heimwärts segelte, im April 1502, war die vierte portugiesische Flotte nach Indien aufgebrochen, diesmal unter dem 50jährigen Afonso de Albuquerque, und 1505 stach die fünfte und bis dahin größte in See, 22 Schiffe mit 1500 Soldaten, befehligt von Francisco de Almeida, den Manuel zum ersten Vizekönig von Indien ernannt hatte. Auftrag an beide: Militärstützpunkte errichten an der Indienroute in Ostafrika wie in Indien selbst, dort Soldaten, Handwerker, Munition und Lebensmittel hinterlassen, die Südwestküste Indiens endgültig unterwerfen und die Araber schlagen, wo immer man sie traf.

Almeida stürmte und plünderte Mombasa im heutigen Kenya, wo sieben Jahre zuvor da Gama mit Kanonenfeuer empfangen worden war. Albuquerque, für kurze Zeit nach Lissabon zurückgekehrt, brach 1506 zum zweitenmal nach Indien auf, eroberte Maskat am Golf von Oman und wagte schließlich einen Angriff auf die reiche Handelsstadt Hormuz am Eingang zum Persischen Golf, die er mit weit unterlegenen Kräften im Handstreich nahm, mit der üblichen Folge: Die Portugiesen metzelten jeden nieder, Männer, Frauen und Kinder.

Solcher Unverschämtheit wollten die Araber nun endlich eine Offensive entgegensetzen. Der Sultan von Ägypten schloß mit dem Dogen von Venedig ein Bündnis der von Portugal Geschädigten, und gemeinsam rüsteten sie eine Armada aus, die 1507 durchs Rote Meer nach Indien segelte. Es gelang ihr, im Hafen von Chaul nahe Bombay einen Teil der portugiesischen Flotte zu überrumpeln, wobei der Sohn des Vizekönigs ums Leben kam.

In äußerster Empörung bereitete Almeida den Gegenschlag vor. Im Hafen von Diu nordwestlich von Bombay konnte er 1509 die ägyptisch-venezianische Flotte, verstärkt durch hundert indische Segler, mit List und überlegener Artillerie vollständig vernichten. Die Gefangenen ließ er vor die Mündungen der Kanonen binden. Fast ein Jahrhundert lang wagte es nun niemand mehr, die portugiesische Schreckensherrschaft über den Indischen Ozean herauszufordern.

Warum waren die Araber, den Portugiesen weit überlegen an Volkszahl, Reichtum und der Kenntnis aller Küsten, nicht imstande, die Zerstörung ihres Handelsimperiums durch den dreisten Zwerg aus Europa zu verhindern? Als Navigatoren waren sie eher besser, das Lateinsegel hatte Heinrich der Seefahrer ihnen nachgemacht. Aber sie litten unter drei Nachteilen:

Die Planken ihrer Schiffe waren nicht durch Bolzen, sondern durch Kokosstricke verbunden – verhängnisvoll bei Orkan oder Artilleriebeschuß, doch meist betrieben sie ja Küstenschiffahrt, und im Indischen Ozean waren sie seit Jahrhunderten unangefochten die Herren.

Auf Feinde nicht eingestellt, bestückten sie – zweiter Nachteil – ihre Schiffe mit viel weniger Kanonen, als die Portugiesen mitführten.

Was ihnen aber völlig fehlte und für sie ein Rätsel blieb, war die rabiate Entschlossenheit, sich einen fremden Teil der Erde zu unterwerfen mit unsäglichen Strapazen und höchstem Risiko. Hätten arabische Schiffe nicht viel leichter Lissabon erobern können als portugiesische die indische Küste? Nur hätten die Araber das *wollen* müssen. Aber sie waren reich seit Jahrhunderten, arglos und zufrieden, die Portugiesen arm, gierig, rücksichtslos und gesteuert von einem zentralen Willen zur Macht.

Zwei weitere Umstände fielen ihnen dabei in den Schoß: die Rivalität der lokalen Fürsten in Indien und Ostafrika, die ihnen einen gleichwertigen Gegner ersparte, und der kuriose Verzicht auf die Macht zur See, den das Riesenreich China übte. Nach jahrhundertelanger Seefahrtstradition unterhielten die Chinesen zwischen 1405 und 1433 die größte Flotte mit den bei weitem größten Schiffen, die es bis dahin gegeben hatte, und fast den gesamten Indischen Ozean fuhren sie ab wie später die Portugiesen – jedoch gänzlich ohne den Wunsch, zu entdecken, zu erobern, zu missionieren oder auch nur sich zu bereichern: Kaiserliche Macht stellten sie zur Schau, Geschenke verteilten sie.

Dieser kostspieligen Prachtentfaltung machte ein kaiserliches Dekret 1433 ein Ende: Es verbot allen Chinesen, ins Ausland zu reisen, und im Jahre 1500 wurde sogar der Bau hochseetüchtiger Dschunken verboten – offenbar aus totalem Desinteresse an der ganzen Welt, soweit sie nicht aus China bestand; in jener Selbstgenügsamkeit, die es im 19. Jahrhundert den europäischen Kolonialmächten ermöglichte, China zu demütigen und auszuplündern. Die Portugiesen stießen im Indischen Ozean also in ein Vakuum; aus einer zufälligen Konstellation zogen sie zielstrebig den äußersten Nutzen.

Nach dem Sieg von Diu ging es nun Schlag auf Schlag. Albuquerque, inzwischen Vizekönig, eroberte Goa, machte es zur Hauptstadt der Besitzungen im Indischen Ozean und baute es zu einer Festung aus. Nach dem Sieg schlug er eine neue Politik gegenüber den Einheimischen ein: Seinen erbosten Soldaten verbot er das Plündern und den Priestern das gewaltsame Missionieren; seinen Offizieren legte er die Ehe mit indischen Frauen nahe. Nur unter Beteiligung der Inder, das wurde ihm klar, ließ sich eine funktionierende Verwaltung aufbauen – bei insgesamt höchstens 4000 Portugiesen rund um den Ozean.

Nächstes Ziel: Malakka, die reiche Handelsstadt an der Meerenge zwischen Sumatra und der Malaiischen Halbinsel, der östlichste Vorposten der islamischen Welt, das Tor zum Fernen Osten – und zu den Molukken, jenen Inseln, von denen die köstlichen Gewürze kamen, die in Indien nur umgeschlagen wurden. 1511, nach wochenlangen blutigen Kämpfen, hatte Albuquerque auch diese Stadt genommen; 8000 Kilometer lagen nun zwischen der Ost- und der Westgrenze des portugiesischen Imperiums im Indischen Ozean. Als nächstes wurden Stützpunkte auf Java, Celebes und 1512 auf den Molukken errichtet, und 1513 landete in China die erste portugiesische Karacke – einer jener schweren Segler, die auf der Indienfahrt die Karavellen abgelöst hatten.

Das meiste war nun vollbracht, in den nur 15 Jahren seit Vasco da Gamas Landung in Indien ein ozeanisches Weltreich errichtet – von weniger Menschen mit spärlicheren Mitteln als von jedem anderen Volk der Geschichte. 1541 traf ein portugiesisches Expeditionskorps in Abessinien ein, bei den Erben des Priesters Johannes, und half den Christen ihr Reich gegen den Islam verteidigen. 1542 war Japan erreicht, 1557 mit Duldung des Kaisers von China die Handelskolonie Macao gegründet.

Schon 21 Jahre danach begann der Niedergang – auch er nicht ohne Größe: Es dauerte fast 400 Jahre, bis das alte Reich zerstoben war.

König Sebastian von Portugal hatte, 24jährig, den Willen, den Glaubenskrieg gegen den Islam fortzuführen, indem er Marokko eroberte; doch vor ihrer Haustür versagten die Portugiesen: Der Sultan schlug sie 1578 vernichtend, fast das gesamte Heer von 15 000 Mann wurde getötet oder gefangengenommen – ein Aderlaß, von dem das Land sich auf Jahrzehnte nicht erholte. Auch der König fiel, und da er keinen Erben hinterließ, proklamierte sich Philipp II. von Spanien, ein Enkel Manuels I., zum König auch von Portugal und schickte ein Heer, das den Anspruch durchsetzte.

Sogleich war Portugal in Spaniens Kriege mit England und den Niederlanden verwickelt, und die Holländer, zu einer führenden Seemacht aufgestiegen, knabberten das portugiesische Imperium an: 1606 eroberten sie die Molukken, 1619 Ceylon, 1641 Malakka; und da die Araber sich 1622 Hormuz am Persischen Golf zurückgeholt hatten, waren die Eckpfeiler der portugiesischen Herrschaft über den Indischen Ozean geborsten.

1640 gelang es Johann von Bragança, dem letzten Abkömmling des alten Königshauses, die Spanier zu verjagen, und 1668 erkannte Spanien Portugal als wieder unabhängig an. Johann gab den Indischen Ozean verloren und wandte sich Brasilien zu; auch dort hatten sich die Holländer, außerdem Engländer und Franzosen festgesetzt. In harten Schlachten wurden sie allesamt geschlagen, und nun verstärkte sich eine Tendenz, die für Portugal neu war: nicht nur die Küste zu sprenkeln mit Marinestützpunkten und Faktoreien, sondern ein Land mit Siedlern zu durchdringen.

Die Einwanderung aus Portugal nahm zu – und mit ihr der Import von Sklaven aus Angola, auf der anderen Seite des Atlantik. Der afrikanische Küstenstreifen, den die Portugiesen auf ihren Indienfahrten 1483 in Besitz genommen hatten, diente nun hauptsächlich dem Zweck, auf Raubzügen ins Hinterland Schwarze einzufangen und sie nach Brasilien zu verschiffen. An die 700 000 Sklaven kamen vom Ende des 16. Jahrhunderts bis zur Mitte des 18. Jahrhunderts in Brasilien an, nicht gerechnet die Zehntausende, die auf dem Atlantik starben, da sie wie Vieh verladen wurden.

Nicht von Angola allein ging der Menschenhandel aus, sondern von der Westküste Afrikas bis hinauf zum Senegal; nicht nur die Portugiesen waren die Händler, sondern auch Engländer und Franzosen; nicht nur nach Brasilien wurden die Sklaven verfrachtet, sondern auch nach Nordamerika und auf die karibischen Inseln. Doch Portugals Rolle darin war besonders groß, und das Zusammenspiel zweier Besitzungen auf beiden Seiten des Atlantik erscheint uns als eine besondere Perversität des Kolonialzeitalters. Als die Holländer sich auch in Angola festsetzen wollten, waren es brasilianische Siedler, die in drei Expeditionen den Portugiesen halfen, „die schwarze Mutter Brasiliens" zurückzuerobern.

1832 mußte der Große Brockhaus resümieren, binnen 250 Jahren habe „die Habsucht christlicher und nichtchristlicher Barbaren über 40 Millionen der kräftigsten Menschen wie Zugvieh verhandelt und in fremde Gegenden abgeführt" (12 Millionen gelten heute als wahrscheinlicher, schrecklich genug); ja noch immer werde „dieser schändliche, die ganze Menschheit entehrende Handel getrieben", mehr als 30 000 Sklaven pro Jahr, nun vor allem zu den karibischen Inseln; Brasilien hatte die Einfuhr 1831 verboten.

Das Land, 96mal so groß wie Portugal, war inzwischen ein Kaiserreich geworden: 1808 war Johann VI. vor den Truppen Napoleons nach Brasilien geflohen; 1821 trieb ein Aufstand ihn nach Lissabon zurück, doch akzeptierten die Kolonisten seinen Sohn Pedro als Regenten. Der erklärte 1822 Brasilien für unabhängig und ließ sich zum Kaiser krönen; 1825 erkannte Lissabon ihn an.

Nun erst, da sowohl der Indische Ozean als auch Südamerika verloren waren, wandte Portugal den afrikanischen Besitzungen sein Interesse zu. Allmählich wurde das Hinterland erschlossen, 1886 noch einmal eine große koloniale Tat geplant: Afrika zwischen Angola und Moçambique in Besitz zu nehmen von Küste zu Küste. Die Engländer verhinderten dies, sie arbeiteten ja an einem britischen Gürtel von Ägypten bis Südafrika, den der portugiesische durchkreuzt hätte.

Noch immer blieben zwei große Kolonien übrig, zusammen 23mal so groß wie Portugal. Investiert wurde wenig in sie, verwaltet wurden sie schlampig; nichts mehr von dem ehernen Willen und der stupenden Organisation, die einst das Weltreich geschaffen und zusammengehalten hatten. Auswanderungswillige Portugiesen gingen lieber nach Brasilien, und 1961 begannen die Aufstände gegen die Kolonialherrschaft, die Portugal blutig zu unterdrücken versuchte. Es war dasselbe Jahr, in dem indische Truppen in Goa einmarschierten, dem Rest der portugiesischen Herrschaft über den Indischen Ozean.

1974 griff in Lissabon General Spínola nach der Macht und verkündete, die Überseegebiete hätten das Recht auf Selbstbestimmung. Die meisten Portugiesen, der ungeliebten Kolonien längst überdrüssig, waren es zufrieden. Die Machtübergabe in Moçambique und Angola aber vollzog sich chaotisch, arm sind beide Länder bis heute, in Angola tobt immer noch der Bürgerkrieg.

Was ist geblieben vom Lebenswerk Heinrichs des Seefahrers, Vasco da Gamas und all der anderen, die es hinaustrieb auf nie zuvor befahrene Meere? Eine Weltsprache – und für die Portugiesen die Erinnerung. Saudade heißt das Wort, mit dem sie ihr Lebensgefühl beschreiben: Wehmut, Fernweh, Weltschmerz, die große Traurigkeit. Man ist froh, die Bürde jenes Imperiums nicht mehr tragen zu müssen; man ist unendlich stolz, es einst geschaffen zu haben; man registriert melancholisch, nur noch ein Anhängsel zu sein – Europas, Brasiliens, eine Nebensache jedenfalls.

Unter dem Denkmal Heinrichs des Seefahrers in Lissabon ist eine Weltkarte ins Straßenpflaster eingelassen; unmöglich, nicht fasziniert zu sein von den Karavellen und den Jahreszahlen, die den Sturmlauf über die halbe Erde widerspiegeln.

Man kommt da ins Grübeln: Wie verhält sich die grandiose Leistung, die die Portugiesen einst vollbrachten, zu der Unmenge von Leid, das sie zufügten und erduldeten? Geschah dies alles nur aus religiösem Wahn und weltlicher Machtgier, und um den Pfeffersäcken von Lissabon die Speicher zu füllen – oder verdient es Bewunderung, wie ein kleines Volk sich tollkühn den Globus zum Spielball nahm und dem Abendland die Erde öffnete?

„Verwegenstes der Völker aller Zeiten!“ rühmte Camões seine Landsleute. Ganz unrecht hat er nicht.

PIZARRO UND ATAHUALPA

Ein Kaiser im Würgeisen

Mit nur 168 Mann überrumpelt der spanische Oberst Francisco Pizarro am 16. November 1532 den Inka-Kaiser Atahualpa, den Herrscher über das mächtigste Reich der Neuen Welt, und seine Leibgarde von 5000 Mann. Atahualpa zahlt ein Lösegeld von zehn Tonnen Gold, und hingerichtet wird er doch. Pizarro, ein Greis, stirbt schließlich durch die Schwerter seiner Freunde.

Dies ist die phantastische Geschichte von dem Schweinehirten, der einen Kaiser überwältigte, ausraubte und erwürgen ließ – von Francisco Pizarro, einem der Erzschurken des Kolonialzeitalters, einem Bündel von Schamlosigkeit, Zähigkeit und Wagemut, wie es kaum ein zweites gegeben hat.

Was trieb ihn, den Habenichts mit der maßlosen Vision, daß er, sechzig Jahre alt, den Sonnenkaiser von Peru aus seiner goldenen Sänfte zerrte? Und wie konnte das hochorganisierte Riesenreich der Inka mit Hunderttausenden vorzüglich ausgerüsteten Soldaten zusammenbrechen unter dem Anprall von 168 spanischen Hasardeuren?

Alles fing damit an, daß „eine Person niederen Standes", wie die Chronisten sagen, wahrscheinlich 1471, vielleicht aber 1474 oder 1478 einen Jungen gebar, den sie Francisco und, nach seinem mutmaßlichen Vater, einem Obersten der Infanterie, Pizarro nannte. Wer hätte sein Geburtsjahr registrieren sollen? Ein Elternhaus hatte er nicht, eine Schule besuchte er nicht, Schweine mußte er hüten auf den Hügeln der dünnbesiedelten Landschaft Extremadura, unweit der portugiesischen Grenze. Und schon reißt jede Überlieferung ab bis zum Jahre 1504, als Pizarro um die 30 war. Da tauchte er in Haiti auf, später als Stellvertreter eines Alonso de Ojeda auf einem Kriegszug gegen die Indianer.

Wann hatte er sich nach Amerika eingeschifft? Wir wissen es nicht. Nur daß einem armseligen spanischen Hirten die prahlerischen Berichte des Kolumbus wie ein Befreiungsschrei in den Ohren geklungen haben müssen: Viermal zwischen 1493 und 1504, als er von seinen vier Reisen zurückkehrte, wußte Kolumbus sich und seine Entdeckungen ja in Szene zu setzen, jedesmal hartnäckig behauptend, in „Indien" gelandet zu sein (worunter er, nach dem Sprachgebrauch seiner Zeit, Japan und China verstand).

Und schon 1494, noch in dem Irrglauben des Kolumbus befangen, teilten Spanien und Portugal die Erdkugel zwischen sich auf, damit ihre Seefahrer einander nicht mehr ins Gehege kämen: Im Kloster von Tordesillas unterzeichneten sie einen Vertrag, wonach östlich einer Linie, die etwa dem 46. Grad westlicher Länge im heutigen Brasilien entspricht, die Erde portugiesisch, westlich davon hingegen spanisch sein sollte. Die Erde! Sie kannten sie kaum, aber sie nahmen sie sich. Der unvorstellbare Hochmut der Könige muß den Vagabunden, die in ihrem Namen halb Amerika zusammenraubten, wohl als mildernder Umstand angerechnet werden.

Nun ist es nicht weit von Extremadura nach Sanlúcar, dem Hafen von Sevilla, wo sich die Segel der Entdeckerschiffe blähten, Boten aus einer Welt der sagenhaften Möglichkeiten; und da waren nicht nur Matrosen gefragt, sondern auch Glücksritter, die sich jenseits des Ozeans bereichern durften, wenn sie nur Palisaden bauten und Eingeborene in die Schranken wiesen.

Pizarro war so einer. Um 1500 vielleicht stahl er sich aus Spanien davon oder in jenem Jahr 1502, als der italienische Seefahrer Amerigo Vespucci als erster die Überzeugung äußerte, all die Schiffe aus Europa führen gar nicht an der Ostküste Asiens entlang, sondern an einer Neuen Welt; demselben Jahr, da dem Inka-Kaiser Huayna Capac der Sohn Atahualpa geboren wurde, der sich 31 Jahre später im spanischen Würgeisen zu Tode keuchen sollte.

Haiti also, 1504. Spätestens im Jahre 1513 finden wir Pizarro auf der Landenge von Panama wieder, einem Sammelplatz spanischer Siedler und Soldaten, an den schon die ersten Gerüchte vom großen Gold im Süden gedrungen waren. 1513 gehörte Pizarro zu jener Expedition unter Núñez de Balboa, die den Isthmus durchquerte, so daß die ersten Europäer es nun vor sich liegen sahen: das Südmeer, wie sie sagten, aus Panama zu Recht; den Stillen Ozean, wie Magellan ihn später taufte; den pazifischen Seeweg zum Gold.

Im Jahre 1522 war Pizarro ein Hauptmann um die 50, ein alter Mann nach den Maßstäben der Zeit, mit einem Stück Land in der Nähe der neuen Hauptstadt Panama, dem Südmeer zugekehrt, und ein paar Indianern, die ihm Frondienst leisteten. Gemessen an seiner traurigen Jugend hatte er es zu etwas gebracht. Ob er gleichwohl mit sich unzufrieden war oder ob er seinen Ehrgeiz erst entwickelte durch die drei Anstöße, die er in jenem Jahr bekam – wir wissen es nicht.

Der eine Anstoß war, daß Panama vibrierte vor Begeisterung über den endgültigen Sieg, den Hernando Córtez im Vorjahr über die Azteken in Mexiko errungen hatte – ein Edelmann aus Extremadura, erst 36 Jahre alt und vermutlich mit dem Vater Pizarros verwandt! Der zweite, daß ein spanischer Seefahrer in Panama berichtete, wie er bis zur Küste von Peru vorgestoßen sei und dort von einem Reich mit unerhörten Goldschätzen gehört habe.

Den dritten Anstoß gab Pizarro das Zusammentreffen mit zwei Männern, die ihn zu einem Bündnis überredeten: dem alten Haudegen Diego de Almagro, ähnlich alt wie Pizarro, aber von ungebrochener Unternehmungslust, und dem Pfarrer Hernando de Luque, der bereit war, das Geld eines reichen Siedlers, der nicht in Erscheinung treten wollte, in eine Expedition zum Goldland im Süden zu investieren. Die drei wurden sich einig: Almagro beschafft zwei Segelschiffe und kratzt aus den glücklosen Herumtreibern in Panama eine Mannschaft zusammen, Pizarro übernimmt den Befehl, und de Luque gibt das Geld.

Es geschah im November 1524, daß Pizarro Segel setzte, um das Goldland zu erobern; und es wurde ein fast totaler Mißerfolg. An der Küste Urwald, Sümpfe, nichts zu essen. Endlich ein Dorf, in dem die Einheimischen vom Goldland schwärmten, dort hinter den Bergen. Schließlich eine Stadt, in der die Spanier rohen Schmuck aus purem Gold in Mengen rauben konnten, doch fünf wurden dabei erschlagen und viele verwundet – Pizarro selbst an sieben Stellen, die der Harnisch nicht bedeckte.

Aus Sorge um die Verletzten und mit dem Stolz des erbeuteten Goldes ordnete Pizarro die Rückkehr nach Panama an. Der spanische Statthalter dort war jedoch weniger von dem Gold beeindruckt als von der Tatsache, daß Pizarro ein Viertel seiner Männer durch Hunger, Krankheit und Kampf verloren hatte; und so lehnte er es ab, weitere Entdeckungsfahrten zum Goldland zu genehmigen – es sei denn, Pizarro erkenne an, daß er ihm, dem Statthalter, von der nächsten Beute 1000 Goldpesos schulde.

So stand nichts im Wege, daß Pizarro, sein Kampfgenosse Almagro und Pater de Luque am 10. März 1526 einen ungeheuerlichen Vertrag abschlossen, ihr privates Tordesillas sozusagen: Sie ergriffen von den noch zu entdeckenden Ländern am Südmeer urkundlich Besitz und versicherten einander, alles, was sie erobern würden, Land, Menschen, Gold und Vorteile jeglicher Art, gleichmäßig unter sich aufzuteilen, im Namen des Herrn, der Heiligen Dreifaltigkeit und der Jungfrau Maria, aufs Meßbuch geschworen, mit dem Abendmahl besiegelt und von drei ehrbaren Bürgern Panamas beglaubigt, von denen je einer für die beiden Analphabeten unterschrieb, Almagro und Pizarro. So wurde ein Kaiserreich zerlegt.

Pizarro stach noch 1526, im Jahr des Dreierbunds mit de Luque und Almagro, zum zweitenmal in See; diesmal mit zwei Schiffen, einem für Almagro und einem für sich, und rund 160 Mann, die sie in Panama nur mühsam zusammengeklaubt hatten – zu erschreckend war der Anblick der ausgemergelten Überlebenden der ersten Fahrt gewesen. Bessere Waffen immerhin befanden sich an Bord und sogar ein paar Pferde, von Spanien im Bauch der Segler über den Atlantik zur pferdelosen Neuen Welt geschaukelt bis an die Nordküste Panamas, dort übers Gebirge zum anderen Ozean getrieben und nun wieder in engen, mit Stroh gepolsterten Verschlägen auf dem Meer.

Achtzehn Monate dauerte Pizarros zweite Reise, und mehrfach war sie dem Desaster nah. Zwar konnten die Spanier gleich bei ihrer ersten Landung an der Küste des heutigen Ecuador ein Dorf überrumpeln und Gold erraffen, so daß Almagro mit der Beute nach Panama segelte, um Verstärkungen anzuwerben. Aber von denen, die bei Pizarro geblieben waren, gerieten 15 Mann in einen indianischen Hinterhalt, und keiner kehrte zurück. Da jedoch Almagro bald wiederkam mit neuen Abenteurern aus dem Norden und da das andere Schiff von einer Erkundungsfahrt in den Süden zurückgekehrt war voll von Gerüchten über goldgetäfelte Paläste, von denen alle Indianer erzählten – segelten beide Schiffe weiter nach Süden.

Bei einer Stadt stellten sich ihnen zum erstenmal Tausende von Kriegern entgegen, und eine halbwegs beglaubigte Anekdote besagt, die Spanier seien nur entkommen, weil einer von ihnen vom Pferd fiel: Denn war das Doppelwesen Pferd-Mensch den Indianern schon unheimlich genug, so mußte sein jäher Zerfall in zwei Teile sie in Panik stürzen.

Doch das Erschrecken der meisten Spanier über die Zahl ihrer Feinde blieb. Aus, vorbei, nach Panama zurück! riefen sie. Da war es Almagro, der sie beschwor: Ob sie nicht allesamt Schulden hätten in Panama? Und ob es nicht besser sei, weiter nach Gold zu suchen, als ins Gefängnis zu wandern? Almagro segelte noch einmal heim; Pizarro zog sich mit den Zurückgebliebenen auf eine kleine Insel zurück, weil es auf dem Festland immer bedrohlicher von Kriegern wimmelte.

Als nach Wochen des Hungers endlich zwei Schiffe aufkreuzten, bekamen Pizarros Männer zwar wieder zu essen, aber das Kommando an Bord hatte nicht Almagro, sondern ein spanischer Ritter namens Juan Tafur, der Pizarro den Befehl des Statthalters überbrachte, jeden Spanier, den er noch lebend antreffe, nach Panama zurückzuschaffen. Die Weisung war ergangen, weil einer der Zurückgebliebenen einen Brief auf Almagros Schiff hatte schmuggeln können, an die Frau des Statthalters, mit der Klage, Pizarro halte sie gegen ihren Willen in hoffnungsloser Lage zurück.

Pizarro wiederum konnte einen Brief von Almagro und Pater de Luque in Empfang nehmen, in dem sie ihn beschworen, auszuharren. Da zog er mit dem Schwert eine Linie in den Sand, von Osten nach Westen, und sprach zu seinen Männern: „Im Norden liegen Armut und ein bitteres Leben, im Süden Hunger, Gefahr, Verlassenheit, der Tod – und Peru mit seinen Schätzen. Wählt, was zu einem tapferen Kastilianer paßt! Ich gehe in den Süden. Wer kommt mit mir?“ Und damit überschritt er die Linie. Dreizehn Männer folgten ihm.

Wer hätte in diesem Augenblick gewettet, daß es eben jene vierzehn Tagediebe sein würden, deren Besessenheit fünf Jahre später das Inka-Reich zerstören half? Zu ihrem Glück gehörte sogleich, daß der Ritter Tafur seinen Befehl nicht wörtlich auslegte und die vierzehn auf ihrer elenden Insel zurückließ.

Als die beiden Schiffe abgelegt hatten, sahen sich die Desperados, die ein Kaiserreich zerschlagen wollten, zum Warten verurteilt, wieder einmal – sieben qualvolle Monate lang. Pizarro sorgte dafür, daß Tag für Tag ein Morgengebet gesprochen, am Abend das Loblied der Jungfrau Maria gesungen, die Kirchenfeste so feierlich wie gerade noch möglich begangen wurden.

Endlich kam ein kleines Schiff, zu Pizarros Ärger ohne die ersehnte Verstärkung – denn nur unter dieser Bedingung hatte der Statthalter sich von Almagro und de Luque erweichen lassen, Pizarro, dem Befehlsverweigerer, doch noch einmal zu helfen. Außerdem erging an Pizarro die Weisung, spätestens in sechs Monaten in Panama zur Berichterstattung anzutreten.

Sechs Monate! Das hieß ja: Zunächst konnten sie nach Süden segeln! In Tumbez erreichten sie zum erstenmal die Grenze des heutigen Peru, und von hier aus, hatten etliche Indianer behauptet, sei es nicht mehr weit zum Reich des Goldes. Pizarro schickte einen Ritter an Land, mit glänzender Rüstung und einer Arkebuse auf der Schulter – einer der ältesten Schußwaffen, die ein Mensch tragen konnte, einem mindestens sieben Kilo schweren Donnerrohr, das Bleikugeln im Durchmesser von zwei Zentimetern verschoß und zum Schuß auf einen Gabelstock gelegt werden mußte. Von neugierigen Einheimischen bedrängt, ließ der Ritter sich nicht lumpen, schoß ein Brett in Splitter und lächelte denen, die sich unter Feuerschein und Knall in den Staub geworfen hatten, freundlich zu. Da zeigten sie ihm einen Tempel, der von Gold und Silber glänzte.

Die Spanier jubelten, als der Ritter ihnen davon berichtete. So war es Pizarro ein leichtes, sie für die Weiterreise in den unbekannten Süden zu gewinnen – bis zum 9. Grad südlicher Breite, weiter, als es fünf Jahre später für den entscheidenden Kriegszug nötig sein sollte. Die Küste war dicht besiedelt, die Indianer staunten und brachten Geschenke, Schmuck, feinste Tuche, auch einige Lamas, von denen zwei ein Jahr später mit Pizarro nach Europa reisten.

Um diese Zeit, 1527, muß Huayna Capac gestorben sein, der Vollender des Inka-Imperiums. In seinen Mythen wird das Reich seit etwa dem Jahr 1200 erwähnt, zunächst ein Agrarstaat rund um Cuzco im Süden des heutigen Peru, nicht den alten Hochkulturen zugehörig wie der von Chimú im Norden und der von Tiahuanaco im Süden. Erst etwa hundert Jahre vor seinem gewaltsamen Ende begann die Durchdringung oder militärische Unterwerfung von immer mehr Nachbarvölkern, denen die Herrenrasse der Inka ihre Sprache und ihren ebenso effizienten wie erbarmungslosen Beamtenapparat aufnötigte.

Woran der jähe Expansionsdrang der Inka sich entzündete, woher sie ihre ausgefeilte Herrschaftstechnik nahmen und wie sie sie in so kurzer Zeit durchsetzen konnten – darauf gibt es bis heute keine befriedigende Antwort. Rund eine Million Quadratkilometer waren von den Straßen, Brücken, Rasthäusern, Vorratslagern, Festungen und Tempeln der Inka überzogen, das Dreifache von Deutschland, mehr als 4000 Kilometer von Nord nach Süd, von der Grenze des heutigen Kolumbien bis über das heutige Santiago de Chile hinab; eine Entfernung wie die vom Nordkap Europas bis nach Libyen.

Huayna Capac aber teilte noch auf dem Sterbelager das Riesenreich zwischen seinem ältesten Sohn Huascar und seinem Lieblingssohn Atahualpa auf – und leistete damit einen Beitrag zu seinem Untergang.

Hat der sterbende Kaiser den kommen sehen? Seinen engsten Vertrauten soll er verkündet haben, das Reich werde zerstört werden durch bärtige, weißhäutige Fremde, die in hölzernen Burgen unter riesigen Tüchern nach Süden schwömmen, denn so spreche das Orakel, und es habe keinen Zweck, sich dem Willen des Himmels entgegenzustellen. Garcilaso de la Vega erzählt diese Geschichte, und einerseits ist er die beste, ja die einzige Quelle für die Inka-Seite: 1539 in Cuzco geboren als Sohn eines spanischen Adligen und einer Inka-Prinzessin und von seiner Mutter im Inka-Geist erzogen; andrerseits von einer Fabulierfreude, die ihn nach Meinung der meisten späteren Historiker unzuverlässig macht.

Unbestritten aber ist, daß Huayna Capac noch Nachricht von den bärtigen Exoten in den dicken Schiffen empfangen hatte, und beunruhigt haben könnte ihn diese Auskunft schon: Schließlich hatte man nicht ein lückenlos durchorganisiertes Staatswesen geschaffen, um am Ende seines Lebens plötzlich von Fremdlingen zu hören, die dreist das alles beherrschende Schema sprengten.

Pizarro, der Bärtige, und seine längst tot geglaubten, inzwischen wohlgenährten Leute waren unterdessen nach Panama zurückgekehrt. Sie erregten zwar Aufsehen, aber der Statthalter verweigerte jede weitere Unterstützung für das offenbar uferlose Unternehmen.

Da hatte Pater de Luque eine kühne Idee, und Almagro unterstützte ihn darin: Einer von ihnen müsse nach Spanien reisen, um den König für die Unternehmung zu gewinnen – und Pizarro müsse es sein, kein anderer sei geeignet, auf den Regenten Eindruck zu machen. De Luque brachte 1500 Dukaten auf, Pizarro wurde angemessen eingekleidet (und, dürfen wir vermuten, von de Luque in der höfischen Etikette unterwiesen und mit unzähligen Ratschlägen versehen). Im Frühjahr 1528, nach vierjähriger Belagerung Perus, schiffte er sich nach Europa ein.

Es geschah dann im Sommer, durch de Luque eingefädelt, daß der ehemalige Schweinehirt aus Extremadura in Toledo, Spaniens größter Stadt, hintrat vor Karl V., Kaiser des Heiligen Römischen Reiches Deutscher Nation, König von Kastilien, Aragón, Granada, Navarra, Neapel, Sizilien und der Inseln und Festländer des Ozeanischen Meeres, Herzog von Mailand, Brabant, Luxemburg und Schlesien, Freigraf von Burgund und Graf von Flandern.

Der Kaiser war 28, Pizarro zwischen 50 und 59 Jahre alt, der Kaiser eher schmächtig, Pizarro ein hochgewachsener Mann; der Kaiser von zurückgenommenem Wesen, Pizarro inmitten all der Hofschranzen und der goldbetreßten Pracht von keinem Zweifel an sich selber angekränkelt; der Kaiser, auch auf Flämisch und Französisch von eher stockender Rede, im Kastilianischen nicht recht zu Hause – Pizarro der geborene Rhetor, egal, ob er seine Männer zum Ausharren begeisterte oder von den unglaublichen Opfern berichtete, die des

Königs treueste Diener auf sich genommen hätten, um das Goldland Peru ihm zu Füßen zu legen.

Karl V., ist überliefert, war bis zu Tränen bewegt. Er beugte sich neugierig über den goldenen Schmuck und bewunderte die Feinheit der Gewebe aus der Wolle der Lamas, von denen er zwei betrachten konnte, vermutlich standen sie im Hof.

Natürlich möchte man viel mehr über diese Szene wissen, einen Film von ihr haben, eine fulminante Reportage, ein exaktes Protokoll – denn selten war ein solcher Widerspruch der Herkunft und des Lebensstils in einem Raum vereinigt, und überdies war dies die Stunde, da der mächtigste Mann Europas sich mit einem Haudegen und Hungerleider darauf einigte, daß der ihm den mächtigsten Mann Amerikas unterwerfen sollte.

Was könnte Karl V. bewogen haben, Pizarro und sein Anliegen dem königlichen „Rat von Indien" lebhaft zu empfehlen? Das Gold vermutlich und eine Art Sendungsbewußtsein auch. Zwar war es höchst ungewiß, ob Pizarro nun wirklich Gold herbeischaffen würde in jenen Mengen, wie der Kaiser sie dringend hätte brauchen können, um seine permanenten Kriege zu finanzieren: allein viermal gegen Frankreich, dazwischen gegen den Kirchenstaat und später gegen die Türken. Andrerseits war der Einsatz ja gering.

All diese zäh ablaufenden Kriege finanzierte Karl V., im Stil seiner Zeit, durch kurzfristige Schuldverschreibungen, zumal bei den großen Bankhäusern von Antwerpen, Augsburg und Genua. Die verlangten mindestens 12 Prozent, zum Teil bis zu 45 Prozent Zinsen, und Karl zahlte sie auch, wenn andernfalls eine seiner Armeen zu meutern oder auseinanderzulaufen drohte – wobei er so weit ging, Hypotheken auf noch nicht eingegangene Steuern aufzunehmen.

Doch nur die Hoffnung auf das Gold war es nicht, was dem Hauptmann Pizarro die Huld des Kaisers eintrug. Mercurino de Gattinara, italienischer Jurist und Großkanzler des Heiligen Römischen Reiches, hatte dem 19jährigen, als er Kaiser wurde, eingeredet, er sei berufen, „die ganze Welt unter einem Hirten zu vereinigen". Karl hörte das gern. Er träumte vom *dominium mundi*, der Herrschaft über die Erde, der *monarchia universalis*, dem Weltkönigtum; und als er 1525, drei Jahre vor der Begegnung mit Pizarro, seinen Erbfeind Franz I. von Frankreich besiegt und gefangengesetzt hatte, schien das Ziel nah.

Nun wollte Karl die Türken schlagen und Jerusalem zurückerobern – „damit die ganze Welt unter diesem christlichen Fürsten unseren katholischen Glauben annehme und so die Worte des Erlösers sich erfüllen: Es wird ein Schafstall und ein Hirte sein". So ließ der Kaiser es nach seinem Sieg über den König von Frankreich verkünden, und kein Chronist bestreitet, daß Karl V. wirklich fromm war, dazu sittenstreng und pflichtbewußt bis zur Federfuchserei. „Die ganze Welt" katholisch – die Neue also auch!

Ein volles Jahr nach der Audienz von Toledo, am 26. Juli 1529, bekam Pizarro endlich die Urkunde ausgehändigt, die ihm das Recht gab, das Land Peru – oder Neu-Kastilien, wie es fortan heißen sollte – zu erobern und es als Statthalter zu regieren, mit einem Gehalt von 725 000 Maravedi, die dem Lande zu entnehmen seien.

Da war viel versprochen und nichts riskiert. Nur einen gewissen Zuschuß wollte der Hof leisten zu dem Kriegsgerät, mit dem Pizarro versehen werden sollte. Im übrigen war es dessen Verpflichtung, binnen eines Jahres 250 Soldaten aufzutreiben und mit ihnen nach Peru aufzubrechen. Mit 250 Mann gegen ein Kaiserreich – es klang wie Aberwitz; aber wie wir wissen, hat es funktioniert, mit 168 Mann sogar.

Die Suche nach den richtigen Männern begann Pizarro in seiner Heimat Extremadura, wo der vor einem Vierteljahrhundert verschollene arme Schlucker sich gebührend bewundern ließ. Drei seiner vier jüngeren Halbbrüder schlossen sich ihm an: Gonzalo und Juan, unehelich geboren wie er, und Hernando, ehelich und von allen Zeitgenossen als überempfindlich, hochmütig und rachsüchtig geschildert.

In Panama gab es Ärger mit Almagro, weil Pizarro für ihn nur 300 000 Maravedi (gegen 725 000 für sich selber) und den Posten des Kommandanten der Festung Tumbez ausgehandelt hatte, statt ihn, wie verabredet, mit denselben Rechten zu versehen. Pater de Luque konnte vermitteln. Und im Januar 1531 zog Pizarro zum drittenmal aus, das Goldland zu erobern, diesmal mit drei Schiffen und 190 Mann – mehr hatte er nicht zusammentrommeln können.

Am Nordrand des heutigen Ecuador betrat er zum drittenmal den Boden des Inka-Reichs. Nach mühsamem Marsch erreichten die Spanier die Stadt Coaque, aus der sie ohne Widerstand alles raubten, was aus Gold oder Silber war. Doch noch im Plündern erzwang Pizarro Disziplin: Alle Beute hatte auf einen Haufen geworfen zu werden, Pizarro zweigte wie immer ein Fünftel davon für den König ab, den Hauptteil schickte er mit den beiden Schiffen nach Panama zur Finanzierung des Nachschubs und zu weiteren Anwerbungen – der Rest wurde verteilt. Wer sich auf eigene Faust bereicherte, dem drohte der Tod.

Während die Schiffe unterwegs waren, zog Pizarro südwärts durch eine Sandwüste, die Sonne unter dem Äquator brannte auf die schweren Rüstungen und die dicken Wämser, und mehrere Spanier starben an einer jäh aufgetretenen Seuche, die die Körper der meisten mit großen, blutigen Warzen bedeckte. Wo der verzagte Haufe auf Indianer stieß, da brachten die den Spaniern nicht mehr Früchte wie früher, sie flohen.

Am Golf von Guayaquil, wie er heute heißt, fielen Tausende von Indianern über die Eindringlinge her und kämpften Mann gegen Mann, bis die Spanier schließlich siegten mit der Kavallerie unter Hernando Pizarro und durch das Entsetzen der Indianer vor dem Feuer und dem Getöse der beiden „Feldschlangen", der ersten leichten Kanonen auf nur zwei Rädern; schon Córtez hatte solche nach Mexiko mitgeführt.

Als die erhoffte Verstärkung aus Panama eingetroffen war, zog Pizarro nach Tumbez weiter, das er von seiner vorigen Unternehmung im Jahre 1527 kannte. Dort vernahm er von den Einheimischen mit Genugtuung, daß es im Inka-Reich zwei Kaiser gebe, die gerade einen blutigen Krieg gegeneinander führten.

In der Tat: Nur drei Jahre lang, von 1527 bis 1530, hatten sich die Thronerben Huascar und Atahualpa das Reich friedlich geteilt, wie es ihres Vaters Wunsch gewesen war – Huascar residierte in der alten Hauptstadt Cuzco im südlichen Peru, Atahualpa in Quito im heutigen Ecuador. Dann rüstete Atahualpa ein Heer und zog nach Süden, um sich in den alleinigen Besitz des Reichs zu setzen, wobei er alle Städte, deren Bewohner ihm die Huldigung verweigerten, niederbrannte.

Die Entscheidung im Bürgerkrieg war noch nicht gefallen, als Pizarro erstmals davon hörte. Spätestens nun aber müssen beide Kaiser ihrerseits erfahren haben, daß ein Trupp von bärtigen Fremden sich an der Küste breitmachte. Das Inka-Reich verfügte ja über das beste Nachrichtensystem, das es bis zur Einführung des Telegraphen gegeben hat. Seine Straßen waren schmaler und simpler als die berühmten der Römer und durften es sein, denn die Neue Welt kannte kein Reittier, kein Zugtier und keinen Wagen; im Tempo aber, mit dem die Inka Botschaften über diese Straßen jagten, in der ausgetüftelten, mit eiserner Faust erzwungenen Kuriertechnik waren sie den Römern noch überlegen.

In der Sandwüste mancher Küstenregionen bestand die Inkastraße nur aus zwei Reihen von Pfosten, die die Route markierten. In besiedelten Landschaften war sie im Durchschnitt vier Meter breit, oft von Mauern eingefaßt, von Bäumen beschattet und von einem Bach begleitet. In Sumpfgebieten lief sie über einen Damm.

Im Gebirge, dem Rückgrat des Riesenreichs, sah die Straße anders aus: nur einen Meter breit, über Steilhänge im Zickzack geführt, über

Felsen als Treppe, über Flüsse und Schluchten als Hängebrücke aus Weidenzweigen oder Pflanzenfasern, zu mannsdicken Seilen geflochten. Jeweils drei davon trugen die Last, mit Querhölzern verbunden und mit Matten oder Lehm belegt, zwei Seile bildeten das Geländer. Tief hing die Brücke durch, im Wind schwankte sie, erst recht unter dem Tritt von Menschen oder Lamas – aber sie hielt, sogar unter den Hufen der spanischen Pferde, wenn Mensch und Tier dabei auch zitterten vor Angst.

Kurz: Die Inkastraßen gehörten, nach dem Urteil Alexander von Humboldts, zu den „staunenswertesten Werken", die der Mensch je geschaffen habe. 20000 Kilometer maß das Straßennetz, wovon allein 6000 Kilometer auf die große Nord-Süd-Verbindung über die Hochebenen und die Pässe der Kordilleren entfielen, 4000 Kilometer in der Luftlinie.

Auf diesen Straßen zogen die Heere entlang, über sie wurden auf dem Rücken von Lama-Karawanen Vorräte und Kriegsgerät für das lückenlose Festungssystem transportiert, auf ihnen reisten in goldgeschmückten Sänften die kaiserlichen Beamten, die den Staat zusammenhielten. Privates Reisen gab es nicht, privaten Handel gab es nicht, Geld gab es nicht – der allmächtige Staat hatte alles geregelt, jede Region versorgte sich selbst, keiner litt Hunger, alle Vorratshäuser waren voll.

Und über die Straßen rannten die kaiserlichen Läufer. Nach unstrittiger Überlieferung schafften sie mühelos 240 Kilometer am Tag, doch auch 400 Kilometer binnen 24 Stunden sollen erreicht worden sein. Das klingt plausibel: 400 durch 24 ergibt 16,7 Stundenkilometer. Ein Marathon-Olympiasieger bringt es auf 21 Stundenkilometer. Er muß nicht bergauf rennen – aber dafür 42 Kilometer durchhalten; der Stafettenläufer der Inka-Post wurde im Flachland nach spätestens 20 Kilometern, im Gebirge je nach Gelände schon nach einem bis acht Kilometern abgelöst.

Und das ging so: Im Abstand der jeweiligen Laufdistanz stand eine Hütte, in der Tag und Nacht zwei Läufer warteten. Sahen sie einen Kurier herantraben, so lief der eine ihm entgegen, und im gemeinsamen Lauf übernahm er entweder die Ware, zum Beispiel frischen Meeresfisch für den kaiserlichen Hof, oder ein Quipu, eine Botschaft, die in bunte Fransen aus Lamawolle geknotet war. Auch wurde die gemeinsame Laufstrecke oft dazu genutzt, eine mündliche Nachricht weiterzugeben, da die Knotenschrift, die einzige, die die Inka besaßen, offenbar nur Mengen erfassen oder zuvor getroffene Abmachungen bestätigen, nicht aber etwas Unvermutetes übermitteln konnte.

Die Botschaft mußte unter diesen Umständen in einen höchst einfachen Satz gefaßt sein, und den riefen sich der alte und der neue Läufer während ihres gemeinsamen Wegstücks mehrfach wechselseitig zu. An die Intelligenz und die Zuverlässigkeit der Läufer wurden demgemäß hohe Anforderungen gestellt, sie wurden sorgfältig ausgewählt, trainiert – und für den Fall, daß sie die Nachricht einem anderen als dem nächsten Läufer übermittelten, mit dem Tod bedroht. Nicht mit Gold und nicht unter Folter gelang es Pizarros Männern jemals, einen Postläufer zum Reden zu bringen.

Seine Strecke kannte jeder so gut, daß er sie auch in völliger Finsternis zurücklegen konnte. Sein Nahen verkündete er nachts mit einem Muschelhorn, oder von Hütte zu Hütte wurde zur Vorwarnung ein Feuer entzündet. Natürlich gab es Straßenmeister und Brückenmeister mit ihren Arbeitskolonnen, Kontrolleure und Oberkontrolleure und alle 20 Kilometer, eine Tagereise für Sänftenträger und Lama-Karawanen, festungsähnliche Herbergen und Vorratslager.

Solche Relaisstationen hatten die Römer an ihren Straßen auch, doch das Stafettensystem kannten sie nicht, ein Kurier konnte nur die Pferde wechseln, und auch damit schaffte er niemals 400 Kilometer am Tag. Andrerseits besaßen die Römer eine Buchstabenschrift, mit der sie fremde Eindringlinge hätten beschreiben können; das Quipu konnte vermutlich nichts enthalten als die Menge der Spanier, und auch in dem Satz, der sich zur mündlichen Weitergabe über hundert Stationen eignen mußte, wird schwerlich mehr unterzubringen gewesen sein als etwa „Gefährliche Männer auf dem Rücken großer Tiere".

Bärtige in Tumbez also, auf klassischem Inka-Boden. Die Unruhe über die Fremden wird sich gleichwohl in Grenzen gehalten haben, denn die kaiserlichen Brüder bereiteten sich vor auf ihre letzte Schlacht. Vor den Toren Cuzcos besiegten die Truppen Atahualpas im Februar 1532 die seines Bruder Huascar und setzten den Kaiser gefangen.

Damit noch nicht zufrieden, ordnete Atahualpa aus der Ferne – er war in Cajamarca geblieben, vermutlich der wohltuenden heißen Quellen wegen – einen schrecklichen Rachefeldzug an. Huascars gesamte Sippe wurde gefoltert und in der Hauptstadt an Pfählen aufgehängt, den Kopf nach unten: seine Frauen und seine Konkubinen, seine Geschwister, Tanten, Neffen und Nichten, seine Anhänger und seine mehr als achtzig Kinder auch. Huascar blieb am Leben, aber zuschauen mußte er dem Gemetzel.

Was immer man Pizarro nachsagen mag an maßloser Selbstherrlichkeit: Ganz so abstoßend wie Atahualpa war er nicht. Mindestens wird man feststellen dürfen, daß da zwei Scheusale sich schicksalhaft aufeinander zu bewegten.

Im Mai 1532 brach Pizarro von Tumbez zu Lande nach Süden auf. Den Einheimischen gegenüber zeigte er sich gnädig, zumal dann, wenn sie die Spanier bewirteten und wenn sie nicht protestierten, sobald der Notar in seiner Truppe etwas bestätigte, was sie ohnehin nicht verstanden: daß sie von nun an Untertanen des Königs von Kastilien und Kinder der katholischen Kirche seien.

Im Juni 1532 ließ Pizarro in einem fruchtbaren Tal, etwa fünfzig Kilometer von der Küste entfernt, eine Stadt erbauen, die er San Miguel taufte und die heute Piura heißt, mit einer Kirche, einem Gerichtsgebäude und einer Zitadelle. Die fünfzig Spanier, die hier bleiben sollten, bekamen jeder ein Stück Land und etliche Indianer zugewiesen.

Am 21. September 1532 war es soweit: An der Spitze von 177 Mann mit zwei Feldschlangen, drei Arkebusen, 15 Armbrüsten und 67 Pferden brach Pizzaro auf zum letzten Schlag. Einheimische und seine Kundschafter hatten ihm übereinstimmend berichtet, Atahualpa habe im Bruderkrieg gesiegt und residiere zur Zeit in einer Stadt hoch in den Kordilleren, zehn bis zwölf Tagesmärsche von San Miguel entfernt.

Wie Pizarro sich das nun alles dachte, wieso er glaubte, mit seinem Häuflein von wenigen Rittern und vielen Marodeuren könne er ein Imperium zerschlagen – überliefert hat er es nicht, schreiben konnte er nicht, und wenn, hätte er gewiß nur von Gott und König geschrieben. Falsch wäre das nicht einmal gewesen, denn wir müssen uns klarmachen, daß ein habgieriger Plünderer durchaus zugleich an Gott und König denken konnte, ja daß es ihm ohne diese Rechtfertigung vielleicht an jener totalen Selbstgewißheit gefehlt hätte, die für ein so teuer erkauftes und so brutales Unternehmen nötig war.

Noch einmal aber, wie 1527 auf der Hungerinsel vor der Küste Ecuadors, bewies Pizarro, daß er nicht nur gewissenlos und tollkühn war, sondern auch Menschen souverän zu behandeln wußte. Unter dem Eindruck, daß ein Teil seiner Mannschaft nur widerwillig mitmachte und folglich zur Belastung werden könnte, sprach er zu seinen Leuten: Es solle keiner weiter mit ihm ziehen, der auch nur den geringsten Zweifel hege, daß sie einen gewaltigen Sieg erringen würden. Noch sei es nicht zu spät, umzukehren, ja die schwache Besatzung von San Miguel könne eine Verstärkung gut gebrauchen.

Nur neun Männer betraten diese goldene Brücke; die Moral der anderen hatte Pizarro deutlich gehoben, wieder einmal. Nun waren sie noch 168. Die zogen weiter, nach Südosten, den Viertausendern entgegen. Es gab fruchtbare Täler, in denen sie freundlich aufgenommen wurden, weil die Einheimischen die Inka-Herrschaft als Last empfunden hatten; in den Rasthäusern der Regierung wurden sie bewirtet.

Als Pizarro hörte, daß der nächste Ort von Soldaten besetzt sei, schickte er einen Trupp voraus, von dem Ritter Hernando de Soto befehligt, der sich später als Eroberer von Florida einen Namen machte und am Mississippi beim Kampf mit Indianern starb.

Nach einer quälend langen Woche kam de Soto endlich zurück und mit ihm ein Abgesandter des Kaisers. Der überbrachte die Botschaft Atahualpas, die Fremden seien in seinem Lande willkommen, und er lade sie ein, ihn in seinem Feldlager im Gebirge zu besuchen. Pizarro nahm dankend an, behandelte den Gesandten mit großem Respekt und ließ ihm ausrichten, sie seien angereist, um dem Kaiser ihre Ehrfurcht zu bezeugen und ihm ihre Dienste gegen seine Feinde anzubieten; Übersetzer unter den Indianern hatte Pizarro schon bei seiner zweiten Reise angelernt.

Von de Soto informiert über eindrucksvolle Straßen, Festungen und Vorratslager – und auch dadurch nicht irritiert –, zog Pizarro nun ins Gebirge hinauf und auf die Stadt Cajamarca zu, die in 2860 Meter Höhe zwischen den beiden Hauptkämmen der Kordilleren liegt. Die Einheimischen, auf die sie stießen, ergriffen die Flucht. Ein gefangener Indianer, von Hernando Pizarro gefoltert, berichtete, in und bei Cajamarca lagerten 50000 Soldaten, und Atahualpa habe nichts anderes im Sinn, als die Fremden in die Falle zu locken.

Als sie auf die Hauptstraße nach Cuzco stießen, wurde Pizarro von etlichen seiner Männer bedrängt, ihr zu folgen, statt über die beschwerlichen und gefährlichen Kordilleren-Pässe nach Cajamarca zu ziehen, in die Höhle des Löwen. Pizarro hielt dagegen, er habe dem Inka seinen Besuch angekündigt, und dabei werde es bleiben, wenn sie nicht als feige gelten wollten. Faßt Mut! sprach er. In der Not steht Gott den Seinen bei, und wir werden den Heiden den wahren Gott verkünden, das ist schließlich unser Ziel! „Führe uns, wohin du willst!“ sollen sie daraufhin gerufen haben.

Mit 40 Reitern und 60 Mann zog Pizarro voraus, auf die Pässe zu. Auch da fand er das, was die Inka eine Straße nannten, aber für Flachlandbewohner war sie eine Zumutung und für Pferde oft kaum passierbar: ein Pfad über dem Abgrund, eine Treppe im Fels. Dazu kam die Angst, die nächste Engstelle könnte eine Falle sein, doch selbst eine mächtige Festung auf einer Paßhöhe erwies sich als unbesetzt.

Offensichtlich *wollte* Atahualpa die Spanier in Cajamarca haben, im Vertrauen auf seine ungeheure Truppenzahl und gewiß in der Absicht, sie tot oder lebendig in seine Gewalt zu bekommen; vielleicht nach einem Spiel, wie einst Nero es mit den Christen im Zirkus trieb, zur Zerstreuung der kaiserlichen Langeweile. Pizarro muß das gewußt haben. Und da ihm klar war, daß ein Rückzug an jedem Paß leicht hätte verhindert werden können, setzte er – verbohrt, verwegen – auf den totalen Sieg.

Auf der Hochebene zwischen den Bergketten angelangt, schlugen die Spanier ihre Zelte auf und drängten sich fröstelnd ums Feuer. Ein neuer Abgesandter des Inka überbrachte Pizarro mehrere Lamas als Geschenk und fragte, wann sein Kaiser die Fremden erwarten dürfe, er wolle die notwendigen Erfrischungen vorbereiten. Dabei war der Gesandte hochmütig und selbstmörderisch genug, seinen gegorenen Maissaft aus einem Becher von funkelndem Gold zu trinken.

Es war der 15. November 1532, als die Spanier das blühende Tal von Cajamarca vor sich sahen; acht Wochen nach ihrem Aufbruch von San Miguel; acht Jahre nachdem Pizarro zum erstenmal von Panama südwärts zum Goldland gesegelt war. Die weißen Häuser glänzten in der Sonne – und über ihnen am Berghang, ein paar Kilometer entfernt, Tausende von Zelten, meilenweit. In drei Abteilungen schritten und ritten die Spanier in militärischer Ordnung langsam zur Stadt hinab, das Herz schlug ihnen im Halse, wie man vermuten darf; und mehr noch als Häuser und Zelte blitzten ihre blankgeputzten Harnische in der Abendsonne, von ihren Helmbüschen und Bannern überragt. Auf den Straßen kein Mensch. Atahualpa hatte die Stadt offenbar vollständig räumen lassen; warum, wissen wir nicht. Auch in der gewaltigen Festung über der Stadt kein Zeichen von Leben.

Seinem Bruder Hernando sowie dem Ritter Hernando de Soto erteilte Pizarro den Auftrag, mit 35 Mann ins kaiserliche Lager zu reiten. Mit klirrenden Waffen und Trompetenschall, vom stummen Erstaunen der indianischen Soldaten begleitet, galoppierten sie zum Lusthaus Atahualpas, das auf einer Wiese zwischen der Stadt und dem Zeltlager stand.

Der Kaiser saß im Vorhof auf einem Kissen, hoheitsvoll und ausdruckslos; um ihn herum stand sein zahlreiches Gefolge in prächtigen Gewändern aus golddurchwirkter Vicuña-Wolle. Hernando Pizarro verneigte sich im Sattel langsam und tief und sprach: Durch die Kunde von seinen Siegen angezogen, wollten die Spanier dem Kaiser ihre

Dienste anbieten und ihn den wahren Glauben lehren. Auch möge der Herrscher ihnen die Gunst erweisen, sie mit seinem Besuch zu beehren. Atahualpa sagte zu und forderte die Spanier auf, die öffentlichen Gebäude am großen Platz inmitten der Stadt zu beziehen.

Hernando de Soto fand die Gelegenheit günstig, zu zeigen, was ein spanischer Reiter und sein Pferd vermochten: Er gab ihm die Sporen, jagte in gestrecktem Galopp ein Stück durchs Tal und hielt es direkt vor Atahualpa so jäh an, daß es sich aufbäumte und ihn mit Schaum bespritzte. Der Kaiser rührte keine Miene. Die Höflinge in seiner Nähe aber, die entsetzt zurückgewichen waren, ließ er noch am selben Abend hinrichten.

Als die Nacht hereinbrach und über der Stadt Tausende von Feuern loderten, ging unter den Spaniern die Mutlosigkeit um wie noch nie. Unermüdlich redete Pizarro auf seine Männer ein, rief ihnen ihren göttlichen Auftrag ins Gewissen und versicherte ihnen, die Überzahl der Feinde sei nichts – verglichen mit der Tatsache, daß sie, die Spanier, mit dem Himmel im Bunde stünden. Seinen Rittern entwickelte Pizarro den Plan: Den Kaiser nehmen wir gefangen! Hatte nicht Córtez, der Eroberer von Mexiko, vor 13 Jahren den Aztekenherrscher Montezuma in dessen eigenem Palast überwältigt?

Mit viel Glück oder sicherem Instinkt hatte Pizarro sich für das machtpolitisch allein Mögliche entschieden: Wenn man in einem zentralistischen Staat den absoluten Herrscher aus der Spitze der Pyramide bricht, dann stürzt die ganze Pyramide zusammen. Nirgends unterhalb der Spitze gab es eine Schicht von Menschen, die bereit und fähig gewesen wären, Entscheidungen zu treffen. Das Volk wurde in totaler Abhängigkeit gehalten, niemand handelte ohne Befehl, keiner durfte seinen Wohnort je verlassen, es sei denn im Wege der Zwangsumsiedlung, die häufig stattfand, um den Zusammenhalt eines unterworfenen Stammes zu zerstören.

Noch dazu hatte Atahualpa gerade erst neun Monate zuvor, im Februar 1532, das Äußerste getan, um sich absolut unersetzbar zu machen: indem er seinen Bruder Huascar überwältigte und sich dessen Reichshälfte auch noch einverleibte. Ohne dies hätte Huascar nach Pizarros Handstreich in Cajamarca den Fremden, über ihre Macht und ihre Skrupellosigkeit nun voll informiert, ohne Zweifel eine Schlacht geliefert, die Pizarros Untergang gewesen wäre.

Sonnabend, der 16. November 1532. Auf dem großen Platz inmitten der Stadt erschallen im Morgengrauen die Trompeten, die die Spanier zu den Waffen rufen. Die breiten Tore der öffentlichen Hallen veranlassen Pizarro zu folgendem Plan: Je die Hälfte der 62 Reiter wird in zwei der Hallen stationiert, in einer dritten wartet das Fußvolk; auf Pizarros Zeichen brechen alle hervor.

Nun werden die Waffen inspiziert und die Brustgeschirre der Pferde mit Schellen versehen, um den Lärm zu verstärken. Nach einem guten Frühstück liest Pater Vicente de Valverde die Messe, erbittet den Sieg vom Gott der Schlachten und stimmt den Choral „Exsurge Domine“ an: „Erhebe Dich, Herr, und richte Deine Sache“, und machtvoll stimmen alle ein.

Es beginnt ein qualvolles Warten: Erst gegen Mittag nähert sich eine große Prozession, und knapp einen Kilometer vor der Stadt macht sie halt. Atahualpa schickt einen Boten, der Pizarro ausrichtet, der Kaiser gedenke dort seine Zelte aufzuschlagen und seinen Besuch am nächsten Morgen zu machen. Pizarro schickt die Bitte zurück, Atahualpa möge doch bei seinem ursprünglichen Plan bleiben und zum Abendessen sein Gast sein.

Und nun geschieht etwas Erstaunliches: Atahualpa zeigt sich sogleich bereit, auf Pizarros Vorschlag einzugehen – wie es eigentlich nicht die Art von Despoten ist; und noch dazu kündigt er an, er werde nur mit wenigen und unbewaffneten Kriegern kommen, Kriegern ohne ihre Schleudern, Keulen, Äxte und Spieße, mit denen sie stets der Schrecken ihrer Feinde waren.

Kein Chronist hat uns dieses für Atahualpa verhängnisvolle Verhalten je erklärt. Daß er den Fremden vertraut hätte, ist von äußerster Unwahrscheinlichkeit; was er selbst gegenüber seinem Bruder Huascar an Niedertracht bewiesen hat, muß er eigentlich auch den Bärtigen zubilligen. Als Erklärung bleibt nur: Der Sonnenkaiser fühlt sich so turmhoch überlegen, so vollkommen sicher inmitten seines Reiches, daß er die Überwältigung der Fremden, die er ohne Zweifel plant, genüßlich auf morgen verschiebt und die Gefahr im Heute nicht erkennt. Für Pizarros Wahnwitz fehlt ihm die Erfahrung und der Begriff. Wer wüßte denn Außerirdische richtig zu behandeln?

„Wenige“ Krieger, das heißt für Atahualpa ohnehin: mehr als 5000 Mann. Sie alle versammeln sich am Abend auf der Plaza, und kein Spanier ist zu sehen. Der Kaiser thront auf einem Tragsessel von gediegenem Gold, mit prächtigen Federn geschmückt. „Wo sind die Fremden?“ fragt er.

Da tritt Pater Valverde hervor – und inszeniert eine der widerlichsten Possen der Weltgeschichte. In der einen Hand die Bibel, in der anderen das Kruzifix, tritt er vor den Inka und hält eine umständliche

Rede, die der Dolmetscher Felipillo Satz für Satz übersetzt – nicht ohne Mühen, wie man sich denken kann; so erläutert er, laut Garcilaso de la Vega, die christliche Lehre von der Dreifaltigkeit mit den Worten: „Die Christen glauben an drei Götter und einen Gott, und das macht vier."

Die Hauptsache aber muß Atahualpa verstanden haben: Pater Valverde fordert ihn auf, unverzüglich den Christenglauben anzunehmen und sich dem Papst ebenso zu unterwerfen wie Karl V., dem mächtigsten Herrscher der Welt.

Atahualpa erwidert in höchstem Zorn, er halte nichts von einem Gott, der von denselben Menschen getötet worden sei, die er geschaffen habe; sein Gott lebe – wobei er auf die blutrot untergehende Sonne weist, Inti, Stammvater der kaiserlichen Dynastie. Der Papst müsse wahnsinnig sein, wenn er Länder verschenke, die ihm nicht gehörten; und die Fremden schuldeten ihm für ihr anmaßendes Verhalten Genugtuung. Die Bibel, die Pater Valverde ihm entgegenstreckt, ergreift der Kaiser, blättert kurz darin und schleudert sie zu Boden.

Da schreit Valverde den Spaniern in ihren Verstecken zu: „Seht ihr nicht, daß sich die Felder mit Indianern füllen, während dieser hochnäsige Hund mit uns streitet? Greift an! Ich erteile euch Absolution!" Pizarro schwenkt die weiße Binde, das verabredete Zeichen, und aus den drei Hallen stürzen sich schreiend die Spanier, feuern die Feldschlangen und die Arkebusen ab, stechen mit Lanzen und hauen mit Schwertern auf die eingekesselten Indianer ein und reiten sie mit ihren Pferden nieder.

Nur rund um den Thronsessel leisten einige Edelleute Widerstand. Als mehrere Reiter auf Atahualpa eindringen, schreit Pizarro ihnen zu, keiner, dem sein Leben lieb sei, dürfe sich an dem Inka vergreifen! Er selbst drängt sich zu der Sänfte vor, fängt Atahualpa auf, als sie umstürzt, und läßt den Kaiser zwischen starrenden Lanzen in ein nahes Gebäude schleppen.

Nach einer halben Stunde ist alles vorbei. Auf der Plaza liegen Tausende von Toten oder stöhnenden Verwundeten, niemand kümmert sich um sie. Unter den Spaniern gibt es eine einzige Verletzung: Pizarro hat sie, an der Hand, ihm beim Getümmel um Atahualpas Thron von einem Spanier zugefügt.

Die Soldaten auf den Berghängen lungern ratlos, mutlos, führerlos herum – eine enthauptete Armee. Pizarro aber, vielleicht schon 61 Jahre alt und jedenfalls von einem halben Jahrhundert der Armut und der Plage gezeichnet, empfängt den 30jährigen Sonnenkaiser des Inka-Reichs zum Abendessen, wie versprochen. Der Mann aus

Extremadura hat gehandelt, wie mehr als 400 Jahre später Mao es sich wünschte: „Wer keine Angst davor hat, gevierteilt zu werden, der wagt es, den Kaiser vom Pferd zu zerren.“

Atahualpa verhält sich würdevoll wie nur je ein Monarch. „Das ist das Kriegsglück“, sagt er in völliger Ruhe. Pizarro spricht tröstend auf ihn ein: Er, der Inka, teile nur das Schicksal aller Fürsten, die sich dem weißen Mann und dem wahren Glauben entgegenstellten; wenn er sich unterwerfe, werde er milde und gerecht behandelt werden, nach spanischer Art.

Pizarro besäuft sich nicht, er sorgt für die Aufstellung der Wachen, er ermahnt seine Männer, sich bewußt zu sein, daß sie von Feinden umringt sind. Am Morgen danach schickt er 30 Reiter in das Lager Atahualpas, um sich des Goldes zu bemächtigen.

Dreißig Reiter zwischen Zehntausenden von Kriegern! Aber wieder einmal hat Pizarro richtig kalkuliert: Gelähmt von dem doppelten Schreck, ihren Kaiser verloren zu haben und sich durch eine Meute von Übermenschen übertölpelt zu sehen, haben sich die Getreuen des Inka in die Wälder zerstreut – bis auf Frauen, Kinder und Alte ist das Lager leer.

Neben dem Gold bringen die Reiter unzählige Frauen mit: Ehefrauen, Konkubinen und Dienerinnen. Inka-Krieger müssen die Toten von der Plaza schaffen, und außer denen, die die Spanier als Diener brauchen, werden alle ermuntert, in ihre Heimat zurückzukehren.

Atahualpa aber, von Pizarro mit großer Korrektheit behandelt, hat schon nach ein paar Tagen begriffen, daß den Fremden eines noch wichtiger ist als ihr König und ihr Papst: das Gold. So macht er Pizarro ein schier unglaubliches Angebot: Sein Zimmer, 40 Quadratmeter groß, werde er mit Gold füllen bis zur Höhe seiner ausgestreckten Fingerspitzen – wenn Pizarro ihn dann freilasse. Erst glaubt ihm keiner, dann entscheidet Pizarro: Versuchen wir's! Wir wissen ja nicht, wo das meiste Gold ist, vor uns würde man es verstecken. Also zieht er in der von Atahualpa angezeigten Höhe einen roten Strich und läßt einen Notar den Vertrag aufsetzen. 88 Kubikmeter! Die Sperrigkeit der meisten Gegenstände eingerechnet, müssen es um die zehn Tonnen sein, errechneten später Chronisten.

Zwei Monate hat Atahualpa Zeit. Die Postläufer schwärmen aus und überbringen des Kaisers Befehl, aus Tempeln und Palästen überall im Reich allen goldenen Zierat zu entfernen und ihn nach Cajamarca zu schleppen. Lama-Karawanen ziehen über Inka-Straßen, um die Habsucht der Bärtigen zu sättigen; 700 goldene Platten allein aus dem Sonnentempel von Cuzco.

Dort hockt Huascar, der entmachtete Bruder, in seinem Verlies und hört von Atahualpas Katastrophe. Er schöpft neue Hoffnung und schickt einen bestochenen Wärter zu Pizarro, mit dem Versprechen, ein viel höheres Lösegeld zu zahlen, wenn er freikäme. Pizarro ist höchst zufrieden: Das gibt ihm die Chance, seine Macht zu etablieren, indem er die verfeindeten Brüder gegeneinander ausspielt! Doch macht er den Fehler, seinem Gefangenen zu sagen, daß er Huascar aus dem fernen Cuzco nach Cajamarca holen wolle.

Atahualpa erkennt die Gefahr und schafft es noch einmal, seine Post in Trab zu setzen, über vermutlich 300 Stationen an der etwa 1500 Kilometer langen Strecke: „Huascar töten, sofort!" Rufen die Läufer das einander zu? Oder gibt es im Quipu einen Knoten für jedes dieser drei Elemente? So oder so: Nach vier Tagen ist der Befehl am Ziel, und nach acht Tagen kann Atahualpa die Vollzugsmeldung entgegennehmen. Seinem Besieger heuchelt er tiefe Betrübnis über den Tod des Bruders vor.

Im Februar 1533 – die Goldträger sind noch immer unterwegs – trifft Diego Almagro mit 250 Mann in Cajamarca ein. Pizarro und er umarmen sich herzlich, obwohl beiden aus ihrer Umgebung eingeflüstert wird, jeder betreibe des anderen Untergang. In Pizarros wildem Haufen geht die Angst um, Almagros Männer würden Anspruch auf einen Teil der Beute erheben, die sich langsam dem roten Strich entgegenhäuft. Doch Pizarro gelingt es, Almagros Leute mit einer bescheidenen Pauschale und der Aussicht auf eigene Raubzüge abzuspeisen.

Ein Fünftel des Goldes wird für den König abgezweigt, Hernando Pizarro soll es nach Spanien bringen. Alles andere, die Platten, Teller, Kannen, Kelche, die Vasen, goldenen Vögel, Götzenbilder und ein Springbrunnen mit goldenem Strahl, wird von indianischen Goldschmieden eingeschmolzen, einen vollen Monat brauchen sie dafür.

Dann stellt Pizarro seine Truppe auf der Plaza auf, ruft den Beistand des Himmels an und verteilt die goldenen Barren „nach Verdienst" – sechs Prozent der Beute für ihn allein, darunter Atahualpas nicht eingeschmolzenen Thron; gut drei Prozent für Hernando Pizarro, ein Prozent für Hernando de Soto, für Reiter das Doppelte wie fürs Fußvolk, aber noch der einfache Soldat bekommt 20 Kilo pures Gold.

Wenn sie nun alle sogleich nach Panama oder nach Spanien reisten, wären sie reich. In Cajamarca aber ist Gold von dieser Stunde an überraschend wenig wert, und manche von dem Raubgesindel verspielen ihren Anteil in einer Nacht.

Atahualpa fordert nun seine Freilassung. Pizarro läßt ihm von einem Notar bestätigen, daß das Lösegeld in der Tat entrichtet worden sei; die Sicherheit der Spanier verlange jedoch, ihn weiter gefangenzuhalten. In der Tat: Es häufen sich die Gerüchte, daß ein indianisches Heer sich nähere; mehr als ein Vierteljahr lang sind die Spanier ja unbehelligt geblieben, von den Indianern als übermächtige höhere Wesen gefürchtet oder gar verehrt, auch wenn viele der reichgewordenen Strolche sich in schamlosen Herren-Allüren gefallen.

Wenn das stimmt mit dem Heer – dann muß Atahualpa es heimlich mobilisiert haben! Er bestreitet das feierlich. Hernando de Soto wird ausgesandt, die Gerüchte zu überprüfen. Aber noch ehe er zurückgekehrt ist, tritt ein Gerichtshof zusammen, mit Pizarro und Almagro als Vorsitzenden. Die Anklage lautet nicht nur auf die unbewiesene Anzettelung eines Aufstands, sondern groteskerweise auch auf Entmachtung und Tötung des Bruders, auf Vielweiberei und Götzendienst. Eine Minderheit der Richter stimmt gegen eine Verurteilung; Pizarro selbst soll zumindest gezögert haben. Die Mehrheit entscheidet, und Pater Valverde ist sofort dafür: Tod auf dem Scheiterhaufen, noch heute, am 29. August 1533 – schnell, schnell, am Ende kehrt sonst de Soto zurück und hat von einem Aufstand nichts bemerkt!

Als Pizarro seinem Gefangenen das Urteil übermittelt, soll der gefleht, geweint und das doppelte Lösegeld angeboten haben, und Pizarro soll immerhin gerührt gewesen sein. Zwei Stunden nach Sonnenuntergang führt Pater Valverde den Sonnenkaiser zum Scheiterhaufen – und beschwört ihn, seine Seele zu retten und sich den Flammentod zu ersparen, indem er seinem Glauben abschwöre und sich taufen lasse; dann werde er den milderen Tod durch das Halseisen finden, das mit langsamer Schraubendrehung den Kehlkopf zerdrückt. Atahualpa ist bereit, denn für einen Verbrannten gibt es im Inka-Glauben kein Leben nach dem Tode. Pizarro bittet er, Mitleid mit seinen Kindern zu haben.

Sein Todesröcheln begleiten die versammelten Spanier mit dem Murmeln von Credos zum Heil seiner Seele.

Zweieinhalb Monate danach zog Pizarro in Cuzco ein, die Hauptstadt des Reiches. Einen Halbbruder der beiden letzten Herrscher, Manco Capac, machte er zum Kaiser. Dem gelang es 1536 doch noch, ein Heer zu mobilisieren und Cuzco einzuschließen. Die Spanier unter Hernando Pizarro kämpften fünf Monate lang um jedes Haus und verschanzten sich schließlich im brennenden Inka-Palast – während die Belagerer, von Hunger geplagt und keiner Inka-Disziplin mehr unterworfen, allmählich auseinanderliefen. Die endgültige Rettung brachte der alte Diego de Almagro, der von einem erfolglosen Beutezug in den Süden nach Cuzco zurückkehrte. Doch dafür forderte Almagro Cuzco als Preis, und da Hernando Pizarro sich widersetzte, nahm Almagro ihn gefangen. Francisco Pizarro, außer sich, schickte aus seiner neuen Hauptstadt Lima 700 Mann nach Cuzco; sie besiegten Almagro in offener Schlacht, und Hernando Pizarro ließ Almagro nach einem Prozeß, der so abstrus war wie der gegen Atahualpa, am 8. Juli 1538 mit der Garrotte erwürgen.

Wenig später zog Francisco Pizarro zum zweitenmal im Triumph in Cuzco ein, und hochmütig verweigerte er Almagros Sohn Diego das Recht, als Erbe seines Vaters die Herrschaft über den Südteil des Inka-Reichs anzutreten. Drei Jahre später kam die Rache: Am 26. Juni 1541 fiel ein Dutzend der gedemütigten Anhänger Almagros über Francisco Pizarro, Statthalter von Neu-Kastilien und Marqués de los Atabillos, in seinem Palast in Lima her; sein Schwert schwang der 70jährige gegen sie bis zum letzten Atemzug.

So hatten die beiden alten Halunken, die sich einst das Goldland teilen wollten, einander den Tod gebracht, und Pizarro, der mit einem Kaiser im Bunde einen Kaiser strangulieren ließ, starb einen angemessenen Tod.

„Pizarro war ein Mann von unübertroffener Tapferkeit, großem Feldherrntalent, von Klugheit und eiserner Ausdauer, aber geschändet in der Geschichte und seines Endes würdig gemacht durch die unerhörte Treulosigkeit, die Raubsucht und Grausamkeit, die durch alle Handlungen seines Lebens hindurchblicken." Der Große Brockhaus schrieb das 1846; und seit wir dem ganzen Kolonialismus mißtrauisch gegenüberstehen, hat sich Pizarros Ruf eher noch verschlimmert. Zu Recht.

Wahr ist aber auch, daß alle Weltreiche auf widerwärtige, blutrünstige Weise zusammengeplündert worden sind, das römische zum Beispiel – und warum bleibt Cäsar für die meisten Historiker eine Lichtgestalt? Ist er nicht über Gallien in derselben maßlosen Arroganz, mit derselben Geld- und Ruhmgier hergefallen wie Pizarro über Peru? Hat er nicht den Gallierfürsten Vercingetorix in Ketten durch Rom geschleift und dann ermordet, weil der sich erdreistet hatte, seine Heimat gegen Cäsar zu verteidigen? Und hat er nicht unendlich viel mehr Blut als Pizarro vergossen?

Aber freilich, Cäsar ist mit zwei brillanten Büchern zum eigenen Ruhm vielen Generationen von Lateinlehrern ans Herz gewachsen. Er war eben ein kultivierter Mensch von uraltem Adel, und mit Sicherheit besaß er bessere Tischmanieren.

VERGESSEN – VERLOREN – ZERSTÖRT

Wie die Menschheit ihr Kapital an Können und Wissen vergeudet

Wie reich wären wir, wenn wir alles könnten, alles wüßten, was Menschen je geschaffen und geleistet, erfahren und ersonnen haben! Doch eine planmäßige Überlieferung von Können und Wissen an künftige Generationen hat selten stattgefunden und an andere Kulturen nie. Gleichgültigkeit und Geheimniskrämerei standen dem im Wege, Lüge und Zerstörung. Heute archivieren wir zwar mit beispielloser Gründlichkeit – aber schon beginnen unsere Bücher zu zerfallen, und was elektronisch gespeichert ist, wird oft nicht einmal uns selber überleben.

Wie geht die Menschheit mit ihrem Wissen um? Was haben uns da Kopernikus, Steven Spielberg und der Rotarmist Jurij Knorosow zu sagen, was der Schubkarren, die Nasa und der Wiener Hofballmusikdirektor Eduard Strauß?

Gemeinsam dies: wie schlau wir sein könnten, welche Reichtümer wir besäßen, welche Umwege uns erspart geblieben wären – hätten unsere Vorfahren nur Wert darauf gelegt, uns ihr Wissen und Schaffen umsichtig zu überliefern, oder gäbe es gar ein Zentralregister dessen, was Menschen je gewußt und gekonnt, geleistet und gelitten haben!

Nichts davon. Wissen wird vergeudet, Wissenschaftler sind eifersüchtig. Können geht verloren, Maschinen nehmen es uns ab. Schaffen wird zerstört, Eroberer haben ganze Kulturen zertreten. Und die Wahrheit wird verfälscht durch die besoldeten Chronisten der Sieger. „Gott kann die Vergangenheit nicht ändern", schrieb der englische Schriftsteller Samuel Butler – „Historiker aber können es."

Fast nie ist es unseren Vorfahren in den Sinn gekommen, künftige Generationen oder gar andere Kulturen redlich teilhaben zu lassen an ihren Erfahrungen und Errungenschaften. Neid, Geheimniskrämerei oder einfach Gleichgültigkeit standen dem im Wege, und was sie dennoch weitergaben, war von Ruhmsucht und Willkür gesteuert. Nimmt man den Zufall hinzu, den natürlichen Verfall und das traurige Kapitel der vorsätzlichen Zerstörung, so stehen wir vor einer tristen Bilanz.

Sind wir heute besser? Zerbrechen wir uns wenigstens den Kopf darüber, wie wir unseren Nachfahren eine Warnung und eine Gebrauchsanweisung für den Umgang mit unserem Atommüll hinterlassen können, lesbar nach Jahrtausenden? Wir tun es nicht – und wollten wir's tun, wir wüßten nicht wie.

Noch unser Jahrhundert ist ja voll von der mutwilligen Vernichtung des Überlieferten, in schrecklichem Umfang durch Hitler, Stalin, Mao, in Einzelfällen durch Erben, die Nachlässe verfälschen oder unterschlagen – oder sie komplett verbrennen bis aufs letzte Blatt, die bizarre Tat des Eduard Strauß: 1907, acht Jahre nach dem Tod seines weltberühmten Bruders Johann, ließ Eduard alle gedruckten und ungedruckten Noten, Handschriften, Skizzen und Entwürfe des Familienorchesters, drei Wagenladungen voll, zu einer Porzellanfabrik karren und in deren mannshohen Öfen verbrennen – vermutlich aus Rache dafür, daß er in Johanns Testament nicht bedacht worden war. Einen Sessel schob sich Eduard vor die Brennkammern und schaute Stunde um Stunde zu, wie sich Millionen Noten in Asche verwandelten.

Könnte da nicht etwas noch viel Großartigeres in Qualm aufgegangen sein als die „Fledermaus"? Sind wir nicht bei Franz Kafka von dessen hinterlassenen Werken (wie dem „Prozeß", dem „Schloß") ungleich mehr fasziniert als von allem, was er zu Lebzeiten veröffentlicht hat?

Mit Sicherheit sind es ja nur Kunstwerke, die unwiederbringlich verlorengehen können, verlorenes *Schaffen* – das ist die Tragödie. Verlorenes *Können* ist zumeist von der Art, daß wir das nicht mehr brauchen, was Baumeister oder Handwerker einst geleistet haben; Pyramiden bauen wir nicht mehr, und täten wir es, so mit Bulldozern und Turmdrehkränen.

Beim verlorenen *Wissen* sieht es so aus, als hätten wir das meiste wiedergefunden, wenn auch nach erstaunlichen Umwegen: 1800 Jahre hat es gedauert, bis Kopernikus zum zweitenmal entdeckte, was schon Aristarch von Samos wußte – daß die Erde sich um die Sonne dreht; und 3000 Jahre, bis die ältesten Kenntnisse der Chinesen ihren Weg nach Europa fanden.

Doch ist wirklich alles, was frühere Generationen wußten, irgendwann bei uns angekommen? Oder wäre der eigentliche, der unwiederbringliche Verlust dort eingetreten, wo wir nicht einmal wissen, ob er stattgefunden hat? Könnten Europas Kolonialherren, als sie zusammen mit der Kultur der unterworfenen Völker deren Heilkunde zertrampelten, nicht beispielsweise auch die Kenntnis von einem Heilmittel gegen den Krebs zerstört haben?

Höchst unwahrscheinlich, sagen unsere Medizinhistoriker – jahrzehntelang haben wir gesucht, geforscht und nichts gefunden. In der Behandlung von Infektionskrankheiten sind wir allen Naturvölkern sogar eindeutig überlegen, und im übrigen hat ja viel archaische Heilkunst sich erhalten, die Akupunktur zum Beispiel.

Immerhin, in Peru gibt es seit 1981 ein „Zentrum für Anden-Medizin“ – mit dreifacher Aufgabe: von der Überlieferung der Inka aufzuspüren, was noch zu retten ist; an Heilpflanzen einzusammeln, was sich in den Anden irgend finden läßt (4000 Arten sind es bis heute); und das so angehäufte Wissen weiterzugeben in die armseligen Bergdörfer, in denen die Nachkommen der Inka leben – von den Indios über die Weißen zu den Indios zurück. So unterweist das Zentrum für Anden-Medizin indianische Bäuerinnen, wie man beispielsweise aus Blättern einen Hustensirup, aber auch eine Wundsalbe und eine Tinktur gegen Krämpfe und Rheumatismus gewinnen kann.

Das medizinische Wissen der Inka war möglicherweise in den Quipu gespeichert: bunten Fransen aus Lamawolle mit Knoten darin. Je nach der Farbe des Wollfadens, der Plazierung der Knoten in ihm und deren Anzahl wechselte die Bedeutung der Botschaft, die darin übermittelt wurde. Man stelle sich den Eifer vor, mit dem ein Ethnologe von heute sich eine solche Schrift erklären lassen würde! Aber die Spanier verbrannten unverzüglich alle Quipu, deren sie habhaft werden konnten. Sie zu entschlüsseln ist bis heute nur zum kleinsten Teil gelungen: Zu gering ist die Zahl der geretteten, zu schlecht deren Zustand, zu rätselhaft das Knotensystem.

Wissen abzutöten und jedes Medium, das Wissen übermitteln kann, Schriftdokumente also vor allem, Bücher, die Speicher von Geist, Witz und Phantasie, von Sachkunde und Weltkenntnis – dieses elende Bestreben durchzieht die Geschichte.

Das älteste Verbrechen solcher Art, von dem wir wissen, beging Shih Huang-ti, „Erster Erlauchter Kaiser“ – von China nämlich, das er zwischen 246 und 221 v. Chr. mit eiserner Faust vereinigte. Dazu gehörte, daß in den unterworfenen Einzelstaaten alle Bücher verbrannt werden mußten, die nicht einen praktischen Nutzen im Sinne der Zentralregierung hatten.

Papst Gregor I., der Große, im Amt von 590 bis 604, hat nach freilich unbestätigten Berichten die Bibliothek des Apollotempels auf dem Palatin einäschern lassen. Zuzutrauen war es ihm: Denn Gregor war nicht nur ein zupackender Organisator, ein nachhaltig wirkender Kirchenlehrer und der Vater des nach ihm benannten Gregorianischen Gesangs, sondern auch ein Verächter aller weltlichen Gelehrsamkeit. Die Lateinschulen ließ er verfallen, „der Heilige Geist ist nicht den Regeln der Grammatik unterworfen", sagte er, und was er an schriftlichen Überlieferungen sammeln ließ, das waren allein die Wundergeschichten, die in den Klöstern kursierten.

Die Inquisition, die seit dem 13. Jahrhundert in Europa wütete, verbrannte sodann zusammen mit den Ketzern die Bücher, die zu schreiben sie sich erdreistet hatten. Unter den Hunderttausenden von Frauen, die vom 15. bis ins 18. Jahrhundert als „Hexen" auf dem Scheiterhaufen endeten, befanden sich viele Hebammen, auch „weise Frauen" genannt; denn die Kirche war erpicht darauf, mit ihnen zusammen ihre Weisheit zu verbrennen: das Wissen nämlich, wie man sich vor dem Kinderkriegen schützen kann.

Planmäßige Ausrottung von Weisheit und Kultur, wie Eduard Strauß, Missionare, Päpste sie betrieben haben – sie ist nur eine von drei Spielarten, Wissen aus der Welt zu schaffen. Die zweite war die Auslöschung aller Kultur als Teil einer Orgie des Zuschandenmachens. Die Römer brannten das nach drei Kriegen endlich besiegte Karthago 146 v. Chr. vollständig nieder in eisigem Haß, rissen die Ruinen ein, pflügten den Boden um und streuten Salz darauf, damit nie wieder etwas auf ihm wachsen sollte.

Unstreitig waren die Karthager die größten Seefahrer des Altertums. Wurden da also auch Unterlagen über die Großtat des karthagischen Admirals Hanno vernichtet, der im 5. Jahrhundert v. Chr. bis zum heutigen Kamerun gesegelt war? Hätte Heinrich der Seefahrer sich nicht womöglich Jahrzehnte sparen können, als er 1900 Jahre später eine portugiesische Flotte nach der anderen immer tiefer in den heißen Süden schickte?

Der Name für solche Verwüstung aus Haß oder aus Übermut ist an den Vandalen hängengeblieben – einem jener germanischen Stämme, die im 4. bis 6. Jahrhundert n. Chr. mordend und plündernd über das Weströmische Reich herfielen. Die Horden des Mongolen Timur-Leng von Samarkand brandschatzten im 14. Jahrhundert Delhi, Damaskus, Isfahan und viele andere blühende Städte und metzelten die Bewohner zu Zehntausenden nieder.

Durch die griechische Weltstadt Alexandria am Rand des Nildeltas raste die dritte Art der Zerstörung: Der Eroberer will weder alles ruinieren noch speziell die Kultur, aber er führt Krieg, und auf eine halbe Million Buchrollen mehr oder weniger, alles Unikate anderthalbtausend Jahre vor Erfindung des Buchdrucks, soll es ihm dabei nicht ankommen.

In Alexandria hatte Ptolemäus I., ein Generaladjutant Alexanders des Großen, im 3. Jahrhundert v. Chr. das Mouseion gegründet, Forschungs- und Lehrstätte der berühmtesten Wissenschaftler, Philosophen und Künstler ihrer Zeit, mit einer Sternwarte, einem Tiergarten, mindestens 500 000 Buchrollen und einem Stab von Philologen, der die Bücher betreute, sie in Karteien erfaßte. Euklid lehrte hier, der Vater der Geometrie, Archimedes kam aus Syrakus zum Studium herüber, und im Mouseion wurde das Alte Testament zum erstenmal ins Griechische übersetzt.

Und dann kam Cäsar. Noch nicht satt von seinem siebenjährigen Feldzug gegen die Gallier und seinem schon fast zweijährigen Bürgerkrieg gegen Pompejus und den Senat von Rom, landete er 48 v. Chr. in Ägypten und forderte die beiden Heere, die einander dort bekriegten, auf, sich ihm zu unterwerfen: Die 21jährige Königin Kleopatra führte Krieg gegen ihren Bruder, der den Thron mit ihr geteilt hatte und ihn ihr nun streitig machte.

Kleopatra gelang es, sich nächtens zu Cäsar zu schleichen und ihn als Liebhaber und Bundesgenossen zu gewinnen. Neun Monate lang wurde gekämpft, bis Cäsar und Kleopatra schließlich siegten. Aber die Bibliothek des Mouseion war dabei in Flammen aufgegangen, alle Buchrollen waren verbrannt, ein Großteil dessen, was Griechen je entdeckt, gedacht, ersonnen hatten.

Erst seit der Ausbreitung des Buchdrucks im späten 15. Jahrhundert gibt es keine Chance mehr, Bücher aus der Welt zu schaffen. Wenn päpstliche Legaten Luthers Schriften verbrannten, wenn Joseph Goebbels 1933 zur großen Bücherverbrennung schritt, so war zwar die niedrige Gesinnung dokumentiert, aussichtslos aber die angestrebte Vernichtung.

Daß Cäsar seinerzeit bestürzt gewesen wäre, ist nicht bekannt. Nach dem Sieg fuhr er auf der Prachtbarke der Kleopatra nilaufwärts mit riesigem Gefolge, ließ sich die Wunder Ägyptens zeigen und schwamm im Triumph.

Nun sind aber für Cäsars Kriege – in Ägypten, gegen die Gallier, gegen den eigenen Staat – seine eigenen Bücher die ergiebigste Quelle. Das ist ja eine weitere Tücke der Überlieferung, der vierte Schlag gegen unser Wissen, über die totale Vernichtung von Kulturen, die bewußte Zerstörung speziell ihrer Wissensspeicher und die cäsarische Gleichgültigkeit gegenüber kulturellen Werten hinaus: Wer überhaupt Wert darauf legte, der Nachwelt ein Bild zu hinterlassen, der tat das in der Absicht, seinem Ruhm zu dienen und nicht irgendeiner Form der Wahrheit. So ist vieles, was wir gern wissen würden, unkorrigierbar verfälscht oder unwiederbringlich verloren.

Viele Herrscher besoldeten Hofpoeten. Alexander der Große nahm Kallisthenes, einen Schüler des Aristoteles, als Chronisten seiner Taten mit, und der erklärte prompt, er fühle sich aufgerufen, der Nachwelt das Göttliche in Alexander zu verdeutlichen. Walther von der Vogelweide hatte die Fürsten zu verherrlichen, von deren Zuwendungen er lebte. Karl der Große, Ludwig XIV. nahmen ihre Biographen auf ihre Feldzüge mit. Napoleon hielt sich einen Hofdichter namens François Auguste Perseval-Grandmaison, der ihn schon nach Ägypten begleitete, um die Siege des neuen Alexander zu besingen; und Goethe hielt sich seinen Eckermann. Freilich nannte Goethe seine Autobiographie „Dichtung und Wahrheit" und machte damit unerschrocken deutlich, daß selten die Wahrheit allein für würdig befunden wurde, den Nachfahren überliefert zu werden. Cosima Wagner nutzte die 47 Jahre, um die sie ihren Richard überlebte, eine Fälscherwerkstatt aufzubauen, die seine riesige Hinterlassenschaft an Briefen, Manuskripten, Dokumenten frisierte oder vernichtete; nichts sollte der „schlichten Wahrhaftigkeit" seiner Autobiographie widersprechen.

So sind wir von Lüge, Beschönigung, Unterschlagung umstellt, wo immer wir uns über das Vergangene informieren wollen – und dazwischen liegt die Öde dessen, was möglichst lückenlos geheimgehalten worden ist, vor der Mitwelt und der Nachwelt verschlossen für immer. Geheimdienste müssen wohl sein, auch das Beichtgeheimnis, die Schweigepflicht und ein Quantum Geheimdiplomatie.

Aber weit darüber hinaus ist die Geheimniskrämerei, die Lust am Herrschaftswissen offenbar ein Urvergnügen und für viele eine Art Lebenselixier: für Wissenschaftler, die ausdrücklich nur von ihresgleichen verstanden werden wollen; auch für jene Bonner Journalisten, die sich ihren Lesern lebenslang überlegen fühlen möchten, indem sie ihnen einen Teil ihres Wissens vorenthalten; für Medizinmänner allemal.

Das alte China ist ein Sonderfall. Wenn die Chinesen ihre immensen Kenntnisse und erstaunlichen Erfindungen nicht weitergaben, so nicht, weil sie Geheimhaltung betrieben oder Konkurrenz gefürchtet hätten, sondern einfach aus erhabener Gleichgültigkeit gegenüber allem, was außerhalb ihres Riesenreichs an Menschen herumkriechen mochte.

Kein anderes Volk hat die Zivilisation auch nur annähernd so weit vorangebracht wie das chinesische; aber da es sich mutwillig vom Rest der Menschheit isolierte, dauerte es Jahrhunderte und manchmal Jahrtausende, bis Europa entweder von seinen Erfindungen erfuhr oder sie zum zweitenmal machte.

Daß China dem Abendland mit dem Papier und dem Porzellan um mehr als ein Jahrtausend voraus war, ist ja bekannt; weniger, daß auch das Ruder, der Kompaß, die mechanische Uhr, das Spinnrad chinesische Erfindungen sind. Die älteste, von der wir wissen, war der Lack, und die, deren beharrliche Nichterfindung durch die Europäer am kuriosesten ist, der Schubkarren.

Lack ist der Saft aus der Rinde des Lackbaums, eine grauweiße, dickflüssige Emulsion, die an der Luft schnell dunkelt; zur Reinigung wurde sie durch Tücher gepreßt, durch Beimengung von Kampfer dünnflüssig gemacht und nach Bedarf mit Farbstoffen versetzt. In mindestens drei Schichten mußte der Lack aufgetragen werden, jedesmal zwischendurch poliert mit Holzkohle oder Tonerde, mehr als zwanzig Schichten kamen vor, wenn es ein Kunstwerk werden sollte. In den noch feuchten Lack ließen sich Goldstaub oder Perlmutt einlegen, in den trockenen Ornamente ritzen oder auf ihm mit Farben malen.

Die Chinesen beherrschten diese Technik seit dem 13. Jahrhundert v. Chr. – und wieviel Schönheit und Beständigkeit war damit gewonnen! Lack ist wasserfest, säurefest, bakterienresistent und hitzebeständig bis 260 Grad. Auf Truhen, Tische, Kästchen, Schalen wurde er aufgetragen, auch auf Särge, Stoffkissen, Schuhleder und die Scheiden der Schwerter.

Aus der Zeit um Christi Geburt ist eine Tasse aus lackiertem Holz erhalten, auf der wir noch heute die Namen der sieben Künstler lesen können: grundiert von Yi, lackiert von Li und Tang, bemalt von Ting, vergoldet von Ku, poliert von Chung – das sind erst sechs; aber wer hat die sechs Namen eingraviert und deshalb seinen ebenfalls verewigt? Peng.

Das spricht für große Sorgfalt, liebevolle Umständlichkeit, viel Personal und sehr viel Zeit; daß solche Arbeitstechnik für Europa kein Vorbild sein konnte, läßt sich verstehen. Aber warum dauerte es bis ins 17. Jahrhundert, daß chinesische Lackarbeiten in Europa eintrafen, und bis ins 18., daß man sie nachahmen konnte – 3000 Jahre also? Es kann nicht allein daran gelegen haben, daß in Europa kein Lackbaum wächst.

Denn warum blieb der Schubkarren bei uns 1300 Jahre lang unbekannt? Das Rad war doch nicht weit von Europa erfunden worden, im heutigen Irak um 3800 v. Chr., und vermutlich im 3. Jahrtausend breitete sich der zweirädrige Karren nach Europa aus, später auch der vierrädrige Wagen. Nur sind bis heute zwei Räder oft zu sperrig auf Baustellen oder zu schwer beweglich in unwegsamem Gelände.

Wie behalfen sich die Römer, die Baumeister der großartigen Brücken, Aquädukte und jenes Straßensystems, auf dem sich Reisegeschwindigkeiten erzielen ließen wie dann nie wieder bis zur Erfindung der Eisenbahn? Wo es für zweirädrige Karren zu eng oder zu holprig war, wurden Steine, Erde, Mörtel in Körben geschleppt – beim Bau von 80 000 Kilometer Straße!

Die richtige Idee hatten wieder einmal die Chinesen, vermutlich gerade im 1. Jahrhundert v. Chr., also zu der Zeit, in der die römische Bauwut ihren Höhenflug antrat: den Karren mit nur einem Rad. „Hölzerner Ochse“ nannten sie ihn oder „rollendes Pferd“, und neben dem Lastentransport bekam er sogleich eine militärische Bedeutung: Ganze Armeen konnten damit Gepäck und Vorräte über Stock und Stein transportieren, und griff die feindliche Kavallerie an, so war buchstäblich im Handumdrehen aus hundert Karren eine Barrikade errichtet.

Etwa 1300 Jahre später, im 13. Jahrhundert, kam Europa endlich auch soweit. Bis heute aber verharrt der europäische Schubkarren bei einem drastischen Nachteil: Das Rad ist *vor* dem Kasten angebracht, so daß der Fahrer die halbe Last immer noch selber tragen muß. Beim klassischen chinesischen Schubkarren hingegen liegt der Kasten *über* dem Rad, die ganze Last also auf der Achse; gehoben werden muß überhaupt nichts mehr, nur geschoben und ein bißchen balanciert. Lasten von bis zu zwei Tonnen Gewicht lassen sich so bewegen, fast das Zehnfache dessen, was ein europäischer Karrenschieber bewältigen kann.

„Der Schubkarren in seinen sämtlichen Formen ist eine Erfindung, die der Westen noch zu machen hat“, schrieb der britische Orientalist Robert Temple 1986 in seinem Buch „The Genius of China“. Während die Satelliten ihre Signale sekundenschnell um die Erde schleudern, gibt es auf ihr noch immer die merkwürdigsten Barrieren gegen Kenntnis oder Einsicht gerade bei den simpelsten Dingen.

Stoßen wir denn nicht irgendwo auf einen rationalen Willen, die Leistungen von Kopf und Hand an andere Kulturen oder Generationen weiterzugeben? Ja, es gibt seit alters Stätten der Bewahrung: Platon gründete 387 v. Chr. die Platonische Akademie, die Texte antiker Philosophen sammelte; 916 Jahre lang arbeiten hier die Gelehrten, bis der oströmische Kaiser Justinian sie schloß.

Seit mehr als 900 Jahren lebt Europas älteste Universität, die von Bologna, und zumindest dem abendländischen Kulturkreis stand sie von jeher offen. In den Klöstern des Mittelalters retteten Mönche durch emsige Abschrift große Teile der antiken Literatur, freilich in einer weithin christlich bestimmten Auswahl und oft mit frommen Glättungen des Textes, wo sie ihn zu heidnisch fanden.

Heute hängt es vor allem von den „Schleusenwärtern" ab, was die Chance bekommt, Mitwelt und Nachwelt zu erreichen. So nennen Kommunikationswissenschaftler jene Lektoren, Verleger, Dramaturgen, Intendanten, Professoren, Galeristen, die entscheiden, was an Kunstwerken, Sachbüchern, Fachbüchern durch die Schleuse gelassen wird oder nicht.

Anders als hochmütige Herrscher, Geheimbündler oder Chinesen sehen die Schleusenwärter durchaus ihre Aufgabe darin, Wissen, Können, Schaffen zu tradieren, und dafür sind sie zu rühmen. Ebensooft aber geben sie Anlaß, über ihre Maßstäbe den Kopf zu schütteln, mit Fehlentscheidungen wie dieser:

Marcel Proust gilt uns als einer der größten Schriftsteller des Jahrhunderts; aber den ersten Band seiner „Suche nach der verlorenen Zeit" lehnte Gallimard, Frankreichs führender Literaturverlag, ab – auf Grund eines Gutachtens, das ein anderer großer Schriftsteller abgegeben hatte: André Gide. Was wüßten wir von Marcel Proust, hätte er unter dem Eindruck dieses Mißerfolgs kapituliert?

Und was von Kleist – hätte er nicht mit seinem raffiniert inszenierten Selbstmord endlich jene Aufmerksamkeit errungen, die ihm sein kurzes, verpfuschtes Leben lang versagt geblieben war? Erst 88 Jahre nach seinem Tod erlebte das letzte seiner Dramen die Uraufführung, „Amphitryon" – und das war doch, nach Thomas Mann, „das witziganmutvollste, das geistreichste, das tiefste und schönste Theaterspielwerk der Welt". Und es fehlte so wenig, daß eben dieses Werk auf irgendeinem Dachboden verschimmelt wäre.

Schleusenwärter sind auch die Historiker: Immer müssen sie ja eine radikale Auswahl treffen aus der Fülle des Gewesenen, und dabei waren sie bis weit ins 20. Jahrhundert nicht weniger fasziniert von Kaisern, Königen und anderen Inhabern der Macht als diese selbst – indem sie, auch wenn sie sich zu eigenem Urteil aufrafften, immer noch so taten, als gäbe es über die Vergangenheit nichts Wichtigeres zu erzählen als die Haupt- und Staatsaktionen.

In diesem Ungeist mußten Generationen deutscher Gymnasiasten lernen, daß eine der vielen überflüssigen Schlachten Alexanders des Großen, die bei Issos, 333 v. Chr. stattfand – bloß weil einem Lehrer einst der Reim eingefallen war: „Drei-drei-drei: Bei Issos Keilerei". Genau solcher Unsinn frißt sich ins Gedächtnis, und wie gern würde man dieses Wissen verlieren!

Erst in den letzten Jahrzehnten hat die Kulturgeschichte, die Alltagsgeschichte den Platz eingenommen, der ihr gebührt: neben oder über der Staats- und Kriegsgeschichte. Langsam mehrt sich unser Wissen darüber, wie einst die Leute lebten, und nicht nur, welcher König sich mit welchem raufte.

Zu den wichtigsten Schleusenwärtern – kaum beredet, von niemandem kontrolliert – zählen die Redakteure der Enzyklopädien. Was Brockhaus oder Meyer registrieren, das hat Bestand; was nicht, das ist für die meisten vergessen und verloren. Zugleich gehört in den Lexikon-Redaktionen das Aussondern von Wissen zum Geschäft.

In einer Enzyklopädie von 1900 gab es keinen Hitler, keinen Stalin und keinen Adenauer, keine Kernspaltung und keine Weltraumfahrt. Selbst über das alte Troja wußte die Redaktion viel weniger, als wir heute wissen, und die Naturwissenschaften verdoppeln ihren Kenntnisstand, gemessen an Publikationen und Patenten, längstens alle 15 Jahre, je nach Forschungsrichtung.

Im Gleichschritt damit geht die Halbwertzeit des aktuellen Wissens (der Zeitraum also, in dem im Durchschnitt die Hälfte wertlos geworden ist) immer mehr zurück: auf zehn Jahre im Hochschulwissen, im Fachwissen auf fünf, in der Welt der Computer auf ein Jahr.

Ein Lexikon, das damit Schritt halten wollte, müßte also nicht nur viel häufiger aufgelegt werden als heute üblich – es müßte auch mehrmals pro Jahrhundert seinen Umfang verdoppeln. Aber dann würde es unverkäuflich. Sind einmal 20 oder 25 Bände erreicht, so bleibt der Redaktion nichts übrig, als immer mehr von dem, was einst als wichtig galt, in den Strom des Vergessens zu kippen. In jeder Neuausgabe gleichen Umfangs erfahren wir weniger von allem, was bei der vorigen Auflage schon bekannt war: von Darwin und von Karl dem Großen, vom Ersten Weltkrieg und vom Hexenwahn, und viele Stichwörter werden gänzlich getilgt.

Alte Lexika sind also wahre Fundgruben halbverschollenen Wissens. Da sie zugleich den Zustand der Erde im Jahr des Redaktionsschlusses widerspiegeln, zusammen mit den damals herrschenden Moden, haben sie unersetzliche Vorzüge gegenüber jenem bloß noch aktuellen Stand, mit dem sich heute die elektronisch abrufbaren Enzyklopädien und die Datenbanken brüsten. Der Rückzug aufs Aktuelle erweist sich als frischer Beitrag zur Verminderung des Wissens auf Erden.

Engagierte Minderheiten betreiben das Gegenteil: Sie erforschen, restaurieren, konservieren die Vergangenheit mit einer Mühe und Liebe, die bis weit ins 19. Jahrhundert als exotisch empfunden worden wäre. Heerscharen von Germanisten widmen ihr Leben der historisch-kritischen Gesamtausgabe längst verblichener, auch zweitrangiger Schriftsteller. Nie zuvor haben so viele Archäologen, Paläontologen, Ethnologen so tief in der Vergangenheit gewühlt.

Da ist zum Beispiel die „Projektgruppe Plinius", gegründet 1977. Vierzehn Altphilologen, Archäologen, Historiker, Natur- und Ingenieurwissenschaftler sind dabei, die 37 Bände der „Historia Naturalis" von Plinius dem Älteren, gestorben 79 n. Chr., zum erstenmal korrekt zu übersetzen und so wirklich zu verstehen. Bisher hatten sich daran nur Philologen versucht, die nichts von Technik und Wissenschaft verstanden, oder Ingenieurwissenschaftler, die zuwenig Latein konnten. Nun sitzen sie zusammen, von der Stiftung Volkswagenwerk unterstützt.

Warum Plinius? Weil er das umfangreichste Kompendium antiken Wissens hinterlassen hat. Er forschte nicht, er überprüfte nicht, er sammelte nur – dies aber mit wahrer Besessenheit. Nahezu 500 Autoren zitiert er, er war Flottenkommandant und las an Bord seines Schiffes, er las in der Sänfte, beim Essen und im Bad, jeden Tag, Jahr um Jahr, bis er im Schwefeldampf des Vesuvs beim Untergang von Pompeji erstickte; noch im Aschenregen hatte er sich Notizen gemacht.

Sonst ist sein Riesenwerk von eigener Anschauung so gut wie frei. Völlig unkritisch stand Plinius dem Angelesenen gegenüber, Einhörner beschrieb er und Pferde mit Flügeln, „ein Warenhaus antiker Irrtümer" hat er hinterlassen nach dem Urteil der Encyclopaedia Britannica. Wie wichtig kann da eine korrekte Übersetzung sein? Gerade deshalb! sagen die Professoren. Wir bekommen ein komplettes Bild jener Weltkenntnis, über die gebildete Römer in Roms größter Zeit verfügten.

Auch lernen wir dabei, wie schwierig es ist, technische Informationen mit sprachlichen Mitteln über Jahrtausende zu transferieren – und müssen wir das nicht sehr dringend ermitteln, wenn wir unsere Nachkommen über die Risiken unserer Atommülldeponien unmißverständlich informieren wollen? Nitrum hieß für Plinius Natursoda, seit dem späten Mittelalter war es die Bezeichnung für Salpeter. Der Ursprungsort Afghanistan bezeichnet ein Land, eine Teppichwebart, eine Hunderasse und eine Drogensorte – was wird man in 2000 Jahren darunter verstehen?

Während uns mit Plinius eine Schrift überliefert ist, die wir zwar deuten müssen, aber lesen können, war anderes Wissen jahrhundertelang in Zeichen gespeichert, die sich der Entschlüsselung hartnäckig entzogen: der Schrift der Maya in Mittelamerika, Großmeister der Mathematik, der Astronomie und der Baukunst.

Mit dem Wissens-Imperialismus der Konquistadoren und der Missionare wurden ja im 16. Jahrhundert bei den Maya Tausende von Handschriften verbrannt, nur vier entgingen den Flammen. „Diese Leute gebrauchten auch bestimmte Schriftzeichen oder Buchstaben, mit denen sie ihre alten Geschichten und ihre Wissenschaften aufschrieben", berichtete der Franziskanerpater Diego de Landa, der 1579 starb. „Wir fanden bei ihnen eine große Zahl von Büchern mit diesen Buchstaben, und weil sie nichts enthielten, was von Aberglauben und den Täuschungen des Teufels frei wäre, verbrannten wir sie alle, was die Indios zutiefst beklagten."

Verstehen konnten die Missionare nichts von der Schrift der Maya, aber daß sie des Teufels sei, wußten sie natürlich vor aller Lektüre. Die Schriftgelehrten ließ man leben, doch ihre Schrift zu verwenden, wurde ihnen bei schwerer Strafe verboten. So gab es bald niemanden mehr, der die alten Zeichen entziffern konnte.

Die Bemühungen abendländischer Gelehrter um die Dechiffrierung setzten 1880 ein. Anschauungsmaterial gab es noch immer reichlich: neben den vier Handschriften, die die christliche Mission überstanden hatten, viele tausend Zeichen in Steinen und Tempelfriesen.

Der Durchbruch kam erst, als der 22jährige Ägyptologe Jurij Knorosow 1945 als sowjetischer Soldat in Berlin aus der brennenden Staatsbibliothek ein Buch retten konnte, das drei jener vier Handschriften wiedergab, die der Vernichtung durch die Missionare entgangen waren. Nach siebenjährigem Basteln veröffentlichte Knorosow seine Theorie: Die Maya-Schrift ist deswegen so schwer entzifferbar, weil sie zur einen Hälfte eine Bildzeichenschrift war wie die chinesische, zur anderen aber eine Lautschrift wie unsere, nur daß nicht Laute, sondern Silben aufgezeichnet wurden. Noch dazu lag es im Belieben des Schreibers, dasselbe Wort im selben Text mal in der einen, mal in der anderen Form wiederzugeben.

Es dauerte bis in die siebziger Jahre, ehe sich Knorosows These, anfänglich heftig befehdet, unter den Experten durchsetzte. Heute haben sie rund 800 Maya-Zeichen katalogisiert. So steht jetzt fest, was bis dahin nur vermutet wurde: warum die Maya, vermutlich im 9. Jahrhundert n. Chr., ihre reichen, völlig unversehrten Städte räumten und der Wildnis überließen. Ihre hochgezüchtete Landwirtschaft hatte dem Urwald und den Sümpfen die Ernährung von bis zu 20 Millionen Menschen abgetrotzt; aber nach jeweils zwei bis drei Jahren war der Boden ausgelaugt, und mit Brandrodung mußten sie sich immer neuen erschließen, wie dies heute im Amazonas-Regenwald geschieht.

Eines Tages waren die Felder übernutzt und keine Wälder mehr in zumutbarer Nähe. So wanderten die Maya aus, in den Norden der Halbinsel Yucatán im Südosten des heutigen Mexiko; und ehe sie den Boden erneut ruinieren konnten, war ihr zweites Reich durch Kriege so geschwächt, daß die Spanier noch leichteres Spiel mit ihnen hatten als mit Inka und Azteken.

Indem wir über die Maya wie über Plinius nun mehr wissen als unsere Ahnen in Jahrhunderten, wird ein Zwiespalt deutlich, der sich durch die Gesellschaft zieht: Eine winzige Minderheit von Zeitgenossen wird immer schlauer – gleichzeitig wächst die Zahl der Menschen, die sich für Geschichte nicht interessieren und denen auch die Schule wenig historisches Wissen nahebringt. Zusammen mit der Schlacht von Issos, der keiner nachweint, gehen Kenntnisse verloren, die auch an der Jahrtausendwende noch zum Hintergrundwissen gehören sollten.

Schon stößt man auf junge Akademiker, die keine Ahnung haben, wann der Dreißigjährige Krieg stattfand, oder die fröhlich behaupten, unter Bismarck habe Deutschland Krieg gegen Rußland geführt; ja die auch noch argumentieren, dergleichen im Kopf zu haben sei nur Ballast, und wer es wissen wolle, könne ja in der Datenbank nachfragen. So geht selbst von dem Wissen, das wir noch haben könnten, immer mehr verloren.

Nachteile hat solcher Wissensschwund nicht zuletzt gerade im Umgang mit den Datenbanken und dem Internet: In der Sturzflut der Informationen, die Jahr um Jahr heftiger auf uns niederbricht, kann nur der den Kopf über Wasser behalten, dem ein möglichst breitgefächertes Wissen, eine universale Halbbildung Maßstab bietet und Überblick verschafft. Dem Computer sind ja nicht jene Schleusenwärter vorgeschaltet, die alles in allem dafür sorgten, daß Unsinn und Gewäsch die Schleuse nicht passieren konnten.

Nie zuvor hat die Menschheit einen solchen Schwall von Informationen produziert, gespeichert und großenteils auch noch gedruckt. Alle öffentlichen Bibliotheken schnappen nach Luft in der Lawine von Büchern und Schriften, die unaufhörlich auf sie stürzt. Die meisten Parlamente auf Erden protokollieren und stapeln, was je in ihnen gesprochen worden ist; allein die 1300 Übersetzer der EU-Kommission liefern jährlich mehr als eine Million Seiten ab.

In den Vereinten Nationen umfaßt schon der Index zu den Reden, die in der 51. Sitzungsperiode (1996/97) gehalten worden sind, 504 engbedruckte Seiten – das bloße Verzeichnis, wohlgemerkt, mit Namen, Nationalität, Stichwort für das Thema und Suchhinweis. Der lautet zum Beispiel A/C.1/51/PV.18 und ermöglicht es dem Feinschmecker, sich aus der nahen Dag-Hammarskjöld-Bibliothek die Rede kommen zu lassen, die Sudjadnan Parnohadiningrat aus Indonesien über die Erwünschtheit atomwaffenfreier Zonen im südlichen Asien gehalten hat – als einer von 19 Rednern zu diesem Thema; die 64 Reden über ähnliche Zonen in anderen Regionen gar nicht gerechnet.

Über kurz oder lang könnte das Uno-Archiv der „Bibliothek von Babel" ähneln, die der Schriftsteller Jorge Luis Borges, langjähriger Direktor der argentinischen Nationalbibliothek, beschrieben hat: Ihre Bände enthalten *alles*, natürlich in sämtlichen Sprachen, „die Geschichte der Zukunft, die Autobiographien der Erzengel, den echten Katalog der Bibliothek und Tausende von falschen Katalogen, den Nachweis ihrer Falschheit, den Nachweis der Falschheit des echten Katalogs, die Zitierungen jedes Buches in allen anderen Büchern ..."

So entsteht aus Geschwätzigkeit, Wichtigtuerei und Bürokratisierung, aus der galoppierenden Entwicklung von Wissenschaft und Technik und der Allgegenwart von Computern, Druckern und Papier eine Wüste von Wörtern, wie die Sahara eine von Sandkörnern ist – und schon hört man von Archivaren, Professoren und Studenten den Stoßseufzer: O würde doch mehr Wissen verlorengehen!

Das Wichtige noch zu finden, das Falsche zu erkennen, das Hohle zu meiden, den Schrott zu entsorgen, den Kopf zu entlasten ebenso wie Festplatten, Bibliotheken und Archive – das wird zu einer zentralen Aufgabe des einzelnen wie ganzer Kulturen und der Menschheit überhaupt.

Informationen abwehren! heißt die Notwehrreaktion; sie wird empfohlen von so unterschiedlichen Wissenschaftlern wie dem Cottbusser Technik-Philosophen Klaus Kornwachs und dem in Paris lehrenden Romanisten Harald Weinrich. Wir leben in einer überinformierten Gesellschaft, „in der die eigentliche Lebensklugheit nicht darin besteht, Informationen herbeizuschaffen – das kann heute jedes Kind über Internet –, sondern Informationen abzuweisen; dafür gibt es im Internet noch keine Programme".

Weinrich schreibt das in seinem Buch „Lethe – Kunst und Kritik des Vergessens", benannt nach dem Strom der Unterwelt, aus dem im griechischen Mythos die Seelen der Gestorbenen tranken, um jede Erinnerung an die Mühsal des Lebens zu verlieren.

Mögliches Wissen ausdrücklich von sich fernzuhalten – das konnte für schöpferische Menschen schon in den Frühstadien der Datenschwemme von Nutzen sein. Sigmund Freud hat solche Verweigerung betrieben: Da sich die Ahnungen und Einsichten Friedrich Nietzsches „oft in der erstaunlichsten Weise mit den mühsamen Ergebnissen der Psychoanalyse decken", schrieb Freud 1925, „habe ich ihn gerade darum lange gemieden; an der Priorität lag mir ja weniger als an der Erhaltung meiner Unbefangenheit".

Die Biochemiker Watson und Crick hatten sich ein System der Informationsabwehr ausgedacht, bevor sie 1953 die DNS-Struktur entdeckten, wofür sie den Nobelpreis bekamen: In ihren Vorstudien beschränkten sie sich in kühler Planung darauf, nur das zu lesen, was in den letzten fünf Jahren in englischer Sprache in einer angesehenen Wissenschaftszeitschrift erschienen war.

Inmitten dieser Springflut der Informationen kann es geschehen, daß einer doch noch eine Lücke findet, ein Loch, in dem elementares Wissen unwiderruflich zu verschwinden droht, wenn man es nicht unverzüglich stopft. Steven Spielberg heißt der Mann, Hollywoods erfolgreichster Regisseur ist er, und 1994 hat er die Shoah-Stiftung gegründet. Für ein schreckliches Kapitel der Menschheitsgeschichte soll sie jenes Zentralregister herstellen, das man sich für alle Kulturen gewünscht hätte: Die Überlebenden des Holocaust erzählen von ihrem Schicksal.

Auf Videofilmen werden ihre Berichte gespeichert, für den Schulunterricht auszugsweise auf CD-Rom überspielt. Und während Bibliotheken nur das einzusammeln pflegen, was ohne ihr Zutun geschrieben worden ist, *fahnden* Spielbergs Mitarbeiter nach den letzten Zeugen und bringen sie zum Reden; an die 50 000 Interviews sind schon aufgezeichnet und durch einen Index mit 13 000 Suchbegriffen zugänglich gemacht.

Es soll nichts vergessen werden, der Nachwelt zur Warnung – und weil die jüdische Religion mehr als jede andere auf einer Gedächtniskultur beruht, der Fähigkeit und der Pflicht, sich zu erinnern über 2000 Jahre der Vertreibung hinweg: „Vergesse ich dich, Jerusalem, so verdorre meine Rechte!“ (Psalm 137,5)

Eben dies verkannt zu haben, die überlebenswichtige Rolle der Erinnerung im Judentum, war einer der Vorwürfe, die sich nach seiner Rede vom 11. Oktober 1998 gegen den Schriftsteller Martin Walser richteten. Er mußte erleben, wieviel Zündstoff in der Frage steckt, ob, wann und wie Wissen je verlorengehen darf, ja inwieweit der einzelne das Recht hat, sich vom kollektiven Gedächtnis abzukoppeln.

Einerseits betrachten wir das Erinnerungsvermögen als eine völlig individuelle Leistung, und wer Tagebuch führt, will ihm eine lebenslange Stütze geben. Thomas Mann hatte so schreckliche Angst, das Wissen darüber, was er beispielsweise am 6. August 1945 getan hat, könnte je verlorengehen, daß er unter diesem Datum eintrug: „In Westwood zum Einkauf von weißen Schuhen und farbigen Hemden. Erster Angriff auf Japan mit Bomben, in denen die Kräfte des gesprengten Atoms wirksam.“

Das Vergessen begegnet dem Individuum entweder als privates Ärgernis – bei Namen, Telefonnummern, den Vokabeln einer fremden Sprache – oder als Wohltat: wenn wir das Peinliche verdrängen oder uns von traumatischen Erlebnissen endlich befreien. Auch würden wir im Meer des Erlebten, Gesehenen, Gelesenen untergehen, wären wir nicht „von Natur ein vergessendes Lebewesen“, wie Harald Weinrich schreibt.

Da aber der einzelne immer auch in eine kollektive Erinnerung eingebunden ist, können die Probleme entstehen, in die Martin Walser stolperte, als er sich für den Friedenspreis des Deutschen Buchhandels bedankte. Die Erinnerung an Auschwitz, sagte er, werde oft als „Moralkeule“ benutzt und „zu gegenwärtigen Zwecken“ instrumentalisiert; im Fernsehen würden die Bilder des Schreckens so oft gezeigt, daß er ohne Wegschauen und Wegdenken nicht durch den Tag käme.

Da sprach Ignatz Bubis, der Vorsitzende des Zentralrats der Juden in Deutschland, von „geistiger Brandstiftung“. Der SPD-Politiker Klaus von Dohnanyi sprang Walser bei: Er habe nur über die allzu häufigen Versuche geklagt, „aus unserem Gewissen eigene Vorteile zu schlagen“. Bubis nannte die Replik „bösartig“ und bezeichnete beide, Walser und Dohnanyi, als „latente Antisemiten“. Der ehemalige Bundespräsident Richard von Weizsäcker beklagte, daß der Streit außer Kontrolle zu geraten drohe, und die „Frankfurter Allgemeine“ hielt ihm vor: „Wessen Kontrolle? Und warum überhaupt Kontrolle?“

Das, in der Tat, ist das Problem. Einerseits kennen wir durchaus eine kontrollierte, allgemein akzeptierte Form des Vergessens: Verjährung, Tilgung, Amnestie. Ist eine bestimmte Frist verstrichen, so verzichtet der Staat auf seinen Strafanspruch, meist nach drei bis fünf Jahren, bei schweren Verbrechen nach zehn oder mehr, und bis 1979 war nach 30 Jahren sogar Mord verjährt, mit der Begründung, irgendwann müsse der Rechtsfrieden einziehen, und einen Sachverhalt nach mehr als 30 Jahren eindeutig zu klären sei ohnehin kaum möglich.

Dann beschloß der Bundestag, daß Mord niemals verjährt – eine vor allem politische Entscheidung, weil das Parlament es unerträglich fand, daß man spät entdeckte Nazimörder vielleicht nicht mehr verfolgen könnte.

Einen noch stärkeren Eingriff ins kollektive Gedächtnis stellt die Tilgung dar. Wer nicht zu lebenslanger Freiheitsstrafe oder Sicherungsverwahrung verurteilt ist, hat nach bestimmten Fristen – zwischen drei und zwanzig Jahren – Anspruch darauf, daß seine Strafe zunächst nicht mehr ins polizeiliche Führungszeugnis aufgenommen und später sogar im Strafregister getilgt wird. Selbst von einem Vergewaltiger also will der Staat eines Tages nicht mehr wissen, daß er einer war; das Wissen *soll* verlorengehen.

Andrerseits kann die Erinnerung an den Holocaust so wenig unter Verjährung fallen wie seit 1979 jeder Mord, und Tilgung ist für Mord ohnehin nicht vorgesehen.

Sollen die Untaten des Staatssicherheitsdienstes der DDR irgendwann verjähren? So viele belastende Papiere auch verbrannt oder zerrissen worden sind nach dem Fall der Mauer: Mit 180 Kilometer Akten muß sich die Gauck-Behörde noch immer auseinandersetzen.

Die PDS fordert eine Generalamnestie, und der Bundestag will vom Jahr 2003 an den Opfern der Stasi – nicht ihren Mitarbeitern – das Recht einräumen, in den Akten ihre Namen schwärzen zu lassen. Das klingt plausibel und hat doch den Zorn etlicher Archivare und Historiker hervorgerufen: Ein solcher Eingriff in Originalakten sei ein Novum in der deutschen Archivgeschichte und eine Barbarei.

Eingriff hin oder her: In wenigen Jahrzehnten wird das Papier mit den Stasi-Dokumenten ohnehin zu zerfallen beginnen und in 200 Jahren fast vollständig zerbröselt sein. Und das liegt nicht am technischen Standard der DDR, sondern an einem erstaunlichen Phänomen, einem zu wenig beredeten Ärgernis: Wir archivieren soviel wie noch nie, zwischen Eitelkeit und dem Dienst an künftigen Generationen; aber die meisten Speichermedien, derer wir uns bedienen, haben eine kürzere Lebensdauer als ein Greis mit gutem Gedächtnis, und daran wird auch Spielberg scheitern, wenn er sich nicht noch etwas einfallen läßt.

Die Felsmalereien in den Höhlen beiderseits der Pyrenäen haben 30 000 Jahre überdauert. Die Gesetze, die Hammurabi von Babylon vor 3700 Jahren in eine Steinsäule meißeln ließ, können wir noch heute lesen – die Säule steht im Louvre. Mehr als 2000 Jahre hält, was einst auf Pergament geschrieben worden ist, und mehr als ein halbes Jahrtausend haben die Gutenberg-Bibeln überlebt, gedruckt auf handgeschöpftem Papier.

Nur freilich: Was hieß es einst, Papier zu machen! Lumpen sammeln, sie vom gröbsten Schmutz befreien (eine elende Dreckarbeit für Frauen und Kinder), sie sortieren (nur weißes Leinen lieferte feines Schreibpapier), sie zerreißen und zerschneiden, einweichen, anfaulen lassen und dann zerstampfen, bis ein Faserbrei entstanden war. Den ein paar Tage stehen lassen, ihn noch einmal zerstoßen und in einer Bütte mit warmem Wasser umrühren. Nun mit der Schöpfform in den Brei tauchen, sie schütteln, den Inhalt abtropfen lassen, ihn auf Filz stülpen und mit einer Handpresse entwässern; die feuchten Bogen zum Trocknen aufhängen, sie sodann in eine Leimbrühe tauchen, wieder pressen und trocknen, mit dem Glättstein bearbeiten und schließlich einzeln gegen das Licht halten, um die fehlerhaften auszuscheiden.

Verlorenes Können! Wie auf dem Feld des Wissens immer weniger Menschen immer mehr Detailkenntnis erwerben (über Plinius zum Beispiel), während immer mehr Leute mit immer weniger Ahnung fröhlich leben – so schwindet auch beim Können die Zahl der Experten; die meisten Zeitgenossen brauchen fast nichts mehr zu beherrschen, um fast alles zu besitzen. Wer 1909 seinen Führerschein machte, mußte noch nachweisen, daß er Zündkerzen auswechseln konnte; heute enthält manches Auto mehr Elektronik als einst die Apollo-Mondrakete, und wir benutzen es ebenso munter wie ahnungslos.

Büttenpapier? Selbst das wird inzwischen meist maschinell hergestellt, die Handschöpfer sterben aus. Bestseller, Aktenberge, gefräßige Computer-Drucker rufen nach der Massenware, sie wird aus Holzschliff mit Maschinen produziert, sauer geleimt und dem Zerfall innerhalb weniger Generationen überlassen. Recycling-Papier hat sich sogar nach 30 Jahren aufgelöst, Fax-Papier ist nach wenigen Jahren unlesbar.

Schon sind in Deutschlands Bibliotheken etwa ein Drittel ihrer rund 200 Millionen Bände gefährdet. Die Library of Congress in

Washington hat begonnen, ihre Bestände auf Mikrofilm festzuhalten, aber der Verfall schreitet schneller fort, als man sie fotografieren kann.

Mikrofilm verspricht bei optimaler Lagerung eine Lebensdauer bis zu 1000 Jahren. Das ist zwar wenig, gemessen an Hammurabi, aber beruhigend viel, verglichen mit dem, was die hochzivilisierten Völker sich mit dem Computer und der Digitalisierung eingehandelt haben.

Magnetbänder und Videofilme können bei guter Lagerung – gleichbleibend kühl und trocken – 50 bis 100 Jahre überleben; sonst beginnt nach wenigen Jahren der Verfall. Festplatten bringen es zuverlässig nur auf 30 Jahre, CD-ROMs auf 20 bis 50. IBM räumt sogar ein, daß auf Magnetbändern und -platten gespeicherte Informationen nicht länger als vier Jahre sicher aufgehoben sind: Dann können die Reibung des Lesekopfes, das Magnetfeld der Erde oder unsachgemäße Lagerung die Magnetisierung vermindert oder verändert haben, und ein einziges entgleistes Bit kann einen Text unlesbar machen.

Dabei ist der physische Verfall noch das kleinere Problem. Die Computer, ihre Programme, ihre Betriebssysteme verändern sich ja in solchem Tempo, daß oft genug schon vor der Unlesbarkeit die Unbenutzbarkeit eintritt. Das amerikanische Nationalarchiv mußte viel Zeit, Geld und Einfallsreichtum aufwenden, um die Ergebnisse der Volkszählung von 1960 zwanzig Jahre später überhaupt noch lesbar zu machen. Im Hauptquartier der Nordamerikanischen Luftverteidigung (Norad) müssen die zum Teil 30 Jahre alten Systeme mit immer ausführlicheren Erläuterungen versehen werden, damit nicht falsche Bedienung zu einer Katastrophe führt.

Also gilt es, Hardware und Software der jeweils selben Generation zu konservieren und betriebsbereit zu halten; Computer-Clubs und technische Museen haben sich darauf spezialisiert. Doch dafür brauchen sie Platz, Zeit, Geld und hin und wieder Ersatzteile, die keiner mehr herstellt. Es ist, als müßte die Magnetschwebebahn ständig ein paar Dampflokomotiven beheizen, damit das System nicht zusammenbricht!

„Digitalisierte Information hält für immer oder für fünf Jahre – whichever comes first!" sagt Jeff Rothenberg, Informatiker bei der Rand Corporation in Kalifornien, in ironischer Anspielung auf eine Standardfloskel der Werbung in Amerika, und: „Ein Glück, daß Moses uns die Zehn Gebote nicht auf einer CD-ROM übermittelt hat."

Folglich muß man natürlich, die Experten wissen das längst, seine Datenbestände immer wieder beizeiten auf modernere Systeme überspielen. Das amerikanische Nationalarchiv tut dies alle zehn Jahre, Bill Gates mit seiner privaten Datenbank noch öfter.

Wie viele Überspielungen also, wenn wir unser Wissen auch nur über jenes halbe Jahrtausend hinwegretten wollen, das uns von Gutenberg, Luther und Kolumbus trennt – fünfzig? Wer soll dafür die Zeit, das Geld, den Antrieb haben, wer die Programme und die Betriebssysteme kompatibel halten? Auch findet bei jeder Überspielung ein Datenschwund statt, Kodierungen und Fußnoten fehlen oft schon beim erstenmal, und nach einem Dutzend Kopiervorgängen ist die Lesbarkeit dahin.

Wer diesen Rattenkönig von Problemen entwirren will, der beginnt vernünftigerweise mit einer radikalen Selektion. Um Gottes willen nicht alles weitergeben, was heute gespeichert wird, sondern das eigentlich Wissenswerte herausklauben aus den Abfallbergen des Informationszeitalters – das vermindert den Aufwand und die Sorgen.

Aber wer selektiert, und nach welchen Kriterien? Wie kann ein Heutiger wissen, was auch nur die nächste Generation interessieren wird? Längst hat es da berühmte Fehlentscheidungen gegeben: Als 1986 die Raumfähre „Challenger" explodiert war, wollte die Nasa die Konstruktionspläne für die Saturn-V-Rakete hervorkramen, mit der die erfolgreichen Mondflüge der späten sechziger Jahre gelungen waren – aber ein schlauer Kopf hielt sie für veraltet, seit es den Shuttle gab, und hatte sie vernichtet, und die Zulieferfirmen hatten die Spezialwerkzeuge weggeworfen. „Wir hätten mit Zollstock und Schieblehre ins Museum gehen müssen", sagte ein Nasa-Konstrukteur.

Sollen wir zum Bundesarchiv in Koblenz mehr Vertrauen haben? Rational vorzugehen ist es immerhin bemüht. Es sichtet seine Altbestände ebenso wie die Aktenberge, die die Ministerien und die Behörden vor ihm türmen, hält einen Bruchteil davon auf Mikrofilm fest und läßt die Filme, in Stahlcontainern luftdicht verpackt, vom Bundesamt für Zivilschutz in einem ehemaligen Zinkbergwerk bei Freiburg einlagern.

Da liegen sie atombombensicher und haben, wenn's gutgeht, eine Lebensdauer von 1000 Jahren; wer sie über jene drei Jahrtausende retten wollte, die uns von der griechischen Antike trennen, müßte sie also nach jeweils etwa 900 Jahren ausgraben und kopieren. Nach vier Kopiervorgängen würden sie allerdings unleserlich geworden sein. Schade um die Milliarde Aktenseiten, die bisher erfaßt sind, von der Krönungsurkunde Ottos des Großen über die Urteile des Reichskammergerichts zwischen 1573 und 1806 bis zu Gesetzen aller deutschen Bundesländer. Man weiß ja nie, woran unsere Urenkel interessiert sein werden; und wenn eines fernen Tages wir die Antike sind, ist sowieso alles hinüber.

Das könnte ein Trost sein, einerseits: Ehe wir oder unsere Nachkommen in den Speichern unseres Wissens ersaufen, hat der Zahn der Zeit sie zerstört. Nur gibt es da Leute wie den Technik-Philosophen Prof. Kornwachs von der Universität Cottbus, der eben dies mit Sorge sieht. Er fordert eine „Ethik der intergenerationellen Kommunikation", ein Gefühl der Verantwortung dafür also, daß alles von unserm Tun und Wissen, was eine Langzeitwirkung hat, unseren Nachfahren übermittelt werden müßte.

Das beginnt bei Landminen und Weltraumschrott und geht weiter mit der Seuchenbekämpfung: Es scheint ja, als hätten wir das Pockenvirus besiegt – aber wie, wenn es wieder auftauchen sollte im 4. Jahrtausend? Schulden wir den künftigen Ärzten nicht die Mitteilung, wie es einst bei uns gewütet hat und mit welchen Mitteln wir es niedergerungen haben?

Und die Gentechnik: Müßten wir nicht in Karteien erfassen, wo und wie die Manipulation von Tieren und Pflanzen einst begonnen hat? Oder welchen Methoden arglosen Herumdokterns an den Genen jene Monster entsprungen sein könnten, die unseren Nachkommen vielleicht die Herrschaft über die Erde streitig machen?

Und die Atommülldeponien, sie vor allem! Die strahlenden Abfälle haben eine Halbwertzeit von nicht weniger als 20 000 Jahren. Mit ihnen richtig umzugehen setzt Kenntnisse voraus, die schon heute nur eine winzige Minderheit besitzt. Daraus folgt, wenn wir denn unsere Verantwortung bejahen, daß wir grübeln müssen: Welche Sprache, welches Speichermedium, welche Aufbewahrungsorte sind geeignet, unsere Warnung, unsere Wartungshinweise wachzuhalten 20 000 Jahre lang, „auch über möglicherweise barbarische Zeiten hinweg"?

Einstweilen steht da nur die Forderung, darüber ernstlich nachzudenken – nicht einmal ein Arbeitskreis, der für die Zukunft das zu leisten versuchte, was die Projektgruppe Plinius für eine ferne Vergangenheit betreibt.

Während das Problem des Wissentransfers über Jahrtausende hin auf Erden noch der Lösung harrt, hat die Nasa eine Botschaft ins All geschleudert, die unsinnigerweise 800 Millionen Jahre lang lesbar bleiben soll: eine goldbeschichtete Bildtonplatte, mit den Raumsonden „Voyager 1“ und „Voyager 2“ seit 1977 unterwegs, längst jenseits des Sonnensystems auf der Reise zu unbekannten Planeten, in der ziemlich vagen Hoffnung, intelligente Lebewesen könnten sie dort abfangen und einen Eindruck von der Erde haben wollen.

Menschen, Tiere, Landschaften würden sie sehen und Musikbeispiele hören von Mozart bis Chuck Berry, warum nicht? Und lauschen könnten sie den Grußbotschaften in 55 Sprachen. Eine davon ist von einem Mann gesprochen, dessen sich schon neun Jahre nach dem Start, also nach dem einhundertmillionsten Teil der Haltbarkeit, halb Österreich schämte: Kurt Waldheim, 1977 noch Generalsekretär der Vereinten Nationen, 1986 als mauschelnder Halb-Nazi entlarvt.

Auch Waldheims Stimme rast nun unaufhaltsam durch die Äonen – und was lernen wir daraus? Wohl dies: Wenn die Menschheit sich schon zu einer Art Zentralregister aufschwingt und ihm nahezu ewige Haltbarkeit verschafft, so enthält es Schwachsinn und zielt ins Nirgendwo.

Auf der alten Erde müssen wir unterdessen mit den alten Problemen leben: der Vergeßlichkeit, der Vergänglichkeit. Albrecht Locher, Vorsitzender der Projektgruppe Plinius, erzählt die Geschichte von dem schwäbischen Zimmermann, der tadelnd auf einen Neubau mit sogenannten Negativ-Gauben blickte, Einzügen mit Balkon im Dach. „Bei unserm vielen Regen kann das kein Mensch richtig abdichten“, sagte er. „Gerade sind die letzten gestorben, die noch wußten, warum man das hat bleiben lassen.“

PAPSTWAHL 1978

Was hinter den vermauerten Türen geschah

Wer aus dem Konklave plaudert, wird exkommuniziert. Erst recht, wer schon zu Lebzeiten eines Papstes Absprachen über den Nachfolger sucht. Wer Zeitschriften oder Aufnahmegeräte einschmuggelt, wird mit »schwerwiegenden Strafen« belegt. Gemessen an den drakonischen Regeln einer Papstwahl war die Sitzung des Zentralkomitees im Kreml eine öffentliche Veranstaltung. Und doch beginnen zwanzig Jahre nachdem Johannes Paul II. gewählt worden ist, die Details zu sickern – wie es damals war im Herbst 1978 und wie es nach seinem Ableben sein wird.

Ein Attentat hat er überlebt, sechs Operationen überstanden, eine Hüfte ist aus Metall, und schon mehrfach hat das Fernsehen seine zitternde Linke gezeigt und sein gezeichnetes Gesicht. Wird Johannes Paul II. die furchtbare Bürde seines Amtes niederlegen – oder wird es ihn schrecken, daß unter allen 266 Päpsten nur zwei diesen Schritt getan haben? (Und das ist lange her: 1294 Coelestin V. und 1415 Gregor XII.) Wird das Herz des geplagten Greises aufhören zu schlagen – oder hält ihn, den Zähesten der Zähen, das eherne Pflichtgefühl am Leben und dazu die Vision, die man ihm zuschreibt: daß er zum 2000. Jahrestag von Christi Geburt festlich einziehen möchte in Jerusalem?

So oder so: Längst ist die Debatte über seine Nachfolge entbrannt. Zwar ist es den Kardinälen, die den neuen Papst zu wählen haben, kraft Apostolischer Konstitution ausdrücklich verboten, zu Lebzeiten eines Papstes darüber zu verhandeln; aber nicht jedes Geplauder muß ja eine Verhandlung sein. Man trifft sich hier, zieht dort ein paar Fäden, tauscht doppelbödige Botschaften aus oder verweist süffisant und sorgenvoll auf Kardinäle, die vom Dämon des Ehrgeizes besessen scheinen. Dabei gilt für alle Kandidaten der alte Satz: Wer als Papst ins Konklave geht, kommt als Kardinal heraus.

Wissen können wir aber, *wie* die Kardinäle wählen, wenn sie in der verrammelten Sixtinischen Kapelle versammelt sind: von Vorschriften eingemauert wie kein anderes Wahlgremium, auf Geheimhaltung eingeschworen wie die Zentrale einer Spionageorganisation, in ihrer Entscheidung indessen völlig frei und von niemandem je zur Rechenschaft zu ziehen – frei, den zu küren, dem sie sogleich ihren totalen Gehorsam werden schwören müssen. Doch eben dieses Verfahren, dieses archaische, pedantische, auf alte Männer beschränkte Brimborium hat zu einem Erfolg ohne Beispiel beigetragen: zum Überleben der ältesten Institution auf Erden.

Mehr als die meisten politischen Wahlen bewegt das Konklave noch heute die Gemüter im ganzen Abendland: Denn der Vatikan versteht es, anders als Bonn oder Washington, Überraschungen zu präsentieren, und der Erwählte wird Herr sein über fast eine Milliarde Seelen und der Chef „der am besten zusammengreifenden Organisation in der heutigen Welt". Leopold von Ranke schrieb das 1885, und die Organisation hat sich seitdem noch gestrafft.

Was die Kardinäle bei der nächsten Wahl bewegen wird, ist kein Geheimnis. Antworten müssen sie suchen auf Fragen wie diese: Wollen sie wieder einen Traditionalisten haben oder diesmal einen Reformer? Soll er ein Diplomat sein wie die Kurienkardinäle, des Vatikans Minister, oder ein Seelsorger wie die Erzbischöfe auf allen Kontinenten? Soll er ein Italiener sein, ein anderer Weißer – oder diesmal ein Schwarzer, zum Jubel der Dritten Welt, in der es längst viel mehr Katholiken als in Europa gibt?

Am aufschlußreichsten dafür, was sich im nächsten Konklave abspielen wird, ist ein erstaunlicher Umstand: Ziemlich genau wissen wir heute, was im Oktober 1978 bei der vorigen Papstwahl geschah, allen Schwüren des ewigen Schweigens zum Trotz. Und so haben wir die Chance, ein Lehrstück über redliches Ringen und kräftige Erdenreste von Machtkampf und Intrige zu betrachten, wie es ähnlich wieder auf dem Spielplan stehen wird. Die Papstwahl ist eben *un giallo*, ein „Krimi", wie die Italiener sagen.

28. September 1978: Johannes Paul I., der fröhliche Papst, bei Gläubigen wie Ungläubigen rasch populär geworden, wird am 33. Tag nach seiner Wahl tot im Bett gefunden. Die Welt ist bestürzt, der Vatikan betreibt eine verwirrende Pressepolitik, Gerüchte über einen Giftmord tauchen auf wie zuletzt 1939 beim Tod Pius' XI.; neun Päpste sind ja vergiftet, erstickt, erstochen oder zu Tode gefoltert worden, der letzte allerdings anno 1048.

Nun muß das Kardinalskollegium zu einem Konklave zusammentreten, zwischen dem 15. und dem 20. Tag nach dem Tod des Papstes. Zur Beisetzung strömen die Kardinäle aus aller Welt zusammen; sie kennen einander (ganz anders, als es beim nächsten Konklave sein wird), erst vor sieben Wochen haben sie Paul VI. beerdigt.

Sogleich entwickelt sich unter den Purpurträgern ein reges Plaudern, Vorfühlen und Minenlegen; Wahlabsprachen sind ja nur zu Lebzeiten des Papstes verboten. Die auffallendste Aktivität entfaltet Giuseppe Siri, der 72jährige Erzbischof von Genua, genannt „der Eiserne“: Er ist der Exponent des konservativen Lagers und versucht, alle anderen Traditionalisten unter den Kardinälen um sich zu scharen und noch ein paar mehr. Den gerade verstorbenen Papst soll er als „Einfaltspinsel“ bezeichnet haben. Hochfahrend verzichtet Siri auf die Geste der Demut, von der doch bekannt ist, daß sie die Chancen des Kandidaten erhöht. Bewerben darf sich ja keiner, Wahlreden werden nicht gehalten, Wahlprogramme gibt es nicht.

Und schon trifft sich im Französischen Seminar eine Runde von etwa fünfzehn Kardinälen, überwiegend aus Übersee, und verbündet sich gegen Siris Anspruch. Sollte man nicht eher an Giovanni Benelli denken, den gleichermaßen gebildeten wie umgänglichen Erzbischof von Florenz, der als Liberaler gilt?

Die deutschen Kardinäle Joseph Höffner und Joseph Ratzinger sind bei dem Treffen nicht zugegen; Höffner tritt heftig für Siri ein, schon weil Benelli für ihn ein „Linker“ ist. Mit dem, sagen manche Kardinäle, drohe der Kirche etwas Ähnliches wie der italienischen Politik mit dem „Historischen Kompromiß“, der Aussöhnung zwischen Christlichen Demokraten und Kommunisten.

Von Karol Wojtyla, dem Erzbischof von Krakau, droht dergleichen wahrlich nicht. Längst gehört er zu den bekannteren Kardinälen: Schon auf dem Zweiten Vatikanischen Konzil hat er 1965 als junger Erzbischof mehrfach das Wort ergriffen und beim Konklave im August ein paar Stimmen auf sich gezogen. So erhält er Besuch vom Privatsekretär des Kardinals Benelli, des Favoriten der Progressiven; man tastet sich ab. Wojtyla plaudert auch mit Kardinal Krol, Sohn polnischer Einwanderer und Erzbischof von Philadelphia, und mit John Cody, Erzbischof von Chicago, in dessen Diözese viele Polen leben.

Bald gilt der Mann aus Krakau als Geheimtip bei den zwanglosen Zusammenkünften der Kardinäle untereinander oder mit jenen Bischöfen, Prälaten, Sekretären, die sich als Mittler und Drahtzieher verstehen. Ist Wojtyla nicht auch von vielversprechender Bescheidenheit – sagt man nicht sogar, er fühle sich unbehaglich?

Kardinal Krol wiederum, der Amerikaner mit den polnischen Eltern, unterhält sich mehrfach mit einem der einflußreichsten Kardinäle, Franz König, Erzbischof von Wien. Haben die Skandale der italienischen Politik nicht sogar den Vatikan gestreift? fragen sich die beiden. Könnte nicht ein Mann aus dem Osten der Retter sein? Ist Wojtyla nicht ein vorbildlicher Seelsorger voller Tatendrang, und wäre es nicht spirituell wie politisch höchst erfreulich, den polnischen Katholiken gegen die atheistische Diktatur den Rücken zu stärken?

Rechnungen werden aufgemacht: Unter 111 wahlberechtigten Kardinälen nur noch 56 Europäer; 1963, bei der Wahl Pauls VI., hatten sie noch mehr als zwei Drittel des Plenums gestellt. Die 28 Kurienkardinäle werden wohl auf Siri eingeschworen sein – aber was ist das schon! 75 Stimmen braucht der Erwählte, zwei Drittel von 111 plus eine Stimme nach den Regularien Pauls VI. (Johannes Paul II. hat fürs nächste Konklave die zusätzliche Stimme gestrichen.)

Samstag, 14. Oktober 1978: Die Kardinäle beziehen ihre kargen Zellen neben der Sixtinischen Kapelle oder direkt unter dem Dach. Die Außenfenster sind abgedunkelt und zugenagelt, die Bewohner stöhnen unter der schlechten Luft, einige brechen ihre Fenster auf. Ein eisernes Bettgestell, ein kleiner Schreibtisch, ein Stuhl, eine Waschschüssel mit Krug – sonst nichts. Je zehn der Herren um die 70 teilen sich eine Toilette und ein Bad, bis zu sechzig Meter lang ist ihr Weg dorthin, und oft ist besetzt.

Wohlfühlen sollen sich die Kardinäle nicht, sondern sich mit dem Wählen desto mehr beeilen; so ist das gedacht. (Doch Johannes Paul II. fand die Verhältnisse unwürdig und hat fürs nächste Konklave ein Hotel errichten lassen, das Hospiz Santa Marta – zwar in der Vatikanstadt gelegen, aber doch in solcher Entfernung von der Sixtinischen Kapelle, daß § 43 der neuen Apostolischen Konstitution vorschreibt, die Kardinäle dürften auf ihrem täglichen Weg „von niemandem erreicht werden können".)

Sonntag, 15. Oktober 1978: Die 111 Wahlmänner versammeln sich in der Petersbasilika, zelebrieren die Heilige Messe und ziehen in feierlicher Prozession (Johannes Paul II. hat 1996 fürs nächste Mal hinzugefügt: „unter dem Gesang des ‚Veni Creator' den Beistand des Heiligen Geistes erflehend") in die Sixtinische Kapelle ein – aus ihren Mönchszellen in den 21 Meter hohen Saal, auf drei Seiten umringt von vierzehn Fresken mit biblischen Szenen von Botticelli, Perugino und anderen; vor sich, an der Altarwand, Michelangelos Jüngstes Gericht, 180 Quadratmeter mit aufsteigenden Engeln und fallenden Sündern; über sich im Deckengewölbe Michelangelos

39 Fresken, darunter die Erschaffung Adams, den Gott mit dem Finger belebt.

Die Kardinäle beten gemeinsam und „versprechen, geloben und schwören" jeder einzeln, alles, was mit der Wahl zusammenhängt, auf immer geheimzuhalten und keinerlei Einmischung einer weltlichen Autorität zu dulden.

Und schon geschieht genau das, was niemals hätte geschehen dürfen, ja wovon niemand weiß, wie es geschehen konnte: Ein Zeitungsinterview hat seinen Weg in die Kapelle gefunden. Ist sie nicht bis zu erfolgter Wahl „ein absolut abgeschlossener Ort", wird sie nicht von innen und außen verriegelt, ja von zwei vereidigten Technikern auf „Wanzen" abgeklopft? Sind die Kardinäle nicht mit dem Verbot belegt, „Zeitungen und Zeitschriften ins Konklave oder aus dem Konklave" zu befördern? Da hat sich die alte Erfahrung bestätigt: Kein Schloß, das nicht von einer Intrige zerbrochen werden könnte.

Diese zielt auf den selbsternannten Favoriten der Konservativen, Kardinal Siri, und erledigt ihn prompt. Ein Interview hat er gegeben, das bestreitet er nicht, aber erst nach dem Konklave sollte es veröffentlicht werden, und den Inhalt dementiert er sofort. Der Zeitung zufolge hat er Johannes Paul I. kritisiert und ebenso das Zweite Vatikanische Konzil, das 1965 mit einem Plädoyer für die Religionsfreiheit und für einen verstärkten Dialog mit den Andersgläubigen zu Ende ging. Sich selbst nannte er „einen der am meisten verleumdeten Menschen der Welt". Ein Dementi, nun ja! Jetzt kann Siri nur noch auf die Stimmen der Erzkonservativen zählen, und die reichen nie. Aber auch Benelli büßt Sympathie ein, weil viele ihn für den Drahtzieher der Intrige halten.

Nach dieser Verwirrung beginnt die Wahl. Die Kardinäle, an ihren Pulten sitzend, füllen ihre Stimmzettel aus – auf ausdrückliche Einladung des Heiligen Vaters in § 66 „möglichst in verstellter Schrift". Dann faltet jeder seinen Zettel „bis auf etwa Daumenbreite" und trägt ihn „allen sichtbar mit erhobener Hand" zum Altar.

Dort kniet er nieder, manchem macht das Mühe, verharrt in kurzem Gebet, auch das steht geschrieben, und schwört mit erhobener Stimme: „Ich rufe Jesus Christus, der mein Richter sein wird, zum Zeugen an, daß ich den gewählt habe, von dem ich glaube, daß er nach Gottes Willen gewählt werden sollte." Dann wirft er den Zettel in die Urne.

Ist das 111mal geschehen, kommt die Stunde der drei ausgelosten Wahlhelfer: Ein Kardinal schüttelt die Urne, um die Zettel zu mischen; ein anderer hebt sie einzeln hoch und zählt sie. Sollte ihre Zahl nicht mit der der Kardinäle übereinstimmen, werden alle Zettel sofort verbrannt. Ist die Zahl korrekt, so entfaltet der erste Wahlhelfer den ersten Zettel, liest still den Namen, gibt ihn an den zweiten weiter, der dasselbe tut und ihn dem dritten reicht; der liest sodann den Namen mit lauter Stimme vor und macht einen Strich in der Liste aller 111 Kardinäle, wie sie auch auf den Pulten liegt. Dann wird formell gezählt, das Ergebnis von drei anderen ausgelosten Kardinälen überprüft, und die Zettel werden verbrannt.

Welcher Aufwand – und wo sonst wäre für eine Personenwahl eine Zwei-Drittel-Mehrheit erforderlich? Die ist unter weltlichen Bedingungen nur bei Staatsaktionen nötig wie einer Änderung des Grundgesetzes durch den Bundestag oder wenn der amerikanische Kongreß ein Veto des Präsidenten überstimmen will. Doch die Allmacht dessen, den die Kardinäle wählen, erhebt diesen Wahlakt in der Tat in den Rang einer Verfassungsänderung.

75 Stimmen also müssen es sein von 111. Für Kardinal Siri endet der erste Wahlgang mit dem erwarteten Desaster: Rund 30 Stimmen bekommt er statt der 50, an die er geglaubt hat; sein liberaler Konkurrent Benelli liegt gleichauf, kein anderer Kandidat erhält mehr als fünf Stimmen, Wojtyla ist immerhin dabei.

Im zweiten und dritten Wahlgang legt Benelli zu, Siri fällt ab. Der vierte Wahlgang, der letzte des Sonntags, sieht wiederum keinen auch nur in der Nähe von 75 Stimmen; die Kardinäle haben die ersten 444 Kniefälle hinter sich.

Da ist das Palaver bedrückt beim Abendessen. Einige verweisen in Andeutungen darauf, daß ein Italiener offenbar keine Chance habe. Der Vorsitzende der Spanischen Bischofskonferenz, Kardinal Vicente Tarancón, wird deutlicher: Gott habe sich der Uneinigkeit der Italiener und der Bosheit der Menschen bedient, um die Papstwahl zu erschweren. Andere raunen, der neue Papst sollte mehr ein volksnaher Seelsorger als ein Intellektueller sein, bei guter Gesundheit überdies – war nicht Paul VI. ein zerbrechlicher, leidender Mensch gewesen und Johannes Paul I. rätselhaft gestorben, erst 65 Jahre alt?

Franz König, der Erzbischof von Wien, beginnt nach dem Essen in Zellen und Korridoren für einen Papst aus dem Osten zu werben, aus Polen zum Beispiel. Stefan Wyszynski, der 77jährige Erzbischof von Warschau, ist überrascht: „Mich aus Polen wegholen?" fragt er. „Das würde den Kommunisten gefallen!" Es ist nicht überliefert, ob König deutlich machte, daß er Wyszynski gar nicht meinte.

Dann senkt sich die Nacht auf das stickige Notquartier der alten Herren. Wie sollen sie den Knoten lösen – und wie lange diesen quälenden Umständen unterworfen sein? Erst nach drei Tagen sieht die Wahlordnung einen Ruhetag vor, aber natürlich im verriegelten Konklave! Und dann nochmals sieben Wahlgänge und wieder Pause und Gebet und wieder sieben Wahlgänge, und dann erst dürfen sie – aber nur einstimmig! – beschließen, daß die einfache Mehrheit genügen soll.

Montag, 16. Oktober 1978: Vor dem fünften Wahlgang erhebt sich Kardinal König und plädiert nunmehr in aller Form dafür, durch die Wahl eines Nichtitalieners die Blockade zu beenden; in vielen Briefen, gerade von Italienern, sei er beschworen worden, ihrem moralisch heruntergekommenen Land eine Lektion zu erteilen.

Der Nichtitaliener, fährt König fort, könnte der Erzbischof von Krakau sein, Karol Wojtyla, auch wenn er mit 58 Jahren vielen als zu jung erscheine; er wäre der jüngste Papst seit 1846. Da ist es zu aller Überraschung Kardinal Wyszynski, der dem Kollegium rät: Nein! Bei einem Italiener solltet ihr es lassen!

Fünfter Wahlgang: 20 Stimmen für Wojtyla. Im sechsten viel mehr, doch nicht genug, und zum sechstenmal sehen die Gläubigen und die Neugierigen, die auf dem Petersplatz ausharren, schwarzen Rauch aus dem Schornstein im Eckfenster der Sixtinischen Kapelle steigen – nicht den weißen, der die vollzogene Wahl signalisiert.

Nun wäre es ganz falsch, aus der Zahl der Wahlgänge zu folgern, unter den Kardinälen habe eine beklagenswerte Orientierungslosigkeit geherrscht. Zwei-Drittel-Mehrheiten sind immer schwer zu haben, eben deshalb wurden sie für die großen Entscheidungen eingeführt. Und hat nicht schon der Zwang zur einfachen Mehrheit auch weltlichen Wahlgremien Kopfschmerzen gemacht?

Gustav Heinemann wurde 1969, Roman Herzog 1994 erst im dritten Wahlgang zum Bundespräsidenten gewählt, und die französische Nationalversammlung brauchte 1953 gar 13 Wahlgänge, um sich auf René Coty als Präsidenten der Republik zu einigen. So viele Probleme kann ein Wahlgremium mit der *einfachen* Mehrheit haben.

Siebenter Wahlgang, Montag nachmittag: Wojtyla führt mit deutlichem Vorsprung. Während der sich abzeichnet, blickt der Erzbischof von Krakau immer düsterer. Einige lächeln ihm aufmunternd zu. Und es ist Kardinal Wyszynski, der ihm zuflüstert: „Wenn sie dich wählen, bitte ich dich: Lehne nicht ab.“

Zur Zwei-Drittel-Mehrheit hat es ohnehin wieder nicht gereicht, vor allem, weil die meisten der 25 italienischen Kardinäle weiter gegen ihn stimmen. Doch in der Pause vor dem achten Wahlgang, bei Kaffee, Cognac oder Grappa, breitet sich gedämpfte Heiterkeit aus, die Richtung scheint ja klar. Und Kardinal Baggio, der einflußreiche

Präfekt der Bischofskongregation, vollzieht die Wende: Der Erzbischof von Krakau soll es sein! sagt er als erster Italiener offen. So wird im achten Wahlgang Karol Wojtyla gewählt, mit einer klaren Mehrheit, über deren Höhe die Auguren sich freilich nicht einig sind. Für Kardinal Siri stimmen ein paar Getreue bis zuletzt.

Mit hochrotem Kopf hat der Pole die Verlesung der Stimmzettel verfolgt und schließlich seiner eigenen Strichliste sein Schicksal entnommen. Auf die Frage des Kardinalkämmerers, ob er die Wahl annehme, erwidert er: „Es ist Gottes Wille, ich nehme an." Die Kardinäle applaudieren. Dann folgt nach Vorschrift die zweite Frage: „Wie willst du dich nennen?" Mit dieser Antwort hat noch nie ein Kardinal gezögert – woraus man wohl folgern muß, daß keiner ganz ausschließen wollte, daß es ihn treffen könnte. Wojtyla verkündet: „Johannes Paul II.", und alle wissen: Dies ist eine Verneigung vor Johannes Paul I.

Aus dem Schornstein steigt weißer Rauch, „Habemus Papam!" schreit es aus der Menge auf dem Petersplatz, obwohl sie noch nicht weiß, welchen. Den Gewählten führt der Zeremonienmeister in die Sakristei, wo das weiße Papstgewand vorsorglich in drei Größen liegt. Wojtyla, ein Sportler von einsachtzig, streift das große über. Dann nimmt er die Gehorsamsgelübde der Kardinäle entgegen, stehend, gegen die Tradition, und jeden umarmt er, den Primas von Polen am längsten, und alle singen den Choral „Te Deum laudamus", Großer Gott, wir loben Dich.

Und der vor einer Stunde noch ein Kardinal unter vielen war, ist nun Bischof von Rom, Primas von Italien, Patriarch des Abendlands und Statthalter Christi auf Erden, unverzüglich versehen „mit der vollen und höchsten Gewalt über die ganze Kirche", Herr über die Vatikanstadt und die Römische Kurie, Disziplinarvorgesetzter von mehr als 3000 Bischöfen und 164 000 Priestern in aller Welt; Seelenhirte von fast einer Milliarde Katholiken. Er ist absoluter Monarch, Welt-Autorität und nach dem Dogma von 1870 „unfehlbar" in Glaubenssachen – der einzige seriöse Mensch auf Erden also, der es schriftlich hat, daß er sich im Großen niemals irren kann.

Dies alles ist aktenkundig, doch es bleibt die Frage: Woher eigentlich können wir wissen, was sich da im Konklave abgespielt hat über das umständliche Protokoll hinaus? Keiner, der in der Kapelle oder den ihr zugeordneten Räumen weilt, kein Kardinal, kein Techniker, kein Diener und kein Koch, darf jemals über den Ablauf sprechen, alle müssen es beeiden. Bei den Abstimmungen selbst sind die Kardinäle ohnehin unter sich, und sie dürfen nichts – nicht korrespondieren, nicht telefonieren und keine technischen Geräte bei sich führen, nach der Wahl niemandem jemals direkt oder indirekt Auskunft über irgend etwas geben, was am Wahlort geschah, und dies alles beeidet und „mit schwerwiegenden Strafen nach Ermessen des künftigen Papstes" bedroht.

Und nun sind in den letzten Jahren Journalisten aufgestanden, die nach langjährigen Recherchen in dicken Büchern behaupten, sie wüßten, was damals abgelaufen ist: der Vatikan-Experte Giancarlo Zizola, Tad Szulc von der „New York Times", Carl Bernstein von der „Washington Post", der einst Präsident Nixon stürzen half, und Marco Politi, Vatikankorrespondent der „Repubblica". Ihre Glaubwürdigkeit steht gegen den Eid der Kardinäle.

Doch die sind gegen das Laster der Schwatzhaftigkeit, der Wichtigtuerei, der Rachsucht nicht gefeit, auch für sie mag die alte Erfahrung von Journalisten und Geheimdienstlern gelten: Spätestens von fünf Teilnehmern an ist *nichts* mehr geheimzuhalten. Überdies haben alle genannten Autoren sich zwischen 15 und 18 Jahre Zeit gelassen – was einerseits gegen Sensationsgier und für gründliche Recherche spricht und andererseits den Konklavebeteiligten Zeit ließ, ihr Gelöbnis nicht mehr zu laut in sich rumoren zu hören.

Wer wird beim nächstenmal die Fäden ziehen, wer schließlich das Rennen machen? Ganz im dunkeln tappen wir nicht. Die Gerüchte, die durch Rom und die Welt schwirren, müssen ja nicht durchweg falsch sein. Vor allem aber lassen sich seriöse und plausible Vermutungen darüber anstellen, von welchen Gesichtspunkten sich die Kardinäle werden leiten lassen – Erwägungen, die sich aus dem vorigen Konklave, aus der Kenntnis der handelnden Personen, aus der Lage der Kirche in der Welt schlüssig ergeben; solche, die jeder Gläubige akzeptieren kann, und andere, weil auch der Frömmste in den Niederungen des Menschseins verwurzelt ist. Wenn er wählt, ist jeder Kardinal einsam, und mindestens folgende Gedanken werden seiner Entscheidung vorausgegangen sein.

Erwägung 1: Will ich einen Konservativen, einen Traditionalisten, einen Fundamentalisten gar wie Johannes Paul II. – oder wünsche ich mir einen Reformer, einen Liberalen, dem es zuzutrauen wäre, daß er, in kleinen Schritten natürlich, Priestern die Ehe erlaubt, Frauen den Weg ins Priesteramt öffnet, Geburtenkontrolle innerhalb gewisser Grenzen zuläßt und nicht jede Abtreibung als Mord verteufelt?

Und wenn ich mit solcher Öffnung sympathisiere: Kann ich zugleich sicher sein, daß sie das wirksamste Mittel wäre, die Kirche am

Leben zu erhalten – oder hieße es am Ende, sie überflüssig machen, wenn sie mit dem Zeitgeist liebäugelt? Hat nicht Johannes Paul II. eben mit seiner gußeisernen Beharrlichkeit ein zwar zunehmend unfreundliches, aber gewaltiges Echo gefunden?

Mutig war er ja, dieser Pole: Gegen die Mafia hat er öffentlich gepredigt, und das auf Sizilien. Und nur ein hartgesottener Konservativer war er keineswegs: Diplomatische Beziehungen mit Israel hat er endlich aufgenommen und als erster Papst die Synagoge von Rom besucht, in Assisi hat er mit Juden, Muslimen und Buddhisten für den Frieden gebetet, Galilei hat er rehabilitiert, nach dreieinhalb Jahrhunderten.

Soviel Offenheit wäre von Kardinal Ratzinger aus Marktl bei Altötting in Oberbayern nicht zu erwarten. Als Papstmacher ist er gefürchtet – Präfekt der Glaubenskongregation seit 1981, Verfasser einer neunbändigen Katholischen Dogmatik, engster Berater Johannes Pauls II. und nach allgemeiner Meinung weitgehend verantwortlich für das, was viele dessen Altersstarrsinn nennen.

Für welche Richtung also bin ich? Womit wird mich einer, von dem ich meine, daß er sie vertrete, eines Tages überraschen? Kenne ich eine Integrationsfigur? Die Gegenpole sind rasch beschrieben: hier Carlo Maria Martini, Erzbischof von Mailand, weltoffen, weitgereist, sozial engagiert – aber ein Jesuit, und den hatten wir noch nie auf dem Heiligen Stuhl; dort Giacomo Biffi, Erzbischof von Bologna, populär, aber stockkonservativ: Der höchste Wert der Frau sei die Jungfernschaft, hat er gesagt, und Frauen im Priesteramt, das komme ihm vor „wie Pizza und Cola statt Brot und Wein". Es kann ihm eigentlich nicht besser als 1978 dem Kardinal Siri ergehen.

Erwägung 2: Soll es überhaupt wieder ein Italiener sein, nach der langen Erfahrung mit dem schwierigen Polen? Die Italiener sind, anders als während ihrer 455jährigen Alleinherrschaft zwischen Hadrian VI., dem Holländer, und Johannes Paul II., dem Polen, nur noch eine schwache Minderheit. Dürfte es ein Deutscher, ein US-Amerikaner sein? Hände weg – Kandidaten aus mächtigen Ländern machen böses Blut.

Rechnen wir: Von den 153 Kardinälen sind zur Zeit 43 nicht wahlberechtigt, weil sie 80 Jahre und älter sind – Paul VI. hat diese Beschränkung 1975 eingeführt. (Verlust des aktiven Wahlrechts wegen zu hohen Alters! Man versuche sich das bei weltlichen Wahlen vorzustellen.) Die 43 Greise sollen jedoch „durch das beharrliche und inständige Gebet" die Erleuchtung ihrer wählenden Brüder durch den Heiligen Geist erflehen.

Bleiben 110. Nicht weniger als 91 von ihnen hat Johannes Paul II. ernannt. Neben sämtlichen Regularien für die Wahl hat er also sogar das Wahlgremium überwiegend selber bestimmt. Aber eben nicht, damit es ihn wiederwählt – eine Farce, wie weltliche Diktatoren sie zu inszenieren lieben –, sondern damit es über den nächsten Papst entscheidet. Wir sind seine Geschöpfe; das verbürgt die Kontinuität. Aber wen wir dann wirklich wählen, darauf hat er den Einfluß Null; das verbürgt die Flexibilität.

Und weit hat Johannes Paul II. mit seinen Ernennungen die Kirche der Dritten Welt geöffnet. Zwar ist Europa noch immer überrepräsentiert: 50 von 110 Kardinälen, obwohl nur gut ein Viertel aller Katholiken in Europa lebt. 20 Kardinäle aus Lateinamerika, mit mehr als 40 Prozent aller Gläubigen – ein Papst von dort, das wäre keine schlechte Idee: zum Beispiel der kolumbianische Kurienkardinal Alfonso Trujillo López, erst 62 Jahre alt. Oder Lucas Moreira Neves, Erzbischof von São Salvador da Bahia und Präsident der Brasilianischen Bischofskonferenz. Je 13 Prozent der Katholiken leben in Afrika (12 Kardinäle) und Asien (13 Wahlberechtigte). Schließlich kommen noch elf aus Nordamerika und vier aus Australien. Nirgends aber wächst die Kirche schneller als in Afrika – so schnell, daß die Zahl der Priester damit nicht Schritt halten kann.

Kardinal Francis Arinze aus Nigeria hat das 1994 in einem Gespräch mit der „New York Times" doppelt begründet: Die Afrikaner machten Gebrauch von ihrer jungen Freiheit, sich ihre Religion selber zu wählen, statt sie sich von ihren Kolonialherren aufnötigen zu lassen; und der in Afrika verbreitete Animismus, der Glaube an eine allbeseelte Natur mit Geistern und Dämonen, sei dem Katholizismus eng verwandt – er selbst, Arinze, Häuptlingssohn, habe einst dem Animismus angehangen.

Seit 1985 ist Arinze Kurienkardinal und Leiter des Päpstlichen Rats für den Dialog mit den Religionen; Johannes Paul II. soll ihn sich ernstlich als Nachfolger gewünscht haben, und einige Progressive setzen auf ihn. Ein Schwarzer auf dem Heiligen Stuhl – welch ein Signal! Wieviel Aufregung, wieviel Aufbruch! Aber was würden unsere Glaubensbrüder in Irland, in Boston, in Nordrhein-Westfalen dazu sagen?

Gerüchtweise werden sogar zwei weiteren Afrikanern Chancen eingeräumt: Bernardin Gantin aus Benin in Westafrika, Präfekt der vatikanischen Bischofskongregation, und Hyacinthe Thiandoum, Erzbischof von Dakar im Senegal. Doch vielleicht hatte ja die „Süddeutsche Zeitung" recht, als sie 1995 schrieb: „Vermutlich ist der wirkliche Favorit dann kein Schwarzer und kein Weißer, sondern ein Farbloser."

Erwägung 3: Robust soll er sein, den Strapazen des Amtes gewachsen. Also nicht zu alt. Aber unter 60 wie damals der Erzbischof von Krakau ist nur ein einziger, Vinko Puljic, der 53jährige Erzbischof von Sarajevo. Wieder einer aus dem Osten? Auch wird ein Papst nach aller Wahrscheinlichkeit um so länger amtieren, je jünger er ist. Wollen wir das? Haben die mehr als zwanzig Jahre Johannes Pauls II. der Kirche gutgetan?

Erwägung 4: Will ich einen der 29 Kurienkardinäle wie einst Pius XII., weltläufig, mit diplomatischem Geschick – vielleicht aber unfähig, die Herzen zu bewegen? Oder will ich einen Seelsorger, einen wie Johannes XXIII., der die Menschen ansprach und den sie mochten wie einen kraftvollen, warmherzigen Großvater? Wenn indessen einen solchen – wird er die Kraft haben, sich durchzusetzen gegen den Kraken der vatikanischen Bürokratie, gegen diese fast dreitausendköpfige Glaubens-, Finanz- und Personalverwaltung mit den ausgepichten Managern der Kirche an der Spitze?

Johannes Paul I. ist an ihr zerbrochen, das gilt inzwischen als ausgemacht – und nicht etwa vergiftet worden, wie der amerikanische Journalist David A. Yalopp in seinem Buch „In God's Name" 1984 behauptete: vergiftet im Auftrag von Kurienkardinälen, weil er die Korruption in der vatikanischen Finanzverwaltung durchschaut habe und zu radikalen Umbesetzungen entschlossen gewesen sei. Als Indizien nennt Yalopp unter anderem: Die Mitteilungen über den Zeitpunkt des Todes und die Auffindung des Toten waren in der Tat voller Widersprüche, der Vatikan verweigerte eine Autopsie, die Todesursache wurde nie eindeutig geklärt.

Aber das Herz Johannes Pauls I. war ja schwach – und wofür hätten sie Gift gebraucht, seine möglichen Feinde? Was ihn binnen 33 Tagen umbrachte, das war seine schlichte Güte im hoffnungslosen Zweikampf mit den Kurienkardinälen, die ihn verachteten und isolierten. „Jeder spricht hier schlecht vom anderen", hat er laut Giancarlo Zizola kurz vor seinem Tod gesagt; „wenn Jesus noch lebte, würden sie auch über ihn lästern." Und auch der Satz wird ihm zugeschrieben: „Zwei Dinge sind im Vatikan nicht zu haben – Ehrlichkeit und eine gute Tasse Kaffee." Zizola schreibt: Er starb wie ein Ausgestoßener.

Paul VI. war von zäherer Konstitution, aber was hatte er 1963 notiert? „Ich muß sagen, daß ich mich in extremer Einsamkeit befinde. Sie war schon früher groß, heute ist sie allumfassend und erschreckend. Nichts und niemand ist mir nah."

Fragen sind da noch mehr. Welche Figur würde der Neue auf der Weltbühne machen? Hat er Charisma, hat er eine Chance, populär, gar ein Medienstar zu werden? Und natürlich, ganz menschlich, die Frage: Mag ich ihn? Zwar bin ich vom Papst in § 83 ermahnt, mich „nicht von Sympathie oder Antipathie leiten zu lassen" und schon gar nicht von persönlichen Beziehungen. Aber welchem Menschen, und hätte er's zum Kardinal gebracht, soll das ohne Rückstand gelingen? Noch eine Frage: Wie wird's mir selbst unter ihm ergehen? Und nicht zuletzt: Gönn' ich's ihm? Für Kardinal Wyszynski war das ja 1978 offensichtlich ein Problem.

Soweit die mutmaßlichen, die im Grunde unausbleiblichen Erwägungen der meisten Kardinäle. Spätestens am 20. Tag nach dem Tod oder dem Rücktritt des Papstes also werden sie ins Konklave ziehen – vier Paragraphen lang gewarnt davor, päpstliche Gesetze während dessen irgendwie zu verändern oder solche Entscheidungen zu treffen, die allein dem künftigen Papst zustünden. Wählen dürft ihr und sonst nichts! Nur solange man euch einsperrt, seid ihr ein paar Tage lang die Herren: Das ist der brutale Sinn der Regularien.

Aber indem ich, der vorige Papst, euch gängle bis ins winzigste Detail, euch in Eidesformeln einbinde und bei jedem Verstoß mit Exkommunikation bedrohe – und die schlösse den Verlust von Amt und Einkommen ein –, schütze ich euch mit äußerster Konsequenz vor jenen weltlichen Einflüssen, denen die Kirche bis ins 20. Jahrhundert unterworfen war, und zugleich gegen die moderne Forderung, andere als euch 153 Kardinäle zum Wählen zuzulassen: die Bischöfe nicht, ob sie als Beschlußgremium versammelt sind, also zu einem der seltenen, meist mehrjährigen *Konzile*, oder nur zu einer *Synode*, einer beratenden oder regional begrenzten Tagung; und schon gar nicht katholische Laien. Ich garantiere euch die geheimste und insofern wohl die freieste Wahl der Welt.

Dem oft geäußerten Einwand, in der Kardinalsversammlung spiegle sich die Universalität der Kirche nicht, hält die Apostolische Konstitution entgegen: Doch, denn die Kardinäle kämen ja aus allen Kontinenten, und da überdies die Gesamtkirche während des Konklaves im Gebet verharre, „wird die Wahl des neuen Papstes kein vom Volk Gottes isoliertes Geschehen sein, sondern in gewissem Sinn eine Handlung der ganzen Kirche". Er, der Papst, ordne daher an, daß überall „demütig und inständig zum Herrn gebetet werde, damit er die Wähler erleuchte".

Gläubige Laien, die dieser Weisung mit hinlänglicher Demut folgen, wirken also *in gewissem Sinn* an der Papstwahl mit – Bischöfe werden schroffer behandelt. Sollte nämlich der Papst sterben, während ein Konzil oder eine Synode tagt, so haben sich beide auf der Stelle aufzulösen, selbst wenn ein noch so schwerwiegender Grund für die Fortsetzung zu sprechen scheine; und alles, was dort „vermessenerweise“ in bezug auf die Papstwahl beschlossen werden sollte, erklärt Johannes Paul II. vorsorglich für ungültig und nichtig, wie schon Paul VI. vor ihm.

Ja, das ist Autorität, und die Art, wie sie sich äußert, macht viele Nichtkatholiken schaudern. Nur ist sie wohl aus der schier unglaublichen Überlebenskraft dieser Institution nicht wegzudenken. Was hat die Katholische Kirche nicht alles überstanden: die Abspaltung der Orthodoxen im frühen Mittelalter, der Anglikaner im 16. Jahrhundert und die Reformation; 38 Gegenpäpste (oder bis zu 40 solcher Amtsanmaßungen, das läßt sich unterschiedlich rechnen), unter den anerkannten Päpsten jedoch bis in die Neuzeit hinein eine Fülle eiskalter Machtpolitiker und übler Intriganten, oft durch *Simonie* ins Amt gelangt.

So heißt die Amts-Erschleichung durch Bestechung oder die Bereicherung durch den Verkauf von Pfarrstellen und ganzen Bistümern – benannt nach Simon, einem Zauberer, der sich taufen ließ und Petrus und Johannes dann Geld bot, wenn sie ihn den Heiligen Geist empfangen ließen (Apostelgeschichte 8, 18). Schon seit 1075 ist die Simonie mit dem Kirchenbann belegt, und 1432 bekräftigte das Konzil von Basel: „Von nun an sollen die Päpste keine Gebühren für kirchliche Ämter fordern oder annehmen“, die Kirchenverwaltung solle nicht länger von päpstlichen Launen abhängig sein, und alle Priester, „ob höchsten oder niedrigsten Ranges“, sollten sich ihrer Konkubinen entledigen – von nun an!

Es war die Zeit, da viele Kardinäle ihr Tafelsilber oder gleich ihren Bankier zum Konklave mitbrachten und der frischgewählte Papst seine gesamte Sippe unverzüglich mit Bistümern und anderen Pfründen beschenkte. Alexander VI. aus der verruchten Sippe der Borgia, der Wüstling auf dem Heiligen Stuhl, wurde 1492 dadurch Papst, daß er das Gebot des Königs von Frankreich und der Republik Genua – 300 000 Golddukaten für deren Favoriten – durch vier Maultierladungen Silber übertrumpfte. Kardinal Giovanni de'Medici, der spätere Papst Leo X., soll über Alexander VI. gesagt haben: „Jetzt sind wir in den Fängen des wildesten Wolfs, den die Welt je gesehen hat.“

Das ist lange her, und niemand behauptet, noch heute könnten in einem Konklave so schreckliche Dinge geschehen oder könnte aus ihm ein solcher Unhold hervorgehen. Doch die Versuchung, geistliche Ämter zu kaufen oder feilzubieten, ist offenbar weiter lebendig – hätte sonst Johannes Paul II., wie sein Vorgänger, in seiner Apostolischen Konstitution ausdrücklich vor diesem „Verbrechen" gewarnt? Sollte jedoch Simonie im Spiel sein, so macht das die Papstwahl *nicht* ungültig, besagt der erstaunliche § 78. Niemand also soll es wagen, die Legitimität und Autorität des Gewählten in Zweifel zu ziehen, und wäre rund um die Wahl ein Verbrechen geschehen.

Von den Schwierigkeiten mit sich selbst genug gebeutelt, mußte die Katholische Kirche zumeist auch gegenüber der weltlichen Macht um ihren Vorrang kämpfen: in unendlichen Fehden und Intrigen mit den Kaisern des Heiligen Römischen Reiches Deutscher Nation; danach mit den Franzosen, die 1798 den Kirchenstaat militärisch besetzten, ihn zur Republik erklärten und Pius VI. nach Frankreich verschleppten, wo er 1799 starb.

Für die Wahl des neuen Papstes bot Franz II., der letzte Kaiser des Heiligen Römischen Reiches, den Kardinälen zwar noch 1799 Asyl in einem Benediktinerkloster im damals österreichischen Venedig – allerdings um den Preis, daß Kardinal Herzan als sein förmlicher Gesandter das Konklave um zwölf Tage unterbrach, um sich per Kurier neue Instruktionen aus Wien zu holen.

Herzan strapazierte damit die „sententia exclusiva", ein Vetorecht, das Österreich, Frankreich und Spanien jahrhundertelang für sich in Anspruch nahmen. Es durfte nur *einen* Kandidaten treffen, und auch den nur, solange er noch nicht die Zwei-Drittel-Mehrheit erreicht hatte; aber als Herzan einen weiteren Kardinal als „dem Kaiser nicht erwünscht" bezeichnete, hatte es dasselbe Gewicht.

Nach dreieinhalb Monaten einigte sich das Konklave schließlich auf Graf Chiaramonti, der als Pius VII. den Thron bestieg. Der Wiener Hof war indessen wieder nicht zufrieden und versperrte ihm die Markuskirche. Noch 1903 machte Kaiser Franz Joseph von dem Vetorecht Gebrauch, weil er einen Kandidaten für etwas Schimpfliches, nämlich für einen „Demokraten" hielt.

Heute hat kein Staatsmann mehr eine Chance, der Kirche ins Geschäft zu pfuschen. Die Zahl der Katholiken hat sich im 20. Jahrhundert mehr als vervierfacht, zumal durch die Bevölkerungsexplosion in Lateinamerika, und sogar der Anteil der Katholiken an der Weltbevölkerung ist noch leicht gestiegen (auf etwa 17 Prozent). Die Bedrängnis aller Katholiken im kommunistischen Imperium war nur eine weitere Episode in der zweitausendjährigen Geschichte. „Wie viele Divisionen hat der Papst?" soll Stalin spöttisch gefragt haben. Aber das Sowjetimperium ist zerbrochen, und die Kirche lebt.

Hat Johannes Paul II. am Untergang des Kommunismus mitgewirkt? Unabsichtlich ganz bestimmt, weil seine polnischen Landsleute seine Wahl als eine ungeheure Ermutigung verstanden. Aber da soll es auch Kontakte mit dem CIA gegeben haben, und die Journalisten Bernstein und Politi stellen die Behauptung auf, Johannes Paul II. habe mit Ronald Reagan eine „Heilige Allianz" zur Befreiung Polens geschlossen, mit totalem Informationsaustausch bis hin zur Vorführung amerikanischer Satellitenfotos im Vatikan. „Bewiesen ist nichts", schrieb dazu das englische Wochenblatt „Economist" – „aber war eine Allianz denn nötig?" Schließlich hatte Johannes Paul II. in der Botschaft von Fatima 1984 an die Gottesmutter appelliert, die Niederlage des Kommunismus herbeizuführen.

Auch weltliche Politik hat er also mit Vehemenz betrieben, das ist unbestritten – obwohl schon die geistlichen Pflichten dem Papst mehr aufbürden, als man meinen sollte, daß ein Mensch tragen kann. Das höchste Lehr-, Richter- und Priesteramt einer Weltkirche hat er inne, Legislative, Exekutive und Judikative in einem, ohne Stellvertreter für den Stellvertreter Christi auf Erden.

Achtzehn Stunden dauert Johannes Pauls II. Arbeitstag, mindestens war das so bis zur Darmoperation von 1996. Um halb sechs steht er auf, und das Licht auf seinem Schreibtisch ist abends oft das letzte im Apostolischen Palast. Zwei Koffer voller Akten arbeitet er täglich nieder, keiner Audienz entzieht er sich, jeden der 3026 katholischen Bischöfe auf Erden hat er sich jeweils binnen fünf Jahren zum Gespräch bestellt. Noch 1995 reiste er in elf Tagen 33 000 Kilometer durch Asien und zelebrierte in Manila eine Messe mit vier Millionen Gläubigen – vermutlich die größte Menschenansammlung, die es je gegeben hat. So lebt man, wenn man sich, wie Johannes Paul II. schrieb, „im Kampf um die Seelen dieser Welt" befindet.

In der detailversessenen, von Mißtrauen und Mißachtung durchzogenen Apostolischen Konstitution zur Papstwahl gibt es eine Passage, die auch den Ungläubigen nicht unberührt läßt. In § 86 bittet der dann Verstorbene seinen Nachfolger, sich dem Amt „nicht aus Furcht vor dessen Bürde zu entziehen, sondern sich in Demut dem Plan des göttlichen Willens zu fügen. Gott nämlich, der ihm die Bürde auferlegt, stützt ihn auch mit seiner Hand, damit er imstande ist, sie zu tragen; der ihm die schwere Aufgabe überträgt, gibt ihm auch den Beistand, sie zu erfüllen, und verleiht ihm, indem er ihm die Würde zuteil werden läßt, die Kraft, daß er unter der Bürde nicht zusammenbricht".

Vielleicht trägt er sie ja noch lange, der polnische Papst.

BOSNIEN-KRIEG

Der Verrat von Srebrenica

In ein paar Jahren wird der Name dieser bosnischen Stadt in den Geschichtsbüchern stehen: als schreckenerregendes Beispiel für die ethnischen Säuberungen der Serben während des Balkankrieges. Und als Symbol für das klägliche – oder zynisch kalkulierte – Versagen von Nato, Uno und EU. Keinen Finger rührten deren Vertreter, als serbische Truppen die von UN-Soldaten »beschützte« Kommune im Juli 1995 überrannten und anschließend wahrscheinlich 6000 Muslime ermordeten.

In diesem Land liebt keiner keinen mehr. Alle Flüchtlinge, Umgesiedelten, Verjagten, egal woher – das halbe Volk –, sind an ihrem neuen Wohnort unerwünscht, an ihrem alten ein Pfahl im Fleisch, und zwischen Bosniern und Serben schwelen Angst und Haß. Entsetzliches ist geschehen in Bosnien-Herzegowina, Unsinniges ist im Gange – und Schreckliches droht, sobald die der Nato unterstellten Soldaten abgezogen sein werden. Da brodelt ein Vulkan in Europa, 500 Kilometer südöstlich von Wien.

Inmitten des Desasters steht der Name Srebrenica als Symbol für absurdes Theater, für Massenmord, brutale Strategie und klägliches Versagen. Die mehr als 40 000 bosnischen Muslime, die sich unter die räudigen Fittiche der Uno geflüchtet hatten, waren 1995 der ganzen Welt im Wege: den Serben, den Großmächten und sogar der bosnischen Regierung. In Srebrenica haben Uno, Nato und Europäische Union sich Schande gemacht, und Europa hat sich verabschiedet von dem Traum, es könne Herr in seinem Hause sein.

Heute ist Srebrenica, von umgesiedelten Serben bewohnt, wieder das Sinnbild der Ausweglosigkeit. Alles an ihm ist verwirrend, schon der Name – „Silberstädtchen“ – und der Anblick erst recht: im Tal der Drina hübsch gelegen, in steile grüne Berge eingebettet und trotz der vielen Ruinen freundlich anzusehen.

Ja, auf die Suche nach Touristen haben die serbischen Neubürger sich gemacht, nach Investoren sowieso. Mit wenig Geld könnte man ja die Silbermine wieder auf volle Leistung fahren, schon in römischer Zeit hat sie Wohlstand nach Srebrenica gebracht, und das Hotel und das Ausflugsrestaurant könnte man herrichten in der nahen romantischen Waldschlucht.

Aber auch das neue Srebrenica hat keine Chance. Keine Chance, weil der Name von dem furchtbarsten Massaker besudelt ist, das nach 1945 in Europa stattgefunden hat, von den Anklägern vor dem Internationalen Kriegsverbrechertribunal in Den Haag mit Katyn, Oradour und Lidice verglichen. Keine Chance, weil Srebrenica zur Republika Srpska gehört, dem serbischen Teilstaat von Bosnien-Herzegowina, in den nicht eine Mark westlicher Wirtschaftshilfe fließt, da er sich weigert, die in Den Haag angeklagten Kriegsverbrecher auszuliefern.

Und schließlich hat Srebrenica deshalb keine Chance, weil sie alle wieder raus sollen, die 17 000 Serben, die jetzt in der ehemals bosnischen Stadt leben – so sieht es das Friedensabkommen vor, das im November 1995 in Dayton abgeschlossen wurde. Wer sollte in soviel Ungewißheit investieren?

Jeder, der will, darf in sein altes Haus zurück: Darauf haben sich Serbien, Kroatien und die Teilstaaten von Bosnien-Herzegowina unter Anleitung der USA in Dayton geeinigt. Durch diesen beispiellosen Massenumzug soll das Menschenrecht gewahrt, die berüchtigte „ethnische Säuberung" rückgängig gemacht und jeder künftige Versuch einer massenhaften Zwangsumsiedlung entmutigt werden.

Eine große Idee mit unabsehbaren Folgen – bei über einer Million Geflohenen oder Vertriebenen innerhalb des Doppelstaats und 1,3 Millionen Flüchtlingen im Ausland. Worauf die einen hoffen, das erfüllt die anderen mit Angst. So oder so: Das halbe Volk weiß nicht, wo es morgen wohnen wird, und das trägt dazu bei, daß die Luft im Land dick ist von Mißtrauen, Verstörtheit und dem Wunsch nach Vergeltung.

Wird wieder geschossen werden, wenn die ausländischen Soldaten abgezogen sind? Viele Experten in Sarajevo befürchten es. Die einst überlegenen Waffen des serbischen Teilstaats verrotten, dessen Wirtschaft ist vollständig ruiniert – die Bosnier, an Volkszahl ohnehin weit überlegen, könnten sich stark genug fühlen, es ihm heimzuzahlen. Dann freilich könnte Belgrad wieder...

Wie im März 1992: Da hatten sich die Serben in Bosnien-Herzegowina zu einem jugoslawischen Bundesstaat erklärt und angefangen, dessen Grenzen mit militärischer Gewalt zu ziehen, alsbald von Belgrad unterstützt. Sie verjagten alle Bosnier aus ihrem Machtbereich.

Im April nahmen sie auch Srebrenica ein, zu 75 Prozent von Bosniern bewohnt. Schon im Mai konnten bosnische Milizen Srebrenica zurückerobern – jedoch um den Preis, daß die Serben die Stadt einschlossen und dann versuchten, sie durch Aushungern zur Kapitulation zu zwingen.

So begann die dreijährige Tragödie, die im Juli 1995 in die Katastrophe mündete: ein Drama von Kampf, Leid und Niedertracht, zu der ein holländisches Bataillon das Satyrspiel in Szene setzte. Helden gab es darin nicht – nur Schurken, Heuchler, Hasenfüße, viele tausend Opfer und einen wackeren Mann; und nicht alle Serben waren Schurken und nicht alle Schurken waren Serben.

Naser Orić hieß der damals 25jährige schwarzbärtige Muskelmann, der im Mai 1992 an der Spitze der bosnischen Milizen Srebrenica den Serben wieder entrissen hatte. Nun begann er seinerseits die serbische Minderheit aus der Stadt zu deportieren, soweit sie nicht geflohen war. Leibwächter ausgerechnet des serbischen Ministerpräsidenten Milošević war Orić gewesen, serbische Dörfer rund um die Stadt überfiel er nun, teils um Waffen und Lebensmittel zu erbeuten, teils, um die dortigen Serben zu vertreiben – also seinen Beitrag zur „ethnischen Säuberung“ zu leisten, wobei viele Serben gefoltert wurden. Amerikanischen Journalisten führte Orić stolz ein Video vor, das seine Grausamkeiten dokumentierte.

In den Augen der holländischen Blauhelme war Orić schlicht ein Gangster. Als Bosnier wie Holländer später in der eingeschlossenen Stadt im Finstern saßen und froren, residierte er in seinem strahlend erleuchteten Haus. Als die Blauhelme ihre Lasten schon mit Pferden und Eseln transportierten, kutschierte er immer noch im weißen Mercedes durch die Enklave.

Der eine wackere Mann in dem Drama, das war der französische General Philippe Morillon, Kommandeur der Uno-Truppen in Bosnien – auch wenn die Frauen von Srebrenica ihn erst aufs Pferd heben mußten, damit er sich zu seinem Husarenritt entschloß. Morillon war berüchtigt für den Luxus, den er in Sarajevo entfaltete: Ob geschossen wurde oder nicht – inmitten der Hungernden und Frierenden lud er zu Festbanketten mit befrackten Kellnern.

Am 11. März 1993 aber geschah etwas, das die ganze Welt überraschte: Mit einer kleinen Wagenkolonne und 13 Mann fuhr Morillon auf eigene Faust in die seit zehn Monaten umzingelte Stadt Srebrenica ein, um nach dem Rechten zu sehen. Die Serben forderte er auf, ihre Blockade unverzüglich zu beenden und ihre Angriffe einzustellen.

Zehntausende von Flüchtlingen, teils vor den Serben geflohen, teils von ihnen hineingescheucht, waren in Kellern, Schuppen und Garagen einquartiert oder in den Wohnungen, aus denen die serbische Minderheit in Srebrenica geflohen war. Die Belagerten nährten sich von Wurzeln, Eicheln, Kürbissen und Spreu; Krätze und Läuse hatten „epidemische Ausmaße" angenommen, wie es in einem Bericht der Uno hieß; Frierende wärmten sich in beizendem Qualm an brennenden Autoreifen und Plastikflaschen; die Leichen der Verhungerten und Erfrorenen wurden von Hunden angefressen.

Daß der General Morillon plötzlich unter ihnen auftauchte, tröstete die Flüchtlinge wenig, denn zu essen hatte er nichts mitgebracht, und die ihn erkannten, beschimpften ihn, denn er galt als Freund der Serben. Neun Tage später aber ernannte die Stadt ihn zum Ehrenbürger. Was war da geschehen?

Als der General abreisen wollte, sah er sich plötzlich von Hunderten ausgezehrter Frauen und Kinder umringt, die auf ihn einschrien oder sich vor seinem Wagen in den Schnee warfen – mobilisiert von Naser Orić und der Vorsitzenden der örtlichen Frauenliga, Fatima Huseinović, die sich sagten: Wenn der Franzose schon hier ist, dann halten wir ihn fest, bis die Uno uns die Sicherheit von Srebrenica garantiert!

Morillon paffte eine Zigarette nach der andern und verhandelte mit den Frauen stundenlang. Dann trat er die Flucht nach vorn an, stellte sich auf den Balkon des Postamts und rief der Menge zu: „Ihr steht jetzt unter dem Schutz der Uno-Truppen! Ich werde bei euch bleiben, bis euer Überleben gesichert ist." Die Frauen jubelten, auf dem Postamt ließ Morillon die Uno-Flagge hissen, auf dem Fußboden legte er sich schlafen.

Bis 2 Uhr morgens. Da versuchte er zu Fuß zu fliehen, kehrte aber um, als das erwartete Auto nicht am verabredeten Punkt eintraf; vermutlich hatte Naser Orić es abgefangen. Nun blieb Morillon nichts mehr, als eine Geisel zu sein und dabei den Helden zu spielen. Und ein Held wurde er wirklich für die belagerten Bosnier nach acht Tagen, am 19. März: Die Welt konnte es im Fernsehen bestaunen, wie der französische General an der Spitze eines Konvois von 18 Lastwagen mit 175 Tonnen Lebensmitteln und Medikamenten durch dicken Schnee in Srebrenica einfuhr.

Wie hatte Morillon den Konvoi herbekommen, der doch von den Serben wochenlang aufgehalten worden war, 80 Kilometer vor der

Stadt? Gefordert hatte er es von den serbischen Offizieren – er, der Vertreter der Völker der Welt und General mit vier Sternen! Und natürlich, auf die Bedingung der Serben hatte er sich eingelassen, daß die Uno keinen Geleitschutz mitschicken dürfe; der Schutz war er selbst.

Im Hauptquartier der Uno raufte man sich die Haare, aber Präsident Mitterrand versicherte Morillon seiner vollen Solidarität mit der „mutigen Aktion". Was wäre geschehen, wenn auch zwei Jahre später ein solcher Mann in Srebrenica gewesen wäre und nicht ein holländischer Oberstleutnant, dem nichts einfiel, als um Luftunterstützung zu flehen, während seine Soldaten sich von den Serben die Hosen ausziehen ließen?

Der Konvoi nahm Verwundete und Verhungernde ins bosnische Tuzla mit. Auf den offenen Lastwagen drängten sich die Menschen so verzweifelt, daß von einem die Bordwand abbrach und Dutzende hinabstürzten; drei wurden zerquetscht. Zwei Tage später wurden beim Ansturm der Tausende auf die rettenden Räder vier Erwachsene und zwei Kinder totgetrampelt, und wieder färbte der Schnee sich rot.

Sie wollten raus aus dieser verdammten Stadt, und den Serben war das nur recht, nicht aber etlichen Uno-Vertretern und Mitgliedern der bosnischen Regierung. Denn so vollzog sie sich ja, die „ethnische Säuberung", die Vertreibung aller Bosnier aus jenen Regionen, die die Serben für sich allein haben wollten.

Mehr blieb nicht vom Handstreich Morillons. Schon am 12. April 1993 gingen wieder serbische Granaten und Raketen auf Srebrenica nieder, 60 Menschen kamen um. Am 16. April griffen die Serben mit Panzern an und durchbrachen die bosnische Verteidigung. Radio Srebrenica schrie in die Welt hinaus: „Im Namen Gottes, tut was!"

Und in der Tat, der Sicherheitsrat der Vereinten Nationen trat noch am selben Tag zusammen und beschloß: Die Enklave Srebrenica wird zur UN-Schutzzone erklärt; die Serben müssen sich zurückziehen, die Bosnier ihre Waffen einer UN-Friedenstruppe übergeben. Gewalt durften die Blauhelme nur zur Selbstverteidigung anwenden. Die Uno war sich darüber im klaren, daß so die Verteidigung der Schutzzone „nicht vollständig garantiert werden kann"; sie liege vielmehr in der Drohung mit Luftangriffen, und sie gehe vom „Konsens der Beteiligten" aus, also vor allem der Muslime und Serben.

Einigkeit zwischen Muslimen und Serben? Die gerade gab es ja nicht, sondern Feindschaft bis aufs Messer. Wie konnte der Sicherheitsrat sich da auf „Konsens" berufen? Zum einen, weil er endlich irgend etwas tun wollte – Venezuela, Pakistan und drei weitere nicht ständige Mitglieder aus der Dritten Welt drängten darauf. Zum anderen, weil er mehr nicht tun konnte, denn unter den fünf ständigen Mitgliedern fürchteten die drei westlichen Großmächte, in einen Balkankrieg verwickelt zu werden, während Rußland und China ohnehin mit den Serben sympathisierten. Was so zustande kam, war, nach dem Urteil der Londoner „Times", „eine überstürzte Resolution, deren Bedeutung niemand verstanden hat". Zweieinviertel Jahre lang zahlte Srebrenica seinen schrecklichen Preis dafür.

Zwei Tage später, am 18. April, „erlaubten" die Serben (obwohl es da nichts zu erlauben gab) 135 kanadischen Soldaten die Durchfahrt nach Srebrenica. Mit der Entwaffnung der rund 3000 muslimischen Soldaten kamen die Blauhelme nicht weit: Gewalt durften sie auch hier nicht anwenden und Häuser nicht durchsuchen.

Eine Zeitlang wurden die Bewohner leidlich versorgt mit Mehl, Zucker, Bohnen, Speiseöl und Fleischkonserven, ein halbes Kilo pro Kopf und Tag. Die Serben zwackten unterdessen mal hier, mal da ein Stück von der Enklave ab; sie umfaßte ja außer Srebrenica den Fabrikort Potočari und ein Dutzend Dörfer in einem bewaldeten Hügelland mit steilen Hängen, 15 Kilometer im Durchmesser, und da war es schwer, die Übersicht zu behalten.

Im Oktober 1994, nach anderthalb Jahren gedämpfter Not – die Kanadier waren inzwischen von 570 Soldaten eines holländischen Bataillons, „Dutchbat", abgelöst – zogen die serbischen Belagerer die Schraube wieder an und ließen von zwölf Hilfskonvois nur drei durch. 90 Prozent der Bosnier in der Enklave seien extrem unterernährt, teilte die Gesellschaft für bedrohte Völker mit, Gelbsucht, Ruhr und Tuberkulose grassierten.

Was schließlich im Januar 1995 geschah, machte aus der Schreckenskammer ein Tollhaus: Muslimische Soldaten setzten 100 Holländer vier Tage lang fest. Dies sollte die Blauhelme warnen, einen Zipfel der Enklave zu betreten, in dem die bosnischen Milizen unter sich zu sein wünschten. Die Beschützer im Gewahrsam der Beschützten! Hier schon zeichnete sich ab, in welcher Verstrickung die Uno-Soldaten dann im Juli zappeln würden, als das Tollhaus sich in ein Schlachthaus verwandelte.

Im Februar 1995 ließen die Serben zum letztenmal einen Tankwagen nach Srebrenica durch, im März den letzten Lkw mit frischen Lebensmitteln. Im April war Naser Orić plötzlich verschwunden. Mit 17 Offizieren seiner Miliz schlug er sich nach Tuzla durch. Hatte er Srebrenica aufgegeben? Hatte die bosnische Regierung in Sarajevo die Enklave abgeschrieben?

Es war der 24. Mai 1995, als der französische General Bernard Janvier, Nachfolger Morillons als Befehlshaber der Uno-Truppen, die Sterbeglocke für Srebrenica läutete.

In New York sagte er vor Botschaftern und Militärs der 35 Staaten, die Blauhelme nach Jugoslawien geschickt hatten: Die Uno-Truppen in Srebrenica seien unzulänglich bewaffnet und in Gefahr, als Geiseln genommen zu werden; die Uno solle die Schutzzone preisgeben. „Seien wir ehrlich, vor allem gegenüber denen, deren Sicherheit in unseren Händen liegt!" sagte der General. „Wer keinen Blitzableiter hat, soll sich nicht ins Gewitter stellen." Die Niederlande, die Türkei, Pakistan, Malaysia und Neuseeland widersprachen dem General. Die Vertreter der USA, Großbritanniens, Frankreichs und Rußlands schwiegen.

Tags darauf, am 25. Mai, richtete Oberstleutnant Karremans, der Dutchbat-Kommandeur seit Januar, aus Srebrenica an seine Vorgesetzten die Botschaft: Wir haben nicht genug Treibstoff und Munition, wir können unseren Auftrag nicht erfüllen, und ein serbischer Sturmangriff scheint bevorzustehen! Nichts geschah. Gut sechs Wochen hatte Srebrenica noch zu leben.

Schon am 3. Juni griffen die Serben einen vorgeschobenen Uno-Beobachtungsposten an der südlichen Einfallstraße nach Srebrenica an mit einem Panzer und 50 Mann und verjagten die Blauhelme, von denen keiner einen Schuß abgab. Mit diesem Tag, stellte das Verteidigungsministerium in Den Haag später fest, sei die bis dahin überwiegend positive Einstellung der Muslime zu den Blauhelmen umgekippt. Fünf Wochen hatte Srebrenica noch zu leben.

Am Donnerstag, dem 6. Juli 1995, beginnt der schauerliche letzte Akt. Um 3.15 Uhr morgens eröffnen die Serben das Feuer auf Srebrenica mit Kanonen und Raketenwerfern, und fünf Tage lang hält es an. Zwei Raketen explodieren in der Nähe des holländischen Camps und scheuchen die Soldaten in die Bunker. Oberstleutnant Karremans fordert beim Uno-Kommandeur in Tuzla Luftunterstützung an; der leitet das Gesuch nicht einmal nach Sarajevo weiter, weil eine Liste der Ziele fehle.

Aber woher soll Karremans sie nehmen? Serbische Panzer haben fünf seiner 13 Beobachtungsposten an den Zufahrtsstraßen überrannt. Mindestens einer der Posten ist mit einer Panzerabwehrrakete bestückt – sie wird nicht abgeschossen. Als ein holländischer Mannschaftswagen mit sieben Blauhelmen auf seiner Flucht eine bosnische Straßensperre passiert, fliegt ihm aus den Reihen der wütenden bosnischen Miliz eine Handgranate entgegen, ein Gefreiter wird schwer verwundet und stirbt im Lazarett. Aus dem oft bezeugten „Ekel" vieler Holländer vor den Muslimen wird nun nackte Wut auf sie.

So ist schon an diesem 6. Juli das Szenarium ausgeleuchtet: Die Blauhelme verteidigen niemanden, nicht einmal sich selbst – und Tod droht ihnen nicht so sehr von den Serben als von denen, die sie beschützen sollen. „Wenn sie die Wahl hatten, zogen sich die Besatzungen der Beobachtungsposten nun lieber auf serbisches Gebiet als in ihre Camps zurück", wird es später in einem Bericht des niederländischen Verteidigungsministeriums heißen. „Desertieren" nannte man das früher.

Freitag, 7. Juli. In der Nacht sind 275 Granaten und Raketen in Srebrenica eingeschlagen. Karremans fordert zum zweitenmal Luftunterstützung an, aber die Uno lehnt ab.

Samstag, 8. Juli, dritter Tag der Beschießung. Ja, und da sind die Nato-Kampfflugzeuge: Im Tiefflug brausen sie über die Bergkuppen – doch das ist alles. Der bosnische Präsident Izetbegović sagt in Radio Sarajevo, er habe den USA, Großbritannien, Frankreich und Deutschland die Botschaft übermittelt: Wenn Srebrenica fällt, wird es ein Massaker geben. Karremans mahnt die Luftunterstützung an.

9. Juli 1995, ein Sonntag. Die Serben rücken bis auf wenige Kilometer an die Stadt heran. 30 Blauhelme nehmen sie dabei gefangen. Das Uno-Hauptquartier in Sarajevo schickt dem Kommandeur der serbischen Truppen, Ratko Mladić, per Fax ein Ultimatum: Falls Sie Ihren Vormarsch nicht augenblicklich stoppen, wird das „ernste Konsequenzen" haben. Frist 24 Stunden.

10. Juli. Das Ultimatum ist verstrichen, und es geschieht das Gegenteil. Die ersten serbischen Panzer in der Stadt! Am Abend richtet Mladić seinerseits an Karremans ein Ultimatum: Alle Soldaten und alle 40 000 Bewohner verlassen die Enklave binnen 48 Stunden!

UN-General Janvier ruft seine Militärs zusammen. Die sprechen von Luftangriffen, die Glaubwürdigkeit der Vereinten Nationen sei in Gefahr. Also los! sagt der holländische Offizier in seinem Stab. Nein, erwidert Janvier, ich muß noch darüber schlafen, wahrscheinlich wollen die Serben die Stadt ja gar nicht besetzen. Die Offiziere sind entgeistert.

So bricht der 11. Juli 1995 an. Es wird ein Tag, als hätte Alfred Hitchcock die letzten Tage der Menschheit inszeniert. Schon die Nacht ist voller Bewegung: Aus Srebrenica beginnen Hunderte von Männern sich davonzuschleichen, die Vorhut eines endlosen Trecks.

Sie sammeln sich beim Dorf Šušnjari in den Wäldern im Nordwesten der Enklave.

Beim Aufgang der Sonne liegt noch Nebel überm Tal der Drina. Als er sich verzogen hat, lauschen die Bewohner aus Fenstern und Türen, ob die Düsenjäger kommen. Um 10 Uhr verlangt Karremans Luftangriffe auf die im Süden vorrückenden Panzer. Der Bürgermeister fragt im holländischen Camp empört, wo denn die Flugzeuge blieben, und ein Offizier erklärt ihm: „Luftunterstützung dürfen wir nur anfordern, wenn unsere Soldaten mit eigenen Augen mindestens einen serbischen Soldaten in Srebrenica sehen." „Die Serben sind doch längst in der Stadt!" schreit der Bürgermeister. „Soll ich Ihnen einen fangen?"

Von Süden her rücken 1500 Serben vor – und treiben alsbald zwei ungeheure Karawanen von Fliehenden vor sich her. Nach den Hunderten, die sich schon in der Nacht aus dem Staub gemacht haben, setzen sich alle 40 000 Muslime aus Srebrenica in Marsch – und es ist nicht leicht zu begreifen, weshalb.

Der eine Strom wälzt sich nach Norden: Tausende von Frauen mit schweren Taschen, schreiende Kinder, schlurfende Greise, Schubkarren mit Gehbehinderten und nur wenige rüstige Männer – die ersten von 25 000, die alle auf der heißen, kahlen Straße ins fünf Kilometer entfernte Potočari flüchten, wo die Holländer ein Fabrikgelände zu einem zweiten Camp ausgebaut haben. Doch was bringen fünf Kilometer Flucht? Die nackte Angst treibt die Frauen und offenbar die Hoffnung, die Blauhelme würden ihnen jeden Kontakt mit den Serben ersparen und sie auf bosnisches Territorium evakuieren. Diese Hoffnung wird schrecklich enttäuscht.

Der andere Strom ergießt sich nach Nordwesten durch die Wälder in Richtung Šušnjari, wo sich schon in der Nacht die ersten trafen: mindestens 10 000, wahrscheinlich 15 000 wehrfähige Männer im Alter von 16 bis 60 Jahren, fast alle, die in Srebrenica gelebt haben.

Viel ist seitdem darüber gerätselt worden, weshalb das Gros der bosnischen Männer, darunter die etwa 3000köpfige Miliz, Srebrenica verlassen, also auch auf jeden Versuch der Verteidigung ihrer Familien und der Stadt verzichtet hat. Ein paar tausend Maschinenpistolen, Handgranaten und Jagdgewehre hatten sie ja noch, und im Häuserkampf wären das durchaus taugliche Waffen für einen zähen Widerstand gewesen. Davor durften sie natürlich Angst haben – vor dem Marsch durch die serbischen Linien aber hätten sie sich ebenso fürchten müssen. Hatten sie allen Kampfgeist verloren, seit Naser Orić nicht mehr an ihrer Spitze stand? Oder war ihre Flucht gar Bestandteil einer Strategie der bosnischen Regierung?

Um 14.40 Uhr kommen die Kampfbomber der Nato tatsächlich angedonnert. 60 von ihnen sind in Erwartung des Einsatzbefehls fünf Stunden über der Adria gekreist, vier greifen an. Was sie nach Uno-Vorschrift dürfen, ist wenig genug: auf Waffen schießen, die Uno-Soldaten bedrohen.

Was die vier Düsenjäger tun, ist noch weniger: Zwei finden ihr Ziel nicht, die beiden anderen setzen zwei serbische Panzer außer Gefecht – genug immerhin, um General Mladić sofort zu einem neuen Ultimatum zu veranlassen: Aufhören, oder wir bringen die 30 Blauhelme um, die sich in unserem Gewahrsam befinden! Da ist es der niederländische Verteidigungsminister Voorhoeve, der Uno und Nato beschwört, die Luftangriffe einzustellen. „Die Serben haben gewonnen", sagt er dazu.

Nun, da kein weiterer Düsenjäger heult, beschleunigt sich die Flucht nach Norden bei 36 Grad im Schatten. Vielen Frauen werden die Taschen zu schwer, sie lassen sie am Straßenrand stehen. In die für jeweils 20 Mann eingerichteten holländischen Kettenfahrzeuge, die am frühen Nachmittag ebenfalls nach Potočari aufbrechen, stürmen bis zu 100 Menschen. Sie klettern aufs Dach, stellen sich auf die Stoßstangen, hängen sich an die Außenspiegel.

„Es ist möglich, daß tote oder lebende Flüchtlinge überfahren worden sind", heißt es später dazu in dem amtlichen Bericht aus Den Haag. Blauhelme von der Besatzung sagen aus, sie hätten mehrfach einen weichen Schlag verspürt. Aber es wird von Zeugen auch behauptet, die Fahrer der Mannschaftswagen hätten sich in Panik einen Weg durch die lahmende Menge gebahnt und eben dabei Fliehende überrollt.

In die mit Stacheldraht umzäunte Ruine der Akkumulatoren-Fabrik in Potočari läßt die Blauhelm-Truppe, inzwischen auf etwa 400 Mann geschrumpft, rund 4000 Flüchtlinge ein und versorgt sie mit Wasser und Eisernen Rationen. Tausende schreien in Todesangst am Zaun, Tausende irren draußen umher. In der Hitze stinken die Fäkalien. Die Serben kommen mit Panzern, Geschützen und 1500 Mann und schließen das Fabrikgelände ein.

Es gibt keinen Widerstand. Wer eine Uno-Uniform trägt, kann auch ein *serbischer* Soldat sein: Dutzenden von Blauhelmen haben die Serben alles ausgezogen bis auf die Unterwäsche, und so locken sie Flüchtlinge aus den Verstecken und bringen den Hexenkessel zum Sieden.

Um 18 Uhr teilt das niederländische Verteidigungsministerium mit: Srebrenica ist gefallen. Um 18.27 Uhr schnurrt aus dem Faxgerät ein Befehl aus Sarajevo an Oberstleutnant Karremans: Handeln Sie einen Waffenstillstand aus, ergreifen Sie alle vernünftigen Maßnahmen, um die Zivilisten zu schützen, und verteidigen Sie sich mit allen verfügbaren Mitteln! Karremans faxt zurück: Der Befehl ist nicht ausführbar, jeder bewaffnete Widerstand würde „viele Opfer unter den Flüchtlingen" zur Folge haben.

Das ist die Kapitulation. Gegen 20 Uhr an diesem 11. Juli 1995 haben die Serben alles in der Hand: die etwa 400 Holländer, die 25 000 Bosnier rund um Potočari und die gesamte Enklave – nur das Gros der wehrfähigen bosnischen Männer noch nicht. Im Schutz der Dunkelheit machen die sich von ihrem Sammelplatz im Wald, rund acht Kilometer westlich von Potočari, in endloser Zweierreihe, der Minen wegen, querfeldein auf den Marsch zum 60 Kilometer entfernten muslimischen Territorium; ihre Frauen, ihre Eltern, ihre Kinder lassen sie endgültig zwischen Holländern und Serben zurück.

Den Serben bleibt der Treck nicht verborgen. Bald beginnt ihre Attacke. Mit Panzern, Mörsern und Maschinengewehren machen sie Jagd auf die Muslime. Die 3000 Soldaten unter den Bosniern schleichen voran und liefern den Serben Gefechte; kurz hinter ihnen können die Serben die Kolonne zerteilen, für fast zwei Drittel der Männer schnappt die Falle zu. Die weiter hinten trotten, sehen Leichen am Trampelpfad und Leichen in Bächen, viele mit durchschnittener Kehle. Die ersten Bosnier erschießen sich, etwa 2000 ergeben sich, oft getäuscht durch gestohlene Uno-Uniformen und den Zuruf „Wir tauschen euch aus!"

Im serbischen Bratunac unweit Potočari nötigt General Mladić die Dutchbat-Offiziere in ein Hotelzimmer, in dem ein lebendes Schwein, an den Beinen aufgehängt, von der Decke baumelt. Ein serbischer Soldat tritt vor und schneidet ihm mit einem Messer die Kehle durch. Während das Blut spritzt, sagt Mladić zu den Blauhelmen: „Genau das werden wir mit den Muslimen machen."

Danach drückt er Karremans ein Glas in die Hand, ein Filmteam ist zur Stelle und hält fest, wie der vierschrötige Serbe und der hagere Holländer einander mit Champagner zuzuprosten scheinen. Zuprosten! „Es war aber nur Wasser", versichert Karremans später. Vor den Kameras hat er noch etwas gesagt an diesem 11. Juli: Nein, für die Luftangriffe sei er nicht verantwortlich, er habe das nicht zu entscheiden gehabt, und er habe auch nicht darum gebeten.

Das war gelogen. „Es machte die psychologische Herrschaft deutlich, die Mladić rasch über den Bataillonskommandeur gewonnen hatte", schreiben die holländischen Politikwissenschaftler Jan Willem Honig und Norbert Both in ihrem Buch über Srebrenica. Als die Kameraleute gegangen sind, schreit der General den Oberstleutnant an: „Sie sind schuld! Wenn Sie nicht tun, was ich sage, werde ich jeden hier erschießen.“ Wie einen Untergebenen habe der General ihn behandelt, wird Karremans vor dem Kriegsverbrecher-Tribunal in Den Haag entrüstet sagen.

Wer nun glaubte, die Flüchtlinge hätten den Gipfel ihres Leidens erreicht oder die Holländer – mit dem Sektglas, dem blutigen Schwein und den verlorenen Hosen – den Tiefpunkt der Erniedrigung: Der irrt. Nun erst beginnt mit voller Gewalt das serbische Morden, und die Uno-Soldaten setzen neue Maßstäbe für Peinlichkeit.

12. Juli 1995. In Potočari haben die meisten der 25 000 Bosnier in Schuppen kampiert, gequält von Angst, Hunger, Durst und Schmutz. Gegen Mittag streifen serbische Soldaten mit Schäferhunden zwischen den Lagernden umher und sondern alle Männer zwischen 16 und 60 aus – jene etwa 1000 bis 1200 Bosnier im wehrfähigen Alter, die sich dem großen Treck nach Nordwesten nicht angeschlossen haben. Mladić erklärt Karremans das mit den Worten: Wir vermuten Kriegsverbrecher unter ihnen, wir müssen sie verhören, alle Gefangenen werden nach der Genfer Konvention behandelt.

Gegen 15 Uhr fahren an die 60 Omnibusse und Lastwagen in Potočari ein, um die Frauen, Alten und Kinder zu evakuieren. General Mladić redet zu den verstörten Flüchtlingen, während eine Kamera läuft: „Allah kann euch nicht helfen – ich kann es! Wir werden alle evakuieren, die diese Kampfzone verlassen wollen. Niemand wird gezwungen.“ An Kinder verteilt Mladić Schokoladenriegel.

Dann fährt das Kamerateam ab – und gezwungen werden alle. Zwar findet zunächst ein Ansturm auf die Omnibusse statt, so daß holländische Soldaten mit Duldung der Serben eine Gasse bilden. Noch mehr Bosnier aber wollen offensichtlich nicht verladen werden, und die werden von den Serben „wie eine Viehherde“ in die Busse getrieben, berichtet die deutsche Krankenschwester Christine Schmitz. Die Taschen, die die Flüchtlinge gestern von Srebrenica nach Potočari geschleppt haben, werden teils nach Wertsachen durchwühlt, teils ihnen abgenommen.

Der Abtransport vollzieht sich „mit unglaublicher Schnelligkeit“, wie Christine Schmitz registriert. Im Eiltempo fahren die Busse hin und her, binnen 28 Stunden ist die ethnische Säuberung radikal vollzogen und „zu krankhafter Perfektion“ getrieben, wie es in der Haager Anklage gegen Mladić heißt.

Die Frauen, die Kinder, die Greise werden 40 Kilometer nordwestlich von Potočari bei dem Städtchen Kladanj, noch auf serbischem Territorium, ausgespuckt und müssen die restliche Strecke nach Bosnien zu Fuß zurücklegen, zwei Stunden Wegs. An der Grenze kommen ihnen bosnische Omnibusse entgegen und schaffen sie ins Uno-Flüchtlingslager nach Tuzla.

Die mehr als 1000 Männer, die sich die Serben in Potočari gegriffen haben, werden nach Bratunac gefahren und dort in ein verfallenes Lagerhaus gequetscht. Im Fußballstadion von Bratunac hocken zudem 2000 Bosnier von dem großen Treck. Die Treibjagd der Serben auf die anderen geht unterdessen weiter, Mladić mobilisiert den letzten Mann. Die Gejagten traben, schleichen, hinken und verstecken sich. Sie essen Pilze und Beeren, sie trinken aus Bächen und Tümpeln. Sie werden aufgestöbert, viele sterben, andere ergeben sich. So nimmt das Elend seinen Lauf.

Aber die Europäische Union! In einer Erklärung aus Brüssel verurteilt sie aufs schärfste, rügt eklatante Verstöße, fordert sofortige Freilassung. Und der Uno-Generalsekretär! Der Fall von Srebrenica sei „keine Niederlage“, sagt Boutros-Ghali; die Schutzzone müsse durch Verhandlungen wieder eingerichtet werden. „In Washington dämmert langsam die Erkenntnis, daß Unsagbares geschehen ist“, schreibt die „New York Times“.

Bei den Holländern aber „gewann das Gefühl Oberhand, daß die Serben die Befreier seien“, wird später der britische „Observer“ vermuten, nachdem der Bericht des Verteidigungsministeriums in Den Haag veröffentlicht worden ist. Ob sie gefangen sind, ist schwer zu sagen: Zunächst patrouillieren sie an diesem 12. Juli noch mit umgehängten Maschinenpistolen, jedoch ohne Munition, später auch ohne Waffen. Von den 14 gepanzerten Mannschaftswagen der Blauhelme, ihren Mörsern, Maschinengewehren und Handfeuerwaffen „eignen sich die Serben den Hauptteil an“, wie das Ministerium das ausdrückt, und ihre 18 Geländewagen läßt Mladić komplett konfiszieren.

Unter den letzten Bosniern in Potočari verbreiten sich am Abend Gerüchte von Massenhinrichtungen, ein Blauhelm hat sogar Leichen fotografiert: neun Männer in Zivil, ganz in der Nähe des Camps auf dem Bauch liegend, mit Einschüssen im Rücken. Leider, leider ist dieser Film, der Beweis für ein Kriegsverbrechen, beim Entwickeln im niederländischen Verteidigungsministerium kaputtgegangen, „durch menschliches Versagen“.

Aus dem Treck der 15 000 Männer werden unterdessen immer mehr gefangen und in Schulen und Lagerhäusern zusammengetrieben. In mehreren taucht General Mladić auf, ruft „Hallo, Nachbarn!" und vertröstet oder verhöhnt die Gefangenen. In den überfüllten Räumen ringen sie nach Luft, manche müssen die ganze Nacht lang die Hände hinterm Kopf verschränken. In einen Schuppen schießen die Serben durch die Fenster, machen eine Pause, lachen, schimpfen und schießen weiter, bis sie alle Bosnier für tot halten.

Die meisten der Gefangenen werden mit Lastwagen auf Felder gekarrt, teils mit verbundenen Augen, andere mit dem Befehl: Kopf zwischen die Knie! Auf dem Acker werden sie vom Lkw gezerrt, in Gruppen oder Reihen aufgestellt und mit Maschinenpistolen erschossen. Dann kommt – mehrfach bezeugt – Ratko Mladić und lobt die Mörder, es kommen Bagger und heben Massengräber aus oder schütten Lebende mit Tonnen von Erde zu oder schaufeln die Leichen auf Lastwagen, damit sie zu einem Massengrab gefahren werden können; dann rattern Bulldozer herbei und planieren das Feld.

Der 17jährige Nezad Avdić sieht im Mondlicht eine Wiese voller Leichen. Er muß sich auf den Bauch legen wie die anderen und wird durch zwei Schüsse getroffen – aber er überlebt. Neben ihm schreit jemand. Er sieht einen Stiefel und hört weitere Schüsse, bis die Schreie verstummen. Da bleibt er still. Als die Soldaten gegangen sind, kann er sich im Schutz der Nacht nach Tuzla schleppen.

Der 25jährige Mevludin Orić wird von den Maschinenpistolensalven nicht getroffen, er fällt unter die Leiche seines Vetters, ist von Blut überströmt und gilt als tot. Nach sechs Stunden wird er ohnmächtig. Er erwacht, als die Bagger kommen, und arbeitet sich unter dem Toten vor. Im Mondlicht sieht er Leichen, er schätzt sie auf mehr als 2000, und Gräben, drei Meter tief. Er läuft zum nächsten Wald und schlägt sich, ausgemergelt, zerlumpt, mit blutenden Füßen, zu den bosnischen Linien durch. Er erreicht sie am 21. Juli, dem zehnten Tag seit der Flucht aus Srebrenica, als einer der letzten jener schätzungsweise 8000 Männer, die den großen Treck überlebt haben.

Gibt es nicht auch serbische Soldaten, die zögern oder sich weigern? Natürlich, sagt später Dražen Erdemović vor dem Haager Tribunal – „aber da schrie der Kommandeur: Wenn ich Mitleid hätte, sollte ich mich gleich zu ihnen stellen". Da habe auch er geschossen und vermutlich 70 Leben ausgelöscht. Das Gericht verurteilt Erdemović im November 1996 zu zehn Jahren Haft, als ersten von bisher 74 Angeklagten.

Am 21. Juli, dem letzten Tag des Trecks, bricht das Gros des holländischen Bataillons nach Zagreb auf. In ihrer letzten Woche in Potočari haben die Blauhelme noch 59 verwundete Bosnier betreut und gegenüber Mladić, der die Uno-Soldaten sofort evakuieren will, immerhin durchgesetzt, daß sie so lange bleiben dürfen, bis die Kranken an die bosnische Grenze transportiert sind. Inmitten des Stöhnens und Gestanks werden sieben Kinder geboren. Die Holländer sehen einen Traktor mit zwei Anhängern vorüberfahren, auf denen etwa hundert Leichen liegen.

Was nun noch folgte, war nicht weniger schrecklich und bizarr. Am Sonntag, dem 22. Juli 1995, traf das Gros der Blauhelme in Zagreb ein, und tags darauf wurden sie gefeiert. Hollands Kronprinz Willem Alexander im Uno-Kampfanzug und Ministerpräsident Wim Kok flogen zur Begrüßung in die kroatische Hauptstadt, außerdem zehn Psychologen und eine Militärkapelle, die zur Begrüßung „It's a long way to Tipperary" spielte. Der Kronprinz überbrachte das Lob seiner Mutter, der Königin.

Dank, Musik und Fröhlichkeit – war das so dringend? fragten in den folgenden Tagen holländische Zeitungen, um so lauter, je mehr sich abzeichnete, daß Regierung und Armee längst Kenntnis von Greueln hatten, von denen die Weltöffentlichkeit erst nach und nach erfuhr.

Wie konnten die Spitzen des Staates da noch mit einer Blaskapelle nach Zagreb fliegen? Hätten sie den Blauhelmen nicht zu verstehen geben müssen: Von den Völkern der Welt im Stich gelassen, wart ihr die schuldlosen Zeugen und die hilflosen Mitvollstrecker eines entsetzlichen Verbrechens. Imposant habt ihr euch dabei nicht verhalten. Nun beichtet, erholt euch, verzeiht uns, wie wir euch verzeihen, und erwartet keine Feiern.

Am Tag nach der Musik stellte sich Oberstleutnant Karremans der Presse. Er habe sich in Srebrenica abgewöhnt, die kriegführenden Parteien in „good guys and bad guys" einzuteilen, sagte er. Schon dies war ziemlich provokant, aber Karremans sagte noch mehr, und damit redete er sich um Kopf und Kragen: Er bescheinigte den Serben „eine hervorragend geplante Militäroperation", und das holländische Bataillon hätten sie „sehr geschickt ausmanövriert".

So trug das Verhalten von Politikern und Militärs nach dem Gemetzel dazu bei, daß es nächst den blutrünstigen serbischen Aggressoren vor allem die holländischen Blauhelme waren, auf die die Empörung der westlichen Öffentlichkeit niederprasselte. Doch das war nicht ganz gerecht. Wer hat denn in Wahrheit die Serben gewähren lassen und warum?

Schuld war der Weltsicherheitsrat, weil er 1993 den Blauhelmen einen unrealistischen, unzumutbaren Auftrag erteilt hatte: die Bosnier zu beschützen, Gewalt aber nur zur Selbstverteidigung anzuwenden.

Schuld waren Washington, London und Paris: Sie *wollten* Srebrenica preisgeben. Den Krieg in Jugoslawien wollten sie beendet sehen und als Beitrag zum Frieden die Landkarte bereinigen, also die Enklaven von Srebrenica, Žepa und Goražde beseitigen, denn der geplanten Teilung von Bosnien-Herzegowina in einen westlichen bosnisch-kroatischen und einen östlichen serbischen Staat standen sie im Wege. „Mochten die führenden Politiker die Methoden rügen – das Ergebnis unterstützten sie", schreiben die englischen Journalisten Laura Silber und Allan Little in ihrem Buch „Der Tod Jugoslawiens".

Daß daraus ein Massenmorden folgen würde, müssen die Großmächte in Kauf genommen haben – nach allem, was über serbische Greuel seit 1992 bekannt geworden war. Madeleine Albright, heute US-Außenministerin, sprach es im Juli 1996 nach dem Besuch eines der Massengräber aus: „Ich kann mich nur schwer mit der Tatsache abfinden, daß eine Menge Leute gewußt haben müssen, was da vor sich ging."

Und offensichtlich wollte nicht einmal die bosnische Regierung Srebrenica halten. Warum hatte sie im April Naser Orić abgezogen? Und hat sie die Flucht der 15 000 wehrfähigen Männer am Ende selber angeordnet oder angestiftet?

Ja, sagen die Politikwissenschaftler Honig und Both: Durch den Abzug der Wehrfähigen hofften die Bosnier die Uno zu zwingen, sich selber in der Enklave militärisch zu engagieren. Öffentlich nannte General Rasim Delić drei Wochen nach dem Fall von Srebrenica vor dem bosnischen Parlament einen weiteren Grund: „Der erfolgreiche Ausbruch" so vieler Soldaten habe die bosnische Armee gestärkt.

All die anderen aber sind verblutet auf dem Opferstein der großen Politik, und die Holländer wären die letzten gewesen, die daran etwas hätten ändern können. Ja, indem sie militärisch überhaupt nichts taten, nicht einmal für sich selbst, verhielten sie sich genau so, wie die Uno, die Großmächte und die bosnische Regierung es von ihnen erwarteten. Ihr Leben sollten sie gar nicht in die Schanze schlagen für die, die sie zu schützen hatten. Der britische Uno-Kommandeur Rupert Smith sagte es in seiner Direktive vom 29. Mai 1995 noch deutlicher: „Die Sicherheit des Uno-Personals geht der Ausführung des Auftrags vor." Um das Leben der Beschützer ging es folglich, nicht um das der Beschützten – eine in der zivilisierten Welt absolut neuartige Definition des Soldatentums.

Was also bleibt den holländischen Blauhelmen vorzuwerfen? Ihrem Kommandeur allemal sein skandalöses Lob für die Serben; wenn er schon so dachte, hätte man doch von ihm erwarten dürfen, daß er darüber schwieg. Mit dem Sektglas voll Wasser mag er überrumpelt worden sein. Aber dann trat vor dem Tribunal in Den Haag im Juli 1996 eine weitere Merkwürdigkeit zutage: Ob er sich bei seinen Gesprächen mit General Mladić nach dem Schicksal der über 1000 ausgesonderten bosnischen Männer erkundigt habe?, wollten die drei Richter wissen. Fünfmal waren die Kommandeure zusammengetroffen zwischen dem 11. und dem 21. Juli.

„Ehrlich gesagt", antwortete Karremans – „bis zum Entsetzen ehrlich", wie die „Frankfurter Rundschau" schrieb – „haben wir gar nicht daran gedacht, danach zu fragen." Ungläubig faßte ein Richter nach: Und worüber haben Sie mit Mladić beim letzten Zusammentreffen gesprochen? Über die verschwundenen Uniformen und Geländewagen, erwiderte Karremans, „und über allgemeine Sachen".

Ein Oberstleutnant, der offenbar weder ein Kämpfer war noch ein Kirchenlicht, Kämpfer aber auch gar nicht hätte sein sollen – da ist wenig Schuld, verglichen mit den Taten und Unterlassungen der Großmächte und der kriegführenden Parteien. Darf man den Holländern auch nur anlasten, daß sie ihre Schützlinge, die Muslime, nicht leiden konnten? Da liegt wohl eher ein hartnäckig verschwiegenes Grundproblem aller Blauhelm-Einsätze vor: Es ist fromm und albern, ausgerechnet von Soldaten zu erwarten, sie sollten das Kulturgefälle und die unverstandene Sprache durch internationale Nächstenliebe überwinden.

Was bleibt, ist Spekulation. Wie, wenn Karremans den Serben so entgegengetreten wäre wie zuvor General Morillon? Oder wenn die Holländer entschlossen Gebrauch gemacht hätten von ihrem Recht zur Selbstverteidigung? Aber ob das etwas bewirkt hätte oder ob nur noch mehr Blut geflossen wäre – niemand weiß es.

Woran also kann es liegen, daß holländische Politiker und Journalisten sich so heftig an die Brust geschlagen haben? Wahrscheinlich daran, daß in Srebrenica ein naives Urbild vom Soldaten zerkratzt worden ist, geprägt von Sagen, in denen die Helden sterben, und von Action-Filmen, in denen sie unverwundbar sind. Inmitten eines Desasters, für das sie nicht hafteten und das sie nicht verhindern konnten, haben die Blauhelme keine erfreuliche Figur gemacht, das ist alles.

Wären die Holländer mit fünfzig Särgen heimgekehrt – sie hätten, schmerzlich zu sagen, mit Sicherheit eine bessere Presse gehabt; es gibt niederländische Militärs, die das auch so sehen. Aber für die Presse spräche das nicht. Es besagt nur, daß tief in uns ein standhafter Zinnsoldat rumort, und der nickt gewiß zu dem abgründigen Satz, den Antoine de Saint-Exupéry nach Frankreichs Zusammenbruch von 1940 formulierte: „Es gehört sich, daß eine Niederlage sich durch Tote ausweist."

Im November 1995 wurde in Dayton das Friedensabkommen unterzeichnet, das ein kroatisch-muslimisches Bosnien von einem serbischen trennte. Mit der Aufklärung von Kriegsverbrechen erklärten sich in Dayton alle Parteien einverstanden.

So reiste im Januar 1996 eine Kommission des Haager Tribunals an die Stätten des Horrors. Sie fand zwei Massengräber, gekennzeichnet durch Spuren von Planierraupen unter dem dünnen Schnee, herumliegende Knochen, Kleidungsstücke und den Gestank von Verwesung. Und sie sah den Schuppen, in den die Serben hineingeschossen hatten: die Wände mit unzähligen Löchern, blutbespritzt, mit Haaren und Hautfetzen verklebt. „Es gibt überwältigende Beweise für schreckliche Verbrechen gegen die Menschlichkeit", hieß das Fazit der Kommission.

Im April 1996 begannen die Experten mit der Beweissicherung auf der Route des großen Trecks. Sie bargen Knochen, Schädel, Schuhe, Kleiderfetzen, die eindeutig nicht zu Uniformen gehörten, und verrottete Papiere. Alle Leichenteile wurden in einem fahrenden Laboratorium fotografiert, geröntgt, in numerierte Plastiksäcke gepackt und ins Flüchtlingslager von Tuzla geschickt, in der Hoffnung, daß sich Angehörige fänden, die sie identifizierten.

11. Juli 1996, erster Jahrestag der Einverleibung Srebrenicas durch die Serben: Unter den bosnischen Frauen im Flüchtlingslager von Tuzla gab es noch mehr Tränen und Proteste als sonst; die Uno-Spezialisten setzten ihre traurige Arbeit fort; die neuen Bewohner von Srebrenica feierten mit Blasmusik und riesigen Mladić-Portraits zwischen zerstörten oder verwahrlosten Häusern, und General Zivanović, der beim Sturm auf die Enklave dabei war, verkündete: „Hier ist kein Platz mehr für die Türken."

Ja, so heißen sie wieder bei den Serben, die bosnischen Muslime: Denn ihre Ahnen waren während der Türkenherrschaft zum Islam übergetreten, und so repräsentieren sie für die christlich-orthodoxen Serben die verhaßten Unterdrücker, die fast ein halbes Jahrtausend lang über das spätere Jugoslawien herrschten, von der Schlacht auf dem Amselfeld im Jahre 1389 bis zum Abzug der letzten türkischen Garnison im Jahre 1867. „Türken" hießen selbstverständlich alle Muslime bei dem serbischen Nobelpreisträger Ivo Andrić in seinem Roman „Die Brücke über die Drina". 1992 begann das serbische Fernsehen das langsam verblaßte Schmähwort wiederzubeleben – „die Zeit ist gekommen, an den Türken Rache zu nehmen!" rief Mladić aus.

Als die Uno-Spezialisten im Oktober 1996 vor dem Bodenfrost kapitulierten, hatten sie rund 450 Leichen gefunden. Wo waren die anderen? Es gibt sie nicht! sagen die Serben. Die Ankläger des Tribunals in Den Haag machen eine andere Rechnung auf. Als die Friedensverhandlungen in Dayton begannen, setzte auch eine emsige Verlagerung der Massengräber in dem serbisch besetzten Territorium nordwestlich von Srebrenica ein: Leichen wurden ausgebaggert, weggeschafft, in andere, weit verstreute Löcher und Gräben geschüttet und neu mit Erde bedeckt.

Woher kann man das wissen? Aus Luftaufnahmen, aus Zeugenaussagen und vor allem aus folgender Erfahrung: Mit nur einer Ausnahme fanden die Experten die ursprünglichen Massengräber – kenntlich an Baggerspuren, Verwesungsgeruch und jungem Gras – überwiegend leergeräumt. Hier ein Kieferknochen, dort ein Fuß, zehn Meter weiter ein Schädel – und in einem Winkel, den der Baggerführer offenbar übersehen hatte, 100 vollständige Skelette. Was anders läßt sich daraus schließen, als daß zunächst das ganze Areal mit Leichen gefüllt gewesen ist? Bis aber die Ausweichgräber alle gefunden und untersucht worden sind, können Jahre vergehen.

Die Frauen von Srebrenica sehen das ganz anders. Mit eiserner Beharrlichkeit klammern sie sich an den Gedanken, ihre Männer würden in geheimen serbischen Lagern festgehalten, oder sie versteckten sich noch in den Wäldern, nicht ahnend, daß Frieden geschlossen worden ist (über japanische Soldaten konnte man dergleichen ja noch 15 Jahre nach dem Zweiten Weltkrieg lesen). Und wer sollte überhaupt im Januar den Teilbetrieb der Silbermine wieder aufgenommen haben, wenn nicht unsere Männer, die einzigen Experten? fragt Fatima Huseinović – eben jene, die 1993 dem General Morillon die Heldenrolle aufgezwungen hatte.

Sie führt ihre „Vereinigung der Frauen von Srebrenica" weiter; die Namen von fast 8000 vermißten Männern hat sie im Computer gespeichert. Er steht in einem Stübchen in Tuzla, der bosnischen Stadt mit den meisten Flüchtlingen. Hat sie Indizien für geheime Lager? Nein, sagt sie. Wann zuletzt sind Verschollene aufgetaucht? Im August 1996, drei waren es, sie kamen aus den Wäldern. Und seitdem keiner mehr? Keiner mehr. Ihre Augen werden feucht.

Was geschah mit ihrem Mann? Fatima Huseinović mußte zusehen, wie er in Potočari von den Serben herausgegriffen wurde. Ein Lebenszeichen? Nein. Will sie selbst zurück nach Srebrenica? Sofort! Das heißt: Sobald „die Behörden" die Serben rausgeworfen haben, allesamt! Wie lebt sie in Tuzla? Sie hat zu essen. Aber auf der Straße ist sie schon mehrfach angepöbelt worden, Flüchtlinge mag man nicht – nichts als Konkurrenz bei Wohnraum, Arbeitsplatz und Uno-Hilfe. Fatima Huseinović weint. Sollen die bosnischen Flüchtlinge aus Deutschland zurückkommen? Um Gottes willen! Platz haben wir nicht, willkommen wären sie nicht, nicht einmal im bosnischen Landesteil.

Eine Schule am Rand von Tuzla, von Tausenden von Blechdosen und Plastiktüten umgeben. Ein Flügel dient als Flüchtlingsunterkunft, zwei Familien pro Klassenzimmer, doppelstöckige Betten, als Möbel Pappkartons. Kein Mann weit und breit.

Über den Korridor schlendert stundenlang eine schmale Greisin in Pluderhosen, wie viele bosnische Frauen vom Lande sie tragen; sie selbst ist aus einem Dorf nach Srebrenica geflohen und hat dort die Hungerjahre sowie die Diskriminierung durch die Eingesessenen erduldet. Sie strickt im Gehen. Den Fremden blickt sie fast fröhlich aus hellblauen Augen an, sie plaudert gern, von ihren acht Enkelkindern und ihrem verschollenen Sohn – bis ihre Augen sich schließen, ihre Züge sich verzerren und ihre Stimme im Schluchzen erstickt.

Auch die Holländer werden immer noch von Srebrenica umgetrieben. Im November 1995 gab es im Parlament zu Den Haag 146 Anfragen, im Mai 1996 in Amsterdam ein satirisches Theaterstück, in dem die Mutter eines Blauhelms wütend schreit: „Was habt ihr getan, als die Muslime sich aufhängten und die Serben kamen? Ihr habt euch in die Hosen geschissen." Im Juli schrieb das Nachrichtenmagazin „Elsevier", die Niederlande, stolze Hüterin des Gedächtnisses von Anne Frank, hätten „nichts unternommen, um einen Völkermord zu verhindern".

In Deutschland waren es vor allem die Grünen, denen Srebrenica keine Ruhe ließ. Zwei Wochen nach dem Inferno richtete Joschka Fischer einen Brief an Partei und Bundestagsfraktion, in dem es hieß: „Können Pazifisten, kann gerade eine Position der Gewaltfreiheit den Sieg der brutalen, nackten Gewalt in Bosnien einfach hinnehmen? Droht unserer Generation jetzt ein ähnliches politisch-moralisches Versagen wie der Generation unserer Eltern und Großeltern in den dreißiger Jahren, wenn wir dem Schrecken nicht entgegentreten?"

Obwohl Fischer die Frage nur stellte und nicht beantwortete, ging ein Beben durch die Partei. Als der Bundestag im Dezember 1995 über den Bundeswehreinsatz in Bosnien abstimmte, waren 22 Abgeordnete der Grünen dafür, 22 dagegen, 5 enthielten sich. Und noch einmal führte Fischer, nun Bundesaußenminister, Srebrenica ins Feld, als er im April 1999 den Kampfauftrag an die Bundeswehr im Kosovo verteidigte.

Wie wird es mit Bosnien-Herzegowina weitergehen? Das ganze Land hängt am Tropf der internationalen Hilfsorganisationen, für die Sicherheit sorgen allein die 30 000 ausländischen Soldaten, kein Bosnier wagt sich in den serbischen Teil und umgekehrt; es sei denn unter dem Schutz der Nato wie im April 1997 beim Papstbesuch in Sarajevo. Telefonleitungen gibt es sowenig wie öffentliche Verkehrsmittel in die andere Hälfte des Staates – obwohl da keine offizielle Grenze ist, nur ein demonstrativer Wechsel von der lateinischen zur kyrillischen Schrift und umgekehrt, und in Sarajevo steht ein Polizist auf jeder Straße, die ins Serbische hinüberführt, und warnt die Autofahrer mit einer Trillerpfeife.

Die Arbeitslosenquote liegt durchweg über 50, im serbischen Teilstaat über 80 Prozent. In der kaum zerstörten Altstadt Sarajevos wird flaniert, gegessen und getrunken; in Dutzenden von Hochhäusern aber haben nur ein paar Etagen noch oder wieder Fenster, und in der ehemals von Serben bewohnten Vorstadt Ilidža sind die Häuser großenteils zerschossen und allesamt verwahrlost.

Im Winter 1995/96, nach dem Abkommen von Dayton also, waren hier Serben aufgetaucht – „Polizisten" sagen die einen, „Banden" die anderen – und hatten ihre Landsleute ermahnt oder unter Drohungen gezwungen, in den serbischen Teilstaat umzuziehen, und gemeinsam zerschlugen sie oder steckten sie in Brand, was sie nicht mitschleppen konnten.

In diesen Schutt und Müll sind nun Muslime einquartiert: 1992 aus ostbosnischen Dörfern nach Srebrenica geflohen und schon dort ungeliebt; 1995 nach drei Schreckensjahren von Mladić aus Srebrenica nach Tuzla verfrachtet; 1996 von der bosnischen Regierung hierher umgesiedelt, damit auch ja kein Serbe nach Sarajevo zurückkehren kann, wie es sein Recht wäre.

Sie sind die letzten in der Kette von Elend, Verfolgung und Haß, die dieses heillose Land durchzieht, und nun mögen sie nicht mehr. Die allgegenwärtigen Trümmer und Scherben zwischen Häusern und Ruinen schiebt niemand auch nur ein bißchen zur Seite, und noch mehr Blechdosen als sonst im Land scheppern im Wind.

Um so mehr staunt man über das Silberstädtchen drüben im Gebirge. Vor jedem Haus in Srebrenica steht ein sauber geschichteter Turm aus Holzscheiten, niemand muß mehr frieren in diesem engen Tal, das im Winter ein Schneeloch mit wenig Sonne ist. Eine deutsche Hilfsorganisation ist dabei, die verwüsteten Wälder aufzuforsten, und gleichzeitig sorgt sie für das Holz zum Heizen und zum Kochen. Das Essen kommt überwiegend von der Uno-Hilfsorganisation UNHCR – mit verminderten Rationen, weil die serbischen Bewohner keine Neigung zeigen, den Vertrag von Dayton zu vollziehen, also sich auf den großen Ringtausch einzulassen.

Sie belohnen sich damit, daß sie Ordnung stiften: Blitzsauber ist das Städtchen aufgeräumt, das noch am ersten Jahrestag des Massakers ein Müllplatz war. Sie wollen bleiben, das sagen sie alle, und wer es in Wahrheit nicht wollte, der würde von der Marionettenregierung an den Fäden des wahnsinnigen Irrenarztes Radovan Karadžić bedrängt, nicht wegzugehen.

Offen hat Karadžić sich gegen den Massenumzug gestellt und ihn damit noch unwahrscheinlicher und bedrohlicher gemacht. In dem jetzt serbischen Dorf Gajevi brannten im März 1997 mehrere Fertighäuser nieder, die von heimkehrwilligen Bosniern errichtet worden waren. Serbische Polizisten sahen zu und die der Nato unterstellten russischen Soldaten auch.

Haben denn schon bosnische Frauen versucht, ihr altes Haus in Srebrenica zu beziehen? Sie sollen es nur wagen! bekommt man da zu hören – von lauter Leuten, die ihren Namen nicht nennen wollen. Stanislaw Rakić, der Bürgermeister, weiß ebenfalls von keinem Versuch – und wenn doch? „Dann würde ich sie nach Anhang 7, Ziffer 1 des Abkommens von Dayton willkommen heißen." (Es ist der Anhang, der das Recht auf Heimkehr regelt.)

Und was, wenn die serbische Familie bleiben will in dem Haus, auf das die bosnische Familie Anspruch erhebt? „Ich bin nicht befugt, zu befinden, was dann geschieht", sagt der Bürgermeister. „Fragen Sie doch mal in Sarajevo, was dort passieren würde, wenn eine serbische Familie, die jetzt in Srebrenica wohnt, in ihr altes Haus will."

Eine Greisin wie aus einem deutschen Heimatfilm, mit weißem Haar über den hellblauen Augen, sagt in ihrer Wohnschlafküche: Ja, eigentlich möchte sie in ihr Dorf zurück. Aber wer würden ihre Nachbarn sein? Ihr Mann ist gestorben, ihr Sohn ist gefallen, und hier in Srebrenica braucht sie wenigstens keine Angst zu haben.

Und wenn sie sich nun entscheiden müßte, morgen schon? Da weint sie, wie so viele.

GLOBALISIERUNG

Der schmerzhafte Weg zum Weltgehirn

Finanztransaktionen in Sekundenschnelle von einem Ende der Welt zum anderen; Internet- und Satellitenkommunikation an fast jedem Punkt der Erde; Freizeittrends und -moden, die immer schneller um die Erde eilen; ein neuer »humanitärer Militarismus«, der – Beispiel Kosovo – nationale Grenzen ignoriert; und eine Sprache, die jeder lernen muß, der mitreden will: Die Vernetzung des Planeten hat in den letzten 30 Jahren die Zivilisation ähnlich verändert wie zuvor der Buchdruck oder die industrielle Revolution. Doch begonnen hat das Zusammenwachsen der Welt schon vor 2300 Jahren in einer Markthalle in Athen.

Globalisierung" – Schlagwort der Menschheit beim Aufbruch ins dritte Jahrtausend, Kultwort des Jahrzehnts! Kultworte, natürlich, verwirren die Begriffe. Darüber herrscht immerhin Einigkeit: Die Globalisierung macht die Brieftaschen von Aktionären und Spekulanten prall und Millionen Arbeitsplätze überflüssig. Sie wirbelt Volkswirtschaften im Dutzend durcheinander und prahlt mit Mercedes-Omnibussen auf Feuerland, McDonald's-Filialen auf Neukaledonien und Coca-Cola-Dosen auf dem Mount Everest; sie produziert in den USA einen Sensor, testet ihn auf den Philippinen, verpackt ihn auf Taiwan, baut ihn in Deutschland in einen Airbag ein und exportiert den samt Auto nach Brasilien.

Womit soll das enden? Mit einem amerikanisch eingefärbten Einheitsbrei, der alle Volkswirtschaften, Gesellschaftsordnungen und Kulturen schluckt? Schlittern wir in ein neues Kolonialzeitalter, in dem die Industrienationen, gesteuert von ein paar hundert Milliardären, die übrige Welt ihren Bedürfnissen gefügig machen? Wird Arbeit auf einen bloßen Kostenfaktor reduziert, den die Großkonzerne auszumerzen suchen?

Und wäre das schon die ganze Globalisierung – oder was genau eigentlich bedeutet das Modewort? Der Duden registriert es erst seit

1997. Es kommt von Globus, lateinisch für Kugel, Ball und Klumpen; seit dem 17. Jahrhundert auch für ein kugelförmiges Pappmodell der Erde; seit 1800, zuerst bei Schiller belegt, überdies für die Erde selbst.

Global steht seit langem in den Wörterbüchern, und es heißt einerseits „allumfassend“, „weltumspannend“ (von der „Globalstrategie des Imperialismus“ sprach die DDR), andrerseits: „nur mit ungefährem Überblick“, „ohne Festlegung von Einzelheiten“ – und derart „globale“ Vorstellungen von der Globalisierung haben wohl die meisten.

Heute steht Globalisierung für die Herstellung eines weltumspannenden Netzes von Wirtschaftsinteressen und Nachrichtenverbindungen. Wer die Verflechtung für schon vollzogen hält, spricht auch von Globalität, und als Globalismus wird gelegentlich die Ideologie derer bezeichnet, die die Globalisierung vorantreiben.

Bei alledem wird zweierlei gern übersehen. Zum einen, daß Globalisierung auch andersherum verstanden werden kann und verstanden werden sollte: nicht bloß als das Hinausgreifen in immer größere Räume, sondern ebenso als das Sich-Beschränken-Müssen auf den einzigen Globus, den wir haben. Seit 1968 die Raumfähre „Apollo 8“ den Mond umkreist und uns die Erde als eine weiß verschleierte bläuliche Kugel gezeigt hat, einsam irgendwo im Nichts – da ahnen wir, daß wir alle, wir inzwischen sechs Milliarden, auf einander angewiesen sind, daß wir eine Schicksalsgemeinschaft bilden auf einem überfüllten Raumschiff namens Erde.

Jeder, der von Globalisierung spricht, sollte das vor Augen haben – und zugleich den anderen Aspekt, der dabei meist ignoriert oder nicht genügend gewürdigt wird, obwohl er ein notwendiger Bestandteil aller Globalisierung ist und ein erfreulicher dazu: die nach Jahrhunderten endlich um sich greifende Einsicht, daß alle Menschen biologisch eine Einheit sind und juristisch eine Einheit sein sollten. Die Menschheit erwacht nach zähem Kampf zum Bewußtsein ihrer selbst, und im Internet beginnt sie schon damit, als Einheit zu handeln.

Womit hat das alles angefangen? Vielleicht schon vor mehr als 2300 Jahren mit Alexander dem Großen und dem Philosophen Zenon aus Zypern. Denn es war dieser dunkelhäutige Phönizier, der in Athen das Ungeheure predigte, das nicht wegzudenken ist aus der heutigen Weltgemeinschaft der Produzenten, Händler und Touristen, der Hilfsorganisationen, Fernsehkonsumenten und Plauderer im Internet: Alle Menschen seien gleich an Gaben, an Rechten und an Pflichten.

Oder hat die Globalisierung vor gut 500 Jahren eingesetzt, 1498, als ein paar Nußschalen aus Portugal in Indien landeten, Auftakt zur Herrschaft Europas über den Rest der Welt? Oder 1522, als ein spanisches Segelschiff nach drei Jahren heimkehrte von der ersten Umrundung der Erde und damit bewies, daß sie ein Globus ist? Oder 1600, als englische Großkaufleute damit begannen, das gesamte Land der Inder auszuplündern? Oder 1789, als die französische Nationalversammlung die Freiheit und Gleichheit aller Menschen endlich förmlich proklamierte?

So hat sich ein Prozeß, der mindestens vor einem halben Jahrtausend, vielleicht aber schon mit Zenon dem Phönizier begann, in unserer Zeit nur rabiat beschleunigt. Drei Entwicklungen sind in ihm zusammengelaufen, ineinander verschränkt und sich wechselseitig bedingend:

Zum ersten der Siegeszug des Welthandels – einst von den europäischen Kolonialmächten mit Kanonen erzwungen, heute von den Industrienationen dem Rest der Welt sanft oder unsanft aufgenötigt, zusammen mit der Internationalisierung der Produktion. Seit dem Zusammenbruch des Kommunismus ist auch das letzte Drittel der Erde für den Handel frei (mit Ausnahmen, die sich an den Fingern abzählen lassen).

Die zweite Schiene war die Schrumpfung der Erde infolge immer schnellerer Verkehrs- und Nachrichtenverbindungen. Den Atlantik, auf dem Kolumbus zehn Wochen unterwegs war, queren wir mit der Concorde in drei Stunden, 560mal so schnell; in einer Fünftelsekunde aber mit Fernsehpixeln und Computer-Bits.

170 Jahre hat die Verkehrs- und Nachrichtentechnik gebraucht, um von der Eisenbahn und der Telegrafie auf den heutigen Stand zu kommen; 500 Jahre der Handel – 2300 Jahre aber die dritte jener Entwicklungen, aus denen die Globalisierung hervorgegangen ist: die Einsicht, daß alle Menschen Brüder sind, und das nicht nur im Schlagwort der Französischen Revolution und in Schillers Ode. Diese Einsicht zu gewinnen war eine unendlich mühsame Prozedur. Sie hatte die hartgesottensten Vorurteile gegen sich, sie verlief als eine Springprozession – drei Hupfer vor, zwei zurück; manchmal auch umgekehrt, zumal mit den Völkermorden des 20. Jahrhunderts; und das Ziel ist noch lange nicht erreicht.

Wer die Menschheit als Einheit begreifen wollte, vor dem türmten sich ja beunruhigende Fragen auf. Wer eigentlich verdient es, „Mensch“ zu heißen? Gibt es überhaupt, zum zweiten, „den Menschen“ als eine einheitliche biologische Spezies oder Art – oder sind die sogenannten Menschenrassen untereinander nicht enger verwandt als jede von ihnen mit den Schimpansen? Noch der Große Meyer von 1890 war sich da nicht so sicher.

Wenn wir aber wirklich alle die Kinder eines Gottes sind – dürfen wir dann, zum dritten, andere Menschen als Sklaven halten? Selbstverständlich! sprachen der Apostel Paulus, der Kirchenvater Augustinus und seinerzeit die meisten Päpste. Dürfen Schwarze und Weiße, zum vierten, auf derselben Parkbank sitzen? Natürlich nicht! sprach die Regierung Südafrikas bis 1990. Wenn wir schließlich, fünftens, alle Mitmenschen juristisch als Gleiche akzeptieren – fordern sie dann am Ende nicht auch noch eine gerechte Verteilung des Vermögens? Das ist zu fürchten! sprachen die Pfeffersäcke aller Zeiten.

Auf all diese Fragen haben wir inzwischen bessere Antworten gefunden. Aber vielen gefallen sie nicht. Sollen denn etwa die Frauen die gleichen Rechte wie die Männer haben? fragen islamische Fundamentalisten höhnisch, und nicht nur sie. Noch immer leben auf dieser Erde Hunderte von Millionen Menschen, die des Mitleids bedürften, das ihnen keiner gewährt: Sie vegetieren im Elend, sie verhungern, sie werden verjagt, versklavt, gefoltert, gemordet. Der Fortschritt liegt nur darin: Die Weltgemeinschaft weiß das und ächtet es, und das ist das Ermutigende daran.

Was aber hat Alexander der Große in dieser Geschichte verloren? Nun, als er 334 v. Chr. nach Osten aufgebrochen war, hatte er bei jenen Völkern, die die Griechen „Barbaren" nannten, eine hohe Kultur gefunden und 324 v. Chr. in der Perserhauptstadt Susa eine prunkvolle Massenhochzeit zwischen griechisch-makedonischen Soldaten und einheimischen Mädchen arrangiert; er selbst vermählte sich mit der Tochter des Großkönigs.

Dies war der demonstrative Abschied von allem Hochmut der Hellenen. In den Wind geschlagen hatte der König den Rat seines Lehrers Aristoteles, „die Griechen als Freunde, die Barbaren aber wie Tiere und Pflanzen zu behandeln". Wie „in einem Becher der Freundschaft", schrieb Plutarch, habe Alexander die Sitten aller Völker gemischt.

Es geschah vor diesem Hintergrund, daß Zenon Zulauf fand. 22jährig war er von Zypern nach Athen gezogen, hatte sich im Gebäude der Markthalle, der Stoa, ein paar Räume beschafft und belehrte seine Zuhörer: Die Scheidung in Griechen und Barbaren sei eine Anmaßung, alle Menschen hätten wir als unsere Mitbürger und Landsleute anzusehen; alle hätten die gleichen geistigen Anlagen und die gleiche Pflicht zur sittlichen Lebensführung.

Da die Stoiker im Geiste Zenons eine einflußreiche Schule wurden (mit Seneca, Epiktet und dem römischen Kaiser Mark Aurel) und da sich im Römischen Reich die Lehre Jesu „Liebet eure Feinde" rasch verbreitete, schien alles klar zu sein, jedenfalls in der Theorie, in der zur Schau getragenen Gesinnung: „Wir sind alle Brüder", schrieb um 100 n. Chr. der freigelassene Sklave Epiktet. Aber die Theorie hatte Löcher, und die Praxis hinkte um zwei Jahrtausende hinterher.

Durch das größte Loch fielen die Sklaven. Die christliche Kirche hat den Sklavenhaltern immer wieder die Hand gereicht. Paulus schrieb an Philemon, einen von ihm Bekehrten, er möge einen entlaufenen Sklaven in Gnaden wieder aufnehmen „als einen, der mehr ist als ein Sklave: ein geliebter Bruder". Sei nett zu ihm – doch ihn freizulassen braucht dir nicht in den Sinn zu kommen. Das Seelenheil war wichtiger als die Frage, ob man es in Ketten findet.

Immerhin waren die Sklaven auf diese Weise von willenlosen Gegenständen, als die Aristoteles sie beschrieben hatte, zu Mitmenschen aufgerückt. Dies galt sogar für die brutale Eroberung der halben Erde durch die europäischen Kolonialmächte: Indem die christlichen Missionare die Eingeborenen der Zwangstaufe für würdig befanden, hatten sie sie als Mitmenschen akzeptiert – und damit die Kulturstufe fast aller Urbewohner von Afrika, Amerika, Australien überschritten. Steinzeit-Menschen kannten keinen Oberbegriff, unter dem für ihre Horde und zugleich für die Nachbarstämme Platz gewesen wäre. Der Mensch vom anderen Stamm war grundsätzlich ein Feind, genau wie der Jaguar, und so gab es auf der Welt nur „Feinde" und die Mitglieder des eigenen Stammes.

Die Eskimos nannten sich selber „Inuit", das heißt: Menschen, und andere als sie gab es für sie nicht. Für ihre indianischen Nachbarn wiederum waren die Eskimos nicht „Menschen", sondern „Esquimantsic" – „Rohfleisch-Esser". Daraus haben wir unser Wort „Eskimo" entlehnt. Vermutlich war die Absonderung von allen anderen Artgenossen einst ein notwendiges Mittel, um die eigene Horde homogen, selbstbewußt und schlagkräftig zu machen.

Die Väter der amerikanischen Unabhängigkeitserklärung von 1776 erweckten den Anschein, sie wollten einer so beschränkten Weltsicht und der hartnäckigen Benachteiligung der jeweils „anderen" endlich ein Ende setzen. „Alle Menschen sind gleich geschaffen und haben unveräußerliche Rechte", hieß es darin, „darunter Freiheit und das Streben nach Glück." Nur: die Indianer nicht, die Sklaven nicht.

Der Entwurf Thomas Jeffersons enthielt zwar eine Proklamation gegen den Sklavenhandel, doch erzwang der Block der Südstaaten, daß dieser Passus gestrichen wurde. Nach dem Recht von South Carolina beispielsweise waren die Schwarzen „so barbarisch, wild und roh, daß sie völlig untauglich sind, nach den Gesetzen und Gewohnheiten unserer Provinz regiert zu werden".

Die amerikanische Verfassung unterschied zwölf Jahre später zwischen „Bürgern" (citizens) und „Personen für Dienstleistungen oder körperliche Arbeit" (persons held to service or labor), also Sklaven. 1790 legte der Kongreß noch einmal nach: Bürger der USA konnten nur „freie Weiße" sein – also nicht die, denen einst der gesamte Kontinent gehörte: die Indianer.

Als die französische Nationalversammlung 1789 die Befreiung der Bauern und die Freiheit und Gleichheit aller Menschen verkündete, wählte sie die übliche Formel, der freilich die Definition des „Menschen" fehlte. Das Parlament lieferte sie 1790 nach, indem es feststellte, seine Menschenrechtserklärung vom Vorjahr habe keinen Einfluß auf die innere Verwaltung der französischen Kolonien; mit anderen Worten: auf die Sklavenhaltung dortselbst; es war erneut gelungen, die Schwarzen aus dem Oberbegriff „Mensch" herauszuhalten. Im selben Jahr trat das Schlagwort „Freiheit, Gleichheit, Brüderlichkeit" ins Leben – für wen und mit wem, wurde nicht definiert; nicht jedenfalls mit den Schwarzen.

Die Wende zum Besseren setzte 1807 ein: Da beschloß das Londoner Parlament, Sklavenschiffe dürften aus britischen Territorien weder auslaufen noch in ihnen landen, und die USA verboten den Import von Sklaven. 1814 einigten sich die beiden Staaten obendrein, jeden Sklavenhandel auf den Weltmeeren zu unterbinden.

Zunächst wurde dadurch alles nur schlimmer. In den Kolonien Portugals und Spaniens stieg der Wert der menschlichen Ware, dreimal so viele Schwarze wie zuvor wurden in Afrika eingefangen. Die Sklavenhändler verdienten genug, wenn nur jedes dritte Schiff durchkam, und näherte sich eine englische oder amerikanische Fregatte, so warfen die Matrosen ihre schreiende Fracht ins Meer.

Bald zeichnete sich ab, daß es nicht genügte, den Handel zu verbieten – die Sklaverei selbst galt es abzuschaffen, und dies gegen den erbitterten Widerstand der eigenen Landsleute, die in den Kolonien die Plantagen betrieben. England machte 1833 den Anfang: 20 Millionen Pfund zahlte es seinen Pflanzern in Übersee als Entschädigung. Frankreich folgte 1848.

Das war das Jahr, in dem Karl Marx und Friedrich Engels in ihrem „Kommunistischen Manifest" der „Bourgeoisie" das Zeugnis ausstellten, sie habe „den Weltmarkt hergestellt" und auch die barbarischsten Nationen in die Zivilisation gerissen: „Die wohlfeilen Preise ihrer Waren sind die schwere Artillerie, mit der sie alle chinesischen Mauern in den Grund schießt." Das war eine feurige und durchaus richtige Diagnose dessen, was Marx und Engels schon „Globalisierung" hätten nennen können; nur ihre Prognose war falsch.

Vier Jahre später, 1852, erschien der Weltbestseller des 19. Jahrhunderts: „Onkel Toms Hütte" von der Lehrerin Harriet Beecher Stowe – die herzzerreißende Geschichte vom Leiden der Sklaven und unstreitig ein Anstoß dazu, sie zu befreien. 1853 wieder ein Sprung zurück: Der französische Diplomat und Orientalist Joseph Arthur Comte de Gobineau stellte in seinem „Versuch über die Ungleichheit der Menschenrassen" die „Arier" als die zur Herrschaft bestimmte Elite-Rasse hin und die „Germanen" als die letzten Arier.

Doch 1865 war es soweit: Nach der Niederlage der Südstaaten schaffte der Kongreß der USA die Sklaverei ab und verbot sie für immer. Als letzte christliche Nationen folgten 1878 Portugal und 1888 Brasilien.

Inzwischen war überdies eine Entwicklung in Gang gekommen, in der sich das werdende Menschheitsbewußtsein aufs engste mit der Informationstechnik verknüpfte. 1844 brach die Elektronik in die Nachrichtenübermittlung ein: Das Telegrafenkabel zwischen Washington und Baltimore, von Samuel Morse mit Unterstützung der amerikanischen Regierung verlegt, wurde der Öffentlichkeit übergeben. Schon 1851 lag das erste Kabel im Meer: Dover war mit Calais, England mit dem Kontinent verbunden.

So wurde der Krim-Krieg (1853–1856) die erste Tragödie, die sich durch telegrafische Korrespondentenberichte vom Kriegsschauplatz Tag für Tag in der fernen Heimat miterleben ließ; zum erstenmal wurde ein Volk über die Leiden seiner Soldaten, über Hunger, Seuchen, Chaos und Tod, rasch und regelmäßig informiert.

Hier setzte 1964 der kanadische Medienphilosoph Marshall McLuhan an: Die neuartige Nachrichtenverbindung, schrieb er, *mußte* in der Heimat Mitleid mobilisieren; und so sei es nur natürlich gewesen, daß eine eifrige Leserin der Korrespondentenberichte – die später zur Legende gewordene Krankenschwester Florence Nightingale – auf die Krim eilte und half. „Die Elektrizität verleiht der Stimme der Schwachen und Leidenden Nachdruck", sagte McLuhan: „Die menschliche Anteilnahme reicht so weit, wie sie an der Erfahrung Anderer unmittelbar beteiligt ist."

Als am 14. April 1865 US-Präsident Abraham Lincoln ermordet wurde, kam es zu einem letzten Nachhall jener Langsamkeit, mit der sich die Menschheit von Anbeginn hatte herumquälen müssen: Die Nachricht von Lincolns Tod brauchte volle 14 Tage, bis sie den deutschen Zeitungsleser erreichte. Per Telegramm war sie von Washington nach New York gegangen, von New York in zwölf Tagen per Schiff nach Cork in Südirland, von dort wiederum per Kabel nach Liverpool und von da aus weiter in die Hauptstädte Europas. Fast zwei Wochen für die Übermittlung einer Weltsensation zwischen den Zentren des Abendlands!

Schon ein Jahr später, 1866, gelang es dem amerikanischen Papierfabrikanten Cyrus Field, Amerika mit Europa zu verdrahten. Er charterte das größte Schiff der Erde, die „Great Eastern“, schaffte in ihr Platz für 5500 Kilometer Kupferkabel von über 7000 Tonnen Gewicht auf drei Trommeln und dampfte langsam von Irland nach Neufundland. Eine Nachricht, die bis dahin mindestens sieben Tage unterwegs gewesen war, überbrückte den Atlantik nun in jenen wenigen Minuten, die von der Eingabe des gemorsten Textes bis zu seiner Entschlüsselung verstrichen.

New York feierte Cyrus Field als „Vereiniger der beiden Welten“, die Londoner „Times“ nannte seine Tat „die größte seit Kolumbus“. Die höchste Hürde auf dem Weg zur Globalisierung war übersprungen. Schon 1902 überquerte der erste gemorste Funkspruch drahtlos den Atlantik, und nur vier Jahre später, 1906, begann das Zeitalter des Sprechfunks: mit den ersten drahtlosen Telefongesprächen, geführt in den USA und in Deutschland.

Für die Globalisierung der Wirtschaft waren damit alle Weichen gestellt. Nach wie vor vollzog sie sich in der Form, daß Europa sich noch mehr überseeische Regionen unterwarf – und der einzige Erdteil, in dem die Kolonialmächte noch Auslauf fanden, hieß Afrika. Die Küsten der riesigen Landmasse waren schon seit dem 15. Jahrhundert mit portugiesischen, niederländischen, englischen, französischen Faktoreien gesprenkelt, aber das Hinterland der Kolonien war kaum erschlossen. Nun erst begann der „Wettlauf um Afrika“.

1879 landete ein Expeditionskorps im Auftrag des belgischen Königs Leopold II. an der Mündung des Kongo, und 1885 erkannten das belgische Parlament und die Berliner Kongo-Konferenz, von Bismarck eingeladen, den Kongo-Staat als Privatbesitz des belgischen Königs an. Ganz selbstverständlich wurde damit in Brüssel und Berlin einem europäischen Monarchen ein Zwölftel von Afrika vermacht, 77mal so groß wie Belgien, mit schätzungsweise 15 Millionen Schwarzen, die keiner fragte – 1890 von genau 46 Belgiern regiert, bewacht und ausgebeutet.

Und so weiter. 1882 besetzte England Ägypten, das war schließlich das Hinterland zum 1869 eröffneten Suezkanal. 1883 begann Deutschland seinen Rückstand aufzuholen: In Deutsch-Südwestafrika, dem heutigen Namibia, setzten sich deutsche Kaufleute und Beamte fest, schon 1884 folgten Deutsch-Ostafrika (das heutige Tansania), Kamerun und Togo. 1885 begann Frankreich, Madagaskar zu erobern; England annektierte 1887 Kenya.

Auf der anderen Seite des Atlantiks kam 1890 bei einem Feuergefecht mit der sogenannten Indianer-Polizei der Sioux-Häuptling Sitting Bull ums Leben, „der letzte Indianer", wie er sich selber genannt hatte. 1876 war er der Sieger in der Schlacht am Little Bighorn gewesen, in der General Custer unterging. 1871 hatte er erleben müssen, daß Washington den Indianerstämmen die Vertragsfähigkeit absprach, und 1887, daß der Präsident der USA jedem Indianer sein Stück Land zuweisen konnte, auch gegen dessen Willen. Der größte Landraub der Geschichte war komplett.

Ob die Indianer oder ob die Schwarzen überhaupt derselben biologischen Art angehören wie die Weißen, stand damals durchaus nicht fest: „Streitig ist es noch", schrieb Der Große Meyer, das führende Konversationslexikon der damals führenden Wissenschaftsnation, im Todesjahr von Sitting Bull, „ob man die Gruppen, in die das Menschengeschlecht zerfällt, als ebenso viele verschiedene Arten (Spezies) oder als Rassen (Varietäten einer Spezies) anzusehen hat"; und erst nach quälerischem Abwägen des Für und Wider kam das Lexikon zu dem Schluß, die Mehrzahl der Indizien spreche „gegen die Annahme von verschiedenen Menschenspezies".

Über den Charakter der Schwarzen dagegen wußte der Große Meyer genau Bescheid: „kindlich, ja kindisch" seien sie und „durch den Sklavenhandel verderbt: Dieser macht den Neger nicht nur habsüchtig (der Vater verkauft wohl Mutter und Kind, um eine Schnur Perlen einzutauschen), sondern auch grausam und tückisch. Mit Tanz, Gesang und Musik verbringt der Neger die Nächte, unbesorgt um den andern Tag, an dem er sich mit stumpfsinniger Gleichgültigkeit hinschlachten oder in die Sklaverei führen läßt."

Das war der Geist, in dem man einen ganzen Erdteil ohne irgendwelche Skrupel unterjochen konnte. Doch 1901 geschah etwas, das die Zeitgenossen zunächst wenig beeindruckte, aber die biologische Einheit des Menschengeschlechts jedem plausibel machte, der es wissen wollte: Der österreichische Bakteriologe Karl Landsteiner entdeckte die vier Hauptgruppen des menschlichen Bluts (A, B, AB, Null). Sie kommen zwar in verschiedenen Weltgegenden unterschiedlich häufig vor, decken sich jedoch mit irgendwelchen „Rassen“ nicht – woraus nur der Schluß gezogen werden konnte, daß ein Weißer einem Schwarzen „blutsverwandter“ als einem anderen Weißen sein kann. Landsteiner bekam für seine Entdeckung 1930 den Nobelpreis für Medizin; doch auch der Friedensnobelpreis hätte ihm gut angestanden.

Noch vor dem Ersten Weltkrieg gab Winston Churchill, 37 Jahre alt, der Globalisierung der Wirtschaft einen dramatischen Anstoß weit über das koloniale Denken hinaus: 1911 zum Ersten Lord der Admiralität berufen und damit zum Herrn über die bei weitem mächtigste Kriegsflotte der Erde, beschloß er sogleich, die britischen Schlachtkreuzer nicht mehr mit der Kohle zu befeuern, die England im Überfluß besaß – sondern mit Erdöl, das über die Meere kommen mußte.

Öl, das hieß ja: weniger Ladevolumen, höhere Heizkraft, Einsparung der Heizer und der Kohlentrimmer – Rationalisierung also und Vernichtung von Arbeitsplätzen in der Marine, in den Bergwerken und bei der Eisenbahn, wir kennen das. Zunächst kam das Öl aus Amerika. Um die Abhängigkeit von einem einzigen Lieferanten zu vermindern, veranlaßte Churchill ein Joint-venture mit Persien: Die britische Regierung wurde Mehrheitsteilhaber der Anglo-Persian Oil Company. Nun mußte das Öl, das die Weltmacht schmierte, durch den Persischen Golf, durchs Rote Meer, durch den Suezkanal, durchs Mittelmeer und durch den Atlantik nach England reisen: ein Globus, von Großbritannien beherrscht.

Deutschlands Niederlage im Ersten Weltkrieg erfüllte Englands Traum von der Nord-Süd-Achse durchs ganze Afrika, von Kapstadt bis nach Kairo: Deutsch-Ostafrika wurde vom Völkerbund unter britisches Mandat gestellt, auch die anderen deutschen Kolonien zwischen Großbritannien und Frankreich aufgeteilt; an der kolonialen Abhängigkeit änderte sich nichts. Die Statuten des Völkerbunds, der 1920 ins Leben trat, sprachen nur vom Frieden zwischen den Nationen und vom Schutz nationaler Minderheiten; die Rechte der von den Kolonialmächten unterdrückten Völker kamen darin so wenig vor wie die des Individuums, wie die Menschenrechte überhaupt.

1924, immerhin, verlieh der amerikanische Kongreß nunmehr allen in den USA geborenen Indianern das Bürgerrecht. Nun endlich hörten sie auf, in ihrer angestammten Heimat weniger zu gelten als die in Jahrhunderten hereingeschneiten Europäer.

Doch da hatte 1914, mit dem schlimmsten türkischen Massaker an den Armeniern, das Massenmorden aus Rassenwahn und Klassenwahn begonnen, das unser Jahrhundert schändete: Lenin, Stalin, Hitler, Mao und Pol Pot. Auf Hitler folgte 1945 die Gründung der Vereinten Nationen, die, anders als der Völkerbund, die Förderung der Menschenrechte „ohne Unterschied von Rasse, Geschlecht, Sprache oder Religion“ auf ihre Fahnen schrieben.

Das Jahr 1948 brachte die Sache der Menschheit um zwei riesengroße Schritte voran. Im Dezember verabschiedete die Uno die „Allgemeine Erklärung der Menschenrechte“. Sie gilt, wie es in der Präambel heißt, „allen Mitgliedern der menschlichen Familie“, schließt also, im Unterschied zu allen Menschenrechtserklärungen seit 1776, die ganze biologische Art wirklich ein.

Der eigentliche Sprengstoff steckt in Artikel 22: Jeder Mensch habe das Recht auf soziale Sicherheit; „durch innerstaatliche Maßnahmen und internationale Zusammenarbeit“ müsse er in den Genuß derjenigen Rechte gelangen, die „für seine Würde und die freie Entwicklung seiner Persönlichkeit“ unentbehrlich sind. Und nach Artikel 25 hat jedermann Anspruch auf einen Lebensstandard, der seine Gesundheit und sein Wohlbefinden gewährleistet. Das hieß: Forderungen, wie sie Gewerkschaften und sozialdemokratische Parteien bis dahin nur innerstaatlich erhoben hatten, wurden zum Prinzip der Weltgesellschaft gemacht.

Der Ostblock, Saudi-Arabien und Südafrika enthielten sich der Stimme. Etliche Staaten der Dritten Welt, 1948 überwiegend noch europäische Kolonien, bemängelten später, dies sei ein Dokument von Weißen für Weiße, und Feministinnen fügten hinzu: für weiße Männer. Überdies war die Erklärung nur eine Resolution und kein international bindender Vertrag.

Trotzdem: Wenn die Uno seither einem Staat damit droht, dessen Menschenrechtsverletzungen öffentlich zu machen, so kommt es vor, daß der zurückzuckt. Eine Mindestnorm beginnt sich durchzusetzen; vielen Regierungen ist das gute Gewissen beim Schikanieren ihrer Bürger abhanden gekommen.

Und der zweite große Schritt von 1948: Am 22. Juni war es soweit, daß König Georg VI. von England den Titel „Kaiser von Indien“ ablegte (zur Kaiserin hatte sich 1877 Queen Victoria ausgerufen). Aus Britisch-Indien, dem gewaltigsten Bissen im Maul der europäischen Mächte, waren die Staaten Indien und Pakistan geworden – nach Massenflucht und Massenmord als Folge der Teilung, denn Hindus gab es zu Millionen auch im islamischen Pakistan und Muslime im hinduistischen Indien; und nur selten hat es zu den Stärken der Weltreligionen gehört, Versöhnung zu stiften.

1949 verkündete der amerikanische Präsident Truman ein Erschließungsprogramm für unterentwickelte Gebiete, für das in den fünfziger Jahren das Schlagwort „Entwicklungshilfe" aufkam. Obwohl keineswegs frei vom Streben nach wirtschaftlichem Einfluß und politischer Macht, hat die Entwicklungshilfe solche Interessen doch zugleich in den Dienst des Menschenrechts gestellt – begünstigt durch jenes Weltgefühl, das in der Proklamation von 1948 zum Ausdruck kam: Der Zweite Weltkrieg hat uns nicht nur alle erschöpft – er ist uns auch eine Lehre, daß es so auf Erden nicht weitergehen darf.

Und tatsächlich, es änderte sich eine Menge: Die Kolonialimperien Europas krachten eines nach dem anderen zusammen. 1949 ließ Holland, nach einem letzten Aufbäumen blutiger Kolonialherrschaft, Niederländisch-Indien fahren, das sich nunmehr Indonesien nannte. Belgien kapitulierte 1960 am Kongo, Frankreich 1962 in Algerien, Portugal 1975 in Angola und Moçambique. Bergauf aber ging es mit den von Fremdherrschaft befreiten Menschen meistens nicht. Zu willkürlich hatten die Kolonialmächte die Grenzen gezogen, einen Scherbenhaufen hatten die meisten hinterlassen, und das Chaos in den jungen Nationen spülte manche dubiose Figur nach oben.

So ist die entkolonialisierte Welt nur eine mäßig bessere geworden und die Bilanz der Menschenrechte fast so traurig wie zuvor. Jahr um Jahr prangert Amnesty International Folter, Menschenhandel, Kinderarbeit an, ja Sklaverei.

Unverhohlen wird die Sklaverei noch heute in zwei islamisch regierten Staaten praktiziert: in Mauretanien am Westrand, im Sudan am Ostrand der Sahara. Mauretanien hat 1980 als letzter Staat der Erde die Abschaffung proklamiert und den Sklavenhaltern eine Entschädigung versprochen; da aber bis heute keine bezahlt worden ist, fühlt sich auch keiner verpflichtet, seine Sklaven freizulassen. Auf 90000 schätzt Elinor Burkett in der „New York Times" deren Zahl – Mitglieder der schwarzen Minderheit, die seit Jahrhunderten als Sklaven leben, ohne Ketten, ohne Wünsche.

„Gott hat mich als Sklavin geschaffen", sagte 1997 eine junge Frau der amerikanischen Reporterin, „genau, wie er das Kamel geschaffen hat, damit es ein Kamel ist." Vergewaltigung durch den arabischen Herrn? Die Frau verstand die Frage nicht: Wenn er kommt, muß er doch haben, was er will!

Im Sudan tobt seit 1983 ein Bürgerkrieg zwischen der arabisch-muslimischen Mehrheit im Norden und der animistischen oder christlichen Minderheit der Schwarzen im Süden – mit bisher 1,3 Millionen Toten, wie eine amerikanische Studie schätzt. Im Dienst der Regierung in Khartum fallen Nomadenstämme über die schwarzen Landsleute her und verschleppen Frauen und Kinder.

Die Schweizer Hilfsorganisation „Christian Solidarity International" ist seit 1995 dabei, Sklaven im Sudan freizukaufen: 50 Dollar pro Kopf zahlt sie an die Menschenhändler, mehr als 5000mal bisher. Aber niemand weiß, ob die Befreiten in ihren Heimatdörfern nicht von neuem eingefangen werden oder dort vielleicht verhungern. Überdies kritisiert Unicef, das Kinderhilfswerk der Vereinten Nationen, den Handel, weil er die Händler nur zu neuer Menschenjagd ermutige.

In verschiedenen Abstufungen von Zwangsarbeit und Sklaverei werden nach Uno-Schätzungen noch heute mehr als 200 Millionen Menschen gehalten. In Indien und Pakistan, Brasilien und Peru grassiert die Schuldknechtschaft: Arme Teufel von Ackerbauern, Land- und Waldarbeitern schuften ihr Leben lang vergebens gegen die Wucherzinsen der Kredithaie an. Geknechtete quälen sich in Bergwerken, Steinbrüchen, Textilfabriken, oft von Pistoleros bewacht; viele vererben ihre Schulden an ihre Kinder, andere Kinder werden von Verwandten an Unternehmer verkauft. Und so groß ist die Not der Armen und die Verwirrung der Gemüter, daß es Eltern gibt, die Kinder eigens zeugen, um sie verkaufen zu können.

Kinderarbeit auch im Nahen Osten, in vielen Staaten Afrikas, in der Türkei. Vierzehn Stunden oder mehr am Tag müssen sich Heranwachsende plagen. Dazu Kinderprostitution, Mädchenhandel und auch in den hochzivilisierten Ländern Millionen illegaler Arbeiter, die Hungerlöhne erhalten und sich in Containern verstecken müssen.

In der Globalisierung der Menschenrechte also klaffen schlimme Lücken. Der einzige – ein schwacher – Trost liegt im Faktor Zeit. Von der Sklavenbefreiung in den Südstaaten der USA im Jahre 1865 an mußten genau 100 Jahre vergehen, bis unter Präsident Johnson die Gleichheit der Schwarzen juristisch in allen Facetten hergestellt war; vielleicht müssen noch einmal 100 Jahre verstreichen, bis die Afro-Amerikaner auch in der sozialen Geltung gleichgezogen haben.

Die weitere Entwicklung dieser Rechte aber wird überwiegend nicht von Politikern gesteuert werden, sondern vom Tourismus, vom Fernsehen und vom Internet. Der Tourismus ist die größte Industrie der Welt geworden; und wenn auch viele Touristen Herrenallüren an den Tag legen oder die Prostitution aufblühen lassen, so mehren sie doch alles in allem die Kenntnis der Menschen voneinander und machen es autoritären Regierungen immer schwerer, sich von der Entwicklung der Menschheit zu gleichen Rechten abzukoppeln.

Sogar Saudi-Arabien hat im Februar 1999 nicht-islamischen Touristen erstmals die Einreise gestattet, wenn auch mit der Weisung an die Damen, sich in der Öffentlichkeit züchtig zu verhüllen. Die letzten Länder, die den Tourismus strikt regulieren, sind Nordkorea, Burma, der Sudan und das kleine Königreich Bhutan im Himalaya – Bhutan, weil es seine Kultur bewahren will, weshalb auch Satellitenschüsseln zum Empfang ausländischer Fernsehprogramme verboten sind.

Das Fernsehen, ach ja! Schon 1962 hatte Marshall McLuhan prophezeit, es werde die Menschheit in einem globalen Dorf versammeln (was für den Siegeszug des Wortes „Globalisierung" vermutlich der Anstoß war), und seit 1965 der erste kommerzielle Satellit, Early Bird, in eine stationäre Umlaufbahn geschossen wurde, ist die technische Basis für eine Weltgemeinschaft der Fernsehteilnehmer hergestellt.

Es ist eine amerikanische Gemeinschaft. Der Nachrichtensender CNN kann in 212 Länder und Territorien strahlen, die Öl-Oper „Dallas" vereinigte einst Argentinier, Beduinen und Eskimos vor dem Fernsehschirm, das türkische Parlament beendete gar eine Sitzung vorzeitig, um die nächste Folge nicht zu verpassen. Auf mehr als eine Milliarde Zuschauer brachten es die Endspiele der letzten Fußballweltmeisterschaften, die Beerdigung von Prinzessin Diana und bringt es die amerikanische Serie „Baywatch" (wenn auch nicht zur gleichen Zeit).

Die Serie läuft sogar in China, wo 900 Millionen Menschen ins Staatsfernsehen eingestöpselt sind. Indien unterhält zwar eine große eigene Film- und Fernsehproduktion, aber unter den Werbungtreibenden, die das dortige Fernsehen finanzieren, stehen die US-Konzerne Coca-Cola und Pepsi-Cola auf dem ersten und zweiten Platz. In Europa stammen drei Viertel aller Kinofilme aus den USA, während europäische Filme dort ganze zwei Prozent des Angebots bestreiten.

Die Welle aus Amerika, die um die Erde schwappt, ist so unheimlich wie das, was sie an Treibgut mitführt. Da sitzen in und um Los Angeles ein paar hundert Produzenten, Drehbuchautoren, Regisseure und entscheiden darüber, was Milliarden Menschen sehen dürfen, sehen sollen und wonach sie idealerweise süchtig werden. Die Globalisierung, sonst das Resultat widerstrebender Kräfte aus Dutzenden von Nationen – hier wird sie zentral gesteuert von wenigen Köpfen; hier werden die maßgeblichen Wünsche, Werte, Vorurteile produziert. Das Herz der Erde schlägt in Hollywood.

Das Treibgut sind die amerikanischen Produkte und der American Way of Life. Nicht nur uramerikanische Waren wie Jeans und Kaugummi erobern die Welt – auch Rucksack und Turnschuhe müssen aus Amerika kommen, um als schick zu gelten. Allen nationalen Kulturen droht die Nivellierung, und den Massen der Armen auf Erden wird im Fernsehen ein für sie unvorstellbarer Reichtum vorgeführt, der sie verwirrt, entwurzelt und ins Elend der großen Städte treibt.

Parallel dazu ist die englische Sprache dabei, zum ersten wahren Esperanto der Menschheit aufzusteigen. Wenn die Popmusik und der Computerjargon sich fast durchweg des Englischen bedienen, so ist das die Sprache der führenden Produktionsstätten und insoweit noch vernünftig. Der eigentliche Sieg des Englischen aber findet dort statt, wo deutsche Firmen bei deutschen Lesern für deutsche Produkte in englischer Sprache werben („Grundig – made for you").

Wie einst Rom allen Ländern rings ums Mittelmeer römische Sitten aufdrängte und das Lateinische dazu, so dominieren heute die USA mit ihrer Sprache, ihren Waren, ihren Werten den Rest der Welt. Das Fernsehen sprengt die nationalen Monopole; in Elendshütten, in Jurten und in Krale regiert Hollywood hinein. Wer noch darin wohnt, wird aus dem Rückstand von Jahrhunderten über Nacht in die Gleichzeitigkeit mit den Metropolen der Welt gerissen; oft gehen die Amerikanisierung und die Befreiung Hand in Hand.

Schon 1943, als das Fernsehen noch ein technisches Spielzeug für ein paar tausend Besessene war, prophezeite der französische Theologe und Naturwissenschaftler Teilhard de Chardin: Die Menschen strebten danach, „immer mehr als Zellen ein- und desselben Gehirns zu funktionieren". Und 1964 – das Fernsehen hatte das Abendland erobert, aber vom Internet konnte niemand eine Ahnung haben – schrieb Marshall McLuhan: Das letzte Ziel des elektronischen Zeitalters sei das Kollektivbewußtsein.

Im Internet – und erst in ihm – beginnt es nun tatsächlich zu entstehen.

Fernsehen heißt ja: Berieselung von oben, ohne die Chance, mitzumachen; und wo das Fernsehen trotzdem ein kollektives Bewußtsein schafft (wie bei der Trauer um Prinzessin Diana), ist das von wenigen Programm-Machern gesteuert. Im Internet dagegen gibt es keine Hierarchie, keinen einseitigen Informationsfluß von oben: Jeder ist Empfänger und Sender zugleich; ja selbst solche Hürden sind niedergerissen, die bei der leibhaftigen Begegnung zweier Menschen oft nicht überwunden werden: Hautfarbe und sozialer Status.

Freilich gilt das nur unter denjenigen Erdenbürgern, die sich jenen persönlichen Computer leisten können, mit dem in den achtziger Jahren die Revolution begann – für die meisten in der Dritten Welt also bisher nicht.

Doch sie sind ja nur ein Anfang, jene schätzungsweise 150 Millionen Menschen, die heute schon mit Hilfe des Jedermann-Computers im Internet herumspazieren – darunter rund 60 Millionen Amerikaner und acht Millionen Deutsche. Alle 15 Monate verdoppelt sich die Zahl der Netzanschlüsse, und falls die Entwicklung anhält, wird um das Jahr 2003 herum die erste Milliarde überschritten sein. Was da explodiert, ist ohne Parallele in der Weltgeschichte, und was alles aus dem elektronischen Geschnatter rund um den Globus folgen wird, kann niemand wissen.

Da wird geordert (Bücher, Aktien), gesucht (der Partner fürs Leben oder für eine Nacht, die Lösung einer kniffligen Mathematikaufgabe), ausgetauscht (Briefe, Krankenakten, Röntgenbilder, Erfahrungen mit Aids, Ideen zur weiteren Emanzipation der Frau) – vor allem aber angeboten. Und es ist das millionenfache Angebot des von niemandem Verlangten, das die größten Probleme schafft und die größten Chancen eröffnet.

Wer einen selbstverfaßten Roman ins Netz einspeist, vermutlich weil er keinen Verleger dafür gefunden hat – ist der ein verkanntes Genie, oder kann man dem Verleger nur dazu gratulieren, daß er die Veröffentlichung verhindern wollte? Der Wissenschaftler, der seine Erkenntnisse in keiner Fachzeitschrift losgeworden ist: Sollen wir ihn für einen neuen Einstein halten – oder hat er nur das Medium gefunden, das seine Irrtümer hemmungslos verbreitet?

Peinliche Selbstdarstellungen, schlechte Witze, üble Gerüchte, kalkulierte Irreführungen – all das wird im Internet verbreitet, zusammen mit Pornographie und Anleitungen zum Bombenbasteln. Es gibt keine Zugangsberechtigung, keinen Filter, keine Prüfinstanz; wer nicht aufpaßt, wird von Lügen umzingelt und von Datenschrott erschlagen.

Nur liegt eben in dieser totalen Unkontrolliertheit zugleich die Chance. Jedem erfolgreichen Produkt von Kunst, Wissenschaft und Technik ist im Kopf seines Schöpfers eine Phase der freien Assoziation vorausgegangen, ein absichtlich ungesteuertes Spiel der Phantasie – gemäß Schillers Rat an den Künstler: Sein Verstand dürfe die zuströmenden Ideen „nicht zu scharf und schon an den Toren mustern".

Könnte auch aus dem Chaos im Internet die große Leistung aufblühen – sei es, daß sich ein Steuermann, ein Sortierer fände, sei es, daß die Millionen oder Milliarden Gedankensplitter sich harmonisch ordnen wie die Eisenfeilspäne um den Magneten herum? Schon 1982 stellte der amerikanische Physiker Peter Russell die Frage: Wird sich die Zahl der Menschen nicht irgendwann im neuen Jahrtausend der Zahl der Nervenzellen in unserem Großhirn nähern? Wie also, wenn die Vernetzung Aller mit Allen ein Globalgehirn entstehen ließe, mit gemeinsamem Bewußtsein und buchstäblich übermenschlichen Fähigkeiten?

Einen ersten Ansatz dazu gibt es schon. 1991 entwickelte der finnische Student Linus Torvald das Computer-Betriebssystem Linux, eine gelungene Alternative zum marktbeherrschenden System Windows aus dem Stall von Bill Gates. Nach allen bisherigen Erfahrungen hätte der finnische David gegen den kalifornischen Goliath keine Chance gehabt.

Aber Torvald stellte seinen Bauplan im Internet zur freien Verfügung – und löste damit eine Kettenreaktion ohne Beispiel aus: Unzählige Computer-Freaks testeten Linux, verbesserten es, programmierten zusätzliche Module, boten ihre Versionen wiederum im Internet an, beflügelten dadurch neue Tüftler – und so ist in einem kollektiven Schöpfungsakt, an dem jedes Urheberrecht zerschellt, ein hochkomplexes Betriebssystem entstanden, das sich anschickt, Windows ernstlich Konkurrenz zu machen.

Wie, wenn nun eines vielleicht nicht fernen Tages eine oder zwei Milliarden Menschen an derselben Sache bastelten – so wie die Nervenzellen im Gehirn des Erfinders? Oder wenn sie elektronisch einen gemeinsamen Willen bekundeten – vielleicht mobilisiert von Amnesty International, Greenpeace oder dem World Wide Fund for Nature? In der Weltpolitik hätte das ein ungeheures Gewicht.

Am Ende könnte dann ja das zustande kommen, worum sich bisher alle Staatsmänner vergebens oder zu wenig bemüht haben: drastische Maßnahmen gegen die Gefahr, daß die Erde sich über kurz oder lang in ein giftgeschwängertes Treibhaus verwandelt.

Die Bedrohung kennen wir seit mindestens 37 Jahren: Da erregte die amerikanische Biologin Rachel Carson mit ihrem Buch „Der stumme Frühling“ Aufsehen in aller Welt. 1972 hat der Club of Rome mit seinem Bericht „Die Grenzen des Wachstums“ das Risiko vollends anschaulich gemacht. Wenn alle Völker so reich wären wie die US-Amerikaner und die Energie so vergeudeten wie sie, würden wir eine zweite, eine dritte Erde brauchen. „Globalisierung“ aber heißt eben auch: auf diesen Globus zurückgeworfen sein.

In Rio, in Berlin, in Kyoto, in Buenos Aires fanden zwischen 1992 und 1998 die großen internationalen Klimakonferenzen statt. Die Gefahr haben sie gewürdigt, das ist ja was, und in Kyoto haben sie gefordert, den Ausstoß an Treibhausgasen in den Industrieländern bis zum Jahr 2012 um mindestens fünf Prozent zu senken – erbärmlich genug. In Buenos Aires aber haben die 160 Nationen im letzten November nicht etwa die Ausführungsbestimmungen festgelegt, wie es ihnen in Kyoto aufgetragen worden war, sondern einmütig beschlossen, dies erst im Jahr 2000 zu tun.

Woran fehlt es? Offenbar an dreierlei. Zum ersten an der Einsicht, daß die Zeit uns davonläuft. Zum zweiten am wachen Weltbürgersinn – davon später. Zum dritten am koordinierten Handeln der Weltwirtschaft: Nicht auf ein Menschheitsziel hin wird ja globalisiert, sondern im Interesse von Konzernen und Spekulanten.

Globalisierung, das ist in der Karikatur der Ausruf des amerikanischen Kosmetikfabrikanten bei der Nachricht, daß China seine Grenzen öffnet: Auf mein Deo warten 2,2 Milliarden Achselhöhlen! In der Praxis bezieht Siemens die Software für seine Kernspintomographen aus Indien (wo erstklassige Fachleute für ein Zehntel des deutschen Lohns arbeiten), die Chips dafür aus Japan, die Magneten aus England und die Hochfrequenzverstärker aus Amerika. Und welche Hopfen-Sorte in der Hallertau nördlich von München angebaut werden soll, darüber entscheidet inzwischen die amerikanische Großbrauerei Anheuser-Busch.

Viel tiefer indessen als die Globalisierung der Produktion greift die der Finanzen in die Wirtschaft und den Wohlstand ein. 1865 dauerte es 13 Tage, bis die Kurse der New Yorker Börse in London bekannt waren, und weitere zwei Wochen verstrichen bis zum Kaufauftrag. Heute sind Devisenhändler, Fondsmanager, Großaktionäre und Kleinanleger (die sich immer häufiger direkt in das Geschäft einschalten) in Lichtgeschwindigkeit mit allen Börsen der Welt verbunden, und selbst minimale Kursschwankungen können sie ausnutzen, um binnen Minuten ihr Vermögen oder das ihrer Kunden zu mehren.

Dabei entscheiden sie über Wohl und Wehe von Konzernen, Managern und vielen tausend Arbeitnehmern – zum Teil in einer bizarren Verquickung der Interessen: So hat die amerikanische Automobilarbeiter-Gewerkschaft ihre Pensionskasse einem Fonds anvertraut, der, immer auf der Suche nach der maximalen Rendite, Firmen unter Druck setzt, höhere Gewinne zu erwirtschaften, also nicht zuletzt die Personalkosten zu drücken, also möglicherweise auch Automobilarbeiter zu entlassen (wenn auch anderswo).

Ganze Nationen sind von Finanzhaien in die Krise getrieben worden, 1997 zuerst Thailand und dann Südostasien überhaupt, und keine Regierung hat das Instrumentarium und die Macht, sie dabei zu kontrollieren. Täglich fließen 1,5 Billionen Dollar um die Welt, das 60fache des Wertes, den der Welthandel hat. „Die Geldnomaden haben die Neigung, sich zu Kolonnen zu formieren", schrieb im März 1999 der Wirtschaftsprofessor Wilhelm Hankel, ehemals Präsident der Hessischen Landesbank: „Wann immer sie geschlossen ein Land oder einen Erdteil verlassen, hinterlassen sie eine Wüste."

Kein Wunder, daß Politiker da Verhaltensregeln und Kontrollinstanzen fordern wie zuletzt beim Weltwirtschaftsgipfel in Davos. Kein Wunder auch, daß die ganze Entwicklung eine schlechte Presse hat. In dem Buch „Die Globalisierungsfalle" warnen Hans-Peter Martin und Harald Schumann, zwei Wirtschaftsredakteure des „Spiegel", vor einer globalen Sozialkrise – und vor der Fünftel-Gesellschaft: Ein Fünftel der Arbeitsfähigen werde die Weltwirtschaft in Schwung halten, vier Fünftel würden überflüssig sein.

Der Soziologe Ulrich Beck sagt über die sich abzeichnende Weltgesellschaft, in ihr „wächst zusammen, was nicht zusammengehört". Der Internet-Anschluß erzeuge noch keinen Weltbürger, im Gegenteil: Alle bauten ihr Schneckenhaus – „in der Hoffnung, der Taifun der Globalisierung möge sie verschonen".

Ralf Dahrendorf, ehemaliger Direktor der „London School of Economics", macht einerseits kein Hehl aus seinen Sorgen: Die Globalisierung öffne die Schere zwischen Arm und Reich noch weiter, sie entziehe der Demokratie die ökonomische Grundlage, und sie mache den Menschen zum Objekt von Prozessen, „deren Subjekte möglicherweise überhaupt nicht als Personen identifiziert werden können".

Andererseits sagt Dahrendorf: „Nie zuvor haben so viele Menschen so viele Optionen gehabt wie heute." Der Wohlstand der Nationen werde sich mehren, viele Entwicklungsländer würden zum Bestandteil der entwickelten Welt.

Ob wir die Globalisierung nun fürchten, sie vorantreiben oder ihr gelassen entgegensehen – hätten wir denn eine Alternative? Dem Weltmarkt, schrieb Josef Joffe in der „Süddeutschen Zeitung", kann sich nur entziehen, „wer wie Nordkorea zu leben wünscht"; vertreiben lasse sich die Globalisierung so wenig wie das Finanzamt und der Tod.

Und würden wir eine Alternative auch nur ernstlich wollen – uns abschotten gegen den Strom der Güter und der Moden, der um die Erde rauscht? Dem Fernsehrummel verweigern sich nur Bhutan,

Burma und einige zentralafrikanische Staaten. Im Königreich Bhutan aber haben welche Bewohner den höchsten Status? Jene, die über die verordnete Einheitstracht eine Lederjacke ziehen oder mit Raubkopien von amerikanischen Filmen handeln. Und die Yanomami-Indianer im Urwald Venezuelas, von europäischen Schwärmern immer wieder gegen den Anprall des Abendlands verteidigt, gieren wonach? Nach westlichen Waren. Teil der Natur zu sein, darauf pfeifen sie – in der einen Welt wollen sie leben.

Natürlich, nur unter Wehen kann diese eine Welt geboren werden. Als im 18. Jahrhundert die industrielle Revolution über England hereinbrach, kam es ebenfalls zu Turbulenzen, zu brutal gescheffelten Vermögen und neuem Massenelend. Doch wer wollte heute noch auf die Errungenschaften dieser Revolution verzichten?

Neben einer koordinierten Weltwirtschaft und der wachen Einsicht in die Gefahr brauchen wir ein Drittes, wenn wir unseren Globus bewohnbar halten wollen: Mehr „weltbürgerliches Bewußtsein" fordert Jürgen Habermas; von ermutigenden Ansätzen zum „Weltbürgertum" sprach der ehemalige Bundespräsident Roman Herzog in Davos. Besitzen wir genug davon? Die reichen Länder nicht, weil sie immer noch zum Hochmut neigen, auch hier unter Führung der USA; die armen nicht, solange sie im Schatten leben.

In welche Handlungen darf sich, muß sich das angestrebte weltbürgerliche Bewußtsein umsetzen und in welche nicht? In China führen westliche Politiker Eiertänze auf zwischen dem Wunsch, sich diesen ungeheuren Markt zu öffnen, und der Pflichtübung, gegen die anhaltende Verletzung der Menschenrechte durch die chinesische Regierung zu protestieren. Selbst da läßt sich freilich ein kleiner Fortschritt verzeichnen: Der Tanz ist unseren Politikern immerhin ein bißchen peinlich, und solchen Luxus der Gefühle leisteten sich die Kolonialherren nicht.

Fast unlösbar aber scheint das Problem zu sein: Darf man bomben für die Menschenrechte? Als die Nato den serbischen Terror gegen die Kosovo-Albaner mit militärischer Gewalt beenden wollte, tat sie dies in der berechtigten Empörung über solche Brutalität mitten in Europa – mit der Einsicht McLuhans im Hintergrund, daß das Mitleid überquillt, wo Fernsehbilder uns an der Qual beteiligen.

Die Allgemeine Erklärung der Menschenrechte von 1948 jedoch deckt die Bombardierung nicht. Die Würde des Menschen soll gesichert werden „durch innerstaatliche Maßnahmen und internationale Zusammenarbeit" heißt es ja darin; der Fall, daß ein Staat sich dieser Zusammenarbeit verweigert, ist nicht vorgesehen. Dürfe „die neue

Weltbürgermoral" sich anmaßen, die nationalen Grenzen aufzuheben? fragt der Soziologe Ulrich Beck. Europa beanspruche das Gewaltmonopol über alle bisherigen Grenzen hinweg. Wie weit aber darf „die grenzenlose Selbstermächtigung eines militärischen Humanismus" gehen? Wer sich für berechtigt halte, mit moralischem Anspruch in andere Staaten einzufallen, der provoziere den Mißbrauch und den unendlichen Krieg.

Ja, es ist noch ein langer Weg bis zum Weltbürgertum, und er ist mit Fußangeln gespickt. Nur sollten wir dabei das Ziel nicht aus den Augen verlieren: nicht nur den Handel zu globalisieren, die Finanzen und die Arbeitslosigkeit, sondern auch die Menschenrechte. Sklaven kann sich das Globalgehirn nicht leisten.

Keinen Sklaven wie den, dessen grausiges Sterben Antoine de Saint-Exupéry beschrieben hat, in den dreißiger Jahren, als die Sahara noch französisch war: Eines Tages lassen die Beduinen den Schwarzen frei – „wenn er nämlich so alt ist, daß Nahrung und Kleidung an ihn nur verschwendet wären. Drei Tage lang bietet er sich rundum an von Zelt zu Zelt. Gegen Ende des dritten Tages legt er sich ergeben in den Sand und steht nie wieder auf… Die Kinder spielten neben dem düsteren Wrack, und jeden Morgen sahen sie nach, ob es sich noch bewegte".

SCHADENFREUDE

Die schöne Bescherung

Ist die Schadenfreude »das unfehlbare Zeichen menschlicher Nichtswürdigkeit«, als das Schopenhauer sie bezeichnete? Oder ist der Schaden der Großen und Reichen ein legitimes Vergnügen der Armen und Kleinen? Sollten wir Deutschen gar besonders zur Schadenfreude neigen, weil bloß wir ein handliches Wort für sie besitzen? Ach nein: Sie ist eine Urlust der Menschen und oft ihr letzter Trost; in anderen Sprachen wird sie nur nicht so griffig benannt.

Sie ist menschlich, teuflisch und göttlich, die Schadenfreude. Bei allen Filmklamotten mit verlorenen Hosen steht sie Pate, die Schwänke des Till Eulenspiegel, die Bildergeschichten Wilhelm Buschs und die Ostfriesenwitze hat sie populär gemacht, den Schweizern oder den Holländern bereitet sie frohe Stunden, wann immer Deutschland eine Fußballmeisterschaft verliert. Sie belebt die Umsätze der Scherzartikel-Industrie, und nicht selten behindert sie die Feuerwehr; vielleicht schwingt sie sogar mit bei der stillen Zufriedenheit, mit der mancher über einen Friedhof schlendert. Für die Armen und Beladenen ist die Schadenfreude oft der einzige Trost auf Erden.

Diesem vielgestaltigen und allgegenwärtigen Lustgefühl schlägt eine gewaltige Entrüstung entgegen. Schopenhauer nennt es „den schlechtesten Zug in der menschlichen Natur, das unfehlbare Zeichen tiefer moralischer Nichtswürdigkeit“. So wurde in der deutschen Literatur des 16. und 17. Jahrhunderts oft der Teufel „der Schadenfroh“ genannt. Nur ist dies eine Eigenschaft, die er mit den Göttern teilt, jedenfalls den Göttern Griechenlands: Bei Homer ertönt auf dem Olymp „unermeßliches, unauslöschliches Gelächter“, wenn die Musen von den Plagen der Menschen singen.

Ketzerische Geister haben sogar dem Gott der Christen einen Hang zur Schadenfreude nachgesagt. „Die Lauge der Verhöhnung, die der Meister über mich herabgießt, ist entsetzlich“, schrieb Heine 1854,

„und schauerlich grausam ist sein Spaß." Nietzsche meinte übermütig: „Hat ein Gott die Welt geschaffen, so schuf er den Menschen zum Affen Gottes, als fortwährenden Anlaß zur Erheiterung in seinen allzu langen Ewigkeiten." Mit dem Schmerz kitzle Gott sein Lieblingstier, um sich an den tragisch-stolzen Gebärden und Auslegungen seiner Leiden zu ergötzen.

Kehren wir von Himmel und Hölle zur Erde zurück, so wird bei unverstelltem Blick rasch klar, daß Schadenfreude ein Gefühl mit Vorzügen ist. Schon diesem: Sie fällt uns in den Schoß. Rache will vollzogen sein, wir üben sie an unseren Feinden, und das ist mühsam, gefährlich und noch dazu verboten; die Schadenfreude haben wir umsonst. Wir blicken nur in die Zeitung, und schon finden wir Grund, uns zu freuen, denn vielerlei Mißgeschick stößt den Mitmenschen zu. Bleibt zu fragen, was daran so vergnüglich sein soll.

Daß der Schaden ausgerechnet unseren Feind trifft, ist gewiß die Ausnahme. Ziemlich oft aber können wir von jenem Unheil lesen, das die Mächtigen ereilt. Macht ein Reicher Bankrott, so gibt er das Signal: Auch Reichtum bringt keine Sicherheit. Stirbt er früh, so liefert er das begehrte Indiz, daß man mit Geld nicht alles kaufen kann. Der Schaden des Reichen kühlt den Neid dessen, der weniger hat, und ist der Neid nicht eine Urmacht wie der Hunger und die Liebe? Muß man nicht, in aller psychologischen Unschuld, einen Reiz von Revolutionen und Sozialreformen darin sehen, daß sie meistens den Reichen einen Schaden zufügen, der die Armen erquickt? Bei Schiller warnt die Fürstin von Messina ihre Söhne:

Die Schadenfreude ist's, wodurch sie sich
An eurem Glück, an eurer Größe rächen.
Der Herrscher Fall, der hohen Häupter Sturz
Ist ihrer Lieder Stoff und ihr Gespräch,
Was sich vom Sohn zum Enkel forterzählt,
Womit sie sich die Winternächte kürzen.

Eine Torte im Gesicht des Kollegen macht schon Spaß; aber wenn sie einem General um die Ohren fliegt, dann ist die Welt im Gleichgewicht und des Lachens kein Ende. Ob die Demokratie nicht auch deswegen eine menschenfreundliche Staatsform ist, weil sie die Gelegenheit zu massenhafter Schadenfreude institutionalisiert? Alle vier Jahre können wir die Inhaber der Macht aus ihren Ämtern jagen, zwischendurch dürfen wir laut auf sie schimpfen, und die Karikaturisten zeigen sie in Unterhosen.

Nun stellt sich die Lust, die Mächtigen von ihrer Höhe herunterpurzeln zu sehen, keineswegs nur dann ein, wenn der Gestrauchelte uns unsympathisch ist. Der Vierjährige lacht laut auf, wenn sein durchaus geliebter Großvater auf einer Bananenschale ausrutscht, denn da ist einer, der größer war, kleiner geworden als er, der Dreikäsehoch – welch unverhoffter Hochgenuß! Das Lachen des Vierjährigen ist nicht infantile Grausamkeit, sondern ein Ausdruck der Urlust, die irdischen Machtverhältnisse für eine kurze, kostbare Frist zu den eigenen Gunsten verschoben zu finden.

Genießen nicht auch Erwachsene, die selber Geld und Einfluß haben, die Störung oder Zerstörung von Autorität, sobald es eine andere als die ihre ist? Wenn dem Tennis-Champion bei der ersten Matchball-Chance der Schläger zerbricht, wenn der Elfmeter das Tor zum Einsturz bringt, wenn ein Dackel mit souveränem Gleichmut die Geburtstagsparade stört – dann spüren wir die Freude, daß auch Könner und Könige nicht vor Schaden sicher sind; ja wir empfinden sie doppelt, weil diese Art von Mißgeschick uns, wenn wir weder Tennis spielen noch Gegenstand von Paraden werden können, mit Sicherheit niemals widerfahren wird.

Bis hierhin hat die Schadenfreude ein paar sympathische Züge. Ihr gerecht zu werden, fällt uns schwerer, wenn sie zu Lasten beliebiger Mitmenschen geht, die sich nicht durch Macht oder Vermögen von den anderen abheben. Till Eulenspiegel düpiert nicht nur die Mächtigen (dem Junker kackt er in den Senf, den reichen Juden verkauft er für 1000 Gulden „Knöteln aus seinem Hintern“ als Zaubermittel); dem kleinen Mann, selbst den Ärmsten, den Krüppeln und den Blinden spielt er ebenso übel mit.

Ob er nun gelebt hat oder nicht: Die ungeheure Verbreitung des Volksbuchs der Narrenpossen beweist, daß die Leute solches mögen. Sie erzählen sich ja auch Witze zu Lasten von Schwarzen oder Türken, und wo weder Rassenwahn noch Fremdenhaß im Spiel sein können wie gegenüber den Ostfriesen, da erbauen sie sich immer noch an der Ausmalung einer frei erfundenen Tölpelhaftigkeit: „So dumm sind diese da – wie klug bin ich!“

Wer unter diesem Blickwinkel die Bildergeschichten Wilhelm Buschs durchblättert, dem springt die erstaunliche Rolle ins Auge, die das Unglück harmloser Menschen darin spielt. Was alles geht da in Scherben, wie viele verzweifelte Köchinnen staksen durch Teig und Marmelade, wie viele Menschenknäuel purzeln über Treppen hinab, wie viele Ohren werden verbrannt, wie viele Nasen von Pfeilen oder Angelhaken zerrissen! Die Geschichte von „Hans Huckebein, dem Unglücksraben" besteht allein darin, daß er „voll roher Lust und Tücke" Mensch und Tier piesackt und einen ganzen Hausstand ruiniert; und der Bauer Schlich, den zwei Kinder gehindert haben, seine Hunde Plisch und Plum zu ersäufen, verfolgt mit Genugtuung, welches Chaos sie im Haus der Kleinen anrichten, und spricht jedesmal:

‚Ist fatal!' bemerkte Schlich,
‚He he! Aber nicht für mich.'

Die Schadenfreude als Kehrreim – das macht besonders augenfällig, welch herzliches Verhältnis Wilhelm Busch zu ihr unterhielt und bis zu welchem Grade seine Jahrhundert-Popularität darauf beruht, daß er Millionen seiner Mitmenschen einen Karneval der Schadenfreude bereitet.

Eine neuartige Eulenspiegelei dachte sich 1962 der Erzähler Reinhard Lettau aus: Schadenfreude gegen Honorar. An schwülen Sommertagen verschickt eine reiche Witwe eilig ihre „Einladungen zu einem Sommergewitter" mit Musik. Prasselt der erhoffte Regen los, dann laufen die Gäste ins Haus, während die Kapelle im Garten weiterspielen muß, dafür wird sie bezahlt; und mit brüllendem Gelächter weiden sich die Gäste im Schein der Blitze am Anblick der triefenden Musiker und ihrer verquollenen Violinen.

Von „moralischer Nichtswürdigkeit" zu sprechen, wenn wir uns bloß des Schadens freuen, den andere in erfundenen Geschichten erleiden – wäre das nicht eine allzu strenge Sicht? Natürlich, wir müssen zugeben, daß unser Vergnügen nicht etwa geringer, sondern eher intensiver wird, wenn wir von Pannen und Schmerzen lesen, die wirklich eingetreten sind. Zufriedenheit ist nun einmal jene Gemütsverfassung, die, nach der Definition des amerikanischen Erzählers Ambrose Bierce in seinem „Lexikon des Teufels", durch die Betrachtung der Unzufriedenheit eines Nachbarn hervorgerufen wird, und der Herzog von LaRochefoucauld konstatierte 1678: „Im Unglück unserer besten Freunde finden wir immer etwas, das uns nicht mißfällt." Ja, so ist es; aber warum ist es so?

In einer Welt voller Gefahren hat es offenbar etwas Beruhigendes, davongekommen zu sein. Wird mein Nachbar vom Blitz erschlagen und ich nicht, so wäre es übermenschlich, wenn meine Trauer um ihn schwerer wöge als meine Genugtuung, daß ich der Überlebende bin.

Möglicherweise spielt da ein populärer Irrtum mit, dem auch viele Glücksspieler erliegen: Sie glauben, wenn soeben die 36 gewonnen hat, dürfe man beim nächsten Mal nicht auf sie setzen, da sie nun gewiß nicht wieder an der Reihe sein werde. Aber das ist beweisbar falsch: Das Spiel hat kein Gedächtnis, die Chancen der 36 bleiben unverändert, sie sind immer gleich gering.

Wenn nun meinen Nachbar ein Unglück trifft (so scheinen die Leute halbbewußt zu folgern): Sollte es dann nicht unwahrscheinlich geworden sein, daß es im selben Dorf noch einmal zuschlägt? „Er hat das uns zugemessene Quantum Unheil auf sich gezogen, wir können aufatmen!" Das ist zwar falsch gedacht, aber offensichtlich eine Volksweisheit. Auch das berühmte Stoßgebet „St. Florian, St. Florian, verschon mein Haus, zünd' andere an" geht anscheinend von der Unterstellung aus, die Zahl möglicher Brände sei begrenzt und man selbst gerettet, sobald sie erfüllt ist.

Heutige Großstadtbewohner haben nur ausnahmsweise Angst davor, daß ihr Haus abbrennen könnte; doch um so unbefangener und leidenschaftlicher genießen sie das Schauspiel eines großen Feuers. Als zu Anfang des 19. Jahrhunderts das Drury-Lane-Theater in London abbrannte und zuletzt eine Apollo-Statue kopfüber in die Flammen stürzte, da brandete aus der riesigen Zuschauermenge ein rauschender Beifall auf.

Nur lieben wir das Unglück eben auch ohne Feuer: Das Vergnügen der Autofahrer am Anblick eines umgestürzten Lastwagens verlangsamt den Verkehr auf der Gegenfahrbahn; zum Autorennen und zum Kunstflugtag strömen viele Leute in der heimlichen Hoffnung, es möge etwas passieren; und haben wir uns etwa schaudernd abgewandt, als die Bilder vom Zerplatzen der Raumfähre „Challenger" wieder und wieder über den Bildschirm liefen?

Die Katastrophenlust, offensichtlich ein menschliches Urvergnügen, ist ein Grenzfall der Schadenfreude: Das Kaufhaus brennt, das Flugzeug zerschellt, der Schaden ist ungeheuer, und indem ich sein Zeuge bin, genieße ich zusammen mit dem Schauspiel die Lust, nicht betroffen zu sein. Deshalb verstopfen die Menschen bei schönen Katastrophen rücksichtslos die Straßen und behindern die Arbeit der Retter. Natürlich ist das moralisch verwerflich und politisch nicht erträglich.

Journalisten, wenn gerade sie die Gaffer tadeln, begeben sich allerdings in eine eigentümliche Rolle. Einen erheblichen Teil ihrer Zeit und Kraft haben sie ja darauf verwendet, ihren Kunden die farbigsten Berichte, die dramatischsten Bilder von der jüngsten Katastrophe ins Haus zu liefern. Findet sie ausnahmsweise vor der Haustür statt, so nehmen die Leute sich die Freiheit, selbst zu schauen. Schreibt die

Zeitung „Feuerwehr behindert – Skandal!“, dann tadelt sie eben die menschliche Grundeigenschaft, von der sie großenteils lebt, ja die sie durch jahrzehntelange liebevolle Katastrophenberichterstattung nach Kräften gefördert hat.

Viel unheimlicher als die Katastrophenlust ist ein meist übersehener Extremfall der Schadenfreude: die Lust, vom Tod anderer zu hören oder Zeuge des Sterbens anderer zu werden. Diesen Abgrund unserer Seele hat am gründlichsten der Nobelpreisträger Elias Canetti ausgeleuchtet.

„Die Friedhöfe sind so eingerichtet, daß sie den Lebenden Freude gewähren“, schreibt Canetti. Der Besucher, als einziger unter so vielen Toten, fühle sich aufgemuntert und gestärkt. „Sein eigener Zustand erscheint ihm beneidenswert… Ohne daß er es sich selbst gesteht, ist ihm ein wenig so zumute, als hätte er jeden von ihnen im Zweikampf besiegt.“ Eine Steigerung dieses Genusses bietet nach Canetti das Schlachtfeld. „Dem Haufen von Gefallenen ringsum steht der Überlebende als Glücklicher und Bevorzugter gegenüber. Daß er sein Leben noch hat und so viele andere, die eben noch mit ihm waren, nicht, ist eine ungeheure Tatsache… Es ist, als wäre die Schlacht geschlagen worden, damit er überlebt.“

So überdreht das klingt – auf Zipfel dieser traurigen Wahrheit stoßen wir allerorten. „Wenn die Gottlosen umkommen, wird man froh“, sprach Salomo (Sprüche 11,10). Vom Untergang seiner Großen Armee in Rußland berichtete Napoleon kurz darauf dem französischen Gesandten in Warschau „sehr heiter“ und mit der Versicherung: „Ich habe mich nie besser befunden.“ Ernst Jünger erzählt von „wilder Heiterkeit“ auf dem Schlachtfeld, Norman Mailer von der großen Ruhe, die mit dem Tod seines Kameraden über den amerikanischen Sergeanten Croft kam.

Heine wünschte sich 1854 eine bescheidene Hütte mit ein paar schönen Bäumen vor der Tür, „und wenn der liebe Gott mich ganz glücklich machen will, läßt er mich die Freude erleben, daß an diesen Bäumen etwa sechs bis sieben meiner Feinde aufgehängt werden.“ Als die Nazis den jüdischen Kulturphilosophen Theodor Lessing ermordet hatten, schrieb Thomas Mann, der sich 23 Jahre zuvor über ihn geärgert hatte, an seinen Sohn Klaus den schrecklichen Satz: „Mein alter Freund Lessing ist ja ermordet worden. War schon immer ein falscher Märtyrer.“ Und wie erzählt bei Truman Capote die Posthalterin von der Ermordung ihres Mitbürgers Herb Clutter? „Sein ganzes Leben hat er in Eile verbracht, hier lief er rein und holte seine Post, ohne guten Morgen oder danke zu sagen – aber jetzt hat’s ihn erwischt! Jetzt wird er nirgends mehr rumrennen! Denn er ist tot!" Wozu sie mit sanfter Miene ihren Kaffee trinkt.

Behagen über den Tod unserer Mitmenschen, falls sie uns nicht zu nahestanden – das ist einer der drei Grenzfälle von Schadenfreude, den keiner loben will. Der zweite: durch ungebremste Schaulust die Feuerwehr blockieren. Mit dem Eigens-Hingehen fließt überdies ein Quantum Aktivität in die Freude ein, das ihr sonst fremd ist; der typisch Schadenfrohe bleibt ja zu Hause.

Vollends aktiv wird der, der den Grund zur Schadenfreude mutwillig herstellt – der dritte Grenzfall und der bedenklichste. Wer mir einen Silvester-Knaller vor die Füße wirft, tut dies ja, um sich über mein Erschrecken zu amüsieren; und wenn schon die Freude am Schaden der Reichen vielen Revolutionen begleitet: Wer wollte die Grenze ziehen zwischen der bloß mitschwingenden Genugtuung und dem heimlichen Antrieb, den Umsturz aus vorweggenommener Schadenfreude herbeizuführen?

Wer sie für sich oder andere *arrangiert*, den soll Schopenhauers Bannfluch treffen. Toleranz aber gebührt den meisten: denen, die sich eines Unheils freuen, das sie weder angerichtet noch begünstigt haben. Friedlich in ihrem Sessel sitzend, entnehmen sie der Zeitung oder dem Blick aus dem Fenster, daß es einen anderen getroffen hat; sie begleiten den traurigen Lauf der Welt mit einer heiteren Gemütsbewegung. Für die Kleinen, Armen und Leidenden liegt im Schaden der anderen oft der einzige Trost, den sie sich leisten können. Im Unterschied zum Alkohol kostet er nichts und ist der Gesundheit nicht abträglich. Wer den Leuten dieses Vergnügen mißgönnt, ist, wie hoch sein moralischer Anspruch auch sei, ein Menschenfeind.

DER AUSBRUCH DES KRAKATAU

Am Mittag war Mitternacht

Am 27. August 1883 explodierte südlich von Sumatra der Vulkan Krakatau. 36 000 Menschen verbrannten im Feuerregen oder ertranken in den Flutwellen, drei Jahre lang trieb die Asche um die Erde. Es war eine der größten Naturkatastrophen aller Zeiten – und die erste, von der binnen Stunden auch der Rest der Menschheit erfuhr: per Telegrafie.

Als der Vulkan Krakatau am Morgen des 27. August 1883 mit der Kraft von 7000 Hiroshima-Bomben explodierte, erzeugte er das gewaltigste Getöse, das auf Erden je registriert worden ist; vier Stunden war es unterwegs. Die Eruption türmte eine der höchsten Wogen auf, von der wir wissen: Mehr als 30 000 Menschen erschlug sie und ersäufte sie, nach 32 Stunden kam sie im 18 000 Kilometer entfernten Le Havre an.

Ein Jahr nach der Detonation auf der kleinen Insel zwischen Java und Sumatra landete ein Teppich aus Bimsstein an der Ostküste Afrikas, bedeckt mit Muscheln, Krebsen und den Skeletten von Mensch und Tier. Die Asche des Krakatau trieb drei Jahre lang sichtbar um die Erde; drei Monate nach dem Ausbruch färbte sie den Abendhimmel über New York so flammend rot, daß die Feuerglocken läuteten; vier Jahre lang senkte sie die Durchschnittstemperatur auf Erden.

Viel schneller aber als die Asche und die Welle lief die Schreckensnachricht um die Welt: Durch das gerade komplettierte Netz der im Meer versenkten Telegrafenkabel ließen Verwaltungsbeamte, Journalisten, Versicherungsagenten ihre Berichte aus der Sundastraße nach Indien, Holland, England morsen, nach Sydney, Kapstadt, New York und Buenos Aires. Und während eine Reise um die Erde nach den Fahrplänen von 1883 noch immer 80 Tage dauerte, wie Jules Verne dies 1873 ausgerechnet hatte, brauchte die Nachricht bis zu den Zeitungslesern weniger als 24 Stunden.

Da entstand nun allmählich etwas gänzlich Neues in den Köpfen: das Bewußtsein, daß die Menschheit eine Schicksalsgemeinschaft auf einem höchst begrenzten Planeten ist. Die „Victoria" des Fernando de Magellan hatte ja noch wenig bewegt, als sie 1522 ihre dreijährige Weltumseglung abschloß und damit die Kugelgestalt der Erde zum erstenmal anschaulich machte; dafür interessierten sich nur Kaufleute, Admirale und Gelehrte.

Aber nun einen feuerroten Horizont oder einen grünen Mond zu sehen, weil am anderen Ende der Welt ein Vulkan explodiert war – und durch die allgegenwärtigen telegrafischen Berichte binnen Stunden über die jüngsten Hiobsnachrichten informiert zu sein – und mit den eigenen Ängsten und Fehlalarmen wie dem der New Yorker Feuerwehr Stoff für neue Telegramme zu liefern, die wiederum um die Erde flogen: Das war die eigentliche Geburtsstunde dessen, was der kanadische Medienphilosoph Marshall McLuhan 81 Jahre später als „das globale Dorf" bezeichnete – die Menschheit, die eines Tages gleichzeitig lachen oder weinen wird.

203 Jahre lang, seit einem Ausbruch Anno 1680, von dem nicht viel überliefert ist, hatte die Insel Krakatau friedlich dagelegen: damals 33 Quadratkilometer groß, etwas kleiner als Pellworm im nordfriesischen Watt; von drei stumpfen Vulkankegeln nur mäßig überragt, 822 Meter hoch der höchste; vielen Seefahrern durch ihre Lage mitten in der verkehrsreichen Sundastraße zwischen Sumatra und dem reichen Java wohlvertraut; unbewohnt und von üppigem Urwald bedeckt, der hin und wieder ein paar Holzfäller von den Nachbarinseln anzog.

Daß aus diesen drei Vulkanstümpfen 20 Kubikkilometer Bimsstein und Asche – fast 8000mal das Volumen der Cheopspyramide – in den Himmel schießen würden, bevor das Meer zwei Drittel der Insel verschlang: dafür gab es durchaus Signale. Die Vulkanologen von heute, Wissenschaftler, die der Erdkruste den Puls fühlen und die Menschen warnen können wie 1991 vor dem Ausbruch des Pinatubo auf den Philippinen – sie hätten diese Signale zu deuten verstanden und damit vermutlich Zehntausenden ihren gräßlichen Tod erspart.

Sonntag, 20. Mai 1883. Drei Monate vor der Katastrophe erwacht der Krakatau aus seinem Schlaf: Er läßt Donner hallen, Asche regnen und auf Java Häuser zittern; und die Sonne, wenn sie sich überhaupt zwischen den Aschenwolken zeigt, ist blau.

30 Kilometer nördlich am Krakatau vorbei dampft an jenem Sonntag im Mai die deutsche Korvette „Elisabeth" von Java nach Westen, ein kleines Kriegsschiff mit Schornstein und mit Segeln, wie das damals noch üblich ist. (Den Geschwindigkeitsrekord für die Atlantiküberquerung hält seit 1871 die britische „Adriatic", eine voll-

getakelte Viermastbark mit Dampfmaschine.) An Bord befindet sich ein Marinepfarrer namens Heims, der farbig schildert, was er am Himmel und was er auf Erden sieht.

„Der Kapitän hatte eben die paradierende Besatzung besichtigt und schickte sich an, zur Inspektion des schönen blitzblanken Schiffes zu gehen, als unter den im Sonntagsanzug auf Achterdeck versammelten Offizieren eine gewisse Aufregung bemerkbar wurde", berichtet Heims. Von der Insel Krakatau steigt plötzlich „eine enorme glänzend weiße Dampfsäule mit reißender Schnelligkeit auf, in kurzer Frist die kolossale Höhe nicht unter 11 000 Meter erreichend und in fast schneeiger Helle von dem klaren blauen Himmel sich abhebend".

Die Säule rundet und ringelt sich und erinnert den Pfarrer an einen riesigen Blumenkohl, von immer neuen wirbelnden Massen zu majestätischem Rollen getrieben. „Allmählich mischten sich dunklere Farben in die weißschimmernde Helle der Wasserdämpfe, bis nach und nach eine breite blaugraue Wand, gleich einer mächtigen, finsteren, fächerförmigen Gewitterwolke alles überdeckte."

Aus der Wand regnet es Asche – „eine hellgraue, etwas gelbliche, unendlich fein zerteilte Masse", die sich wie ein Flaum über das Schiff ausbreitet. Und was ist am nächsten Morgen aus des Kaisers spiegelnder Korvette geworden? Eine schwimmende Zementfabrik! schreibt der Marinepfarrer: Schiffswand, Torpedorohre, Segel „dick und lückenlos mit dem graulichen haftenden Staube belegt. Gedämpft klang der Tritt der Leute, und sie selbst sahen aus, als wären sie ehrbare Müllergesellen. Über all diesen Aschenregendesastra wölbte sich der Himmel wie eine große Glocke aus recht mattem Milchglas, in der die Sonne wie eine hellblaue Kugellampe hing".

An den beiden folgenden Tagen sind in Batavia auf Java, der Hauptstadt des damaligen Niederländisch-Indien, noch mehrere Explosionen zu hören, 150 Kilometer vom Krakatau entfernt. Das alles gilt als nicht weiter beunruhigend: Mit einem Schiff der Niederländisch-Indischen-Dampfschiff-Kompagnie fahren am 27. Mai, eine Woche nach dem großen Aschenregen, 86 Passagiere aus Batavia zum Krakatau, aus Neugier einfach. Über dem niedrigsten der drei Vulkankegel der Insel, den Meeresspiegel nur um 100 Meter überragend, steht eine Dampfwolke von zwei bis drei Kilometer Höhe, und alle fünf bis zehn Minuten kracht es in ihm.

Die meisten Passagiere bleiben an Bord bis zur Heimfahrt am Abend, aber einige lassen sich mit einem Boot an Land setzen, darunter der Bergwerksingenieur J. Schuurman. Den Strand erreichen sie, indem sie, bis zu den Knöcheln einsinkend, über eine etwa einen

Meter dicke Schicht aus Bimsstein und Asche staksen. Den früher undurchdringlich dichten Tropenwald finden sie auf kahle Stämme reduziert, die aus der Asche ragen; es riecht nach Schwefelsäure. „Ein Bild der totalen Zerstörung“, notiert Schuurman, „aus dem mit unbeschreiblicher Schönheit und donnernder Gewalt die Rauchsäule emporschoß.“

Irgendwelche Warnungen für die nahe Zukunft leitet der Bergwerksingenieur daraus nicht ab: Ein wissenschaftliches Instrumentarium fehlt ihm, an Vulkanausbrüche ist man in diesem Teil der Welt gewöhnt, und nachdem die Zeitungen mit Schuurmans Bericht noch ein letztes Echo hervorgerufen haben, erlischt in der Hauptstadt Niederländisch-Indiens das Interesse am Krakatau.

Dabei sind an der Westküste, näher zu den drei Vulkanen, ab Mitte Juni wieder Detonationen zu hören, auch heftige darunter, eine zweite Rauchsäule steht am Himmel, und in Anyar, der Krakatau nächsten javanischen Stadt, werden Erdstöße registriert.

Am 11. August, 16 Tage vor dem Unglück, erhält die Vulkaninsel noch einmal Besuch: Kapitän H. J. G. Ferzenaar hat immerhin den Auftrag, zu prüfen, ob eine genaue Erforschung des Krakatau möglich sei. Der Kapitän rät von ihr ab, weil sie zu gefährlich wäre: Nun stehen schon drei Rauchsäulen über der Insel, schmutziggrau, weiß oder rötlich gefärbt. Ferzenaar fertigt eine Lageskizze an, stochert in Asche, Bimsstein und Schwefel herum und fährt rasch wieder davon. Seine Gründe, nicht zu bleiben, sind gut, nur: Welchen Grund hat er, keine Warnung zu äußern?

Am 23. August, drei Tage vor dem Verhängnis, notiert der Kapitän des Postdampfers „Princes Wilhelmina“: „einstündige Fahrt durch hellbraunen Aschenregen, mächtige Rauchwolken über dem Krakatau“. Die Bewohner der umliegenden Küsten von Java und Sumatra sehen sie auch und ändern ihr Leben nicht. In Anyar trifft am 25. August, dem Vorabend der beiden Schreckenstage, der neue Leiter des Telegraphenamts ein, Schruit mit Namen. Seine Familie hat er zunächst in Batavia gelassen; er zieht ins Hotel und freut sich des hübschen Städtchens mit seinen Mango- und Tamarinden-Bäumen, Kokospalmen und Platanen.

Sonntag, 26. August. Aus brodelnder Tiefe bahnt das Desaster sich seinen Weg nach oben. Vulkane sind ja nur die sichtbaren Mündungstrichter von Schloten, die durch die Erdkruste ins Erdinnere ragen, als Ventile für den Überdruck, wie er sich zum Beispiel aufbaut, wenn im Magma, dem glühend-flüssigen Gestein der Tiefe, Druck oder

Temperatur abnehmen: Dann werden riesige Gasmengen freigesetzt, die sich explosionsartig ausdehnen und durch den Schlot nach außen drängen, wobei sie Magma mitreißen und auch Fels und Sand von den Wänden des Eruptionskanals.

Um sechs Uhr morgens ist es allein die Besatzung des amerikanischen Frachters „Berbice", mit Petroleum von New York nach Batavia unterwegs, die einen Geschmack davon bekommt, was der Sundastraße und den benachbarten Regionen auf Java und Sumatra bevorsteht. Sonst zeigt sich der Überdruck am Morgen dieses schwarzen Sonntags nur in einem Mehr an Rauchwolken, Donnergrollen und Aschenregen.

Der aber trifft eben die „Berbice" voll, so daß sie nicht mehr in die Sundastraße einfährt. „Blitz und Donner wurden immer schlimmer", heißt es im Logbuch des Kapitäns. „Elektrische Entladungen schossen um das Schiff herum, Feuerbälle fielen aufs Deck und versprühten zu Funken. Der Steuermann spürte in einem Arm Elektroschocks, die Kupferverkleidung des Ruders begann zu glühen. Ich ließ Segel über die Luken nageln, damit die Ladung nicht Feuer fing."

Gegen Mittag verlassen viele Anwohner der Lampung-Bucht auf Sumatra nördlich des Krakatau ihre Häuser und flüchten in die Berge, aus Angst vor dem Wasser – das, wie sie richtig voraussehen, viel mehr Menschen umbringen wird als die glühende Lava. (Nur daß Tausende der Geflohenen später eben doch durch fallende Glut verbrennen.)

13.06 Uhr. Viele Bewohner von Batavia schauen verwundert zum Himmel, denn ein Gewitter scheint heranzurumpeln, ohne daß sich eine Wolke blicken läßt. Vielleicht Kanonendonner? Erste Unruhe macht sich breit.

14.00 Uhr. Die glühenden Gase sprengen den Deckel des Ventils und schießen, mit Lava versetzt, donnernd in den Himmel – 34 Kilometer hoch, der Kapitän des Handelsschiffes „Medea" hat die schwarze Wolke vermessen, das Schiff ist 149 Kilometer entfernt und wird doch von der Eruption geschüttelt. In Anyar an der Westküste Javas, nur 60 Kilometer vom Krakatau entfernt, tickert der diensthabende Telegrafist nach Batavia: Krakatau explodiert, Qualm und Dunkelheit ringsum.

Das Telegrafenbüro in Batavia wird sogleich in Hochbetrieb versetzt. Es ist die hohe Zeit der Telegramme: Der drahtlose Funk ist noch nicht erfunden (er kommt erst 1897), Telefonleitungen sind nur zwischen einzelnen Großstädten gelegt – aber 190 000 Kilometer Telegraphenkabel liegen auf dem Meeresgrund.

Allein zwölf Kabel queren den Atlantik, das erste schon seit 1866 – während noch 1865 die Nachricht von der Ermordung Abraham Lincolns zwei Wochen von Washington nach Berlin unterwegs gewesen war, weil sie den Weg zwischen den Telegraphenstationen New York und Cork in Irland per Schiff zurücklegen mußte.

Die Nachricht von der Detonation des Krakatau aber rast von Batavia einerseits nach Australien, andererseits über Sumatra, Singapur, Madras in Indien und Bombay nach Aden, von wo ein Unterseekabel nach Kapstadt, das andere nach Suez führt. Von Suez aus rennen die Morsezeichen über Malta und Gibraltar nach Lissabon, von dort verzweigen sich die Kabel nach Rio de Janeiro und nach Land's End, der Südwestspitze Englands; von dort westwärts nach New York und ostwärts nach London, Le Havre, Rotterdam, Den Haag und Hamburg.

Über Nacht ist ein großer Teil der zivilisierten Menschheit informiert. Zugleich beginnt damit jene Ära, in der wir heute leben, und mit Hilfe des Fernsehens noch intensiver: die blitzartige und fast lückenlose Unterrichtung über alle Katastrophen auf Erden (die uns oft zu dem Irrglauben verführt, es gehe auf dem Globus heute schlimmer zu als in früheren Jahrhunderten).

14.10 Uhr. Der nächste Ausbruch des Krakatau, von nun an etwa alle zehn Minuten. Gegen 15 Uhr werden die Eruptionen noch lauter, wie Kanonenschüsse, die mit Donnerschlägen wechseln, schreibt ein Ohrenzeuge auf Sumatra.

15.30 Uhr. Der Kapitän des irischen Seglers „Charles Bal", nur zehn Seemeilen vom Krakatau entfernt, registriert „ein seltsames Geräusch wie prasselndes Feuer oder die Salven schwerer Artillerie im Abstand von ein bis zwei Sekunden", während eine Aschenwolke mit rasender Geschwindigkeit nach Nordosten zieht.

17.00 Uhr. Der Lärm der Eruption durchdringt die gesamte Länge der Insel Java, bis zu 1100 Kilometer vom Krakatau entfernt. Im Logbuch der „Charles Bal" ist festgehalten: „Dunkelheit überzog den Himmel, und ein Hagel warmen Bimssteins knatterte aufs Schiff. Wir deckten die Luken ab und schützten Füße und Köpfe mit Stiefeln und Südwestern."

17.30 Uhr. In Anyar trifft der erste Vorbote des furchtbaren Seebebens ein: Eine zwei Meter hohe Welle läßt mehrere vor Anker liegende Schiffe an die Zugbrücke krachen, schwer beschädigt bleibt sie zurück. Eine halbe Stunde später meldet Mijnheer Schruit aus dem Telegrafenamt von Anyar nach Batavia: totale Finsternis; kurz darauf ist die Leitung unterbrochen. Südlich der Hauptstadt zittert die Erde.

In Telukbetung auf Sumatra, 80 Kilometer nördlich des Krakatau gelegen, wird das Meer so unruhig, daß die ersten Einwohner aus den unteren Teilen der Stadt fliehen. „Die Sonne ging ganz schrecklich unter", berichtet später ein Augenzeuge. „Durch schmutzige Wolkenmassen zuckten wilde Blitze."

19.00 Uhr. Wild wechselnde Strömungen reißen in Telukbetung mehrere Schiffe aus den Verankerungen, Matrosen gehen über Bord. In Caringin auf Java, 40 Kilometer südöstlich des Krakatau, spülen Wellen mehrere Häuser weg; aus umgestürzten Lampen wächst ein Feuer, das weitere Häuser zerstört.

20.00 Uhr. In Katimbang auf Sumatra, 35 Kilometer nordöstlich des Krakatau, klatscht die erste Welle gegen das Büro des holländischen Verwalters Beyerinck. Der schickt seinen Schreiber zum höher gelegenen Wohnhaus: Die Familie solle sich sofort zur Flucht vorbereiten – warm anziehen, noch was essen! Was danach geschieht, hat Frau Beyerinck aufgeschrieben: Ein Diener mit einer Laterne kommt vorbeigerannt und schreit: „Der Seegeist kommt! Das Meer ist weg! Ich habe die Korallenbänke gesehen, und man sieht sie nie, auch nicht bei der tiefsten Ebbe!"

20.30 Uhr. Während der Tumult des Vulkanausbruchs sich mit dem Lärm des aufs Dach prasselnden Bimssteins mischt, versucht Frau Beyerinck noch ihren Jüngsten zu stillen. Da reißt eine Welle das Bürohaus weg und vom Wohnhaus die Treppe. Ihr Mann kann sich auf eine Kokospalme retten, rennt dann zum Wohnhaus und ruft den Dienern zu: „Bindet die Pferde los!" Und zu Frau und Kindern: „Springt, ich fang' euch auf!" Sie rennen durch riesige Pfützen, versinken in Morast, erreichen den pfadlosen Dschungel, reißen sich Blutegel vom Hals und verschnaufen erst gegen Mitternacht, nachdem sie eine Hütte etwa 130 Meter über dem Meer erreicht haben.

Zur selben Zeit setzt sich Mijnheer Schruit, der neue Telegraphenmeister in Anyar auf Java, zum Abendessen nieder, mit dem Vorsatz, sich gleich morgen früh um die Reparatur der vor drei Stunden unterbrochenen Telegrafenleitung zu kümmern. Für seine Mahlzeit nutzt er eine Viertelstunde, in der die drei Vulkane auf Krakatau schweigen. Vorher hat er mehrere holländische Damen beschwichtigt, „die sich durch die obwaltenden Umstände alarmiert fühlten", wie er später schreibt. Die Umstände – das waren „ein gewaltiges Gewitter und ein Beben der Erde, als wäre der Tag des Jüngsten Gerichts gekommen".

23.00 Uhr. Kapitän W. J. Watson von der „Charles Bal" berichtet, 20 Kilometer vom Krakatau entfernt: „Feuerketten steigen zwischen dem Vulkan und dem Himmel auf und ab, weiße Feuerbälle drehen sich über der Insel. Der Wind ist heiß, erstickend, schwefelig, brennende Schlacke fällt aufs Deck. Das Lot kommt ganz warm aus dreißig Faden Tiefe" (55 Meter).

23.32 Uhr. In Batavia bleibt die astronomische Uhr stehen, die Erdstöße haben sie aus dem Tritt gebracht.

So endet der erste der beiden schwarzen Tage – der weniger schlimme. Noch sind nur einige Menschen umgekommen, noch glaubt niemand an eine Jahrhundertkatastrophe. Aber die meisten der in der Tiefe freigesetzten Gase rumoren noch in den Kavernen und drängen in den Schlot, der auf der Insel Krakatau seine drei Ventile hat.

Montag, 27. August. An diesem Morgen berichten die holländischen Zeitungen bereits von dem, was gestern auf der anderen Seite der Erde geschah.

2.00 Uhr. Auf der „Berbice" liegt die Asche einen Meter dick. „Ich mußte meine Beine andauernd aus den Ascheschichten ziehen, damit sie nicht darin begraben wurden", berichtet der Kapitän. „Ich rief alle Mann mit Laternen an Deck, um die Asche wegzuschaufeln – obwohl die fürchterlichen elektrischen Entladungen und Donnerschläge weitergingen. Die Asche brannte Löcher in die Kleider und die Segel."

Auf Java und Sumatra bleibt die Lage bis kurz vor Sonnenaufgang wie seit gestern gewohnt: In Telukbetung so hohe Wellen, daß kein Schiff mehr anlegen kann, auf der „Charles Bal" tanzen Elmsfeuer an Masten und Rahen, in der Hauptstadt Batavia sind etliche Schaufenster zerbrochen, und viele Gaslaternen verdüstern sich.

5.00 Uhr. In ihrer Hütte 130 Meter über dem Meer geben die Beyerincks ihren Dienern den Auftrag, ein Huhn zu schlachten und eine Suppe zu kochen – „schnell, vielleicht müssen wir noch höher fliehen!" Die Hütte ist in Wolken von Asche gehüllt, die das Meer verbergen; Flammen züngeln in den Baumwipfeln.

5.30 Uhr. Der Krakatau holt zum ersten seiner vier verheerenden Schläge aus. Hunderttausende schreckt das Ungewitter aus dem Schlaf – ein Morgengrauen, ohne daß es tagt. Um 5.43 Uhr zeichnet das Barometer in der Gasanstalt von Batavia eine schwere Druckwelle auf. Weitere Bewohner der Stadt Telukbetung auf Sumatra fliehen in die Berge; andere, die schon gestern abend geflüchtet sind, kehren noch einmal zurück, um ein paar Habseligkeiten zusammenzuraffen. Gegen sechs Uhr berichtet ein Kapitän südöstlich des Krakatau: Bimsstein fällt in Kürbisgröße.

6.30 Uhr. Die erste der vier großen Wellen kommt, zehn Meter hoch, höher, als sie hier je ein Orkan peitschen könnte – ein Tsunami, Schreckensrufe in Japan, in Indonesien, auf Hawaii. In Telukbetung auf Sumatra zerstört die Welle den Leuchtturm und die Lagerhäuser; den Raddampfer „Berouw", der an der Pier geankert hat, wirft sie mit seinen vier Kanonen auf die Hütten der Chinesen, alle 28 Mann der Besatzung kommen um.

6.44 Uhr. Die zweite der vier großen Eruptionen. Nach 13 Minuten ist die Druckwelle in Batavia. Durch die Hauptstadt kriecht die Angst, notiert Reverend Tenison-Woods. Gegen 8.20 Uhr knirscht es in den Mauern vieler Häuser.

9.00 Uhr. Der zweite Tsunami steilt sich auf, die Sintflut kommt. Die Woge schlägt über dem blühenden Städtchen Anyar zusammen und läßt keinen Baum und keine Mauer stehen. Mijnheer Schruit, der Telegrafenmeister, sieht sie nahen, weil er gerade mit seinen Männern plaudert, die die gestern zerstörte Leitung nach Batavia reparieren wollen – sieht sie „wie einen Berg, der vorwärts stürmt, und zwei noch höhere hinter ihr. Ich rannte, so schnell mich meine Beine tragen konnten, den brüllenden Tod auf den Fersen." Als Schruit auf einem Berghang atemlos zusammenbricht, sieht er ungläubig das Wasser fallen und dankt dem Himmel, daß er seine Familie in Batavia zurückgelassen hat.

Alle, die noch in Anyar waren, als die Welle kam, sind tot: Javaner, Araber und Chinesen und etwa fünfzig Europäer. 35 Meter hoch war der Tsunami, wie sich später anhand seiner Spuren berechnen ließ – 35 Meter! Eine elf Meter hohe Grundsee war am Neujahrstag 1995 stark genug, den deutschen Seenotrettungskreuzer „Alfried Krupp" unter Wasser zu drücken und einen Mann der Besatzung über Bord zu spülen; 35 Meter aber – das ist so hoch wie ein elfstöckiges Haus oder fast so hoch wie die Türme der Markuskirche in Venedig.

In Merak nordöstlich von Anyar zerstört die Welle einen Steinbruch, drückt Kräne zu Blech zusammen und schleudert eine Lokomotive 300 Meter weit ins Land. Der Fabrikdirektor, seine Familie und 100 Arbeiter kommen um. In Batavia wird der Himmel gelblich und beginnt sich zu verdüstern, während es Asche regnet. Sie bedeckt die Straßen und legt sich auf die Gemüter. In den Häusern gehen die Lichter an.

9.30 Uhr. Mijnheer Schruit hat sich von seinem Schock erholt, schreibt sofort einen Bericht an seine Vorgesetzten und schickt einen Boten los, nach Serang im Inneren von Java. Fast unbekleidet und völlig verstört stolpert ihm eine europäische Dame entgegen, sie hat ihre beiden Kinder verloren und sucht Hilfe für ihren Mann, der mit verletztem Rückgrat in ihrem halbzerstörten Hause liegt. Schruit wirft ihr einen Sarong über und eilt mit ihr durch den Aschenregen, um zu helfen.

9.58 Uhr. Das Barometer in der Gasanstalt von Batavia zeigt den nie erlebten Ausschlag von 6,7 Zentimetern Wassersäule. Auf der amerikanischen Dreimastbark „W. H. Besse“, die 80 Kilometer nordöstlich des Krakatau mit gerefften Segeln ankert, hüpft die Nadel des Barometers um mehr als zwei Zentimeter hin und her. Mit einem Getöse, das bis nach Indien und Australien dringt, speien die Schlote des Krakatau glühenden Bimsstein und glühende Asche in Kubikkilometern himmelwärts, die Asche bis in 40 Kilometer Höhe; und zwei Drittel der Insel mit den drei Vulkanen beginnen in den Hohlraum hinabzustürzen, den das Magma hinterlassen hat – schneller hinausgeschleudert, als sie aus dem Erdinnern nachfließen kann.

Oben, über der Kruste, zucken Bündel von Blitzen in allen Richtungen durch die schwarze Nacht. In den Donner mischt sich das Heulen des Orkans und das Klatschen des Schlamms, der vom Himmel fällt. „Es war eine der wildesten und schrecklichsten Szenerien, die man sich vorstellen kann“, berichtet der Erste Offizier der „W. H. Besse“: „Es war Mitternacht zur Mittagszeit. Der Sturm heulte in der Takelage, das Wasser strömte mit knapp 20 Kilometern pro Stunde dem Krakatau entgegen und riß an unserer Ankerkette. Es stank nach Schwefel, wir hatten Angst zu ersticken. Wir glaubten, die letzten Tage der Welt seien gekommen.“

10.00 Uhr. An den Küsten von Java und Sumatra werden Bäume vom Orkan entwurzelt, Dächer abgedeckt, Hütten eingerissen, Fenster von Schlamm zerschlagen. In Batavia wird es Nacht. Die Temperatur steigt nicht wie sonst am Vormittag; den Einwohnern kommt das vor, als ob das Thermometer fiele.

10.15 Uhr. Auf die krakataunahen Küsten bricht die dritte der vier großen Wellen nieder. Bis zu elf Kilometer weit schwappt sie auf Sumatra landeinwärts, losgerissene Korallenblöcke bis zu 600 Tonnen schwer hebt sie auf den Strand, und den Raddampfer „Berouw“ mit den Leichen derer, die nicht von der ersten Welle über Bord gespült worden sind, trägt sie von Telukbetung drei Kilometer landeinwärts; in einem Flußbett setzt sie ihn fast unversehrt ab, neun Meter über dem Meeresspiegel.

Es ist dieser Tsunami, der die meisten der mehr als 300 Dörfer zerstört und die meisten der 36 000 Menschen tötet, die dem Krakatau zum Opfer fallen. Und zugleich ist es diejenige Welle, die sich fortpflanzt durch alle Ozeane bis nach Kap Hoorn und in den Englischen Kanal. Warum aber kracht sie so vernichtend auf die Küste, während sie alle Schiffe auf dem offenen Meer unbehelligt läßt? Dazu muß man die Mechanik eines Tsunami verstehen und seine speziellen Ursachen am Krakatau.

Das sind vermutlich drei auf einmal:

- der Kollaps von zwei Dritteln der Insel, mit dem ungeheuren Sog des Wassers, das in den Hohlraum stürzt;
- die gleichzeitige Hebung des Südteils der Insel (dort steigen während der Ausbrüche fünf Quadratkilometer Land aus dem Meer);
- der Umstand, daß Millionen Tonnen Schlacke und Bimsstein aufs Meer platschen.

Durch je eine dieser Ursachen oder durch das Zusammenwirken aller drei entsteht eine Welle, an der zunächst keineswegs die Höhe ungewöhnlich ist – hier kaum mehr als 60 Zentimeter –, sondern das Tempo. Gewöhnt sind wir an die erhabene Langsamkeit, mit der ein Sturm die Brecher den Strand hinauftreibt. Wo aber nicht der Wind das Wasser bewegt, sondern eine plötzliche Erschütterung, da breitet sich die Welle kreisförmig mit rund 800 Kilometern pro Stunde aus, der Reisegeschwindigkeit eines Düsenflugzeugs.

Stößt nun diese Wasserschlange, die quer über den Ozean rast, auf flache Gewässer wie zumal in Küstennähe, dann wird sie gebremst, zusammengestaucht und in die Höhe gedrückt – kirchturmhoch und nur noch etwa 45 Kilometer pro Stunde schnell; nur noch das doppelte Tempo eines Menschen, der um sein Leben rennt.

Eine Bucht staut den Wellenberg zusätzlich durch ihre Trichterform, und im Innersten der größten Bucht rund um den Krakatau liegt das Städtchen Telukbetung. Von dort kann niemand mehr berichten, wie es war, als der Tsunami kam – wie es war, von dem brüllenden Ungeheuer ergriffen, hochgeschleudert, niedergepreßt, zermalmt, verschlungen zu werden.

10.30 Uhr. Auf den irischen Segler „Charles Bal" stürzt Schlamm herab, ununterbrochen muß ein Matrose ihn von den Scheiben des Kompaßhauses wischen. Es ist so finster, daß keiner mehr den anderen sieht.

Mijnheer Schruit, der Telegrafenmeister von Anyar, erreicht mit anderen Flüchtlingen ein Dorf im Dschungel, die Einwohner kommen ihnen in der schwarzen Nacht des Tropentags mit Fackeln entgegen und zerren sie in ihre Hütten, „offenbar froh, Europäer um sich zu haben, deren Gegenwart ihre Angst verminderte. Das Krachen der Bäume im Orkan, der Schlammregen und die Finsternis verbanden sich zu einem Abbild der Hölle."

Da immer mehr Flüchtlinge herbeiströmen „und rücksichtslos Wasser tranken", rationiert Schruit den Vorrat, indem er sich aufs Wasserfaß setzt. Die Flüchtlinge beklagen ihr hartes Los „und schimpften mehr oder weniger auf die Regierung, der sie die Schuld an allem Unglück gaben".

Ein anderer Europäer unter den Flüchtlingen, von Reverend Neale zitiert, erlebt Schlimmeres: Nicht irgendeiner fernen Regierung – allen Europäern wird von den Einheimischen die Schuld gegeben, „sie verweigerten uns Essen und Hilfe, so daß etliche Frauen vor Erschöpfung niedersanken und starben".

Am schlimmsten unter allen Überlebenden geht es gegen 10.30 Uhr den Beyerincks an der Südspitze Sumatras in ihrer Hütte über dem Meer. „Einer kam angerannt und schrie: ‚Macht die Türen zu!' Plötzlich wurde es pechschwarze Nacht", berichtet Frau Beyerinck. „Das letzte, was ich sah, war Asche, die durch die Ritzen im Fußboden emporquoll wie ein Springbrunnen. Mein Mann rief: ‚Wo ist das Messer? Ich werde uns allen die Pulsadern aufschneiden, dann sind wir von unserem Leiden erlöst.' Das Messer ließ sich nicht finden. Ein schwerer Druck warf mich zu Boden, die Luft wurde mir aus dem Mund gesaugt, Klumpen fielen mir auf Kopf und Körper, die Eingeborenen schrien: ‚Allah il Allah!'"

Frau Beyerinck versucht aufzustehen, fällt in heißer Asche auf die Knie, stolpert ins Freie. Als sie ihr Haar zurückstreichen will, verfangen sich die Finger in ihrer verbrannten Haut. Stöhnend in die finstere Hütte zurückgekehrt, findet sie ihren Jüngsten und will ihm die Brust geben, aber sein Herz schlägt nicht mehr. Er ist erstickt oder verbrannt wie mindestens tausend weitere Opfer an der Südspitze von Sumatra.

Auf dem Postdampfer „Generalgouverneur Loudon", von Telukbetung nach Anyar unterwegs, um von dem Unheil zu berichten, entschließt sich der Kapitän in der totalen Finsternis des Aschenregens, beide Anker auszuwerfen. Während der Regen in Bimsstein und schließlich in Schlamm übergeht, schlagen sieben Blitze in die Mastspitze. Ihr Krachen übertönt das Heulen des Sturms und das Kreischen der Ankerketten, an denen das Schiff dem Hurrikan die Stirn bietet, unter Dampf mit halber Kraft voraus, um manövrierfähig zu bleiben und „die himmelhohen Wogen" richtig anzuschneiden. In zehn Minuten ist die „Loudon" 15 Zentimeter hoch mit Schlamm bedeckt, fünf Zentner pro Quadratmeter. Die Mannschaft schaufelt keuchend über Bord, was sie im Orkan schaffen kann.

10.45 Uhr. Die letzte der vier großen Detonationen. Während noch einmal Magma in die Höhe schießt, werden die nördlichen zwei Drittel der Insel Krakatau vollends in die dadurch entstandene Höhlung hinabgesogen, fast sechs Kubikkilometer Inselmasse, und unter 200 Meter Wasser begraben.

11.10 Uhr. In den Leuchtturm an der Westspitze Javas schlägt der Blitz ein, fährt durch die Ketten der dort arbeitenden Sträflinge und verbrennt sie. Serang auf Java meldet: Es regnet erst Bimsstein und dann Schlamm, unter dessen Last die Äste von den Bäumen brechen.

In Batavia herrscht Nacht. Die Hühner gehen schlafen, die meisten Europäer räumen die Büros und fahren mit ihren Kutschen heim zu ihren Villen, mit brennenden Laternen und gespenstisch leise auf der zentimeterdicken Ascheschicht. Die Temperatur liegt bei 22 Grad – sieben Grad niedriger als zur selben Zeit am Tag davor und am Tag danach. Das Telegrafenkabel zwischen Batavia und Singapur ist zerrissen.

11.30 Uhr. Der vierte Tsunami. Er trifft vor allem die Semangka-Bucht auf Sumatra, 125 Kilometer nordwestlich des Krakatau; mindestens 3000 Menschen bringt er um.

12.30 Uhr. Im drei Kilometer langen „Havenkanaal", der die Kais von Batavia mit dem offenen Meer verbindet, steigt das Wasser jäh um 2,35 Meter, reißt einen Teil der Mauern weg, die den Kanal säumen, und überschwemmt die tiefer liegenden Straßen einen Meter hoch. Menschen rennen um ihr Leben. Eine Stunde später stehen nur noch Pfützen im Kanal, der Meeresspiegel ist um 3,15 Meter unter Normalnull gesunken, das heißt um fünfeinhalb Meter gegenüber der Flut – der Sog der verschluckten Insel Krakatau.

Der Kapitän des britischen Seglers „Bay of Naples", 220 Kilometer südwestlich von Java, meldet: „Die Strömung trägt 150 Leichen vorbei, auch tote Tiger und entwurzelte Bäume."

12.42 Uhr. Der Donner der großen Eruption von 9.58 Uhr kommt in Manila an, der 2880 Kilometer entfernten Hauptstadt der Philippinen. Die Hafenbehörden glauben an Kanonensalven und rätseln, ob es sich um ein Gefecht oder um das Signal eines Schiffes in Seenot handelt.

13.30 Uhr. An der Südwestküste von Ceylon (heute Sri Lanka), 3100 Kilometer vom Krakatau entfernt, geschieht „etwas Außerordentliches", wie der Korrespondent des „Ceylon Observer" festgehalten hat: „Das Meer zog sich für drei Minuten bis an den Fuß der

Hafenmole zurück und ließ viele Boote auf dem Trockenen, Kulis griffen nach Fischen und Garnelen. Das geschah noch zweimal."

In London geht am Nachmittag ein Telegramm aus Batavia ein, das die „Kölnische Zeitung", Deutschlands führendes Intelligenzblatt, in ihrer Morgenausgabe vom 28. August zitiert: „Auf der vulcanischen Insel Krakatoa in der Sundastraße haben in der vergangenen Nacht furchtbare Erdausbrüche stattgefunden. Die Feuererscheinungen waren in Batavia sichtbar. Serang ist vollständig in Dunkelheit eingehüllt, aus den Kratern ausgeworfene Steine sind dort niedergefallen. Auch in Batavia herrschte fortwährend vollständige Finsternis und alle Gaslaternen waren gestern abend verlöscht. Der Verkehr mit Anjer ist unterbrochen und man hegt Befürchtungen für diesen Ort."

Die Leser erfahren das auf Seite 2, unter „Vermischte Nachrichten", und zwar an dritter Stelle: Wichtiger war der „Kölnischen Zeitung" offenbar, daß in Erpel „ein des Schwimmens unkundiger Knabe im Rheine ertrunken" sei und daß man in der Pfalz „zur allgemeinen Heiterkeit" einen irrtümlich verhafteten Professor wieder freigelassen habe. Schnelle Nachrichtenverbindungen – das heißt eben noch nicht, daß die Journalisten schon imstande wären, in der neuen Informationsflut vernünftige Leuchtfeuer aufzustellen.

13.48 Uhr. Das Getöse von 9.58 Uhr hat den größten Teil des Indischen Ozeans überquert und erreicht die Insel Rodriguez östlich von Madagaskar, 4653 Kilometer vom Krakatau entfernt. Von keinem anderen Lärm auf Erden ist überliefert, daß er je eine solche Distanz überbrückt hätte. Es ist, als ob man in New York eine Explosion in San Francisco mit bloßem Ohr vernähme oder in Hamburg eine in Nigeria, über die Sahara, das Mittelmeer und die Alpen hinweg.

14.00 Uhr. In Batavia hört der Aschenregen auf. Langsam wird es hell, graue Asche liegt acht bis zehn Zentimeter dick in den Straßen, dazu die Äste, die unter dem Gewicht der Asche gebrochen sind. Die Hähne verkünden einen neuen Tag.

15.00 Uhr. Nun trifft es die „Berbice" noch einmal, die vor 33 Stunden mit den Feuerkugeln als erste das Nahen des Unheils zu spüren bekam. Um sie herum ist weiterhin Nacht. Das Schiff hat Schlagseite, weil viele Tonnen Asche in der Takelage kleben. Da fegt aus der stürmischen See ein sechs Meter hoher Brecher übers Deck und macht den Rumpf in seiner ganzen Länge zittern; alle Chronometer bleiben stehen. Nur im Schein der Blitze sieht die Mannschaft ihr Gespensterschiff.

Um 16 Uhr setzt auf den Kokosinseln im Indischen Ozean, mehr als 1100 Kilometer vom Krakatau entfernt, ein zweitägiger Aschenregen ein. Um 21 Uhr fällt in Bombay, mehr als 4500 Kilometer westlich des Krakatau, der Meeresspiegel so plötzlich, daß Tausende von Fischen zurückbleiben und von Passanten gegriffen werden können. In Batavia ist kurz vor Mitternacht ein letztes Rumpeln zu vernehmen. In der Nacht zum 28. August steht der Mond sichtbar am Himmel und beleuchtet Land und Meer so hell, wie die Sonne es zwei Tage lang nicht vermochte.

Dienstag, 28. August. Zum erstenmal bricht wieder ein richtiger Tag an. Die Sundastraße zwischen Sumatra und Java, an der schmalsten Stelle 22 Kilometer breit, ist lückenlos durch einen zwei Meter dicken Bimsstein-Teppich verstopft, auf dem all das liegt, was die Riesenwogen mit zurück ins Meer gerissen haben: Bäume, Balken, Bretter, Türen, Trümmer aller Art – und Zehntausende von Kadavern, Menschen, Pferde, Büffel, Ziegen und auch Haie.

Erst vier Tage später, als die Meeresströmung etwas Luft geschafft hat, kann das erste Schiff sich knirschend eine Rinne bahnen. Die Zufahrt zu dem Strand, auf dem sich bis vor kurzem das Städtchen Telukbetung erhob, ist gar bis zum 7. September durch eine vier Meter dicke Bimssteinschicht blockiert. 2260 Menschen sind hier getötet worden.

In Katimbang, dem Ort, aus dem die Beyerincks flohen, sind 1000 Menschen ertrunken und 2000 durch glühende Asche verbrannt. Nach zwei Wochen sind 700 Leichen noch nicht beerdigt, Fliegen haben sich auf ihnen niedergelassen. Nahe den Kadavern etwa 1000 Überlebende, aus den Bergen zurückgekehrt, viele von Brandwunden entstellt, alle dem Verhungern nahe. Es gibt keine Pflanze mehr in den Küstenregionen von Sumatra und Java, die dem Krakatau zugewandt sind, nur Bimsstein, Schlamm und Asche. Pferde, Büffel, sogar Wildschweine durchstöbern die Wüste auf der Suche nach Wasser. Wo es noch welches gibt, schmeckt es nach Schwefel.

Vom Krakatau selbst sind vier kleine, noch qualmende Inseln geblieben, von Schlacke und Asche bis zu 70 Meter hoch bedeckt; mehrere andere Erhebungen sind durch den Schlackeregen aus den flachen Gewässern der Umgebung gewachsen. Weit über fünf Kubikkilometer Asche hat der Vulkan in die Luft geblasen und den größeren Teil auf 800 000 Quadratkilometern ausgestreut, mehr als der doppelten Fläche Deutschlands; der kleinere reist um die Erde.

Lange vor der Asche kommt die Luftdruckwelle. Den Meteorologen in aller Welt bietet sie ein Schauspiel, wie es kein zweites gegeben hat, und 70 Jahre später wird sie bei der internationalen

Diskussion über die möglichen Folgen von Wasserstoffbomben-Explosionen als warnendes Beispiel zitiert.

Während der Schall immerhin den Indischen Ozean überbrückt, ehe er nach knapp vier Stunden verebbt, breitet sich die Druckwelle mit annähernder Schallgeschwindigkeit kreisförmig über den gesamten Erdball aus. 19 Stunden nach der gewaltigsten der vier Explosionen prallen die Wellen in Kolumbien wieder aufeinander, am „Gegenüber“ der Vulkaninsel auf der Erdkugel. Hier reflektieren sie einander und laufen nach Sumatra zurück.

Den Menschen wird diese Welle nicht bewußt, aber die Barometer registrieren sie jeweils durch einen plötzlichen Druckanstieg, und das viermal auf ihrem Lauf nach Kolumbien und dreimal gleichsam auf dem Heimweg zum Krakatau, siebenmal also in fünfeinhalb Tagen. Hinter einem Vulkanausbruch, der dieses leistet, steckt eine Energie von 100 bis 150 Megatonnen des Sprengstoffs TNT – das Doppelte der größten Wasserstoffbombe, die jemals detonierte.

Später als die Luftwelle trifft die Seewelle ein, sie reist nur mit 500 bis 600 Kilometern in der Stunde. In der Nacht zum 28. August läßt sie in Port Elizabeth in Südafrika, 7500 Kilometer vom Krakatau entfernt, den Meeresspiegel um 66 Zentimeter steigen. In Europa kommt die Welle nur noch in solch schwacher Höhe an –12 Millimeter in Le Havre am Abend des 28. August–, daß zu ihrer Messung zweierlei vonnöten ist: sehr feine Instrumente und ein Wille zur scharfen Beobachtung, den es ohne die telegrafischen Berichte vom Krakatau nicht hätte geben können.

Länger noch als Luft- und Seewelle braucht die Asche bei ihrem Rundflug um die Erde. Ihre geschätzte Menge: 300 Millionen Tonnen; die geschätzte Geschwindigkeit: 5000 Kilometer pro Tag, vom Jetstream getrieben, der Strahlströmung in durchschnittlich zehn Kilometer Höhe.

Was die Asche bewirkt, das können mindestens drei Viertel aller damals 1,4 Milliarden Menschen mit eigenen Augen sehen. Was in hundert Kilometer Umkreis schwarze Nacht und erstickenden Regen verbreitet hat, teilt sich Europäern und Amerikanern, Asiaten und Australiern monate-, ja jahrelang als lodernder Abendhimmel in allen Farben des Regenbogens mit – vor allem in Rubinrot, Blutrot, Purpur, Lila, Lachs- und Bernsteinfarben.

Bedrohlich finden das die einen, hingerissen sind die anderen, und oft bleibt umstritten, ob es der Widerschein eines nahen Feuers ist oder ein rätselhaftes kosmisches Ereignis – oder gar die Schleifspur des fernen Krakatau?

Auf den Seychellen im westlichen Indischen Ozean geht am 28. August, dem Tag nach dem Desaster, die Sonne verschleiert auf „wie an einem frostigen Morgen in England“, und tags darauf sieht sie mehr aus wie der Mond. Auf Ceylon wird sie als grün am Morgen und blau am Mittag geschildert.

Am 2. September schreibt ein Einwohner von Trinidad in der Karibik an die „Times“ in London: „Heute am späten Nachmittag sah die Sonne wie eine blaue Kugel aus, und nachdem sie untergegangen war, leuchtete der Himmel derart rot, daß wir glaubten, es brenne in der Stadt.“ Auf den Karolinen nördlich von Neuguinea ist die Sonne am 7. September „von krankem grünlichen Blau, als hätte sie die Pest“.

In Batavia sind inzwischen die Hilfsmaßnahmen angelaufen. Dampfer mit Lebensmitteln, Tierfutter, Trinkwasser und Kleidung verlassen den Hafen, auch mit Petroleumfässern, um Kadaver zu verbrennen – dort, wo sie in Massen herumliegen. Einzelne Leichen werden begraben, zweieinhalb Gulden können sich die Einheimischen mit jedem beglaubigten Begräbnis verdienen. Noch weiß niemand, wie viele Menschen wirklich umgekommen sind.

Die Bimssteinteppiche treiben mit durchschnittlich 23 Kilometer pro Tag träge über den Indischen Ozean nach Westen, aber dick verharren andere in der Sundastraße. Anfang Oktober berichtet ein Matrose: „Zehn Tage lang segelten wir durch Bimssteinfelder. Zwei Tagesreisen hinter Anyar schlugen Hunderte und Aberhunderte von Leichen gegen das Schiff, die meisten nackt.“

Ihre erstaunlichsten optischen Wirkungen ruft die Asche des Krakatau in aller Welt erst Ende November hervor. Was am 27. November, genau drei Monate nach dem Drama, in New York geschieht, liest sich tags darauf so in der „New York Times“: „Kurz nach 17 Uhr entzündete sich der westliche Horizont zu einem leuchtenden Scharlachrot. Die Menschen auf den Straßen waren bestürzt über diesen unglaublichen Anblick, versammelten sich in kleinen Gruppen an allen Ecken und starrten nach Westen. Viele glaubten, das sei eine Feuersbrunst, die gerade Staten Island oder die Küste von New Jersey verwüste. Die Wolken verfärbten sich langsam ins Blutrote und mit ihnen das Meer. Schließlich gingen die leuchtenden Farben in ein mattes Rosa über, das langsam in der Dunkelheit verschwand.“

In Poughkeepsie, nördlich von New York, läuten bei Sonnenuntergang die Feuerglocken: Der Himmel glüht fast bis zum Zenit. Auch in New Haven im Staat Connecticut galoppiert die Feuerwehr dem flammenden Horizont entgegen.

Wann aber setzt sich die Einsicht durch, daß dies die Reflexe der Asche vom Krakatau beim vermutlich zwölften Umlauf um die Erde sind – und gar die Folgerung daraus, daß auf unserem Planeten alles mit allem zusammenhängt, Luft, Land, Meer und Sonnenuntergang? Die erste schon bald, die zweite so recht erst rund hundert Jahre später. Da bestätigt sich die These der Kulturphilosophen, daß der Geist des Menschen dazu neigt, weit hinter seinen eigenen technischen Erfindungen zurückzubleiben.

Im Herbst 1883 freilich hat die Wissenschaft noch längst nicht bewiesen, daß es der Krakatau ist, der die New Yorker das Fürchten lehrt. Manche Experten tippen auf Meteorschwärme. Erst am 20. Dezember, knapp vier Monate nach der Katastrophe, stellt die angesehene Zeitschrift „Nature" fest, der Zusammenhang mit der Eruption in der Sundastraße habe sich „definitiv bestätigt".

Die „New York Times" ist davon nicht beeindruckt; sarkastisch schlägt sie fünf Tage später vor, es sollten endlich wissenschaftliche Expeditionen zu allen Orten mit feuerrotem Horizont ausgerüstet werden, nach Paris, Wien, Rom und Peking: „Mit einer geschickten Lobby sollte es mehreren hundert Wissenschaftlern möglich sein, sechs Monate lang auf Regierungskosten herumzureisen. Die Öffentlichkeit möchte die Sonnenuntergänge schließlich erklärt haben."

Einige der Bimsstein-Teppiche haben unterdessen, im Dezember 1883, immer noch eine Länge von 2000 Kilometern. Der Kapitän des Dampfers „Bothwell Castle" notiert: „Manchmal waren die Massen so dick, daß Matrosen auf ihnen herumspazierten. Wenn wir Fahrt machten, gab es ein ständiges Knattern und Knirschen."

Von einem anderen Dampfer wird berichtet: „Eine Eisenstange, die wir hinunterwarfen, blieb auf dem Bimsstein liegen. Das Schiff bahnte sich eine Fahrrinne, die sich hinter ihm sofort wieder schloß. Es war, als dampften wir wie ein Pflug durch trockenes Land."

Und von einem dritten Schiff, 4200 Kilometer westlich des Krakatau: „Die größeren Bimssteinbrocken waren mit Muscheln derart bepackt, daß wir uns fragten, ob sie noch lange schwimmen würden." Zwischen den Muscheln tummeln sich unzählige Kriechtiere, zwischen den Brocken „ruderten Legionen von Krebsen".

Was den Grund der aufregenden Sonnenuntergänge angeht, so läßt die „New York Times" nicht locker. Am 23. Januar 1884, fünf Monate nachdem es den Krakatau zerrissen hat, schreibt sie: „Auf Long Island hat ein Wissenschaftler den Staub in der Atmosphäre durch ein raffiniertes Experiment geprüft: Zwei Nächte lang ließ er seine Brille im Freien liegen. Es schlug sich jedoch kein Staubpartikel auf ihr nieder. Also wird niemand, der etwas von Brillen versteht, noch behaupten können, daß Staub vom Krakatau in nennenswertem Umfang in der Atmosphäre wäre."

In Wirklichkeit bleibt er dort mehr als drei Jahre lang. Der englische Maler William Ascroft hält zwischen dem 26. November 1883 und dem 13. September 1886 in 530 Pastellskizzen fest, wie die Asche aus der Sundastraße den Himmel leuchten läßt und zuletzt noch die Sonne mit einem kupferroten Hof versieht.

Die Erde kühlt sich im ersten Jahr nach der Explosion im Durchschnitt um 0,5 Grad ab, erst 1888 ist die Normaltemperatur wiederhergestellt. Die Reste des Krakatau werden von Experten vieler Nationen durchstreift, erforscht, vermessen. Schon im Mai 1884 entdecken französische Wissenschaftler eine winzige rote Spinne in der Lava-Wüste einer der Rest-Inselchen. Zwei Jahre später haben sich 34 Pflanzenarten angesiedelt, 1897 gibt es wieder eine dichte Pflanzendecke. Der alte Tropenwald aber hat sich auf diesen Inseln bis heute nicht vollständig erholt.

Im Dezember 1927 wird es auf der Inselgruppe erneut unruhig, und 1928 steigt gar ein neues Inselchen aus den Fluten empor, „Kind des Krakatau" genannt. Dreimal versinkt es wieder, viermal steigt es empor. Heute ist es auf 200 Meter Höhe angewachsen, oft brummend und Schwefeldämpfe speiend: Dabei kommt 1993 eine amerikanische Touristin ums Leben (man kann Motorboot-Ausflüge unternehmen von einem Hotel an Javas Westküste, das Krakatau-Souvenirs pflegt und am Wochenende überschwemmt wird von Touristen aus Jakarta, dem früheren Batavia).

Bis zu einer neuen großen Eruption wird sich der Krakatau vielleicht noch einmal hundert Jahre Zeit lassen. Wann und wo aber wird die Erde das nächste Mal ihren immer wieder verblüfften Bewohnern deutlich machen, daß sie eine Feuerkugel mit einer erschreckend dünnen Kruste ist?

Schon in neun Kilometer Tiefe stießen die Bohrer von Windischeschenbach in Bayern 1994 auf Gestein, das 300 Grad heiß und zähflüssig wie Honig war – und was sind neun Kilometer? Ein Siebenhundertstel der Entfernung zum Mittelpunkt der Erde. Und auf diese erbärmlich dünne Haut bauen wir Wolkenkratzer und Bausparhäuschen, am liebsten „für die Ewigkeit", wie wir bei Domen und Pyramiden sagen. Woher nehmen wir so viel Vertrauen?

Daher vor allem, daß wir, gemessen an den Zeitabständen geologischer Katastrophen, nur Eintagsfliegen sind mit unseren 80 Lebensjahren. Es ist die Kürze unseres Daseins, die uns zu der Illusion verführt, er verspreche uns Beständigkeit – dieser im Innern kochende Planet, dem nicht etwa die Kruste die annähernde Kugelgestalt bewahrt, sondern die Rotation.

Wollte man einen Globus zu einem wirklich realistischem Modell der Erde machen, so dürfte er natürlich nicht hohl und schon gar nicht aus Pappe sein: Aus Eisen, Nickel, Stein wäre er zu formen, und das hieße, daß er bei einem Meter Durchmesser fast drei Tonnen wöge. Und ein Motor müßte ihn in permanenter Drehung halten, sonst sänke er langsam und zischend zu einem Pfannkuchen zusammen, von Flammen umzüngelt, nach Schwefel stinkend und bis zu 7000 Grad heiß.

So ist sie, die alte Erde, und hin und wieder erzählen uns Vulkane die Wahrheit über sie.

DER UNTERGANG DER »TITANIC«

S.O.S. im Nordmeer

Über keine zivile Katastrophe dieses Jahrhunderts ist mehr geschrieben, kein Unglück so beschwörend als Menetekel gedeutet worden wie der Untergang der »Titanic« am 15. April 1912. Rund 3000 Bücher sind dazu erschienen, Hunderte von Dokumentationen und drei Dutzend Spielfilme, darunter die teuerste Produktion aller Zeiten (»Titanic«, 1997: über 200 Millionen Dollar). Doch noch immer überwuchern Mythen, Legenden und Anekdoten den wahren Hergang des Desasters. Hier wird er geschildert.

Hochmut kommt vor dem Untergang. Den größten Luxus auf allen Ozeanen bietet die „Titanic“, aber zu einem Fernglas für den Ausguck im Mastkorb hat es nicht gereicht. Für die Erste Klasse kocht einer der teuersten Küchenchefs der Welt, aber ein Scheinwerfer, bei der Kriegsmarine längst selbstverständlich, ist nicht an Bord.

Die Eiswarnungen haben sich gehäuft, auf ein Grad unter Null ist die Wassertemperatur gesunken, nur das Salz verhindert das Gefrieren – aber Captain Smith, 62 Jahre alt und höchstbezahlter Kapitän auf Erden, hält eisern Kurs in der mondlosen Nacht. Wer über das größte Schiff, ja, das bis dahin gewaltigste technische Produkt der Menschheitsgeschichte gebietet, fühlt sich offensichtlich über das bißchen Eis erhaben, und pünktlich in New York will er ankommen bei dieser Jungfernfahrt, die ein Triumphzug werden soll.

Auf sanfteren Sohlen ist eine Katastrophe nie herangeschlichen als diese, die den Hochmut jäh und grausam bestraft. Als das Eis dem Riesenschiff die Wunde schlägt, hören nur die Heizer im vordersten Kesselraum einen reißenden Lärm, und der Atlantik schießt ihnen entgegen. Ein paar Kohlentrimmer, die im Vorschiff schlafen, fallen aus den Kojen.

Wer aber sonst an Bord überhaupt etwas wahrnimmt, der spricht von einem Schaben, Kratzen, Schleifen; einer reichen Dame ist, „als ob wir über tausend Murmeln führen“; vier Stewards, bei einem

Nachtimbiß im Speisesaal der Ersten Klasse allein, registrieren ein Klappern des Bestecks; in der Backstube im dritten Stock des schwimmenden Palasthotels rutscht ein Blech mit frischen Brötchen vom Ofen.

Die meisten der rund 2200 Menschen an Bord spüren nichts und schlafen weiter, und schon gar nicht ahnen sie, daß für 1500 von ihnen die letzten Stunden ihres Lebens begonnen haben. In den 160 Minuten, bis die „Titanic" versackt, ballen sich mehr Verwirrung, Verblendung, Verzweiflung, Leiden, Aberwitz, als ein Drehbuchautor je ersinnen dürfte.

Es ist 23.40 Uhr am 14. April 1912. Frederick Fleet, der Ausguck im Krähennest zwanzig Meter über dem Deck, von keinem Scheinwerfer, keinem Fernrohr unterstützt, sichtet eine schwarze Masse, die ein paar hundert Meter vor dem Bug die Sterne verdunkelt, und läutet die Alarmglocke zur Kommandobrücke hinunter, dreimal. „Eisberg hart voraus!" schreit er ins Telefon. Der Erste Offizier, William Murdoch, läßt hart Backbord steuern und befiehlt: „Äußerste Kraft zurück!" Doch die „Titanic" schafft es nicht, sich an dem Koloß links vorbeizumogeln. Ein bis sechs Meter unter der Wasserlinie schrammt das Eis steuerbords am Schiffsleib entlang und schlitzt ihn an sechs Stellen auf, verteilt über das vordere Drittel seiner Länge von 269 Metern.

Zwei Minuten nach dem Zusammenprall, um 23.42 Uhr, ist Kapitän Edward J. Smith auf der Brücke, immerhin hat er etwas gemerkt. „Schotten dicht!" ruft er. „Schon geschehen!" sagt der Erste Offizier. Murdoch hat die automatischen Türen zwischen den 16 wasserdichten Schottkammern des Schiffes zufahren lassen.

Fünf Minuten nach der Kollision stoppt Captain Smith die Maschinen. Es ist die plötzliche Ruhe, das Fehlen von Fahrtwind, Vibration, leicht schwankenden Kleiderbügeln, was viele Passagiere weckt. Einige ziehen sich an, andere werfen sich einen Bademantel über, spähen durch die Gänge oder trauen sich an Deck in die eisige Sternennacht. „Alles in Ordnung!" versichern die Stewards. „In ein paar Stunden fahren wir bestimmt weiter", versichern viele Passagiere einander und lächeln ein bißchen gezwungen.

Zu sehen gibt es nur auf dem Welldeck etwas, der fünften Überwasser-Etage, zwölf Meter über dem Meer: Auf ihm liegt Eis herum in Stücken und Brocken, ein paar Passagiere werfen übermütig damit. Im Postraum, vorn unter der Wasserlinie, schwimmen die Päckchen.

Aus den Luken im Vorschiff beginnt unterdessen die Luft ihre Todesmelodie zu pfeifen. Das Atlantikwasser preßt sie heraus, mehr als fünf Tonnen pro Sekunde platschen in den Leib des Schiffs und machen sich daran, seinen Auftrieb zu zerstören. Die 60 000 Tonnen Stahl, achtmal so schwer wie Wasser, können ja nur schwimmen, weil sie einen gewaltigen Hohlraum umschließen, mehr als 46 000 Bruttoregistertonnen, das sind 130 000 Kubikmeter, überwiegend mit Luft gefüllt.

Binnen 160 Minuten wird in der „Titanic" so viel Wasser stehen, daß sie in der Summe schwerer wird als dieses, und die schiere Physik wird sie, bei völlig stillem Meer, in die Tiefe ziehen.

Um 23.50 Uhr, zehn Minuten nachdem das Schiff den Eisberg gestreift hat, bricht ein Lärm los, der die Spaziergänger von den Decks wieder ins Innere treibt: Aus den Überdruckventilen faucht der Dampf der Kessel; aus den Schornsteinen quillt der Qualm der gelöschten Feuer. Reglos und hell erleuchtet liegt die „Titanic" auf dem Meer. Doch in den untersten Kabinen der Dritten Klasse bilden sich die ersten Pfützen, und am Bug steht das Wasser schon vier Meter hoch in den Laderäumen.

Jetzt tritt Captain Smith gemeinsam mit Thomas Andrews, dem technischen Direktor der Belfaster Werft, die das größte Schiff der Welt gebaut hat, einen Rundgang in die Tiefe an. Sie nehmen die Mannschaftstreppen, um kein Aufsehen zu erregen.

Kurz vor Mitternacht beginnen nach den Päckchen im Postraum nun auch die Schrankkoffer im Gepäckraum zu schwimmen, einige Passagiere sehen durch den Treppenschacht zu, eher belustigt als besorgt.

Es ist drei Minuten nach Mitternacht, 23 Minuten nach der Kollision, als Smith und Andrews von ihrem Kontrollgang auf die Brücke zurückkehren. Sie ziehen Bilanz, Andrews sagt es klar: Die „Titanic" wird untergehen. Denn die Schotten zwischen den 16 Kammern reichen nicht hoch genug, das Wasser wird drüberschwappen. Und die Risse ziehen sich durch die vordersten sechs Abteilungen – die „Titanic" aber ist so ausgelegt, daß sie einen Wassereinbruch nur in den ersten vier Kammern überstehen könnte. Nun begeht Captain Smith einen Fehler: Müßte er auf das Todesurteil für sein Schiff nicht sofort mit dem S.O.S.-Ruf reagieren? Er tut es erst kostbare zehn Minuten später. Jetzt, um 0.05 Uhr, ordnet er nur an, die Besatzung zu mobilisieren, die Passagiere zu wecken und die Rettungsboote klarzumachen. Aber keine Panik, meine Herren! Niemand ist in Lebensgefahr.

Der Kapitän selbst eilt wohin? Zu John Jacob Astor, dem reichsten Mann an Bord und in ganz Amerika. „Wir haben einen Eisberg gestreift, Sir. Kein Grund zur Unruhe, aber ..." Astors angebliche Antwort liefert die berühmteste der vielen „Titanic"-Anekdoten: „Ja, ich habe Eis bestellt, aber das ist ja wirklich lächerlich."

Eilt Smith nun endlich zu den Funkern? Nein, er verständigt andere Passagiere der Ersten Klasse und bittet auch sie, sich warm anzuziehen, die Schwimmwesten anzulegen und sich aufs oberste Deck zu begeben. Hätte er das nicht den Stewards überlassen können, die ohnehin dasselbe tun?

Gegen 0.10 Uhr, eine halbe Stunde nach der Minute Null, versammeln sich auf dem Bootsdeck die ersten unförmigen Gestalten: Passagiere mit Korkschwimmwesten über oder unter ihren Woll-, Pelz- oder Bademänteln, die meisten aus der Ersten Klasse, denn die andern werden später geweckt und viele überhaupt nicht. Das Zischen der Überdruckventile, aus denen noch immer der Dampf der Kessel schießt, ist ärgerlich und behindert die Konversation; Angst aber zeigt niemand. Das Meer ist spiegelglatt, die Sterne funkeln, alle Lichter der „Titanic" strahlen, und nur geübte Augen erkennen, daß es zum Bug hin ein wenig abwärts geht.

Um 0.14 Uhr endlich betritt Captain Smith den Telegrafenraum und fordert die beiden diensthabenden Funker auf – S.O.S. zu funken? Nein, ihre Kollegen zu wecken, es gebe viel zu tun! Warum muß einer der Funker seinerseits den Kapitän fragen, ob er das Notsignal senden soll? „Ja, sofort!" antwortet Smith.

Das nächste Schiff, der Frachter „Californian", hört den Notruf nicht. Sein Kapitän hat um 22.21 Uhr die Maschinen gestoppt, um im Treibeis aufs Tageslicht zu warten, was nur vernünftig ist; leider ist der Funker schlafen gegangen, kein Notruf wird den Dampfer in den nächsten Stunden erreichen.

Im Bauch der „Titanic" harren unterdessen Dutzende von Heizern, Kohlentrimmern, Maschinisten aus, um die Generatoren in Gang zu halten. So funkelt der riesige Sarg aus vielen tausend Lichtern bis wenige Minuten vor seinem völligen Versinken, und alle 30 Maschinisten kommen um.

Das erste Schiff, das den Notruf der „Titanic" hört, ist der britische Frachter „Carpathia". Der Kapitän, zunächst ungläubig, befiehlt: Kurs auf die „Titanic", äußerste Kraft voraus! Es ist 0.25 Uhr, und sogleich ist klar, daß die „Carpathia" zu spät kommen wird: 58 Seemeilen ist sie entfernt, 14 Meilen schafft sie in der Stunde, rund vier Stunden wird sie brauchen – aber nur zwei Stunden hat die „Titanic" noch zu leben, und mindestens zwei Menschen an Bord wissen das auch: der Chefkonstrukteur und der Kapitän.

Aufs Bootsdeck strömen die Passagiere nun in Scharen, inzwischen auch die meisten aus der Zweiten und viele aus der Dritten Klasse. Viele Frauen weinen, aber niemand drängelt, keiner rennt. Daß die „Titanic" je untergehen könnte, glauben sie nicht; daß der viel zu geringe Platz in den Rettungsbooten die Hälfte von ihnen zu einem gräßlichen Tod verurteilt, wissen sie nicht; und der Kapitän und seine Offiziere, die es wissen, handeln nicht danach.

Die Rechnung ist einfach. 1308 Passagiere und 898 Mann Besatzung befinden sich an Bord, 2206 Menschen insgesamt*. Für sie sind in den zwanzig Booten 1178 Plätze vorgesehen – mehr wird in der britischen Handelsschiffahrtsakte von 1906 nicht verlangt. 1028 Passagiere und Besatzungsmitglieder also sind, falls die „Titanic" untergeht, von vornherein dem Tod geweiht. Welche? Mehr die Männer als die Frauen? Mehr die Besatzung als die Passagiere? Mehr die aus der Dritten Klasse als die aus der Ersten? Auch 105 Kinder sind an Bord, und 53 von ihnen werden sterben.

Fast eine Stunde nachdem die „Titanic" den Eisberg gerammt hat, um 0.35 Uhr, beginnen 16 Matrosen endlich damit, die Boote klarzumachen – viel zu wenige Männer also, wieder viel zu spät, überdies nicht aufeinander eingespielt, denn noch nie hat auf der „Titanic" der obligate Bootsdrill stattgefunden, auch ist der vorgeschriebene Bootsoffizier nicht vorgesehen. Und noch dazu klebt alles von frischer Farbe: die Davits, jene kleinen Kräne, die die Boote in die Tiefe lassen, und die Boote selbst.

Kurz: In den anderthalb Stunden, bis die „Titanic" sich senkrecht stellt, werden von den 20 Booten nur 18 abgefiert, und für Dutzende weiterer Menschen bedeutet das den Tod.

Doch das ist noch längst nicht alles an Verhängnis und Versagen. Als das erste Boot seine Reise in die Tiefe antritt, sind von den 65 Sitzplätzen nur 28 besetzt. Warum? Zum ersten, weil die Offiziere fürchten, das Boot, vorn und hinten aufgehängt, könnte bei voller Belastung durchbrechen. Aber wie konnten sie diese Sorge haben? Und wie konnten sie, falls sie sie hatten, an Bord des ihnen anvertrauten Schiffes solche Boote dulden?

Der zweite Grund liegt in der Ratlosigkeit der Passagiere. Niemand berät sie, eine Dame aus der Ersten Klasse empfindet das Ganze als „eine nette Abwechslung nach fünfzig oder sechzig Ozeanreisen", und wer Angst hat, der verspürt sie überwiegend eben davor, in einem

* Die Zahl der Passagiere und Besatzungsmitglieder fußt auf zeitgenössischen Quellen. Angaben über die Geretteten und deren Verteilung auf die Boote basieren auf Zeugenaussagen vor dem amerikanischen Untersuchungsausschuß im Jahre 1912. Diese Angaben weichen von den Ergebnissen des britischen Ausschusses aus demselben Jahr teilweise ab.

hölzernen Napf an zwei Seilen durch die Frostnacht 18 Meter tief dem finsteren Meer entgegenzufahren, da man doch auf einem strahlenden Wunderwerk der Technik steht, das unmöglich untergehen kann!

Ja, der Bug liegt nun schon merklich tiefer, unten hört man die ersten Möbel rutschen. Aber das Fauchen der Überdruckventile hat aufgehört, und kein Windhauch ist zu spüren. „Das Ganze ist doch wohl ein Witz“, sagen Passagiere oder „Dieses Schiff ist selbst ein Rettungsboot und kann gar nicht untergehen.“ Eine Überlebende versichert, ein Steward habe ihr gesagt: „Nicht einmal Gott könnte dieses Schiff versenken.“

Den dritten Grund, weshalb das erste Boot nicht einmal halb voll ist, liefert Captain Smith. Er leitet die Bootsmanöver auf der Backbordseite, und jeder, der auf sich hält oder sich doch mehr fürchtet, als er zugibt, sucht seine Nähe. So gibt es backbords rasch viel mehr Gedränge als auf der Steuerbordseite, wo das erste Boot davonrudert, mit 15 Frauen, 12 Männern und 37 leeren Plätzen.

Warum aber rennen sie dann nicht in hellen Scharen nach Steuerbord hinüber, die, die in die Boote wollen, später wenigstens, als die Sorgen wachsen? Weil sie die Lage nicht übersehen: 28 Meter breit ist ja das Deck, unterteilt durch die Offiziersquartiere, die erhöhten Dächer des Rauchsalons und der Lounge im Deck darüber, die unförmigen Ventilatoren und die vier gewaltigen Schornsteine, jeder in der Grundfläche ein Oval von 34 Quadratmetern, hoch wie ein achtstöckiges Haus.

Fünf Minuten nach dem ersten Boot, um 0.50 Uhr, wird das zweite abgefiert, backbords diesmal, unter den Augen des Kapitäns und von Menschen umlagert. Hier also wird doch alles funktionieren? Nichts davon. Captain Smith macht seine zwei nächsten schrecklichen Fehler.

„Frauen und Kinder nach backbord!“ hat er gerufen, als wollte er sie selbst beschützen, der wackere Mann – und dazu gibt er immer wieder die alte Parole der christlichen Seefahrt aus: „Frauen und Kinder zuerst!“ Merkt er nicht, daß die beiden Weisungen, zusammengenommen, Unsinn produzieren? Wer soll denn die zehn Boote auf der Steuerbordseite besteigen, wenn die Frauen doch nach backbord beordert worden sind und die Männer nicht dürfen?

Auch der zweite Fehler ist unfaßbar: Im ersten Boot, dem Captain Smith den Weg nach unten freigibt, sitzen wiederum nur 28 Menschen. Männer dürfen nicht einsteigen, mehr Frauen wollen die Seilfahrt in die schlimme Tiefe nicht riskieren – und der Kapitän des sinkenden Schiffs beläßt es bei der Freiwilligkeit! Die Befugnis hätte er gehabt, ja die Pflicht, die Autorität sowieso, die Frauen in die Boote zu *befehlen*, und wenn das nichts half, dann wenigstens genügend Männer hineinzuscheuchen – da er doch weiß, daß sein Schiff verloren ist und jeder leere Platz im Boot ein Toter mehr!

So bleibt es bis in den Untergang: Von den 18 Rettungsbooten, die das Wasser erreichen, sind nur vier voll besetzt. Die anderen rudern mit zusammen rund 500 leeren Sitzen von der sinkenden „Titanic" weg – ein mörderischer Wahnsinn, gespeist aus Desorganisation und jener Angst, die keiner zeigen will.

Freilich, Hunderte von Passagieren haben das Bootsdeck nie erreicht. Auch dies geht auf das Schuldkonto des Kapitäns: Zwar hat er um 0.05 Uhr der Mannschaft die Weisung erteilt, die Schlafenden zu wecken – aber lückenlos ist das nur in der Ersten Klasse geschehen, und kein Offizier bekommt den Auftrag oder fühlt sich aufgerufen zu kontrollieren, ob die 762 Kabinen wirklich alle geräumt worden sind.

Sie sind es nicht. In der Dritten Klasse zumal fallen viele Schläfer erst aus den Betten, als der Rumpf der Senkrechten entgegenstrebt. Wer aber wach ist, hätte erst recht Hilfe gebraucht, wie nur einzelne Stewards sie anbieten: seinen Weg aus den sieben Kilometer langen Korridoren nach oben zu finden, bei einer kaum vorstellbaren Verschachtelung der Klassen, der Etagen, der Aufzüge und der Treppenhäuser, mit Schleichwegen und Sackgassen, in denen sich sogar manche Stewards verirren.

Die 709 Passagiere der Dritten Klasse – Auswanderer aus halb Europa, 76 Kinder unter ihnen – trifft das am härtesten, denn ihre Kabinen liegen am tiefsten, am weitesten also vom rettenden Bootsdeck entfernt, und die meisten können nicht einmal englische Schilder lesen.

Immerhin, 55 Männer der Dritten Klasse werden gerettet, nicht aber Männer wie die Präsidenten der Pennsylvania Railroad und der kanadischen Grand Trunk Railway oder solche, die nach heutigem Geld sogar Milliardäre sind: Colonel John Jacob Astor, ein Urenkel des gleichnamigen Auswanderers aus Walldorf bei Heidelberg, der im Pelzhandel ein Vermögen machte; oder Benjamin Guggenheim, einer der sieben Söhne des Meyer Guggenheim aus Langnau in der Schweiz, der als Hausierer anfing und in Amerika ein Bergwerksimperium aufbaute; oder Isidor Straus aus Otterberg bei Kaiserslautern, der es in New York zum Inhaber von Macy's gebracht hat, einem der größten Kaufhäuser der Welt.

Nichts ist es also mit der planmäßigen Benachteiligung der Armen durch die Reichen, einem Herzstück der meisten „Titanic“-Filme. Desinteresse, ja, aber kaum der Rede wert vor dem Hintergrund der allumfassenden Desorganisation. Nur in einem Fall ist bezeugt, daß ein Matrose eine Tür versperrte, durch die ein paar Passagiere der Dritten Klasse das Deck der Ersten erreichen wollten; sie traten die Tür ein und schafften es doch.

Um 0.45 Uhr, gut eine Stunde nach der Kollision, zischt eine Notrakete in die Nacht. Kurz erleuchtet sie das Vorderdeck und viele bleiche Gesichter: Nun ist das S.O.S. ja öffentlich geworden. Dann explodiert sie mit einem Sternenregen – „klein, matt und unnütz“,wie eine überlebende Gouvernante es aufschrieb, „denn nie habe ich einen so leuchtenden Sternenhimmel und so viele Sternschnuppen gesehen“.

Ernest Gill, ein Hilfsmaschinist auf der gestoppten „Californian“, sieht das Notsignal trotzdem und auch noch ein zweites. Er sei sich ganz sicher gewesen, bekundet er später vor dem Untersuchungsausschuß des amerikanischen Senats – doch Alarm schlägt er nicht. „Es war nicht meine Aufgabe, die auf der Brücke zu verständigen“, sagt er. „Aber die können das unmöglich übersehen haben.“ Der Wachoffizier der „Californian“ registriert die Erscheinung auch, doch ein Notsignal habe er darin nicht erkannt. So verstreicht die letzte Chance, daß die „Californian“ wenigstens gleich nach dem Untergang bei der „Titanic“ wäre und jene aufnähme, die im Eiswasser noch nicht erfroren sind.

Kurz vor ein Uhr morgens, 85 Minuten hat die „Titanic“ noch, ist der Stand der Dinge dieser: Das dritte Rettungsboot wird hinabgelassen, mit 41 Insassen und 24 leeren Plätzen. Die festlichen Reihen der Lichter in den sieben Überwasser-Etagen bilden jetzt einen auffallenden Winkel zum Meeresspiegel.

Im Rauchsalon der Ersten Klasse machen vier reiche Amerikaner – ein Stahlfabrikant, ein Maler, ein Weltenbummler und der Militärberater des Präsidenten – eine Schau daraus, wie gelassen sich bei einem guten Whiskey plaudern läßt, auch wenn der ziemlich schräg in den vom Umfallen bedrohten Gläsern steht.

Die Ruhe im Salon sticht wohltuend ab von dem Lärm da draußen: dem Kreischen der Davits und der Flaschenzüge, den Kommandos, den Abschiedsrufen und der krampfhaft fröhlichen Musik von Wallace Hartley's Ragtime Band. Mit sicherem Instinkt und eisernem Pflichtgefühl – Eigenschaften, die der Schiffsführung schmerzlich fehlen – helfen die acht Musiker auf dem Bootsdeck blasend, trommelnd und fidelnd Panik zu vermeiden, bis an ihr eisiges Ende.

Um ein Uhr gibt Captain Smith das vierte Rettungsboot frei, wieder mit 37 leeren Plätzen. Eine Mrs. Eloise Hughes Smith aus Philadelphia hat ihn zuvor gefragt, ob ihr Mann nicht mit einsteigen könne, Platz sei doch genug! Doch der Kapitän schreit nur immer wieder seinen Spruch „Frauen und Kinder zuerst!" durchs Megaphon. Da bittet sie ihr Mann, der Weisung zu gehorchen, es sei nur eine Formsache, jeder werde hier gerettet! Er schiebt sie ins mehr als halbleere Boot, ruft „Auf Wiedersehen!" und ermahnt sie noch, die Hände in den Taschen zu behalten, es sei so schrecklich kalt. Dann kehrt er ihr den Rücken – wie so viele Ehemänner; die Überlebende hat das registriert.

Auf der Steuerbordseite bringt es das fünfte Boot immerhin auf 40 Insassen, also nur 25 leere Plätze – und auch dies nur, weil der Fünfte Offizier Harald Lowe jedermann ermuntert hat einzusteigen. Da springen ein halbes Dutzend Heizer hinein, auch vier Herren aus der Ersten Klasse mit zwei Dienern und einem Hund – während sich gleichzeitig vier andere Herren der Ersten Klasse von ihren Frauen verabschieden. Was sind schon Plätze, die das Leben retten, verglichen mit einer guten Erziehung und dem Ehrgefühl der britischen Oberschicht!

In den Booten setzt das Chaos sich fort, verschlimmert durch Unfähigkeit und rüdes Benehmen bei den Stewards und Matrosen, die als Ruderer in die Boote beordert worden sind. In Boot 3 müssen die Passagiere unter den Sitzen nach Laternen suchen – aber sie finden keine und auch keine Notrationen. Zwei Ruder gehen über Bord.

In Boot 8 schaffen es die Stewards nicht einmal, die Ruder in die Dollen zu stecken, und verlangen schließlich von den Passagieren, sie sollten selber rudern. Als der einzige Matrose an Bord für Ordnung sorgen will, schreit ein Steward ihn an: Wenn er nicht ersaufen wolle, „dann hör auf, durch das Loch in deiner Visage zu quatschen". Eine empörte Millionärswitwe sagt das später aus.

Und dabei glauben um diese Zeit die meisten noch, zügiges Rudern könnte sie retten! Der Kapitän hat den Bootsführern die Weisung erteilt, auf Positionslichter zuzuhalten, die er und zwei seiner Offiziere zu erkennen glauben – ein Schiff, höchstens fünf Seemeilen entfernt! Sollte es die „Californian" sein, die demnach noch viel näher wäre, als man auf ihr glaubt – aber hätte sie dann nicht erst recht die Lichtorgie der „Titanic" sehen und Kurs auf sie nehmen müssen? Oder gäbe es noch ein Schiff in der Nähe, das sich nie gemeldet hat? Oder hätte das Funkeln der Sterne in der kristallklaren Nacht die Beobachter auf der „Titanic“ getäuscht? Das Rätsel bleibt ungelöst.

Um 1.15 Uhr – 65 Minuten vor dem Ende – ist das Vorderschiff bis zum Welldeck überspült, auf das vor anderthalb Stunden die Eisbrocken polterten, einst die fünfte Etage über der Wasserlinie. Aber kopflos ist noch immer keiner. „Wer sich zu Hause den Untergang der Titanic ausmalte“, schrieb später Lawrence Beesley, ein junger Lehrer aus der Zweiten Klasse, „spürte ein stärkeres Entsetzen als die Passagiere, die auf dem Bootsdeck standen und sie Zoll für Zoll sinken sahen. Die Nacht war so friedvoll, der Himmel so klar, das Meer wie ein Dorfteich, das Schiff ohne Bewegung.“ Nur inzwischen mit fast 30 000 Tonnen Wasser im Bug.

In die Bootsmanöver kommt nun endlich etwas Schwung, elf Boote binnen einer halben Stunde – und auf einmal sitzen 55, 60, ja 70 Menschen in ihnen! Das Mißtrauen der Offiziere gegen eine mögliche Überladung ist ebenso geschwunden wie das der Passagiere gegen das Abtauchen in die Tiefe – zumal ihnen die Schrägung des Schiffs nun doch unheimlich wird.

Um 1.30 Uhr wird zum erstenmal geschossen. Harald Lowe, der Fünfte Offizier, ist dabei, backbords das elfte Boot nach unten zu fieren, und er sitzt selbst darin. Auf der Fahrt hinab kommen sie an zwei Decks vorbei, auf denen sich Italiener aus der Dritten Klasse „wie wilde Bestien“ über die Brüstung lehnen, so sagt Lowe später aus. Offenbar wollten sie in sein Boot springen, und da es schon überladen gewesen sei (Falschaussage, fünf Plätze waren frei!), habe er sie daran hindern müssen: Er zieht die Pistole und feuert dreimal zwischen Boot und Schiffswand hindurch. Verletzt wird keiner, erschrocken sind alle, und dann sind die im Boot erleichtert.

Steuerbords aber bricht in derselben Minute Panik aus: Das zwölfte Boot sinkt genau dem gewaltigen Wasserstrahl entgegen, den die Kondensatoren der Dampfmaschinen dicht über der Wasserlinie aus der Bordwand schleudern. Bei dem Versuch, dem Strahl auszuweichen, treibt das zwölfte Boot mit 64 Menschen genau unter das dreizehnte, in dem 70 Menschen sitzen. Die Oberen sehen das nicht, die Unteren schreien, aber die Matrosen an den Davits hören es nicht im Quietschen der Flaschenzüge. Als das obere Boot so dicht über dem unteren hängt, daß darin stehende Männer seinen Kiel erreichen können, gelingt es ihnen, ihr Boot weit genug von der Bordwand wegzudrücken, und nebeneinander liegend merken 134 Menschen mit einem Aufstöhnen, welcher Gefahr sie entronnen sind.

Um 1.35 Uhr wird zum zweitenmal geschossen: William Murdoch, der Erste Offizier, der auf der Steuerbordseite das Kommando führt, feuert über die Köpfe einer Gruppe von Männern hinweg, die in das halbleere fünfzehnte Boot gesprungen sind, und verjagt sie daraus. Frauen sind nicht mehr zu sehen, es geht offensichtlich ums Prinzip, zumal bei „Ausländern": So nennen die Offiziere und die Passagiere der Ersten Klasse alle, die nicht Englisch als Muttersprache haben. Kurz vor dem Abfieren steigt unbehelligt in dasselbe Boot Lord Joseph Bruce Ismay, Sohn und Erbe des Gründers der White Star Line, der die „Titanic" gehört, und 26 Plätze bleiben leer.

Auf der „Carpathia" arbeiten Kohlentrimmer, Heizer, Maschinisten in zwei Schichten. Mit Volldampf durchpflügt sie das Eisfeld, das sie von der „Titanic" trennt. Die Rettungsboote werden klargemacht, Notbetten aufgeschlagen, Decken gestapelt. Im Speisesaal, der zum Schlafsaal werden soll, hat der Chefsteward seine Männer versammelt und fordert sie auf, ihre Pflicht bis zum Äußersten zu erfüllen, zum Ruhm des Schiffes und der britischen Marine. Ja, die Überlebenden aus den Booten wird die „Carpathia" alle retten – von den tausend, die im Wasser treiben, keinen.

Vom Bootsdeck des sterbenden Titanen zischt um 1.40 Uhr die letzte Notrakete in den Sternenhimmel, 40 Minuten vor dem Ende. S.O.S. funkt die „Titanic" noch eine halbe Stunde länger, mit ständig schwächer werdendem Strom. Die angeblichen Positionslichter des mysteriösen Schiffs, auf das alle Boote zurudern sollten, sieht keiner mehr.

Dem Zweiten Offizier, Charles Lightoller, prägt sich das Bild ein, wie der Atlantik die lange Nottreppe zum Bootsdeck Stufe um Stufe heraufkriecht und jedesmal ein paar Lampen verschluckt, die unter Wasser noch einige Sekunden grünlich weiterleuchten. Lawrence Beesley, der Lehrer, schreibt über diese Minuten: „Die ‚Titanic' lag absolut still, als hätte der Anprall des Eises ihr allen Mut genommen. Langsam und teilnahmslos sank sie tiefer und tiefer wie ein tödlich getroffenes Tier."

Die in den Booten graben sich in ihre Mäntel ein zum Schutz gegen die schneidende Kälte. Aus dem anfänglich überwiegenden Wunsch, in der Nähe der „Titanic" zu bleiben, denn sie könne doch nicht untergehen, wird mehr und mehr die Angst, dem Schiff zu nahe zu sein, falls es doch untergehen sollte – hört man nicht von einem schlimmen Sog in solchen Fällen, und könnte es nicht passieren, daß Ertrinkende sich an die Boote klammern und sie zum Kentern bringen würden?

In Boot 6 glauben die Passagiere einen Pfiff von der „Titanic“ zu hören und wollen zurückgerudert werden. Aber der Bootsmann, der das Kommando führt, ruft: „Jetzt geht's um unser Leben, nicht um ihres!“ Mehrere Frauen, die um ihre Männer bangen, protestieren, doch der Bootsmann flucht so lange, bis sie schweigen. Von den immer schrägeren Lichterketten der „Titanic“ wehen weiter die Ragtime-Fetzen herüber, und immer näher rücken die düsteren Schornsteine ans Meer heran.

Als um 1.45 Uhr, 35 Minuten vor dem Ende, das sechzehnte Boot herabgelassen worden ist und nun nur noch vier übrig sind, könnten die rund tausend Menschen auf dem Bootsdeck wissen, daß die meisten von ihnen keine Chance haben – aber noch immer scheinen sie nicht an den unabweisbaren Untergang zu glauben.

Rund 500 Passagiere sind gar nicht erst heraufgekommen – viele noch immer ahnungslos in ihren Betten, andere in den Gängen und Treppen verirrt und wieder andere sehr fröhlich: Im Rauchsalon der Dritten Klasse wird gelacht, gebechert und sogar getanzt, und daß alle Tische und Stühle bugwärts rutschen und kein Glas mehr steht, macht manche Auswanderer nur noch ausgelassener.

Um 1.50 Uhr besucht Captain Smith den Funkraum, ermahnt die Funker, weiter S.O.S. zu senden, und gibt der „Titanic“ noch eine halbe Stunde. Wie recht er hat.

Auf der Backbordseite wird das siebzehnte Boot klargemacht – das vorletzte, denn zwei können nicht mehr zu Wasser gelassen werden; sie schwimmen später auf. Lightoller führt eine Reihe von Damen der Ersten Klasse vom Bootsdeck in den eingeglasten 6. Stock des sinkenden Hotels hinab, noch fünf Meter über dem Meer; dort hilft er ihnen aufs Fensterbrett und beim Sprung ins Boot, einen Meter weit, denn Schlagseite nach Backbord hat die „Titanic“ auch.

Das sind die Minuten, in denen Amerikas Geldadel eine verhältnismäßig gute Figur macht. Nur als Anekdote überliefert im Fall von Benjamin Guggenheim: In den Smoking soll er sich geworfen und sich mit Champagner in seine Suite über dem herangurgelnden Wasser zurückgezogen haben; umgekommen ist er jedenfalls.

Beglaubigt aber ist das Ende von Isidor Straus, einem der Milliardäre an Bord, und von Ida, seiner Frau. Sie hat sich schon vor einer Stunde geweigert, ins Boot zu gehen, wenn er nicht mit einsteigen dürfe; auf ihn reden nun prominente Passagiere ein, dies doch zu tun, er sei 67, und Platz sei ja da. Doch Straus erwidert, er werde sein Schicksal mit dem der anderen Männer teilen.

Das letzte, was Überlebende von den Strausens sehen, ist, wie sie plaudernd und eng umschlungen an der Reling lehnen. Auch von zwei unzertrennlichen jungen Paaren wird berichtet. Von einem Offizier bedrängt, ins Boot zu steigen, antwortet die Braut: „Wir haben unsere Reise gemeinsam begonnen, wir werden sie gemeinsam beenden."

Als John Jacob Astor seiner Frau ins vorletzte Boot geholfen hat, lehnt er sich aus dem Nachbarfenster und fragt höflich den Zweiten Offizier, ob er sie begleiten dürfe, sie sei schwanger. „No, Sir!" erwidert Lightoller barsch. „Keine Männer, solange noch Frauen da sind." Daß er den reichsten Mann Amerikas damit zum Tod verurteilt, weiß Lightoller offensichtlich nicht, und es würde ihn wohl auch nicht beeindruckt haben.

Colonel Astor unternimmt keinen weiteren Versuch, ruft seiner Frau zu: „Good-bye, ich folge dir in einem anderen Boot!", winkt noch einmal und wendet sich ab. Seine Privatyacht hat sechs Rettungsboote, überdies vier Schnellfeuergeschütze gegen karibische Piraten, nichts geht ihm ja über Sicherheit! Sein Lebensgefühl teilt er vermutlich mit der angelsächsischen Oberschicht: Ihre Reitpferde schätzt sie mehr und behandelt sie besser als ihr Dienstpersonal, so hat die amerikanische Historikerin Barbara Tuchman es formuliert.

Und nun sind es eben die schrecklich kleinen Leute, Zofen, Kindermädchen, Frauen aus der Dritten Klasse, die zu Hunderten ihm vorgezogen werden, und Astor nimmt es klaglos hin. Würden wir heute von einem Ölscheich Ähnliches erwarten können? Niemand soll uns betteln sehen! Auch das gehört für den superreichen Nichtsnutz aus New York zu den Idealen seiner Klasse.

Ehe das vorletzte Boot hinabfährt, wird zum drittenmal geschossen – denn in letzter Minute sind einige Heizer und andere Männer hineingesprungen. „Raus!" schreien die Offiziere und schießen über ihre Köpfe. Lieber 23 Plätze leer lassen als Männer retten, ob Heizer oder Milliardäre! Der Wahnsinn hat Methode.

Durch die Bullaugen sehen Mrs. Astor und die anderen 41 Insassen des vorletzten Bootes Stühle, Tische, Kommoden in den Kabinen schwimmen. Dann ziehen alle im Boot die Köpfe ein, denn Stühle fliegen über sie hinweg, vom Bootsdeck hinabgeworfen als Flöße, wenn das Unsägliche denn doch geschehen sollte. Fünf Minuten später, um 2 Uhr, schwingen sich zwei Heizer ins Boot, klappernd und triefend – die ersten, die es gewagt haben, in das Wasser von minus zwei Grad zu springen. Ein dritter ist so betrunken, daß er hineingehievt werden muß.

Gegen 2.05 Uhr, eine Viertelstunde vor dem Ende, werden drei der prominentesten Männer an Bord zum letztenmal gesehen im nun rötlich flackernden Licht. Captain Smith besucht noch einmal die Funker und befiehlt ihnen, sich um sich selbst zu kümmern. John Jacob Astor lehnt stoisch auf der Brücke und sieht das Wasser näher kommen. Thomas Andrews, der Chefkonstrukteur, steht mit verschränkten Armen im Rauchsalon der Ersten Klasse und blickt zum Fenster hinaus; seine Schwimmweste hat er über einen Tisch geworfen.

Aus den Treppenhäusern zum Bootsdeck quellen gerade jetzt noch einmal Menschentrauben: Heizer mit schwarzen Gesichtern, Familien aus der Dritten Klasse, die endlich das Freie gewonnen haben, schreiende Kinder an der Hand. An allen Davits baumeln leere Seile. Und alle hier oben drängeln sich, hangeln sich dem Heck entgegen, weil es wenigstens noch einige Meter aus dem Wasser ragt. Viele murmeln Gebete, andere unterhalten sich mit einer Whiskeyflasche.

Um 2.12 Uhr, nachdem die „Titanic" zweieinhalb Stunden lang mit erhabener Langsamkeit gesunken ist, beginnt der geschundene Leib zu zittern, und sechs Minuten lang schwenkt er um eine unsichtbare Achse: Indem das Vorderschiff nun zügig abtaucht, hebt es das Heck aus dem Meer. Ein Pfarrer betet laut und ermahnt die Passagiere, die ihn umringen, zu beten und ihre Sünden zu bereuen; manche fallen dabei um.

Und Wallace Hartley klopft an seine Geige und spielt sein letztes Stück. War's der Choral „Näher, mein Gott, zu Dir", mit den Zeilen: „Still all my song shall be/Nearer, my God, to Thee,/Nearer to Thee!"? Oder war's der Choral „Autumn", worin eine der Bitten an den „Gott des Erbarmens" lautet: „Hold me up in mighty waters", stütze mich in übermächtigen Gewässern?

„Autumn" hieß aber zugleich ein populärer Walzer – sollte nicht der dem Auftrag der Ragtime Band am ehesten entsprochen haben? Die Überlebenden widersprechen einander, eine ganze Fachliteratur hat keine Klarheit geschafft. Sicher ist nur, daß sie schluchzen in den Booten, so oder so, ob sie eine tragisch passende oder eine verzweifelt fröhliche Melodie herüberschallen hören, während sie das hundert Tonnen schwere Ruder der „Titanic" aus dem Wasser steigen sehen und die drei bis zu sieben Meter hohen Schrauben.

Am schlimmsten trifft die Aufsteilung des Hecks die schätzungsweise 500 Menschen im Inneren des Schiffs. Viele fallen jetzt erst aus den Betten und merken entsetzt, wie der Fußboden dabei ist, zu einer Wand zu werden. Viele, die in den verschlungenen Gängen hängengeblieben sind, fallen übereinander oder stürzen in das Wasser, das sich immer weiter nach oben frißt. Viele werden erschlagen von Nachttischen, Palmentöpfen und Klavieren.

Um 2.15 Uhr hat der Rumpf der „Titanic" einen Winkel von 45 Grad erreicht, die Brücke taucht in den Atlantik ein, und wer sich nicht an die Reling oder die Taue der Davits klammern kann oder von einem der ehemals senkrechten Deckaufbauten gestützt wird, rutscht ins Meer, von Stühlen und Fässern getroffen oder polternd überholt. Der 17jährige Jack Thayer erzählt: „Wir waren eine hoffnungslose, benommene Masse Mensch, die nur noch versuchte, den letzten Atemzug bis zum letzten möglichen Augenblick hinauszuschieben."

In ihrer Verzweiflung kriechen viele nun erst recht dem Heck entgegen, weil der Atlantik es als letztes schlucken wird. Andere wollen nicht abwarten, bis sie ins Meer fallen, vielleicht den vorher Abgestürzten auf die Köpfe – sie springen ins eisige Wasser; „wie mit tausend Messern" fällt die Kälte sie an, der Zweite Offizier beschreibt es so. Nicht genug damit: Lightoller wird vor einen Luftschacht getrieben, durch den Wasser in die Kesselräume schießt, und vom Sog auf das Drahtnetz genagelt, das den Schacht abdeckt. Mit dem Netz zusammen taucht er zappelnd unter.

Ein Turm, illuminiert von Hunderten allmählich verlöschender Lichter – so hebt sich das Hinterschiff der Senkrechten entgegen, schließlich 60 Meter hoch. Vom Heck stürzen Menschen in schreienden Bündeln in die Tiefe.

Die in den Booten packt das Grauen. Viele verhüllen ihr Gesicht. Alle Hoffnung ist geschwunden, alle Ordnung umgestülpt – ein stehendes Schiff! Ein Skandal wie ein liegender Eiffelturm. Ein Mord: Das Luxushotel stellt sich auf den Kopf zum Sterben, der Eisberg hat es umgebracht.

Um 2.18 Uhr, drei oder vier Minuten nachdem die Ragtime Band verstummt ist, vermutlich abgestürzt, bricht im Bauch der „Titanic" ein Getöse los, das den Menschen in den Booten vollends das Blut gefrieren läßt: Der Gigant beginnt sich zu zerstören. Unter dem Maschinenraum buckelt der doppelte Stahlboden sich ächzend und krachend auf, Stahlplatten, Spanten, Schotten bersten, ebenso die Fundamente der beiden Dampfmaschinen und die je 118 Tonnen schweren Kurbelwellen. Die letzten Lichter der „Titanic" verlöschen. Aus zerfetzten Dampfrohren schießt ein Heißluftschwall, der Lightoller aus dem Sog befreit und ihn an die Oberfläche speit.

Das ist auch die Minute, in der der erste Schornstein kippt: 24 Meter hoch, an die 50 Tonnen schwer, platscht er qualmend und funkenstiebend ins Meer und zerschmettert die Dutzende, die unter ihm in ihren Korkschwimmwesten hängen. Astor ist einer von ihnen. Identifiziert wird seine rußgeschwärzte Leiche später nur mit Hilfe des dicken Diamanten, den er am Finger, und der 4000 Dollar, die er in der Tasche hatte, an die 200 000 Mark in heutigem Geld.

Auf diesen Lärm folgen zwei gespenstisch stille Minuten. „Erst stellte die ‚Titanic' sich so steil ins Wasser, als ob sie kopfüber tauchen wollte", sagt ein Steward später aus, „aber dann überlegte sie sich's noch mal und blieb ein Weilchen stehen." Ans Heck da oben klammern sich noch immer Dutzende, in den Booten hört man keinen Schrei von ihnen.

Um 2.20 Uhr, zwei Stunden und vierzig Minuten nachdem der Eisberg die „Titanic" vom Thron ihres Hochmuts hinabgestoßen hat, senkt sich das Hinterschiff aus der Senkrechten auf einen Winkel von etwa 70 Grad, und mit rasch zunehmender Geschwindigkeit schlüpft der stählerne Sarkophag ins Meer hinab.

Den letzten auf dem Deck rauscht das Ende aller Dinge immer schneller entgegen – sie stürzen, oder sie springen und knallen aufs Wasser, oder sie werden einfach abgestreift, als der Atlantik sein Opfer überraschend leise verspeist, mit einem schmatzenden Geräusch, ohne Sog und Strudel. Nur ein kleiner Rauchpilz bleibt zurück.

„She's gone", hört man in den Booten. Manche sprechen später von „einem Gefühl großer Einsamkeit". Viele Frauen weinen. Mehrere Boote rudern davon, aus Angst vor der großen Welle, die nicht kommt, und vor denen, die im Wasser um ihr Leben kämpfen. Wo das Schiff verschwunden ist, schnellen Stühle, Planken, Kisten, Türen aus dem Wasser.

Im Innern der „Titanic", die mit dem Tempo eines Expreßfahrstuhls in die Tiefe rauscht, sterben nun die letzten – erschlagen von dem Druck des Wassers, das durch Gänge und Säle schießt, Türen sprengt und Wände bersten läßt. Die drei restlichen Schornsteine reißen ab und taumeln einzeln zum Meeresgrund hinab; bis heute wurde keiner gefunden. Wenige Minuten nach dem Untertauchen ereignet sich im Hinterschiff eine gewaltige Implosion: Unter dem Wasserdruck zerplatzt die Luftblase, die sich hier noch gehalten hat.

Oben endet in dieser Minute das merkwürdige Schweigen, das nach dem Verschwinden der „Titanic" zunächst geherrscht hat. Nun erst steigt aus den Kehlen der vielen hundert, die noch lebend in ihren Korkwesten hängen, der Schrei des Entsetzens zum Himmel: das

Wasser unter Null, die Boote fern und, wo der schwimmende Palast war, das Nichts in der eisigen Nacht. In den Booten hören sie „die gräßlichsten Laute, die je ein Sterblicher vernommen hat", berichtet Colonel Gracie, ein Historiker aus Washington.

Zugleich und nun erst wird den 700 in den Booten damit klar, daß bei weitem nicht alle gerettet worden sind: Aufgeklärt hatte sie ja keiner über das Mißverhältnis zwischen Menschen und Plätzen, und allzu genau wissen wollten sie's nicht. „Das Geschrei traf uns wie ein Donnerschlag", schreibt Lawrence Beesley.

Einige Damen aus der Ersten Klasse verschaffen sich einen Trost, an dem damals keiner Anstoß nahm: „Da schreien die aus der Dritten Klasse, die haben den Untergang verschlafen, und nun sind sie hysterisch!" (So bekommen es die amerikanischen Senatoren zu hören, die die Untersuchung führen.) Daß ihre eigenen Männer darunter sein könnten, wird ihnen erst allmählich klar.

Also doch zu den Schreienden rudern? In Boot 6 bedrängen mehrere Frauen den Bootsmann, dies zu tun; er weigert sich. „Die sind sowieso alle tot, bis wir da sind", sagt er. In vier Booten ist es umgekehrt die Besatzung, die den Erfrierenden zu Hilfe kommen will, aber die Mehrzahl der Passagiere, auch die Frauen, fleht sie an, dies nicht zu tun. Sie zittern ja selbst vor Kälte und fühlen sich verloren genug, und nun fassen sie nur noch einen Gedanken: nicht kentern! In manchen Booten geschieht etwas Unglaubliches: Seemannslieder werden angestimmt, ja Hochrufe ausgestoßen, um das Geschrei der Sterbenden zu übertönen und wohl auch die Stimme des Gewissens.

So sind, bei 500 freien Plätzen in den Booten, fast alle von den vielen hundert, die noch leben, zum Sterben verdammt – manche schon nach fünf Minuten tödlich unterkühlt; die letzten kämpfen eine Stunde lang. Sie strampeln und wimmern zwischen Toten: Viele haben ja den Sturz vom senkrecht aufgestellten Heck nicht überlebt, andere sind erschlagen worden vom fallenden Schornstein oder von herabstürzenden Menschen und Fässern, wieder andere schon erfroren.

So werden die Schreie langsam weniger und leiser. Einen Überlebenden im fernen Boot erinnern sie an das Zirpen von Grillen in einer Sommernacht.

Nur zwei der achtzehn Boote machen eine Ausnahme und bemühen sich um die Erfrierenden. Boot 4, mit Mrs. Astor an Bord, rudert, nach einigem Streit zwischen den Frauen, zur Unglücksstelle zurück und fischt sechs oder sieben Heizer und Stewards auf. Zwei von ihnen delirieren und sterben im Boot; einer ist so betrunken, daß ein paar Frauen den Torkelnden niederwerfen und sich auf ihn setzen.

In Boot 14 rudert der Fünfte Offizier Lowe mit vier Freiwilligen – drei Matrosen und einem Passagier – an die röchelnde Masse Mensch heran, nachdem er alle anderen Insassen in andere Boote hat umsteigen lassen, Platz ist ja genug. Aber etwa 150 Meter vor den Erfrierenden macht Lowe halt und wartet fast eine Stunde lang. Warum, um Gottes willen? wollen die Senatoren wissen. „Es wäre nicht klug gewesen, vorher hinzurudern, dann wären wir alle untergegangen", sagt Lowe.

Nur wenn sich einer aus der Masse freikämpft, rudert Boot 14 auf ihn zu, und die fünf ziehen ihn an Bord. Mehrfach irren sie sich: Sie bergen einen Toten. Vier Lebende retten sie, einer stirbt im Boot.

Und dann ist da noch ein Notboot von der „Titanic", offenbar bei der Talfahrt des Schiffs vom Deck gerissen, kieloben treibt es im Meer. Auf dem Kiel stehen ein Dutzend Männer und haben ihn schon unter Wasser gedrückt. Colonel Gracie kann sich noch hinaufwuchten, feindselig empfangen, und als letzter ein Heizer, obwohl einer der Stehenden ihm ein Ruder auf den Kopf geschlagen hat.

Dann rudern die vierzehn stehend davon und stoßen jeden weg, der noch heranschwimmt. „Sie wollen doch sicher nicht die quälenden Einzelheiten hören?" fragt Gracie die Senatoren. Sie wollen es nicht. Und kein Überlebender wird angeklagt: Die meisten zivilisierten Staaten erkennen an, daß die Gesetze nicht gemacht sein können für den, der um sein Leben kämpft; von einem „entschuldigenden Notstand" wird da gesprochen.

Die „Titanic" ist um 2.30 Uhr, zehn Minuten nachdem sie unsichtbar geworden war, auf dem Grund des Atlantik aufgeschlagen, 3800 Meter unter dem Meeresspiegel. Der Bug hat sich 15 Meter tief in den Schlamm gebohrt, der Rumpf ist zweimal gebrochen; das abgetrennte Hinterschiff liegt 600 Meter davon entfernt, 76 Meter lang und um 180 Grad gedreht. Rund um das Wrack sind fünf der mächtigen Dampfkessel, drei Tresore, dazu Badewannen, Koffer, Töpfe, Teller, Flaschen, Türklinken ausgestreut. Wo die etwa 500 Leichen beim Aufschlag lagen, erfahren wir nie: Tiefseebakterien haben fast alle organische Substanz zerstört.

Um 4.00 Uhr endlich, genau zwei Stunden nach dem Verschwinden der „Titanic", trifft die „Carpathia" bei den Rettungsbooten ein; um 8.30 Uhr wird das letzte Boot an Bord gehievt. Bis zu sieben Stunden lang mußten die Schiffbrüchigen ausharren bei klirrendem Frost, und die Mehrzahl jener Männer, die sich aus dem Wasser noch in die Boote hatten retten können, starb an Erschöpfung oder Unterkühlung.

Um 8.30 Uhr ist auch die „Californian" da, das Schiff, das die Notraketen ignoriert hat. Sein Kapitän berichtet später: „Ich sah wenig an dieser Stelle – ein paar Bretter, Deckstühle und Kisten. Es sah mehr so aus, als wäre ein alter Fischdampfer untergegangen."

Die tausend Toten sieht er nicht. Eine Strömung hat sie abgetrieben, Treibeis schließt sie ein. Erst nach Tagen werden sie gesichtet: eine stumme Armee, viele den Kopf auf die Schulter gelehnt.

Um die Erde beginnt noch an jenem 16. April eine Schockwelle zu laufen wie keine zuvor in der Geschichte und kaum eine danach. 1500 Tote, und wie grauenvoll gestorben! Und zur Tragödie der Menschen die gräßlichste Blamage, die der Technik je widerfahren ist. Welches Versprechen wurde da gebrochen, wieviel Fortschrittsgläubigkeit zerstört! Am 2. April zum erstenmal aus dem Werfthafen geschleppt, vom meerbeherrschenden britischen Weltreich auf die Reise geschickt, am 10. April in Southampton zur Jungfernfahrt ausgelaufen, am 14. April von einem bißchen Eis gestreift – so hat die „Titanic" dreizehn Tage lang gelebt und ist binnen 160 Minuten reglos, hilflos, jämmerlich gestorben.

„Das blinde Vertrauen in die Technik hat einen schrecklichen Schock erlitten", schrieb noch im April 1912 Joseph Conrad, weltberühmter Schriftsteller und Kapitän auf allen Meeren. Dabei sei die Katastrophe vorhersehbar gewesen: „Man baut ein 46 000-Tonnen-Hotel aus dünnen Stahlplatten, um die Gunst von tausend reichen Leuten zu gewinnen; man dekoriert es im Stil der Pharaonen und von Louis Quinze, um diesen albernen Individuen zu gefallen, die mehr Geld in der Tasche haben, als sie ausgeben können, und unter dem Beifall zweier Kontinente schleudert man diese Masse mit 21 Knoten übers Meer – und dann passiert's!"

Natürlich werden die Überlebenden vernommen und herumgereicht; etliche von ihnen treten Vortragsreisen an und schreiben Bücher. Einige berichten noch nach Jahrzehnten, das Todesgeschrei der Erfrierenden suche sie heim bis in den Schlaf.

Für die Hinterbliebenen der umgekommenen Besatzungsmitglieder gehen englische Pfadfinder sammeln; die überlebenden Stewards, Heizer und Matrosen suchen umgehend einen neuen Arbeitsplatz auf See, denn mit der Minute des Untergangs ist ihr Arbeitsvertrag gegenstandslos geworden – so sieht es die Reederei und stellt die Zahlung ein.

Drei Wochen nach dem Verschwinden der „Titanic“ ordnet das britische Handelsministerium an, daß auf jedem Passagierdampfer für jeden an Bord ein Platz im Rettungsboot vorzusehen ist; internationale Gremien beschließen, daß auf jedem Schiff zu jeder Stunde ein Funker erreichbar sein muß; noch 1912 wird eilends die „Olympic“ umgerüstet, das etwas kleinere Schwesterschiff der „Titanic“ – nämlich mit Schotten versehen, die bis ganz nach oben reichen; und noch 1912 erfindet der mecklenburgische Physiker Alexander Behm unter dem Eindruck des Desasters ein Gerät, das Eisberge durch Schall orten kann: das Echolot.

Und dem unseligen Captain Smith wird ein Denkmal gesetzt in seiner Heimatstadt, und Damen der britischen Gesellschaft gründen einen „Women's Titanic Memorial Fund“, um auch dem Opfergang der Gentlemen ein Denkmal zu errichten.

Wieviel verzichtende Liebe, heroische Pose, blindwütiges Schicksal, grausiger Tod! Wieviel Hochherzigkeit und Niedertracht, Leichtsinn und Unsinn, Pech und Verzweiflung, Hoffnung und Tragödie! Das ist der Stoff, aus dem die Märchen blühen – Legenden, Anekdoten, Romane und immer wieder mal ein Film, Wallace Hartley hat die Musik geliefert, um den Preis des Lebens, ein Rührstück ohnegleichen.

Und in Reden, Interviews, Essays und Leitartikeln wird bis heute kein Menetekel so häufig beschworen wie das von dem stolzen Schiff und dessen Tod durch Übermut und Ahnungslosigkeit. „Die Königin der Ozeane“, wie die Reederei sie nannte, lebt weiter als Hexe auf dem Meeresgrund, und in uns spuken sie beide. Das verbürgt Unsterblichkeit.

Für die „Titanic“ gilt noch mehr, was einst Goethe – zynisch zwar, doch Goethe eben – über einen anderen Untergang geschrieben hat, den von Pompeji: „Es ist viel Unheil in der Welt geschehen, aber wenig, das den Nachkommen so viel Freude gemacht hätte.“

Santa Cruz
Kordilleren
Patagonien
Lago San Martín
Monte Fitz Roy 3375
L. Viedma
Parque Nacional Los Glaciares
Upsala-Gletscher
L. Argentino
Moreno-Gletscher
Parque Nacional Torres del Paine
Puerto San Julián
ARGENTINIEN
ATLANTISCHER OZEAN
Bahía Grande
Río Gallegos
Río Tubio
Estancia San Gregorio
Isla Grande de Tierra del Fuego (Feuerland)
CHILE
Punta Arenas
Magellanstraße
Río Grande
Isla de los Estados
Cordillera Darwin
Ushuaia
Puerto Williams
Isla Navarino
PAZIFISCHER OZEAN
Beagle-Kanal
Cabo de Hornos (Kap Hoorn)
250 km
GEO-Grafik

5 km
Abtransport durch die Serben
(12./13. Juli 1995)
SERBIEN
Fluchtkolonne der wehrfähigen Männer
Drina
Bratunac
(ab 11. Juli 1995)
Potočari
Treck der Frauen, Kinder und Alten
Srebrenica
UN-Schutzzone
(am 11. Juli 1995 von Serben erobert)
Angriff der Serben
(ab März 1992)
BOSNIEN-HERZEGOWINA
GEO-Grafik

KROATIEN
BELGRAD
Tuzla
Srebrenica
BOSNIEN-HERZEGOWINA
Sarajevo
SERBIEN
KROATIEN
100 km
Dubrovnik

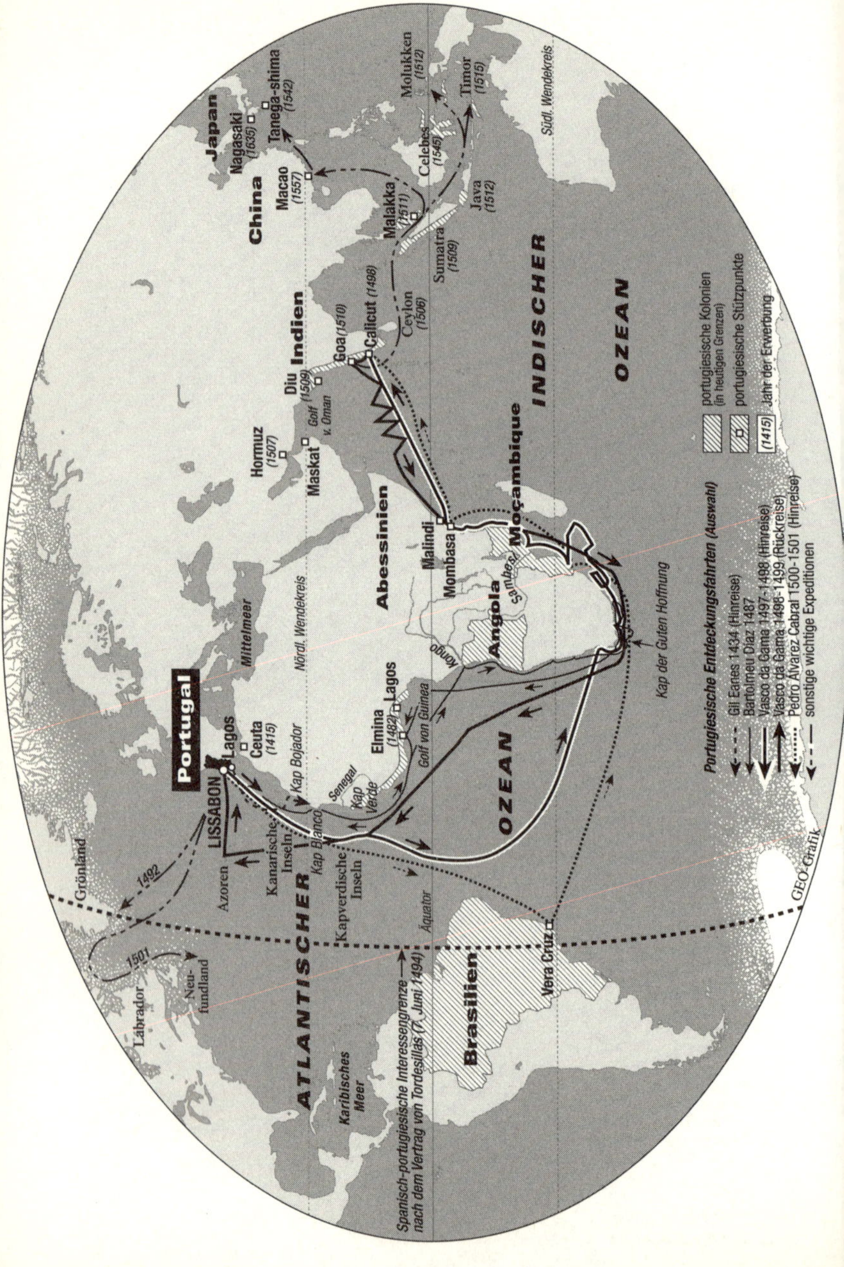
Portugal
LISSABON
Lagos
Ceuta
(1415)
Kap Bojador
Mittelmeer
Nördl. Wendekreis
Senegal
Kap Verde
Elmina
(1482)
Lagos
Golf von Guinea
Kongo
Angola
Sambesi
Abessinien
Malindi
Mombasa
Moçambique
Kap der Guten Hoffnung
Hormuz
(1507)
Maskat
Golf v. Oman
Diu
(1509)
Goa
(1510)
Calicut
(1498)
Indien
Ceylon
(1506)
China
Macao
(1557)
Japan
Nagasaki
(1635)
Tanega-shima
(1542)
Malakka
(1511)
Sumatra
(1509)
Java
(1512)
Celebes
(1545)
Molukken
(1512)
Timor
(1515)
Südl. Wendekreis
INDISCHER
OZEAN
ATLANTISCHER
OZEAN
Grönland
1492
1501
Labrador
Neu-fundland
Azoren
Kanarische Inseln
Kap Blanco
Kapverdische Inseln
Äquator
Karibisches Meer
Brasilien
Vera Cruz
Spanisch-portugiesische Interessengrenze nach dem Vertrag von Tordesillas (7. Juni 1494)
Portugiesische Entdeckungsfahrten (Auswahl)
Gil Eanes 1434 (Hinreise)
Bartolmeu Diaz 1487
Vasco da Gama 1497-1498 (Hinreise)
Vasco da Gama 1498-1499 (Rückreise)
Pedro Álvarez Cabral 1500-1501 (Hinreise)
sonstige wichtige Expeditionen
portugiesische Kolonien (in heutigen Grenzen)
portugiesische Stützpunkte
(1415) Jahr der Erwerbung
GEO-Grafik

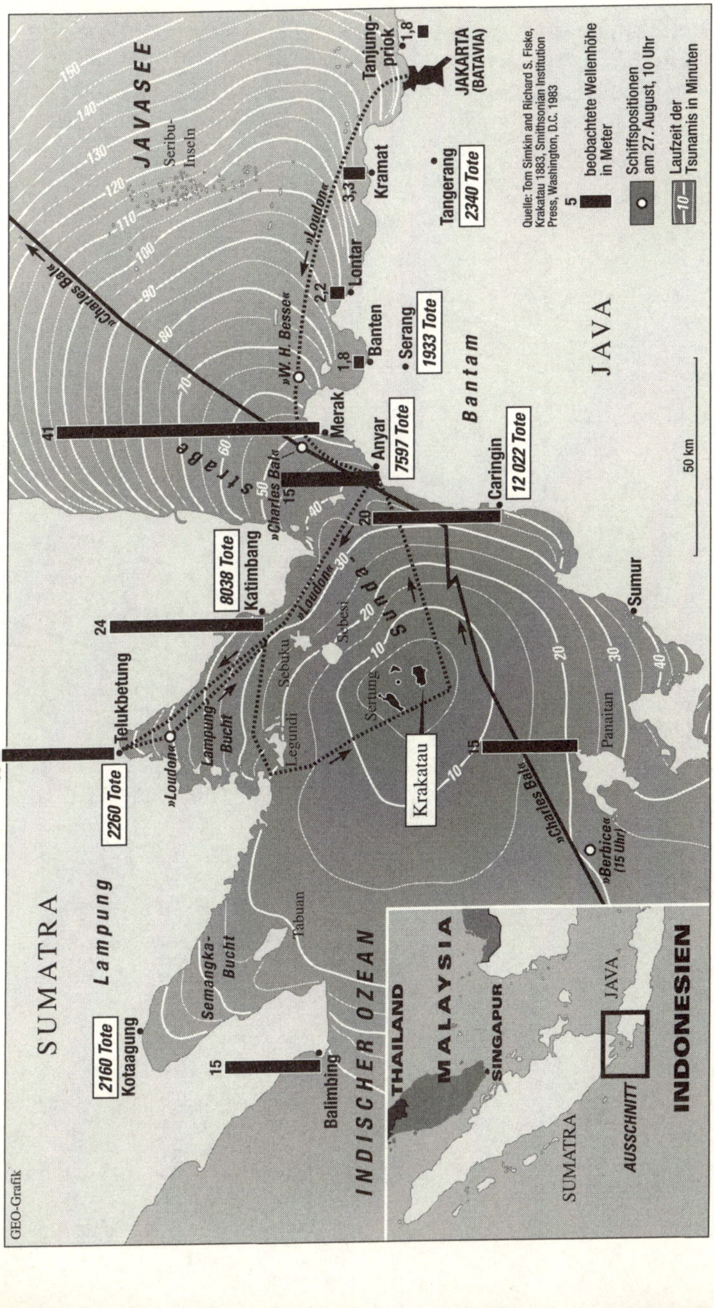
SUMATRA
Lampung
JAVASEE
JAVA
Bantam
INDISCHER OZEAN
Sunda-Straße
Krakatau
Sertung
Sebesi
Sebuku
Legundi
Panaitan
Tabuan
Seribu-Inseln
Lampung-Bucht
Semangka-Bucht
Kotaagung
2160 Tote
Balimbing
Telukbetung
2260 Tote
Katimbang
8038 Tote
Anyar
7597 Tote
Caringin
12 022 Tote
Merak
Banten
Serang
1933 Tote
Lontar
Kramat
Tangerang
2340 Tote
Tanjung-priok
JAKARTA (BATAVIA)
Sumur
»Charles Bal«
»W. H. Besse«
»Loudon«
»Berbice« (15 Uhr)
36
24
41
15
20
1,8
2,2
3,3
50 km
Quelle: Tom Simkin and Richard S. Fiske, Krakatau 1883, Smithsonian Institution Press, Washington, D.C. 1983
beobachtete Wellenhöhe in Meter
Schiffspositionen am 27. August, 10 Uhr
Laufzeit der Tsunamis in Minuten
THAILAND
MALAYSIA
SINGAPUR
SUMATRA
JAVA
AUSSCHNITT
INDONESIEN
GEO-Grafik

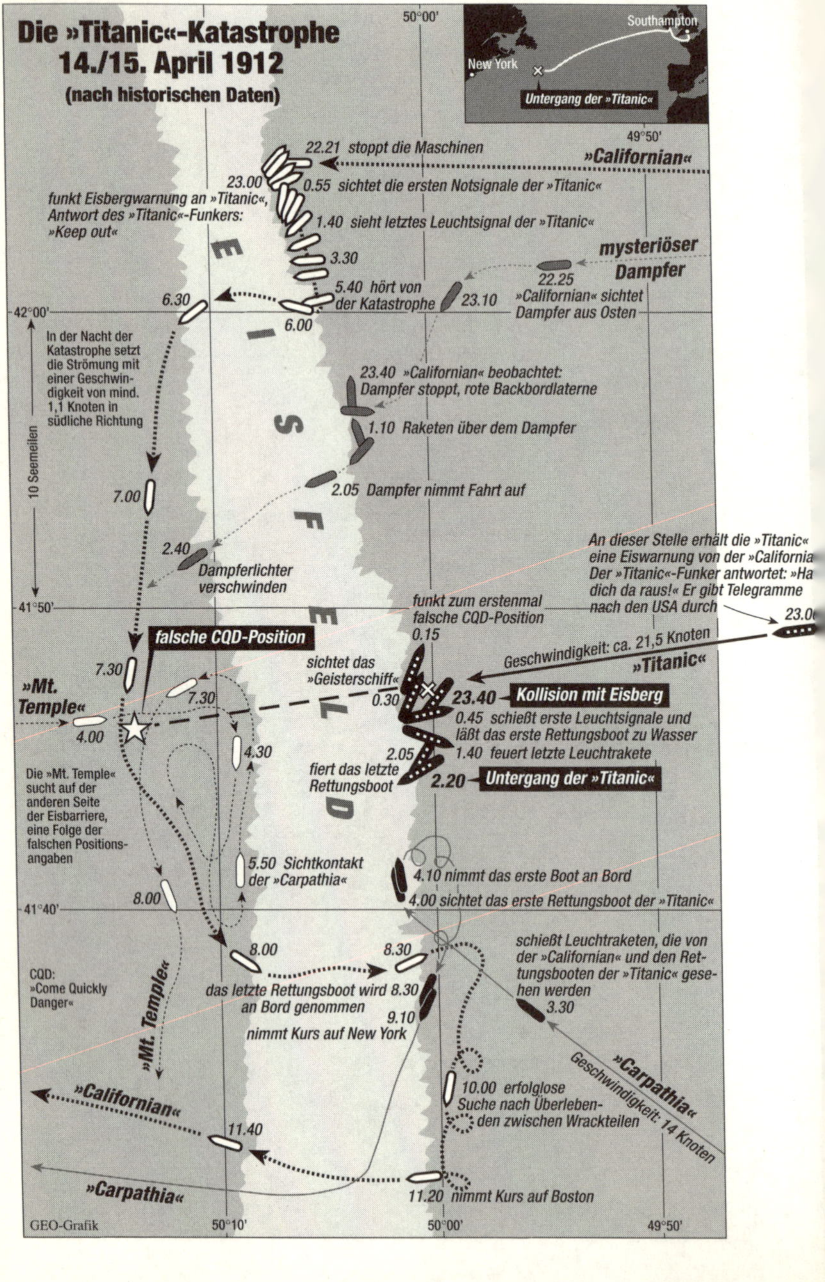

Die »Titanic«-Katastrophe
14./15. April 1912
(nach historischen Daten)
Southampton
New York
Untergang der »Titanic«
50°00'
49°50'
22.21 stoppt die Maschinen
»Californian«
23.00
0.55 sichtet die ersten Notsignale der »Titanic«
funkt Eisbergwarnung an »Titanic«, Antwort des »Titanic«-Funkers: »Keep out«
1.40 sieht letztes Leuchtsignal der »Titanic«
3.30
mysteriöser Dampfer
22.25
5.40 hört von der Katastrophe
23.10
»Californian« sichtet Dampfer aus Osten
6.30
6.00
42°00'
In der Nacht der Katastrophe setzt die Strömung mit einer Geschwindigkeit von mind. 1,1 Knoten in südliche Richtung
E I S F E L D
23.40 »Californian« beobachtet: Dampfer stoppt, rote Backbordlaterne
1.10 Raketen über dem Dampfer
10 Seemeilen
7.00
2.05 Dampfer nimmt Fahrt auf
2.40
Dampferlichter verschwinden
An dieser Stelle erhält die »Titanic« eine Eiswarnung von der »California
Der »Titanic«-Funker antwortet: »Ha
dich da raus!« Er gibt Telegramme nach den USA durch
23.0
41°50'
funkt zum erstenmal falsche CQD-Position
0.15
falsche CQD-Position
Geschwindigkeit: ca. 21,5 Knoten
»Titanic«
7.30
sichtet das »Geisterschiff«
»Mt. Temple«
7.30
0.30
23.40
Kollision mit Eisberg
4.00
0.45 schießt erste Leuchtsignale und läßt das erste Rettungsboot zu Wasser
4.30
2.05
1.40 feuert letzte Leuchtrakete
fiert das letzte Rettungsboot
2.20
Untergang der »Titanic«
Die »Mt. Temple« sucht auf der anderen Seite der Eisbarriere, eine Folge der falschen Positionsangaben
5.50 Sichtkontakt der »Carpathia«
4.10 nimmt das erste Boot an Bord
8.00
4.00 sichtet das erste Rettungsboot der »Titanic«
41°40'
schießt Leuchtraketen, die von der »Californian« und den Rettungsbooten der »Titanic« gesehen werden
8.00
8.30
CQD: »Come Quickly Danger«
das letzte Rettungsboot wird 8.30 an Bord genommen
3.30
9.10
»Mt. Temple«
nimmt Kurs auf New York
»Carpathia«
Geschwindigkeit: 14 Knoten
10.00 erfolglose Suche nach Überlebenden zwischen Wrackteilen
»Californian«
11.40
»Carpathia«
11.20 nimmt Kurs auf Boston
GEO-Grafik
50°10'
50°00'
49°50'

Register

Quellennachweis

Die Reportagen dieses Bandes sind zuvor in GEO erschienen:

PATAGONIEN: »Am Zeh der Erde« in Nr. 9/1981;

ROYAL GEOGRAPHICAL SOCIETY: »Der Club der großen Entdecker« in Nr. 4/1998;

GRATWANDERUNG: »Angst im Bauch und Jubel in den Augen« in Nr. 3/1980;

DIE ALPEN: »Wildnis – Almrausch – Rummelplatz« in Nr. 10/1984;

DIE ZUGSPITZE: »Beton und Augenlust« in Nr. 3/1986;

ALPENPÄSSE: »Auf vier Rädern näher zum Himmel« in Nr. 1/1987;

MOUNT EVEREST: »Der Gipfel der Versuchung« in Nr. 3/1996;

ARMSELIGES DEUTSCHLAND: »Zeitreise ins Jahr 1000« in Nr. 1/1999;

KATHEDRALEN: »Gottes ragende Pläste« in Nr. 1/1997;

DIE ENTDECKUNG DER ERDE: »Nach Osten, Portugiesen!« in Nr. 8/1998;

PIZARRO UND ATAHUALPA: »Ein Kaiser im Würgeeisen« im GEO-Buch »S.O.S. im Nordmeer«;

VERGESSEN – VERLOREN – ZERSTÖRT: »Wie die Menschheit ihr Kapital an Können und Wissen vergeudet« in Nr. 4/1999;

PAPSTWAHL 1978: »Was hinter den vermauerten Türen geschah« in Nr. 3/1997 und im GEO-Buch »S.O.S. im Nordmeer«;

BOSNIEN-KRIEG: »Der Verrat von Srebrenica« in Nr. 3/1997;

GLOBALISIERUNG: »Der schmerzhafte Weg zum Weltgehirn« in Nr. 6/1999;

SCHADENFREUDE: »Die schöne Bescherung« in Nr. 11/1989;

DER AUSBRUCH DES KRAKATAU: »Am Mittag war Mitternacht« in Nr. 7/1995 und im GEO-Buch »S.O.S. im Nordmeer«;

DER UNTERGANG DER »TITANIC«: »S.O.S im Nordmeer« in Nr. 12/1997 und im gleichnamigen GEO-Buch.

Bücher von Wolf Schneider

ÜBERALL IST BABYLON – Weltgeschichte der Städte (Econ 1960). Deutsche Auflage 225 000, 11 Übersetzungen

SOLDATEN – Weltgeschichte und Psychologie einer umstrittenen Gestalt (Econ 1964, Das moderne Sachbuch 1966). Übersetzungen in Holland und Mexiko

WÖRTER MACHEN LEUTE – Magie und Macht der Sprache (Piper 1976, Rowohlt-TB 1979, Serie Piper 1986, 9. Auflage 2000)

DEUTSCH FÜR PROFIS – Handbuch der Journalistensprache (STERN-Buch 1982, 7. Auflage 1986, Goldmann-TB 1985, Mosaik-TB 1999). Gesamtauflage 195 000.

UNSERE TÄGLICHE DESINFORMATION – Wie die Massenmedien uns in die Irre führen (STERN-Buch 1984, 5. Auflage 1992), zusammen mit fünf Absolventen der Journalistenschule

DIE ALPEN / Wildnis – Almrausch – Rummelplatz (GEO-Buch 1984, 3. Auflage 1989)

DEUTSCH FÜR KENNER – Die neue Stilkunde (STERN-Buch 1987, 7. Auflage 1994, Serie Piper 1996, 5. Auflage 2000)

WIR NEANDERTALER – Der abenteuerliche Aufstieg des Menschengeschlechts (STERN-Buch 1988, 3. Auflage 1989)

DER KÖLNER DOM – Wie die Deutschen zu ihrem Weltwunder kamen (STERN-Buch 1991)

DIE SIEGER – Wodurch Genies, Phantasten und Verbrecher berühmt geworden sind (STERN-Buch 1992, 5. Auflage 1995, Serie Piper 1996, 3. Auflage 2001)

DEUTSCH FÜRS LEBEN – Was die Schule zu lehren vergaß (Rowohlt-TB 1994, 8. Auflage 1999)

HANDBUCH DES JOURNALISMUS (Rowohlt 1996, Rowohlt-TB 1998), zusammen mit Paul-Josef Raue

DIE GRUNER + JAHR STORY – Ein Stück deutsche Pressegeschichte (Piper 2000)